고은영 高銀英 Koh, Eunyeong

제주대학교 국어교육과 졸업
한국교원대학교 대학원 석사과정 졸업
제주대학교 국어국문학과 박사과정 졸업

논문 : 「제주도 특수신본풀이의 성격과 의미 : '이곳과 저곳의 경계 넘어서기'를 중심으로」(제주대학교 박사학위논문, 2019); 「<지장본풀이>의 서사구조와 새드림 말명 삽입의 의미」(『탐라문화』제53집, 제주대학교 탐라문화연구소, 2016), 「제주도 서사무가 <당나미 문씨아기당 본풀이>에 나타난 복합적 신의 위상」(『한국무속학』제35집, 한국무속학회, 2017); 「사록의 의미 : <삼공본풀이>와 <지장본풀이>를 중심으로」(『영주어문』제39집, 영주어문학회, 2018); 「<초공본풀이>의 서사적·제의적 의미」(『한국무속학』제40집, 한국무속학회, 2020); 「모순된 서사의 제의적 반영 : <삼승할망본풀이>와 <이공본풀이>를 중심으로」(『한국무속학』제41집, 한국무속학회, 2020); 「교과서 수록 <오늘이>에 대한 소고(小考)」(『영주어문』제47집, 영주어문학회, 2021); 「<원천강본풀이>의 시간과 존재」(『한국무속학』제42집, 한국무속학회, 2021)

민속원 아르케북스 196　minsokwon archebooks

이승과 저승의 경계 넘어서기
제주도 특수신본풀이의 성격과 의미

| 고은영 |

민속원

머리말

제주도 신당들의 보존 양태는 다양하다. 주차장과 편의시설까지 갖춘 송당본향당이 있는가하면 용두암해안도로를 따라가다 보면 슬레트지붕과 수풀로 뒤덮인 형체조차 알아보지 못하는 어영연딧당이 있기도 하다. 흥미로운 것은 한국무속학회 회원들이 제주도에서 학회를 마치고 나서 제주도본풀이의 가치와 중요성을 이야기하던 곳이 바로 어영연딧당 앞의 음식점이었다. 어영연딧당은 처자들이 어영마을로 시집오게 될 때 친정에서 모시던 신들을 모시던 곳이다. 태어난 곳을 떠나 낯선 지역으로 온 여성들의 간구가 담긴 그 당은 어둠 속에 잠겨있었다. 본풀이의 중요성과 가치를 찾자는 사람들이 열성을 가지고 이야기를 하는 그 순간에도 자신이 여기 있다고 이야기를 못한 채 말이다.

제주도 본풀이도 유사한 상황이다. 제주도 본풀이의 인기는 일반신본풀이, 당신본풀이, 조상신본풀이의 순서이다. 사람들이 박사논문 주제를 물을 때, 특수신본풀이라 답을 하고 나면 답이 마뜩치 않음을 깨닫는다. 답을 한 사람이나 물은 사람이나 곤란한 상황에 빠지게 된다. 특수신본풀이는 분류의 개념조차 잡히지 않은 실정이라 개별 작품들을 떠듬떠듬 이야기하는데, 〈원천강본풀이〉를 제외한 작품들이 낯설기 때문에 간단히 답하기가 어렵다.

특수신본풀이를 공부하면서 가장 곤란했던 점은 남겨진 기록들을 찾기 어려웠다는 것이다. 특수신본풀이의 관심이 최근의 일이라 1930년대와 1960년대 남겨진 기록들은 있으나 이것들을 유의미한 정보로 전환하기가 어려웠다. 단서들이 남아 있으면 그것을 토대로 어렴풋이 짐작이라도 해보겠지만, 본을 풀었던 이들도 의례의 모습도 시간 속에서 자취를 감추어 버려 무엇을 붙잡아야 할지 알지 못하였다.

특수신본풀이의 관심은 앞으로 더 커지리라 생각한다. 그것이 몇 년 뒤일 지, 몇 십 년 뒤일지는 알지 못하겠다. 사람들이 특수신본풀이에 관심을 가지고, 무언가를 발견하고자 할 때 내가 분석하고 본 것이 잘못된 것일지라도 그들에게 흔적을 찾기 위한 단서가 된다면 내가 해야 할 일을 한 것이라 생각한다.

제주도본풀이의 분류는 마치 여러 가지 길처럼 보인다. 의례도 남아 있고, 현재까지 연구 결과도 활발한 잘 닦인 길인 일반신본풀이의 길, 신당기행이라는 소재로 신당을 일반인에게 소개하기도 하고 당굿 제의가 문화재로 지정되어 공개가 가능한 당신본풀이의 길, 근래까지 조상신을 모시는 단골들이 현존하는 조상신본풀이의 길, 그리고 특수신본풀이의 길. 지금 나는 나에게 다시 묻는다. 제주도 본풀이의 음지라 할 수 있는 특수신본풀이를 왜 공부하게 되었을까. 태양이 빛을 비추면 빛을 받아 밝게 빛나는 면이 생기고, 그 뒤에는 그늘이 생긴다. 양지와 음지는 동시에 존재하지만 사람들의 관심은 양지에 있다. 음지를 인식하는 것은 양지의 경계를 가늠하기 위해서라고 생각하기 쉽다. 음지가 있기에 양지가 있다. 양지만이 존재하는 세상이 아닌데 음지에 대하여 이야기하는 사람이 한 명 정도는 있어도 좋지 않을까 생각해 본다.

박사논문을 쓰는 기간 동안 특수신본풀이로 여지껏 사람들이 박사논문을 쓰지 않는 무수한 이유를 알게 되었다. 자료의 부재 외에도 특수신본풀이를 알기 위해서는 일반신본풀이를 알아야 하고, 이와 유사한 다른 나라의 본풀이까지 알아야 특수신본풀이를 이해할 수 있는 기준을 마련할 수 있는데 쉽지 않은 길이라 생각한다.

두렵다. 나의 작은 머리로 특수신본풀이의 세계를 이해한 것이 맞는지, 수만 가닥 중에 하나라도 제대로 붙잡은 것이 맞는지 알 수 없었다. 그것이 맞는지 확인하기 위해 나의 남은 여정은 특수신본풀이의 세계에 머무르고자 한다. 이 책에는 「특수신본풀이의 성격과 의미 : '이곳과 저곳의 경계 넘어서기'를 중심으로」(제주대학교 박사학위논문)와 일반신본풀이, 특수신본풀이 관련하여 궁금하게 생각했던 것들을 정리한 논문들을 수록하였다.

이 책은 제주도 본풀이를 나보다 더 사랑하는 여러 선생님의 도움으로 쓰였다. 정직하게 말하자면 나는 발견되었다. 보이는 것이 전부라 외치고 '너'라고 쓰여 있어도 '나'라고 읽는 자아 중심의 현대 사회에 매몰되어 있는 나를 여러 선생님이 이끌어주셨다. 학문의 길로 이끌어주시고, 제주도 본풀이를 사랑하게 해주셨다. 제주도 본풀이가 제주도만의 것이 아니라 연결된 유기체이며 철학이 담겨 있다는 것을 가르쳐 주셨다. 이 은혜를 갚을 수 있는 날이 오기를 고대해본다.

2019년 여름에 박사 학위를 받았다. 그 후로 여름이 올 때마다 도서관 책상에 앉아 있는 그해 여름으로 다시 돌아가는 착각을 하게 된다. 나에게 여름은 이승과 저승의 환치처럼 과거의 시간과 현재의 시간이 환치되는 계절이다. 과거의 여름과 현재의 여름 사이에서 의미를 찾는 글자들이 서성댄다.

과거의 여름과 현재의 여름 사이에서
고은영

차례

머리말 • 5

제1부
이승과 저승의 경계 넘어서기　13

1장 제주도 특수신본풀이 개요
──── 014

    1. 문제제기 ·· 14
    2. 연구대상과 범위 ·· 16
    3. 선행연구 검토 ·· 19

2장 특수신본풀이의 분류
──── 026

    1. 본풀이의 개관 ·· 26
    2. 특수신본풀이의 범주와 체계 ··· 31

3장 대표적인 특수신본풀이
──── 039

    1. 개별 작품의 서사적 면모 ··· 39
    2. 특수신본풀이 서사의 공통 특징 ··· 74

4장 특수신본풀이의 민담적 특징
079

   1. 서사의 공유와 활용 ·· 80
   2. 양립적 공존 ··· 102

5장 특수신본풀이와 유사 신화 비교
110

   1. 특수신본풀이와 〈차사본풀이〉 ·· 110
   2. 특수신본풀이와 〈바리덕이〉 무가 ·································· 136
   3. 특수신본풀이와 이난나 신화・길가메쉬 서사시 ··············· 146

6장 특수신본풀이의 순환적 세계관
160

   1. 나와 너의 경계 넘어서기 ·· 161
   2. 이곳과 저곳의 경계 넘어서기 ······································ 177
   3. 분리와 화합의 원리 ··· 183
   4. 결론 ·· 192

제2부
원천강본풀이의 제문제   197

특수신본풀이의 세계

7장 〈원천강본풀이〉의 시간과 존재
―― 200

1. 서론 ·· 200
2. '원천강'의 의미 ·· 201
3. 존재의 발견과 탄생 ·· 214
4. 결론 ·· 219

8장 〈원천강본풀이〉의 교육적 접근
―― 221

1. 서론 ·· 221
2. 교과서 수록 내용에 대한 비판적 견해 ·· 222
3. 대안적 방안 ·· 231
4. 결론 ·· 238

9장 조술생본 〈원천강본풀이〉의 성격
―― 240

1. 들어가는 말 ·· 240
2. 전설적 속성 ·· 242
3. 전설 속의 신화적 속성 ·· 246
4. 신화의 탄생과 소멸 ·· 251
5. 나오는 말 ·· 254

일반신본풀이의 세계

10장 〈초공본풀이〉의 서사적·제의적 의미
───── 258

1. 서론 ·· 258
2. 〈초공본풀이〉의 서사적 의미 ·· 259
3. 〈초공본풀이〉의 제의적 의미 ·· 267
4. 결론 ·· 276

11장 〈이공본풀이〉와 〈삼승할망본풀이〉의 모순된 서사의 문제
───── 278

1. 서론 ·· 278
2. 〈삼승할망본풀이〉에서 충돌하는 인물과 공간 ··· 279
3. 중첩된 세계관의 제의적 반영 사례와 의미 ··· 289
4. 결론 ·· 294

12장 〈삼공본풀이〉의 신직神職과 전상놀이
───── 296

1. 서론 ·· 296
2. 〈삼공본풀이〉에 담긴 선금과 〈지장본풀이〉에 담긴 새의 의미 ····································· 297
3. 사록邪祿과 전상놀이 ·· 305
4. 결론 ·· 317

참고문헌 • 318
찾아보기 • 328

제1부

이승과 저승의
경계 넘어서기

제1부 01

제주도 특수신본풀이 개요

1. 문제제기

이 글은 제주도 특수신본풀이의 성격과 의미에 대한 연구이다. 제주도 특수신본풀이의 존재 양상, 서사적 원천, 의례적 기능 등을 연구하는데 목적이 있다. 기존 연구에서 특수신본풀이는 '특수본풀이'로 칭하였으나 '특수신본풀이'로 개칭한다. 일반신과 상대적 성질을 띠며 신으로서 위상을 갖추고 있기 때문이다.

'특수본풀이'라는 용어는 선행연구에서 특수한 성격을 가진 것이라고 하는 점에서 논해진 바 있으며, 이에 대한 비판적 견해이면서 대안으로서 이를 실전본풀이 또는 기타본풀이로 지칭한 바 있으며, 〈허궁애기본풀이〉[1]처럼 다른 본풀이에 삽입된다는 전제하에 삽입본풀이로 명명한 바 있다.[2] '특수신본풀이'라는 용어를 제안하는 것은

---

1 일반적으로 〈허웅애기본풀이〉로 통칭하나 여기에서는 본풀이의 이름을 그대로 준용하여 〈허궁애기본풀이〉로 통일하고자 한다.
2 강정식, 『제주굿 이해의 길잡이』, 민속원, 2015a, 20쪽.

선행연구의 제한점을 인정하여 이를 새로운 각도에서 논의하기 위함이다.

특수신본풀이의 의미는 소중하다. 특수신본풀이는 민담과 소재를 공유하는 특징을 가지고 있으며, 이곳과 저곳의 경계를 넘는 특정한 주인공의 행적이 두드러진다. 의례적 기능은 상실하여 전하지 않으나 추론하여 새롭게 논해 보고자 한다. 그렇기에 여러 방향으로 명명되던 것을 '특수신본풀이'라고 정의 내리고 신화로서의 면모를 드러내고자 한다.

특수신은 주변화된 부신demi-deity으로 원초적 미분화성을 띤다. 주변은 심층적 기저를 형성하는 주변으로 확장된 주변을 뜻한다. 분화되고 체계적인 성격을 띠는 일반신과는 다른 성질인 원초적 미분화성은 분화 이전의 혼융된 상태를 일컫는다.

특수신본풀이는 3중threefold의 문제를 가지고 있다. '특수'의 의미, '본풀이'로서의 면모, 신화적 의의 등에 대한 해명이 뒤따를 때 비로소 특수신본풀이로서 온전한 모습을 드러낼 수 있으리라 생각한다.

첫째는 특수신본풀이의 '특수'의 의미와 관련한 문제이다. '특수신본풀이'의 '특수'와 '본풀이'의 결합 형태로 쓰인 용어는 진성기의 『南國의 巫歌』에서 처음 사용되었다. 진성기는 제주도 본풀이를 일반신본풀이, 당신본풀이, 조상신본풀이, 특수본풀이로 4분하였다. 12편의 각편을 일반신본풀이와 구분하여 '특수본풀이'라 명명하였다.[3] 그는 일반신본풀이는 제의에서 구연되나 특수신본풀이는 제의에서 구연되지 않는다는 이유를 근거 삼아 '특수'라는 의미를 부여 하였다. 전성기는 '특수'에 대한 의미 설정을 본인의 저작에서 모순되게 밝히고 있다. 제주도무가본풀이사전에서는 의례가 없다고 하여 특수라는 의미를 사용하였고 탐라의 신화에서는 특수신본풀이의 의례에 대하여 논하고 있다.[4] 의례에서 구연되지 않는다는 이유로 '특수'라고 명명한 것은 재고

---

3   12편의 본풀이는 〈세민황제본풀이〉, 〈동방세기본풀이〉, 〈원천강본풀이〉, 〈허궁애기본풀이〉, 〈영감본풀이〉, 〈웃당본풀이·알당본풀이〉, 〈삼두구미본풀이〉, 〈산신본풀이〉, 〈조왕본풀이〉, 〈용왕본풀이〉, 〈열두선앙본풀이〉, 〈십이대왕본풀이〉다.
    2019년 3월 5일 진성기와의 면담을 통하여 '특수본풀이'라는 명명은 '일반신본풀이'와 반대되는 개념을 가진 것으로 생각하여 명명하였다는 답을 들을 수 있었다. 일반신본풀이는 주로 의례에서 불리나 특수신본풀이는 의례에서 불리지 않아 '특수'라는 명칭을 사용하였다고 하였다.

되어야 한다. 지금까지 특수신본풀이에 대한 주요 논의는 '특수본풀이'라는 용어를 최초로 사용한 진성기의 의견을 수렴하여 개진開陳 되었다.[5] 특수신본풀이의 '특수'의 의미는 존재를 온전히 드러내는 미분화된 보편성에 초점을 맞추어 재론되어야 한다.

둘째는 특수신본풀이의 본풀이로서의 면모를 제시하는 것이다. 이를 밝히기 위해서 각각의 특수신본풀이가 의례의 어느 제차와 관련이 있는지 밝혀내어 본풀이로서의 면모를 드러내야 한다. 〈허궁애기본풀이〉가 의례에서 불린 사실은 오인숙 심방과 고순안 심방의 제보와 채록물을 통하여 밝혀졌다.[6] 〈허궁애기본풀이〉를 발판 삼아 특수신본풀이가 어떠한 의례 속에 융합될 수 있는지 밝혀내고, 이를 통하여 특수신본풀이의 의례를 추정하고자 한다.

셋째는 특수신본풀이가 제시하는 신화의 의의에 대한 구명究明이다. 특수신본풀이는 신성성을 담고 있는 이야기이나 속화俗化의 과정을 거쳤다. 미분화된 세계가 담고 있는 의미가 무엇이고 그러한 속성이 주는 신화적 의의가 무엇인지 찾아내어야 한다. 특수신의 여정과 그 의미를 통하여 신화적 의의와 세계관을 밝혀내고자 한다.

2. 연구대상과 범위

특수신본풀이는 1930년대에 아카마즈 지죠赤松智城·아키바 다카시秋葉隆에 의하여 박봉춘[7]이 구연한 〈원천강본풀이〉와 〈세민황제본풀이〉가 조사되어 조사된 『朝鮮巫俗

---

4   秦聖麒, 『耽羅의 神話』, 平凡社, 1980, 148쪽.
5   고은임, 「〈원천강본풀이〉 연구 : '오늘이' 여정의 의미와 신화적 사유」, 『冠嶽語文研究』 35, 서울대학교 국어국문학과, 2010; 김혜정, 「제주도 특수본풀이 〈원천강본풀이〉 연구 : '神名'에 대한 再考를 중심으로」, 『한국무속학』 20, 한국무속학회, 2010; 정제호, 「제주도 특수본풀이 〈세민황제본풀이〉 연구 : 매일과 장상 부부를 중심으로」, 『한국무속학』 28, 한국무속학회, 2014.
6   윤정귀와 강권용이 특수본풀이와 관련하여 의례의 흔적을 찾으려 노력하였으나 윤정귀는 〈허웅애기본풀이〉를 일반신본풀이와 동일시하여 특수신본풀이로서의 특성을 배제하였고, 강권용은 〈원천강본풀이〉, 〈세민황제본풀이〉, 〈허웅애기본풀이〉의 제의에 대하여 지적하였으나 이러한 지적이 개별 작품에 초점을 맞추어 진행됨으로써 단일한 유형적 특성을 제시하지 못하였다는 한계가 있다.

의 研究』에 수록되었다.[8] 진성기는 1960년대에 『南國의 巫歌』를 출판하면서 '특수본풀이'라는 범주를 신설하였다. '특수본풀이'라는 항목 아래 〈원천강본풀이〉, 〈세민황제본풀이〉, 〈허궁애기본풀이〉가 수록되었다. 1991년 표준어 주석을 추가하여 새롭게 간행된 『제주도무가본풀이사전』에 〈원천강본풀이〉, 〈세민황제본풀이〉, 〈허궁애기본풀이〉와 더불어 〈삼두구미본풀이〉가 수록되었다. 진성기는 『제주무속학사전』에서 특수신본풀이 항목을 다음과 같이 정의한다.

> **특수본풀이** '특수본풀이'란 제주도무속제의 때 오늘날 들지 않는 특수한 본풀이다. 보기를 들면 '원천강본·세민황제본·허궁애기본·삼두구미본' 등등이다.[9]

위의 정의를 통해 진성기 역시 특수신본풀이의 대표 작품을 〈원천강본풀이〉, 〈세민황제본풀이〉, 〈허궁애기본풀이〉, 〈삼두구미본풀이〉로 삼고 있음을 알 수 있다. 진성기는 특수신본풀이란 유형을 인정하고 있으면서도 그 정체가 무엇인지에 대해서는 명확히 정의내리지 않았다. 특수신본풀이의 맥락과 의례를 구체적으로 언급하지 않은 채, '특수'라는 의미를 오늘날 무속 제의의 구연 유무에 따라 개념하였다.

진성기는 '특수신본풀이'라는 항목 아래 12편의 본풀이를 수록하였다. 당신본풀이를 제외한 일반신본풀이 12편, 조상신본풀이 12편을 수록하였다. 12편의 본풀이는 〈세민황제본풀이〉, 〈동방세기본풀이〉, 〈원천강본풀이〉, 〈허궁애기본풀이〉, 〈영감본

---

7   박봉춘은 예촌 매인심방으로 고조할아버지 때부터 매인심방의 역할을 행하고 있었다.
    김기형, 「서귀포 심방 박봉춘의 家系와 무업 활동」, 『한국무속학』 31, 한국무속학회, 2015, 45쪽.
8   '특수본풀이'라는 유형을 따로 설정하지 않고, '제주도신가'의 항목에 다른 본풀이들과 함께 수록되었다. '제주도신가'에는 〈서귀본향당본푸리〉, 〈토산당본푸리〉, 〈초공본푸리〉, 〈이공본푸리〉, 〈삼공본푸리〉, 〈세경본푸리〉, 〈천지왕본푸리〉, 〈원텬강본푸리〉, 〈세민황데본푸리〉, 〈명진국생불할망본푸리〉, 〈신중도푸리〉, 〈체사본푸리〉, 〈칠성본푸리〉, 〈군농본푸리〉, 〈문전본푸리〉가 포함되어 있다. 〈서귀본향당본푸리〉와 〈토산당본푸리〉, 〈신중도푸리〉는 당신본풀이고, 〈초감제〉, 〈초공본푸리〉, 〈이공본푸리〉, 〈삼공본푸리〉, 〈세경본푸리〉, 〈천지왕본푸리〉, 〈명진국생불할망본푸리〉, 〈체사본푸리〉, 〈칠성본푸리〉, 〈문전본푸리〉 등은 일반신본풀이로 현재까지 굿에서 불리는 본풀이다.
    赤松智城·秋葉隆, 沈雨晟 옮김, 『朝鮮巫俗의 研究』, 東文選, 1991. 212~336쪽.
9   진성기, 『제주무속학사전』, 제주민속연구소, 2004, 387쪽.

풀이〉, 〈웃당본풀이·알당본풀이〉, 〈삼두구미본풀이〉, 〈산신본풀이〉, 〈조왕본풀이〉, 〈용왕본풀이〉, 〈열두선앙본풀이〉, 〈십이대왕본풀이〉다. 〈웃당본풀이·알당본풀이〉는 당신본풀이고, 〈산신본풀이〉, 〈조왕본풀이〉, 〈용왕본풀이〉, 〈열두선앙본풀이〉, 〈십이대왕본풀이〉는 신명만이 나열되어 있을 뿐이어서 본풀이의 면모를 본풀이 자체로 밝히기 어려운 자료들이다.[10]

이 책에서 특수신본풀이 범주의 특성을 밝히기 위하여 〈원천강본풀이〉,[11] 〈세민황제본풀이〉, 〈허궁애기본풀이〉, 〈삼두구미본풀이〉[12]를 대상으로 삼고자 한다. 각편들이 아카마츠 지죠赤松智城·아키바 다카시秋葉隆의 『朝鮮巫俗의 硏究』,[13] 진성기의 『제주도무가본풀이사전』, 현용준의 『風俗巫音』,[14] 허남춘 외 『고순안 심방 본풀이』,[15] 윤정귀 「〈허웅애기본풀이〉 연구」의 부록[16]에 수록되었다. 특수신본풀이의 네 유형이 모

---

[10] 서대석은 〈산신본풀이〉, 〈조왕본풀이〉, 〈용왕본풀이〉, 〈열두선앙본풀이〉, 〈십이대왕본풀이〉는 일정한 서사가 없이 신명만을 나열하였다고 하였고, 강권용은 진성기가 제시한 12편을 모두 특수신본풀이로 인정하였으나 8편의 특수신본풀이들은 제의를 알 수 있거나 현재 제의에서 불린다는 이유로 다른 각편들을 제외하였고, 강정식은 〈조왕본풀이〉, 〈용왕본풀이〉, 〈열두선앙본풀이〉, 〈십이대왕본풀이〉는 무가의 일부분으로 특수신본풀이로 분류할 수 있는 기준이 불명확하다고 하였다.
徐大錫, 「敍事巫歌硏究 : 說話·小說과의 관계를 中心으로」, 『國文學硏究』 第八輯, 國文學硏究會, 1968, 33~34쪽; 강권용, 「제주도 특수본풀이 연구 : 〈원천강본풀이〉, 〈세민황제본풀이〉, 〈허궁애기본풀이〉를 중심으로」, 경기대학교 석사학위논문, 2001, 3쪽; 강정식, 「제주 지역 무가의 전승양상과 지역적 특성 : 무가를 중심으로」, 『民俗硏究』 20, 안동대학교 민속학연구소, 2010, 209쪽.

[11] 〈원천강본풀이〉인 경우 『朝鮮巫俗의 硏究』 박봉춘본 〈원천강본풀이〉는 『제주도무가본풀이사전』의 조술생본 〈원천강본풀이〉와 내용이 상이하다.

[12] 〈삼두구미본풀이〉는 『南國의 巫歌』에 수록되지 않다가 이후 『제주도무가본풀이사전』에 수록되었는데 그러한 이유를 밝히지 않고 수록하였기에 채록시기를 측정하기 어렵다. 2019년 3월 5일 면담에서 진성기는 자신이 방대한 자료를 수집하는 과정에서 누락되는 자료들을 보충하여 넣은 것이지, 이후에 따로 조사하여 추가한 것은 아니라는 답을 들을 수 있었다.

[13] 〈원천강본풀이〉, 〈세민황제본풀이〉가 채록되었다.
赤松智城·秋葉隆, 沈雨晟 옮김, 앞의 책, 1991, 292~309쪽.

[14] 〈삼두구미본풀이〉의 이본인 〈버들남본〉이 실려 있다.
현용준 엮음, 『風俗巫音(祝祀文)』 下, 제주대학교탐라문화연구소, 1994, 401~415쪽.

[15] 〈차사본풀이〉에 〈허궁애기본풀이〉가 함께 실려 있으나 고순안 심방과의 면담을 통하여 〈허궁애기본풀이〉에 대한 명확한 인식을 확인할 수 있었다. 허남춘 외, 『고순안 심방 본풀이』, 제주대학교 탐라문화연구소, 2013, 313~314쪽.

[16] 윤정귀, 「〈허웅애기본풀이〉 연구」, 경기대학교 석사학위논문, 2013, 68~69쪽.

두 실린 것은 『제주도무가본풀이사전』이 유일하다. 이외에 〈영감본풀이〉, 〈군웅본풀이〉, 〈동방세기본풀이〉 등도 특수신본풀이의 특성을 드러내고 있으나 모두 다루지는 못하였다.

다행히 특수신본풀이 유형의 서사를 공유하는 민담의 일군을 찾을 수 있었다. 특수신본풀이의 서사는 제주도에서 신화의 영역과 민담의 영역에서, 육지부에서는 민담의 영역에서 흔적을 발견할 수 있다. 또한 〈바리덕이〉 무가, 이난나 신화·길가메쉬 서사시와 비교를 통하여 특수신본풀이의 세계관을 밝히고자 한다. 공유하는 세계관을 담고 있는 유사 신화의 비교는 특수신본풀이의 신화적 의미를 명확히 하리라 생각한다.

3. 선행연구 검토

특수신본풀이 정의에 대한 필요성은 제기되었으나 착점이 불분명하고 온전히 연구되지 못하였다. 진성기의 의견을 받아들여 현장에서 불리지 않는 본풀이를 '특수신본풀이'라는 모호한 개념으로 받아들이고 있으나 특수신본풀이가 어떠한 본풀이를 지칭하는지는 현재는 불리지 않으나 이전에는 의례가 존재하였는지, 현재에 불리지 않는다면 무엇에 기인한 것인지에 대한 해답을 내리지 못하고 있다.

특수신본풀이의 여러 작품을 다룬 학위논문의 경우도 산적한 문제에 대한 해답을 내리지 못하고 있다.[17] 강권용은 진성기와 동일하게 특수신본풀이의 정의를 현재 의례에서 볼 수 없다는 것으로 한정하여 다룬 후, 본풀이들의 의례를 재구하고자 하였다. 이러한 논의는 개별 작품을 의례와 연관시키는 과정에서 특수신본풀이에 대한 공통적 의미나 특성을 배제하였기에 공통 속성을 찾아내지 못하였다는 한계를 갖는다. 개별 작품에 대한 의례를 찾아 특수신본풀이의 신화적 면모를 밝히는 데는 기여를 하였으

---

17 강권용, 앞의 논문, 2001.

나, 개별 작품에 담긴 의례의 신화적 의미와 지향점을 제시하지 못하였기에 특수신본풀이의 정체가 무엇인지에 대한 해답을 얻지 못하였다.

오히려 특수신본풀이의 개별 작품에 대한 논의가 특수신본풀이의 정체를 밝히는 데 있어서 중추적 역할을 행한다.[18] 개별 작품에 대한 특성이 밝혀짐으로써 이들이 공유하는 의미 맥락이 특수신본풀이의 정체를 밝히는 데 있어서 중요한 디딤돌이 되었다.

먼저 특수신본풀이 연구의 한계점을 인정하면서 특수신본풀이 인물들의 신직이 무엇인지에 대한 논의들이다. 이는 텍스트에서 신직이 드러난 〈원천강본풀이〉와 〈삼두구미본풀이〉에 집중되어 연구되었다. 〈허궁애기본풀이〉인 경우 특수신본풀이의 범주에서 파악하고자 한 것이 아니라 일반신본풀이의 범주에서 신직을 이해하고자 하는 시도가 있었다.[19]

〈원천강본풀이〉의 선행 연구에서 오늘이의 신직 부여와 관련하여 두 가지 핵심적 논의가 있었다. 이수자는 오늘이를 행복을 주재하는 신으로 파악하였고, 조흥윤은 시간을 주재하는 신으로 파악하였다.

이수자는 모든 존재들이 행복하게 살아갈 수 있도록 해주는 신이 오늘이라 하였고, 원천강은 공간은 모든 존재의 운명이나 사주팔자를 관장하는 공간으로 파악하였다.[20] 이는 특수신본풀이를 부가적인 텍스트로 다룬 것이 아니라 중심 텍스트로 다루어 특수신본풀이 해석의 초석을 마련하였다는 데에서 의의를 찾을 수 있다.

다만 오늘이의 신직이 행복을 주재하는 신이라 할 수 있는지, 그러한 오늘이가 다

---

18 김헌선, 「서사무가와 고소설의 서사구조 비교 : 〈허웅애기본풀이〉와 〈콩쥐팥쥐전〉의 사례를 중심으로」, 『경기교육논총』 4, 경기대 교육대학원, 1995; 김헌선·류창선, 「제주도 〈허궁애기본풀이〉의 의미와 의의」, 『실천민속학연구』 24, 실천민속학회, 2014; 신동흔, 「창세신화의 연장으로 본 〈세민황제본풀이〉 연구」, 『구비문학연구』 41, 한국구비문학회, 2015; 이수자, 「무속신화 〈원천강본풀이〉의 신화적 의미와 위상」, 『南道民俗學의 進展』, 태학사, 1998; 신호림, 「三頭九尾의 정체와 본풀이로의 수용과정 고찰」, 『한국무속학』 34, 한국무속학회, 2017; 이원영, 「〈삼두구미본〉의 신화적 성격」, 『口碑文學研究』 35, 한국구비문학회, 2012; 조흥윤, 「〈원천강본풀이〉의 서사에 나타난 '시간'의 의미 연구」, 『남도민속연구』 23, 남도민속학회, 2011; 현승환, 「제주도의 본풀이와 민담의 교섭양상 : 삼두구미본을 중심으로」, 『耽羅文化』 35, 2009.
19 윤정귀, 앞의 논문, 2013.
20 이수자, 앞의 논문, 1998, 791쪽.

녀온 공간이 사주팔자와 운명을 관장하는 곳이자 행복과 관련된 공간으로 파악할 수 있는지에 대한 의문점이 남는다.[21] 사주팔자나 운명을 관장하는 것과 모든 존재들이 행복하게 살아가는 방법을 알려주는 것이다. 이는 '원천강'이라는 공간의 의미를 다양하게 해석하려는 시도가 오히려 모순된 의미를 담는 결과를 낳았다. '행복'은 텍스트의 내부에서 의미를 찾은 것이 아닌 외부적 시선에 의한 주관적 의미부여에 해당한다.

조홍윤은 신화적 시간관념에 초점을 맞추어 오늘이의 신직과 〈원천강본풀이〉의 정체를 밝히고자 하였다. 오늘이를 '시간의 신'으로 파악하여 원천강의 공간 성격을 통하여 신직을 도출하였다.

다만 시간에 한정하여 논의를 진행하고 있어서 멈춤과 흘러감의 시간이 인물과 공간을 통하여 형상화되고 있음을 소홀히 다루었다. 문지기의 역할을 '시간의 비밀을 알 수 있는 자격을 부여하는 자', '시간의 비밀에 접근하기가 얼마나 어려운지를 나타내기 위한 장치'로 이해하고 있는데 재고의 소지가 있다. 문을 열라고 허락한 것은 오늘이의 부모이지 문지기가 아니다. 공간을 열고 닫는 것이 문지기의 본질적 역할이다. '문'은 공간의 경계이다. 그 공간에 시간이 담겨 있다고 하여 시간으로만 한정하여 다룬다면 공간이라는 중요한 축을 놓치게 된다. 조홍윤은 신화의 원형 세계를 경험한 인간은 자신이 가지고 있는 인식 체계나 행위 방식과는 다른 그 세계가 지향하고 이끄는 방향에 따라 인식하여 행위 한다고 지적한다.[22] 이는 특수신본풀이의 인물들이 이승 너머의 세계를 다녀옴으로써 그들이 무엇을 의미하는지 보여주는 서술이다. 현실의 세계로 지칭되던 이곳에서 현실의 세계를 벗어난 신이한 공간인 저곳으로 이동하는 특수신의 궤적은 그들이 상이한 세계를 공유함으로써 그들의 존재가 신화의 원형을 보여주는 주체로서 탄생됨을 일컫는다.

〈삼두구미본풀이〉의 논의는 주인공과 신격이 일치하지 않는다는 특이점이 있다.

---

21 위의 논문, 791~802쪽.
22 조홍윤, 「콤플렉스 치유의 관점에서 본 한국 무속신화 연구」, 건국대학교 박사학위논문, 2015, 199쪽.

텍스트를 분석할 때에는 셋째딸을 주인공으로 분석하고, 신격의 대상은 삼두구미로 제시한다. 분석에 있어서는 주로 삼두구미의 신격을 논하고 있다. 현승환은 〈삼두구미본풀이〉의 주인공을 둘로 설정하여 두고 셋째딸의 신격을 밝히지 않은 채, 삼두구미의 신격을 '땅의 신'으로 파악하였다. 이원영은 삼두구미를 '무덤의 신'으로, 셋째딸을 천리신遷移神으로 관념하였다. 김혜정은 삼두구미를 '무덤 수호신'으로,[23] 신호림은 삼두구미를 '악룡'으로 파악하였다.[24]

현승환은 〈삼두구미본풀이〉의 성격을 밝히는 과정에서 특수신본풀이의 중요한 특성을 드러내었다. 〈삼두구미본풀이〉가 민담과 교섭한 결과물이며 본풀이의 결말과 이장 풍습이 연결된다는 것이다. 이러한 연구방향은 〈삼두구미본풀이〉의 신화적 맥락을 되살려 놓아 이장 풍습[25]과 제오상계의 제의[26]에서 〈삼두구미본풀이〉를 적극적으로 해석할 수 있는 단초가 되었다.

이외에도 특수신본풀이 유형의 서사 분석을 기본으로 하여 장르 간 관련성에 초점을 두고 연구가 진행되었다. 정제호는 〈세민황제본풀이〉의 저본을 당태종전으로 파악하고 매일과 장상 부부를 중심으로 주제를 파악하였다.[27] 김민수는 〈원천강본풀이〉를 인물, 사건, 배경 등 소설의 주요 구성요소로 분석하여 작품의 특징을 파악하고 이를 중심으로 현대에 만들어진 텍스트 연구에 초점을 맞추었다.[28] 김헌선은 〈허궁애기본풀이〉와 고전소설과의 관련성에 초점을 두고 서사구조를 통한 유사성을 파악하였다.[29] 서영숙은 〈허궁애기본풀이〉와 관련 있는 애운애기의 민요와 다른 문화권의 노래를 비교하였다.[30] 유형동은 〈허궁애기본풀이〉가 실제 의례에서 〈차사본풀이〉에 이

---

23 김혜정, 앞의 논문, 2010;「〈삼두구미본〉에 나타난 신의 성격과 서사 형성 배경 고찰: 선악의 재정립 과정을 중심으로」,『고전과 해석』22, 고전문학한문학연구학회, 2017.
24 신호림, 앞의 논문, 2017, 142~146쪽.
25 이원영, 앞의 논문, 2012, 25~30쪽.
26 신호림, 앞의 논문, 2017, 141~148쪽.
27 정제호, 앞의 논문, 2014;「서사무가의 고전소설 수용 양상과 의미」, 고려대학교 박사학위논문, 2014.
28 김민수,「〈원천강본풀이〉의 현대적 변용 양상 연구」, 한국교원대학교 석사학위논문, 2014.
29 김헌선, 앞의 논문, 1995.
30 서영숙,「〈저승차사가 데리러 온 여자〉노래의 특징과 의미」,『한국고전여성문학연구』25, 한국고전여

어 연행됨으로써 망자와 유족에게 미련을 버리고 앞으로의 삶을 준비하는 기능을 수행한다고 주장하였다.[31]

개별 작품에 대한 논의이기는 하나 특수신본풀이의 특성을 밝힐 수 있는 핵심 요소인 창세 신화적 면모에 대하여 논의되었다. 신동흔은 〈세민황제본풀이〉의 저승왕이 창세 신화에 등장하는 대별왕의 속성과 유사하다는 점에 주목하여 〈세민황제본풀이〉의 창세 신화적 면모를 밝혀냈다.[32] 김헌선·류창선은 〈허궁애기본풀이〉의 각편을 민담까지 확대하여 윤추월의 자료를 토대로 의례적 위치를 추정하였다.

특수신본풀이로 특정하여 논의하지는 않았으나 본풀이의 범주에서 민담과의 교섭 양상을 밝히고자 한 논의들이 있다. 특수신본풀이의 작품 중 〈원천강본풀이〉에 집중되어 있다. 유정월은 〈원천강본풀이〉에 담긴 운명관에 주목하여 구복여행담과 〈원천강본풀이〉의 차이점을 중심으로 논의하였다.[33] 고은임은 인물의 여정을 중심으로 신화적 의미를 추론하고자 하였다.[34] 김왕식은 구복여행담과 〈원천강본풀이〉가 유사하게 보이나 〈원천강본풀이〉는 서사무가로서의 의미와 세계관을 담고 있다고 하였다.[35] 이 논의들은 〈원천강본풀이〉의 서사가 민담과 공유 부분을 가지고 있으면서 신화적 의미를 가지고 있음을 지적하였다.

이상의 논의를 바탕으로 네 가지에 초점을 맞추어 특수신본풀이를 정의하고자 하였다.

첫째, 개별 유형에 대한 개별적 서술이다. 각각의 특수신본풀이의 유형을 바탕으로 특수신본풀이가 어떠한 성격을 지니는지 밝히고자 한다. 특수신본풀이의 가장 큰 특

성문학연구, 2012; 「한·영 발라드에 나타난 '여성의 죽음'에 대한 인식 비교: 〈죽음의 신이 데리러 온 여자〉 노래를 중심으로」, 『한국고시가문화연구』 31, 한국시가문화학회, 2013; 「한국 서사민요와 영미 발라드에 나타난 '어머니/자식'의 죽음: 〈애운(허웅)애기 노래〉와 〈The wife of Usher's Well(어서즈웰의 부인)〉의 비교를 중심으로」, 『문학치료연구』 34, 한국문학치료학회, 2015; 『서사민요와 발라드: 나비와 장미』, 박이정, 2018.

[31] 유형동, 「〈허웅애기본풀이〉의 구조와 의미」, 『語文論叢』 68, 중앙어문학회, 2016.
[32] 신동흔, 앞의 논문, 2015.
[33] 유정월, 「〈원천강본풀이〉의 운명관 연구」, 『한국고전연구』 42, 한국고전연구학회, 2018.
[34] 고은임, 앞의 논문, 2010.
[35] 김왕식, 「求福 旅行譚 硏究: 空間移動樣相과 敍事巫歌와의 對比를 中心으로」, 동국대학교 석사학위논문, 1998.

징은 특수신본풀이에 해당하는 각편들이 이곳과 저곳을 수평적으로 넘나드는 이동 양상을 보여주고 있다는 것이다. 이러한 서사적 특징을 '이곳과 저곳의 경계 넘어서기'로 규정하고자 한다. 이러한 '경계 넘어서기'의 고찰은 특수신본풀이의 특성을 밝혀줄 실마리를 제공한다.

둘째, 특수신본풀이와 민담이 공유하는 서사와 이들의 관계를 밝히고자 한다. 특수신본풀이는 남아 있는 각편이 적지만 민담에서 이와 유사한 이야기를 찾아보면 아직까지 구비 전승되고 있는 이야기가 다수이다. 특수신본풀이와 민담은 원천이 같은 이야기를 수용하여 양립하여 구비 전승되어 왔다. 이러한 양립 관계 속에서 서로 영향을 주고받았음을 알 수 있다. 〈원천강본풀이〉와 〈세민황제본풀이〉는 민담을 적극적으로 받아들여 전승되었고, 〈허궁애기본풀이〉와 〈삼두구미본풀이〉는 신화를 적극적으로 받아들여 전승되었다. 신화와 민담의 서사가 공유함을 밝혀 특수신본풀이의 정체를 파악할 수 있는 자료로 활용하고자 한다.

셋째, 제의에서 구연 흔적을 밝히는 것이다. 신화는 텍스트와 전승현장을 함께 검토할 때 이해가 용이한 것인데, 전승현장이 사라져 버린 경우 본풀이 해석에 어려움이 따르기 마련이다. 전승현장이 사라져 버린 경우라면 남아 있는 것을 토대로 유추하는 우회적 방법을 사용할 수 있다. 다행히 특수신본풀이의 '경계 넘어서기'의 특징과 견줄 수 있는 〈차사본풀이〉가 현장에서 구비 전승되고 있기에 이를 적극적으로 활용하고자 한다.

넷째, 특수신본풀이가 가지고 있는 신화적 순환성을 밝히는 것이다. 특수신본풀이의 인물들은 이곳과 저곳을 오가며 분리된 공간을 연결된 공간으로 전환시킨다. 이러한 인물과 공간의 순환성은 신화적 의미를 띤다.

'특수신본풀이'라는 이름은 통용되나 그 의미가 무엇인지 온전히 드러나지 못하였다. 이 글에서는 위의 선행연구를 바탕으로 특수신본풀이의 성격이 가지고 있는 소중한 의미를 드러내고자 한다.

선행연구를 총괄적으로 정리하면서 특수신본풀이의 논의가 개별적 연구와 특정 주제에 집약되었다는 것을 절감하였다. 예증에서 벗어나 구체적인 유형을 설정하는 것이 시급하기에 이를 '특수신본풀이'로 상정하여야 한다. 이러한 설정 이후에야 비로소 소종래와 신화적인 내용의 변이를 다룰 수 있다고 판단된다. '특수신본풀이'라는 범주를 설정하고 이에 대한 성격과 의미를 밝히는 것이 선행연구에서 개별적으로 집적된 연구 결과의 한계를 극복하고 타개하는 적극적인 방안이 될 수 있다.

제1부 02

특수신본풀이의 분류

1. 본풀이의 개관

제주도 본풀이는 현용준의 『제주도무속자료사전』에 일반신본풀이, 당신본풀이, 조상신본풀이가 채록되었고, 진성기의 『제주도무가본풀이사전』에 일반신본풀이, 당신본풀이, 조상신본풀이, 특수신본풀이가 채록되었다.[1] 이들 자료집은 제주도 무가의 세계를 학계에 알리는 교두보 역할을 하였고, 이후로 현재 무업에 종사하고 있는 심방들의 본풀이가 채록되어 제주도 본풀이의 다양한 면모를 살필 수 있었다.[2]

제주도 본풀이에 대한 연구는 일반신본풀이에 집중되었다. 일반신본풀이의 서사와 의례의 관계, 일반신본풀이의 특성과 유입 경로 등의 연구 성과로 인해 일반신본풀이

---

1 진성기의 『제주도무가본풀이사전』은 1960년대에 2회에 걸쳐 『남국의 무가』라 하여 유인판(油印版)으로 만들었던 자료를 정리하여 1991년 민속원에서 출간한 자료이다.
2 허남춘 외, 『이용옥 심방 본풀이』, 제주대학교 탐라문화연구소, 2009; 『양창보 심방 본풀이』, 제주대학교 탐라문화연구소, 2010; 『고순안 심방 본풀이』, 제주대학교 탐라문화연구소, 2013; 『서순실 심방 본풀이』, 경인문화사, 2015.

의 정체가 드러났다.³ 이를 통해 일반신본풀이는 천지天地·일월日月·산해山海·생사生死·질병·농경·어로·수렵·빈부 등 인문·사회 전반을 주관하는 일반신에 대한 내력담이고⁴ 외부에서 유입되어 육지와 공통분모를 가지고 있으며 제주에 와서 변용되기 시작하였음을 알 수 있었다.

일반신본풀이는 큰굿이 열릴 때마다 다양하게 구연된다. 일반신본풀이는 흔히 열두본풀이로 불리며, 〈천지왕본풀이〉, 〈삼승할망본풀이〉, 〈마누라본풀이〉, 〈초공본풀이〉, 〈이공본풀이〉, 〈삼공본풀이〉, 〈차사본풀이〉, 〈세경본풀이〉, 〈칠성본풀이〉, 〈문전본풀이〉, 〈멩감본풀이〉, 〈지장본풀이〉가 포함된다.⁵ 일반신본풀이는 인간의 삶과 죽음에 관련된 문제가 본풀이의 서사에 녹아있고 의례를 통해 형상화된다.

〈천지왕본풀이〉에서 소별왕과 대별왕이 이승법과 저승법으로 이승과 저승을 다스린다. 〈삼승할망본풀이〉·〈마누라본풀이〉는 인간 존재의 탄생과 그 존재를 위협하는 것이 무엇인지에 대하여 다룬다. 〈초공본풀이〉, 〈이공본풀이〉, 〈삼공본풀이〉는 인간의 삶과 관련된 근원적인 세계를 다룬다. 〈초공본풀이〉는 큰굿을 주재하는 심방의 탄생을, 〈이공본풀이〉는 인간의 삶을 주재하는 서천꽃밭과 꽃감관을, 〈삼공본풀이〉는 복록이 가득한 삶이 이미 정해져 있어 인간이 욕망 하는 부귀와 영화를 모두 가지고 태어난 감은장아기를 통하여 인간을 둘러싼 생사화복의 문제를 다룬다. 〈차사본풀이〉는 인간의 삶이 다하였을 때 이승에서 저승으로 영혼을 인도하여 가는 차사의 모습을 통하여 저승세계를 살필 수 있다. 〈세경본풀이〉·〈칠성본풀이〉·〈문전본풀이〉는 인간의 삶에 필요한 먹을 것, 부귀, 안전을 다루고 있다. 〈멩감본풀이〉와 〈지장본풀이〉는 인간이 적극적으로 피하고 거부하고자 하는 죽음과 관련된 이야기이다.

---

3 姜晶植,「濟州巫歌 이공본의 口碑敍事詩的 性格」, 韓國精神文化研究院 韓國學大學院 碩士學位論文, 1987; 김은희,「제주도 본풀이와 놀이의 상관성 : 본풀이와 굿놀이의 연계양상과 유형을 중심으로」,『탐라문화』 36, 제주대학교 탐라문화연구소, 2010; 김헌선,『한국무조신화연구 : 비교신화학의 자료적 가치와 의의』, 민속원, 2015; 신연우,「제주도 서사무가 〈초공본풀이〉의 신화성과 문학성」, 민속원, 2017; 허남춘,『제주도 본풀이와 주변 신화』, 보고사, 2011;『설문대할망과 제주신화』, 민속원, 2017.
4 玄容駿,『巫俗神話와 文獻神話』, 集文堂, 1992, 19쪽.
5 일반신본풀이의 제시 순서는 玄容駿의『濟州島巫俗資料事典』의 순서를 참고하였다.

특수신본풀이와 달리 일반신본풀이의 신직은 공간과 역할에 의해 세분화되며 서로의 영역을 침범하지 않는다. 〈천지왕본풀이〉만 하더라도 소별왕이 이승을 차지하여 혼란하여지나 대별왕은 저승을 다스릴 뿐이지 이승에서 자신의 힘을 발휘하지 않는다. 이러한 모습은 일반신본풀이와 특수신본풀이가 정확히 구별되는 지점이다. 특수신본풀이인 〈세민황제본풀이〉에서 저승왕은 저승에 온 세민황제를 다시 이승에 보내 자신의 과오를 바로잡도록 한다. 일반신들은 자신에게 주어진 역할을 행하고 신직을 부여받지만 특수신은 그러한 역할이 정해져 있지 않다. 공간의 제한도 경계만 있을 뿐이고 단절되어 있지 않아 인간이 바라는 삶의 세계와 인간이 거부하는 죽음의 세계를 모두 보여준다.

당신본풀이는 일반신본풀이에 비해 제주의 독자적인 성격을 가진 본풀이로 이해된다. 육지부에서 유사한 본풀이를 찾을 수 없기에 당신본풀이 간의 계통을 밝혀 이들 본풀이의 전승과 변이 과정이 연구되었다.[6] 마을이 형성되기 이전부터 해신당과 산신당이 있어 생업수호신적 성격을 띠고 있으며, 마을이 형성된 이후부터는 본향당 중심의 당신 신앙이 형성되었다. 이러한 신앙은 농경문화가 정착되자 농경사회의 풍습을 반영하고 마을 공동체 사회를 결속하고 강화하였다.[7] 당신본풀이에 마을의 발전, 분화 과정에 해당하는 서사가[8] 당신의 계보를 통하여 반영된다.[9] 당신을 모시는 신당은 본향당, 해신당, 산신당 등이 두루 포함되며 각 신의 역할이 상이하다. 본향당신이라 하면 마을 수호신의 성격을 지니고, 산신당과 해신당의 경우 생업수호신의 성격을 지닌다.

일반신본풀이와 당신본풀이의 신앙적 영향력은 지역적으로 살펴볼 때, 전체와 부분으로 나뉜다. 일반신은 인문사회 전반을 주관하고, 당신은 그 마을 혹은 신앙권에 한정되기 때문이다. 당堂에는 호적, 장적 등을 담당하는 본향당과 그 외에 일뤳당, 여드

---

6 강정식, 「濟州島 당신본풀이의 傳承과 變異 硏究」, 한국정신문화연구원 한국학대학원 박사학위논문, 2002; 文武秉, 「濟州島 堂信仰 硏究」, 濟州大學校 博士學位論文, 1993; 정진희, 「제주도 당본풀이의 유형과 변천 양상 연구」, 서울대학교 석사학위논문, 1999.
7 文武秉, 위의 논문, 232~234쪽.
8 정진희, 앞의 논문, 1999, 67~71쪽.
9 강정식, 앞의 논문, 2002.

렛당, 해신당, 산신당 등이 있다.

조상신본풀이는 김헌선·현용준·강정식의 『제주도 조상신본풀이 연구』를 통해 새롭게 조명되었다. 이 저작을 통하여 조상신본풀이의 자료를 소개하고 정체성을 드러내는 연구 성과를 거두었다. 조상신본풀이는 역사적 체험의 현장을 배경으로 실존했던 인물이 등장하기에 전설화하여 받아들이는 성향이 강하고,[10] 사실적史實的 요소를 갖춘 본풀이로 파악할 수 있다.[11] 조상신본풀이는 한 집안 내지 일족一族의 수호신을 모시게 된 조상신에 대한 연유를 역사적 배경을 토대로 담고 있는 본풀이다.[12]

특수신본풀이는 이곳과 저곳이 단절되기 이전의 시대를 배경으로 인간 존재와 동식물이 함께 소통하는 세계를 다룬다. 이들 본풀이 속에서 죽음은 이곳과 저곳을 오고 가는 것에 불과하다고 말한다. 나와 너, 인간과 동·식물 등은 바라는 것을 얻고자 조력함으로써 서로 관계가 맺어진다. 이러한 소통에 의한 관계 맺기가 가능한 것은 서사의 배경이 되는 공간의 특성에 기인한다. 이질적인 성격을 띤 공간이 분리되어 있으나 특수신의 왕래에 의하여 단절된 것이 아니라 소통의 모습을 보여준다.

제주도 본풀이는 일반신본풀이, 당신본풀이, 조상신본풀이, 특수신본풀이로 나뉜다. 각 영역의 성격을 독자적으로 가지고 있는 본풀이도 있고, 둘 이상의 성격을 공유하는 본풀이도 있다.

일반신본풀이 중 〈칠성본풀이〉와 〈멩감본풀이〉는 복합적 성격을 지닌다. 〈칠성본풀이〉인 경우 일반신본풀이에서 보기 어려운 칠성신의 탐색담과 노정기는 당신본풀이적 속성이 강하고[13] 부신富神의 성격은 육지부의 업신앙과 연관된다.[14] 〈칠성본풀이〉

---

10 김헌선·현용준·강정식, 『제주도 조상신본풀이 연구』, 보고사, 2006, 19쪽.
11 류진옥, 「제주도 조상신본풀이의 형성과 전승」, 제주대학교 석사학위논문, 2018, 83쪽.
12 玄容駿, 앞의 책, 1992, 19쪽.
13 강소전, 「제주도 칠성의 형성과 본풀이 전승」, 『실천민속학연구』 27, 실천민속학회, 2016, 211쪽; 강정식, 앞의 논문, 2002, 158쪽.
14 김헌선, 「〈칠성본풀이〉의 본풀이적 의의와 신화적 의미 연구」, 『古典文學硏究』 28, 한국고전문학회, 2005, 256쪽; 김호성, 「제주도 〈칠성본풀이〉의 신화적 성격 연구 : 업신앙의 제주도 이입과정을 중심으로」, 경기대학교 석사학위논문, 2018, 29쪽; 허남춘, 「칠성과 부군(府君) 신앙, 뱀 신앙」, 『비교민속학』 58, 비교민속학회, 2015, 40쪽.

의 뱀신은 가택에 모셔진 부와 안녕을 도모하기 위한 신이기에 당신본풀이에서 일반신본풀이로서 변화되었을 가능성도 염두에 두어야 한다.[15] 〈멩감본풀이〉인 경우 조상신본풀이의 성격을 가지고 있으면서 일반신본풀이에 편입되었을 가능성에 비중을 두고자 한다. 〈멩감본풀이〉의 전반부에 백년해골을 집에 가져와 모시자 사냥이 잘 되었다고 하는 것은 생업수호신의 모습으로 파악할 수 있고, 백골을 숭배의 대상으로 파악하는 것은 원시 서사시의 면모로 파악할 수 있다.[16] 〈멩감본풀이〉와 유사한 무가는 함경도에서 채록된 황천혼시를 들 수 있기에[17] 〈멩감본풀이〉 역시 독자적인 본풀이로 파악하기 보다는 육지부와 연관된 본풀이로 파악할 수 있다. 인간의 부와 장수에 대한 욕구, 수렵·채취 시대에서 농경 시대로의 변화가 맞물려 조상신으로 존재하던 멩감신을 일반신으로 위상을 끌어올린 것이다.

당신본풀이 중 〈당나미 문씨아기당 본풀이〉와 〈양씨아미본풀이〉는 복합적 성격을 지니고 있다. 〈당나미 문씨아기당 본풀이〉는 표선면 가시리의 당신본풀이인데 조상신본풀이와 당신본풀이의 성격을 공유한다. 본풀이에 등장하는 제물祭物이 조상신본풀이인 〈양씨아미본풀이〉의 제물과 유사하며 당나미 문씨아기가 피부병을 낫게 하는 직능은 당신과 유사한 모습으로 파악할 수 있다.[18] 〈양씨아미본풀이〉는 조상신본풀이로 분류되나 돼지 비린내로 인한 부정 등은 당신본풀이의 화소로 적합하다.[19]

제주도 본풀이는 일반신본풀이, 당신본풀이, 조상신본풀이, 특수신본풀이로 구분된다. 다만 이러한 구분이 하나의 본풀이에 하나의 속성만 담겨 있다는 것을 의미하는 것이 아니라 하나의 속성이 담겨 있을 수도 있고 둘 이상의 복합적 성격의 틀에서 살

---

15 玄容駿, 「제주도 무신의 형성」, 『탐라문화』 1, 제주대학교 탐라문화연구소, 1982, 21쪽; 강정식, 앞의 논문, 2002, 181쪽.
16 허남춘, 「제주도 본풀이의 원시·고대·중세 서사시적 특징과 변모」, 『탐라문화』 38, 2011, 166쪽.
17 현승환, 「사만이본풀이 硏究」, 『白鹿語文』 16, 제주대학교 사범대학 국어교육과 국어교육연구회, 2000, 173쪽.
18 고은영, 「제주도 서사무가 〈당나미 문씨아기당 본풀이〉에 나타난 복합적 신격의 양상」, 『한국무속학』 35, 한국무속학회, 2017.
19 이경화, 「〈양씨아미본풀이〉의 장르 교섭 양상과 그 의미」, 『한국무속학』 36, 한국무속학회, 2018.

펴보아야 하는 본풀이도 있음을 밝혀둔다.

2. 특수신본풀이의 범주와 체계

　일반신본풀이, 당신본풀이, 조상신본풀이, 특수신본풀이는 서로 관련지어 파악할 때 그 특성을 명확히 살필 수 있다. 당신본풀이는 제주도 고유의 본풀이 체계를 담당하고 있다. 이에 반해 일반신본풀이, 조상신본풀이, 특수신본풀이는 구비문학 장르 간 소통을 통하여 각기 변화, 발전되어 왔다. 일반신본풀이는 육지부에서 불리는 신화들이 들어와 제의 속에서 자리를 잡았다. 조상신본풀이는 역사적 인물이 등장하여 역사적 사실과 신화적 속성이 혼재되어 본풀이가 형상화된다. 특수신본풀이와 유사한 서사를 갖춘 민담과 특수신본풀이는 서로 공존하며 발전되어 왔다. 당신본풀이는 이와 유사한 이야기를 당신본풀이 이외의 신화, 전설, 민담 등에서 찾을 수 없어 제주도 신화의 독자적 영역으로 파악된다.
　당신본풀이는 신화적, 삽화적, 단편적 성격을 보이고, 조상신본풀이는 전설적, 유기적, 장편적 성격을 보인다. 당신본풀이는 신당의 설립 내력 또는 마을의 형성 내력을 구체적으로 담고 있고, 조상신본풀이는 집안의 선조들이 조상신을 모시게 된 내력을 담고 있다. 당신본풀이와 조상신본풀이는 현실적 공간 속에서 역사적 사실을 공유한다. 당신본풀이는 신당의 설립내력과 관련하여 역사적 사실이 본풀이에 포함되어 있고, 조상신본풀이는 역사적 인물이 본풀이에 등장하기에 구체적인 현실과 접점을 가진다.
　일반신본풀이와 특수신본풀이는 보편적 성격을 띤다. 일반신본풀이는 신화적 보편성을 띠고, 특수신본풀이는 민담적 보편성을 띤다. 일반신본풀이는 구체화된 신성의 세계를 탈지역적으로 보여주고, 특수신본풀이는 인간이 가지고 있는 원초적 질문과 해답을 보여준다.
　일반신본풀이는 특수신본풀이와 달리 정해진 체계 안에서 운용된다. 일반신본풀이의 담화 시간이 과거를 지향하며, 담화 공간에서 정해진 규칙에 따라 움직이는 정해진 세계의 모습을 보여준다.[20] 〈초공본풀이〉, 〈이공본풀이〉, 〈삼공본풀이〉, 〈세경본풀이〉 등의 주인공들이 모두 유사한 영웅의 서사로 파악할 수 있는 것만 보아도 이를 알 수 있다.[21]

제주도 본풀이의 체계 안에서 신화적 속성, 전설적 속성, 민담적 속성을 살필 수 있는 것은 섬이라는 환경적 특성 때문이다. 바다로 둘러싸인 섬은 다른 신앙을 배척하는 특성을 가지고 있으나 신앙과 관련되어 들어온 이야기는 비교적 포용하는 특성을 가진다. 외부에서 들어온 이야기들을 본풀이로 수용하여 여러 갈래의 이야기들이 그 속에서 서로 영향을 주고받으며 구비전승 된다. 특히 특수신본풀이인 경우 제주도를 제외한 지역에서는 신화의 흔적을 찾기 어려워 특수신본풀이의 자료가 더욱 소중하다.

일반신본풀이와 특수신본풀이는 구연 상황에서 개방성을 지닌다. 일반신본풀이는 심방이면 누구나 익혀야 하는 본풀이고, 매인심방이 아니더라도 제한 없이 구연할 수 있는 본풀이다. 제주굿은 짜임이 같은 구조를 바탕으로 신축성伸縮性을 지닌다.[22] 비념에서 큰굿까지 일반신본풀이의 역할이 중요하고, 심방들은 일반신본풀이의 사설을 필수적으로 익혀 이를 의례에서 적극적으로 활용한다. 특수신본풀이 역시 특정 심방이

---

[20] 전주희, 「제주도 본풀이의 세계관과 에토스 연구」, 서강대학교 박사학위논문, 2018, 129~130쪽.
[21] 일반신본풀이의 인물들은 아래와 같은 영웅의 일생을 겪는다. 〈초공본풀이〉의 자지맹왕아기씨를 예로 들자면 천하문장, 지하문장의 딸로 태어나(A), 기자치성을 드려 태어난 인물로(B), 용모가 뛰어나게 아름다웠으나(C), 처녀가 임신했다는 사실 때문에 집에서 쫓겨나고(D), 자지맹왕아기씨가 받은 과제에 대해 새들이 도움을 주어 이를 해결하고(E), 삼천선비의 시기 때문에 깊은 궁에 갇히나(F), 세 아들이 구해주어 무구를 관리하는 신이 된다(G).
"A. 고귀한 혈통을 지닌 인물이다.
B. 잉태나 출생이 비정상적이었다.
C. 범인과는 다른 탁월한 능력을 타고 났다.
D. 어려서 기아가 되어 죽을 고비에 이르렀다.
E. 구출·양육자를 만나 죽을 고비에서 벗어났다.
F. 자라서 다시 위기에 부딪쳤다.
G. 위기를 투쟁담으로 극복하고 승리자가 되었다."
조동일, 「英雄의 一生, 그 文學史的 展開」, 『東亞文化』 10집, 서울대학교 동아문화연구소, 1971, 168~169쪽.
[22] 강정식, 『제주굿 이해의 길잡이』, 민속원, 2015a, 38쪽.

구연해야 한다는 제한성과 폐쇄성을 가지고 있지 않다. 일반인들과 깊은 관련을 맺고 있으며 명계冥界를 여행하는 고태적古態的 모습을 가지고 있기에 죽음과 관련한 의례에서 구체적으로 활용할 수 있다.

당신본풀이와 조상신본풀이는 일반신본풀이, 특수신본풀이와 달리 구연 상황에서 구연자를 제한하는 폐쇄성을 지닌다. 당신본풀이의 구연은 당을 맡고 있는 매인심방에 한해서 행해지고, 조상신본풀이는 조상신을 모시고 있는 집안의 단골 심방에 의해서 행해진다. 이러한 제한성은 구체적인 역사적 사실들을 본풀이에 적극 반영하도록 한다. 당신본풀이에 신당 설립 내력, 당신앙의 변화과정, 공동체의 역사적 체험이 사설에 담겨 있고,[23] 조상신본풀이에 조상신을 모시게 된 선조의 내력, 역사적 인물 등이 사설에 담겨 있다.[24]

위에서 개관한 일반신본풀이, 당신본풀이, 조상신본풀이, 특수신본풀이의 범주를 아래와 같이 체계적으로 파악하는 것이 가능하다. 사당클은 사방의 벽에 선반처럼 매어 둔 것인데 이를 평면적으로 제시하면 아래와 같다.

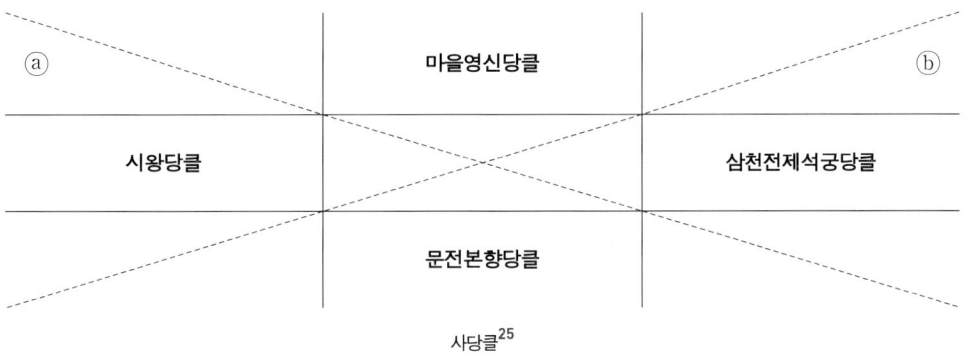

사당클[25]

---

23 강정식, 「서귀포시 동부지역의 당신앙 연구」, 『한국무속학』 6, 한국무속학회, 2003.
24 〈선흘리안판관본풀이〉와 〈고대정본풀이〉의 경우 이러한 관계로 파악할 수 있다.
25 玄容駿, 『濟州島巫俗資料事典』, 新丘文化社, 1980, 29쪽.

사당클은 삼천전제석궁당클, 시왕당클, 문전본향당클, 마을영신당클을 일컫는데 각 당클에 모셔지는 신은 다음과 같다.[26]

- 삼천전제석궁당클 - 옥황상제(玉皇上帝), 지부사천대왕(地府四千大王), 산신대왕(山神大王), 산신백관(山神百官), 다섯용궁(龍宮), 서산대사(西山大師)·육관대사(六觀大師), 삼승할망(産育神)과 그 권속(眷屬), 홍진국대별상 서신국마누라, 날궁전·둘궁전(日月神), 초공(巫祖神)과 그 권속(眷屬), 이공(西天꽃밭 呪花管掌神)과 그 권속(眷屬), 삼공(전상신)과 그 권속(眷屬)
- 시왕당클 - 시왕(저승과 生命 차지 神)과 그 하위신(下位神), 차사(十王의 使者), 명관(冥府使者)
- 문전본향당클 - 세경(農畜神)과 그 권속(眷屬), 성주(家屋神), 문전(門神), 본향(部落守護神), 칠성(富와 穀物의 神), 조왕(부엌의 神), 오방토신(方位 및 집터의 神), 주목지신,[27] 정살지신(집안 出入路神), 울담·내담지신(울타리神), 눌굽지신(낟가리의 神)
- 마을영신당클 - 군웅, 일월조상(一家 내지 一族守護神), 영혼(靈魂), 혼백(魂魄), 마을 제사령(諸死靈)

실제 굿에서 당클을 맨 모습은 사진과 같다. 사면에 각각 삼천전제석궁당클, 시왕당클, 문전본향당클, 마을영신당클을 맨다. 여러 신들을 위하여 당클에 제물을 진설하고, 기메로 당클을 가리게 된다.

삼천전제석궁당클은 우리가 살고 있는 삶의 공간을 크게 구획하여 신직을 맡는 신

---

26 당클 안에 모셔지는 신명을 나열할 때는 젯두리를 고려하여 제시하였고, '삼공'인 경우 '前生神'이라 하였는데, '전생(前生)'이라는 단어로는 이 신격의 의미를 두루 포괄하지 못하기에 '전상신'이라 하였다. 玄容駿, 『濟州島 巫俗 硏究』, 集文堂, 1986, 189~249쪽.
27 주목은 정주목을 가리키며 주목지신은 정주목의 신을 일컫는다.

사당클 ・ 송낙을 써서 본풀이를 구연하는 모습

들이 모셔진다. 하늘, 땅, 바다, 산, 절을 차지한 신들이다. 옥황상제玉皇上帝는 하늘을, 지부사천대왕地府四千大王은 땅을, 산신대왕山神大王과 산신백관山神百官은 산을, 다섯 용궁龍宮은 바다를, 서산대사西山大師・육관대사六觀大師는 절을 차지하여 다스리는 신이다.

신들의 위계를 젯ᄃᆞ리로 정해놓고 의례 때마다 신들을 청하는데 절을 차지하는 신인 서산대사西山大師・육관대사六觀大師 다음의 젯ᄃᆞ리가 삼승할망이다. 〈초공본풀이〉, 〈이공본풀이〉, 〈삼공본풀이〉, 〈세경본풀이〉 등 여러 본풀이에 등장하는 신들의 탄생을 위하여 절에서 기자치성을 드리는 것과 이러한 젯ᄃᆞ리를 연관된다. 심방이 본풀이를 풀 때 송낙을 써서 구연하는데 이것 역시 불교와 관련되어 있다.

〈할망본풀이〉에서 동해용궁ᄄᆞ님아기는 바다에서 오고, 명진국ᄄᆞ님아기는 하늘에서 내려오는데 젯ᄃᆞ리의 가장 상위신이 하늘 차지 신인 옥황상제이기에 명진국ᄄᆞ님아기가 삼승할망의 자리를 차지하게 된다. 생명이 잉태되어 아이를 출산하는 과정과 연관되는 세계관이 수평적 타계他界에서 수직적 타계他界로 이동하였음을 알 수 있다. 삼승할망이 구체적인 공간에서 삶과 관련되어 있고, 마마신인 홍진국대별상 서신국마누라는 죽음과 근접하여 있다.

일월신은 '날궁전, 돌궁전'이라하여 이들을 분리하여 놓았다. 이는 주야晝夜를 하나의 시간관념으로 인식하는 것이 아니라 낮과 밤을 구별하여 놓은 것이다. 무조신인 초공, 생명꽃밭을 관장하는 주화관장신 이공은 각기 근원이 다르다. 하나의 근원에서 모든 것이 발생하는 것이 아니라 각각의 근원을 따로 설정하여 분리하여 놓았다.

삼천전제석궁에 모셔지는 신들은 하늘과 관련되어 있다. 부모세대, 남편, 자신이 하늘에서 맡은 바가 있어 하늘로 올라가야 하거나 자신이 하늘에서부터 내려온 신들이다. 다만 전상신인 경우 이러한 모습이 보이지 않는다. 삼천전제석궁당클에 속하면서도 이러한 영향력을 받지 않는 것은 내 복에 산다계 민담과 〈삼공본풀이〉가 공유하는 근원적 이야기에 담긴 원초성의 영향이라 생각한다.

문전본향당클에 삶의 공간을 더욱 세분하여 이와 관련된 신직을 맡은 신들이 모셔진다. 일터인 농경지, 당을 중심으로 한 신앙공동체가 형성되는 마을, 주거공간인 집, 이 집을 세분하여 고팡, 부엌, 출입문, 울타리 등을 차지하여 이를 담당한다. 삼천전제석궁당클에 모셔지는 신들과 문전본향당클에 모셔지는 신들은 현실 세계를 공유하며 이러한 공간을 분절하여 받아들인다.

시왕당클과 마을영신당클은 수평적 세계를 기반으로 하는 죽음의 공간과 관련이 있다. 죽음의 공간 역시 분절되어 있다. 저승은 제1관문부터 제10관문까지 진광대왕, 초강대왕, 송제대왕, 오관대왕, 염라대왕, 번성대왕, 태산대왕, 평등대왕, 도시대왕, 전륜대왕이 맡는다. 이들은 육십갑자를 나누어 심판을 맡는다고 한다.[28] 저승이라는 공간

---

28 불교에서는 열시왕이 심판하는 내용을 다르게 파악하나 제주도의 무속 세계에서는 생년의 간지로 심판을 맡는다고 관념한다.
강정식, 앞의 책, 2015a, 189~190쪽.

은 구획되어 있고, 차사의 임무와 명관의 임무는 정해져 있다. 상마을, 중마을, 하마을은 영혼들이 사는 마을이다. 상·중·하의 구분은 높이에 따른 것이라기보다는 좋고 나쁨의 개념이다. 시왕의 관문에서 이승에서 좋은 일을 많이 하게 되었다고 인정되면 상마을로 가고, 그렇지 못하면 하마을로 간다. 이미 저승의 세계 역시 분절되어 있음을 알 수 있다.

시왕당클과 마을영신당클이 속한 죽음의 세계는 분절되어 있으나 이승과 연관을 맺고 있다. 삼천전제석궁당클과 문전본향당클에 모셔지는 신들은 삶의 세계만을 말하고, 죽음의 세계에 대하여 말하지 않는다. 죽음을 맞더라도 삶 너머의 죽음의 세계에 대한 언급 없이 이들이 부활하여 다시 삶의 세계에 소속된다. 죽음의 세계는 철저히 분화되어 있으나 영혼들에 대한 판단을 내리기 위해서는 이승에서의 일을 근거로 해야 하기에 죽음의 공간 속에서 삶에 대해 말한다. 다만 이러한 삶과 죽음이 소통되는 것이 아니라 단절되어 있는 것으로 받아들인다.

사당클은 ⓐ의 축으로 나누어 파악할 수 있다. ⓐ에 의해 시왕당클, 문전본향당클과 삼천전제석궁당클과 마을영신당클로 나누어진다. 전자는 상하의 수직적 체계가 아닌 수평적 체계로 구조화 되어 있고, 후자는 일정한 위계에 의해 수직적 체계로 구조화 되어 있다. 삼천전제석궁당클에 모셔지는 신들의 영역은 천상인 하늘과 하늘 아래 있는 땅과 바다로 구분된다. 마을영신당클에 모셔지는 신들의 영역은 상마을, 중마을, 하마을이라 하여 마을의 높고 낮음을 정하여 둔다. 문전본향당클에 모셔지는 신들은 천상천하의 개념을 적용받지 않고, 마을이라는 공간에서 신의 직능에 따라 구분되고, 시왕당클도 저승이라는 공간에서 신의 직능에 따라 구분된다. ⓐ를 축으로 하여 수평적 이동, 수직적 이동을 나눌 수 있다.

또한 사당클은 ⓑ의 축으로 나누어 파악할 수 있다. ⓑ의 축은 시왕당클, 마을영신당클과 삼천전제석궁당클, 문전본향당클로 나누는 축이다. 여기에 인간과 신의 경계가 있다. 인간이 죽어 심판받기 위해 가는 곳이 저승이기에 시왕당클과 연관되고, 영혼이 거주하는 곳이 상마을·중마을·하마을이기에 마을영신당클과 연관된다. 삼천전제석궁당클과 문전본향당클은 인간의 영혼이 넘나들 수 있는 곳이 아니다. 시왕당클과 관련되는 저승에서 영혼인 인간과 신의 직접적인 만남이 이루어진다.

사당클에서 수직적 세계와 수평적 세계의 경계, 인간 세계와 신의 세계의 경계를 파악할 수 있었다. 특수신은 이러한 경계에 존재한다. 특수신의 신적 능력에 있어서 인간과 신의 경계, 인간의 공간과 신의 공간 경계, 삶과 죽음의 경계를 특수신들은 넘나든다. 이러한 성질은 신의 위계를 구획하고, 인간과 삶의 공간을 나누는 사당클의 성질과는 다른 성질이다. 그렇기에 사당클에 모시지 못하고, 사당클에서 특수신과 공유되는 성격에 의존하여 부신demi-deity의 역할로 이해되는 것이다.

특수신은 위에서 모셔지는 신들과는 성격이 상이하다. 당클에서 모시지 않으나, 시왕당클과 관련된 부신으로 이해할 수 있다. 특수신은 이승과 이승 너머를 수평적 세계관을 기반으로 파악한다. 미분화에서 분화된 사유체계로의 전환은 이승과 저승을 나누고 나누어진 이승과 저승을 더욱 세분하여 각 영역을 담당하는 신을 필요로 한다. 미분화된 온전한 세계를 받아들이는 것이 아니라 이를 나누어 부분의 총합으로 현실을 파악한다. 특수신본풀이의 서사는 삽화적이고 의존적인 성격을 보이는데 이러한 성격을 보이는 이유가 분화되지 않고, 정해진 것이 없는 특수신본풀이의 특성에 기인한다. 특수신본풀이는 삶과 죽음이 유동적이며, 가시적인 세계를 벗어나 우리가 알 수 없는 세계와 삶의 세계가 소통한다고 이야기해준다.

특수신본풀이는 현장에서 의례를 찾아보기 어렵고, 본풀이 속에서 신직이 명확히 드러나지 않기에 특수신의 성격과 함께 제의적 성격을 밝혀야 특수신본풀이의 위상을 정립할 수 있다. 특수신의 성격과 특수신의 제의적 성격을 재구성하여 특수신본풀이의 위상을 정립할 수 있다.

제1부 03

대표적인 특수신본풀이

1. 개별 작품의 서사적 면모

특수신본풀이는 현장에서 불리지 않으나 다행히 이른 시기에 채록되어 현재까지 전한다. 이 각편들을 검토하여 특수신본풀이의 정체성을 밝히는 실마리로 삼고자 한다.

특수신본풀이는 다양한 변주 양상을 보이기에 표면적인 분석만으로 이해하기 어렵다. 그렇기에 이들 작품의 서사단락을 분석하여 서사의 의미가 무엇인지 개별 작품 안에서 논의하고 이러한 논의를 바탕으로 공통적 속성을 추출하고자 한다. 특수신본풀이는 일상성과 신성을 동시에 담고 있어 각편 안에 담긴 압축과 변모를 분석해 내는 것이 우선적으로 선결되어야 하는 과제이다. 이를 위하여 특수신본풀이 유형의 서사를 제시하고자 한다.

1) 〈원천강본풀이〉의 원천강

〈원천강본풀이〉는 같은 이름으로 서로 다른 내용의 본풀이가 2편 존재한다. 박봉춘본 〈원천강본풀이〉와 조술생본 〈원천강본풀이〉다. 두 편의 본풀이는 동일한 이름 아래 서로 다른 서사를 담고 있다. 박봉춘본 〈원천강본풀이〉는 오늘이가 원천강을 다녀와서 절마다 다니며 원천강을 등사한다는 이야기이고, 조술생본 〈원천강본풀이〉는 한 여인이 자신의 말실수로 남편을 잃게 되어 '원천강'이라는 역서를 보는 복자卜者가 된다는 이야기이다.

'○○○본풀이'라 하면 '○○○' 신에 해당하는 본을 푸는 것으로 이해하면 되는데 신명이 언급되어야 하는 부분이 공간으로 등장하기에 본풀이의 해석에 어려움을 준다. 두 이야기는 표면적인 서사, 근원적인 이야기가 다르기에 원천강에 대한 내력 역시 상이하다. 구체적으로 지적하자면 박봉춘본에서 '원천강'이라는 책의 내력이, 조술생본에서 '원천강'이라 불리는 여인의 직업에 대한 내력이 담겨 있다. 조술생본에서 남편이 자신의 아내에게 '원천강'이라는 책을 주었다는 내용으로 미루어 보아 '원천강'이라는 책은 이미 존재하고 있고, '원천강'이라 불리는 여인의 내력이 담긴 이야기로 파악된다.

박봉춘본과 조술생본을 비교하여 보면 박봉춘본은 오늘이가 부모를 잃은 것에서 이야기를 시작하여 부모를 찾는 이야기로, 조술생본은 남편이 곁에 있는 상태에서 이야기를 시작하여 남편을 잃는 이야기로 끝이 난다. 박봉춘본의 오늘이는 단절된 부모와의 관계가 연결되고, 조술생본의 원천강은 남편과의 관계가 단절된다. 이러한 연결과 단절의 모습 속에서 '원천강'은 동일한 기능을 지닌다. 박봉춘본에서 '원천강'은 오늘이와 부모를 이어주는 역할을 하고, 조술생본 역시 남편이 부인에게 남긴 유물이기에 남편과 부인을 이어주는 역할을 한다.

'원천강袁天綱'은 『원천강화주역袁天綱畫周易』이라는 역서를 말하며, 당대唐代의 복자[1]

---

1 袁天綱(547年—634年), 俗作"袁天罡", 益州成都(今四川成都)人, 隋末唐初玄學家, 天文學家。傳說他善"風鑒", 即憑風聲風向, 可斷吉凶, 累驗不爽。又精通面相, 六壬及五行等。隋時為資官令, 唐武德年間為蜀郡火井縣縣令。貞觀六年, 唐太宗聽聞其名聲, 詔入朝收納為智囊。貞觀八年(634年), 在其請求下, 唐太宗復任他為火井縣縣令, 以讓他返回家鄉, 同年四月, 袁天綱逝世。
百度百科, 袁天罡 항목, 2019년 5월 25일 접속, https://baike.baidu.com.

이름이기도 하다.² 박봉춘본 〈원천강본풀이〉의 오늘이가 옥황의 신녀로 신직을 부여받는데 흥미로운 것은 역사적 인물인 원천강이 선녀의 아들로 여겨진다는 것이다.³ 증조부가 원달袁達, 조부가 원숭袁嵩, 부친이 원기袁璣로 기록되는 역사적 인물의 신성화가 이루어졌다는 것은 원천강에 대한 평가가 어떠하였는지를 짐작하여 볼 수 있다.

원천강의 의미를 파악하기 위하여 원천강原天綱, 또는 원천강源天綱으로 받아들여 천강의 본원 또는 근원으로 파악하고 존재의 원천을 의미한다고 파악한다.⁴ 〈원천강본풀이〉의 내용과 시대를 문제 삼아 원천은 '원천原天'이라 파악하고 강은 원천原天과 동일한 뜻인 '강綱'으로 파악한 것이다.⁵ 〈원천강본풀이〉의 내용을 고려할 때 '원천原天'이라는 의미가 적합하다. 다만 이러한 한자의 변용 과정을 거치지 않더라도 원천강의 한자 의미대로 풀이가 가능하다. '원천강袁天綱'이라는 한자는 오늘이가 옷을 치렁치렁한 채袁, 하늘天을 거닐며, 사물의 이치를 알아 다스리는綱 모습이 한자에 그대로 드러난다.

박봉춘본에 원천강이라는 공간의 성격이 명확히 드러난다. 조술생본에 박봉춘본과 공유할 수 있는 부분은 '지새독을 올아 제쳐불멍'이라는 부분이다. 원천강이라는 여인은 닫힌 공간을 표상하는 '독'을 여는 행위를 통해서 유폐된 남편의 존재를 표출시켜 이승에서 저승으로 보내는 역할을 한다.

김혜정은 원천강의 의미에 대해서 박봉춘본은 '공간과 책'을 뜻하고 조술생본은 '사람 이름 혹은 직업'이라 파악하였다.⁶ 원천강을 '원천강'이라는 역서曆書에 한정하여

2　장주근, 『한국민속론고(민간신앙편)·한국민속론고』, 민속원, 2013.
　　"원천강은 오행상서(五行相書)들을 저술한 당대(唐代)의 복자(卜者)인데, 여기서는 도해역서(圖解易書)인 원천강화주역(袁天綱畵周易)을 말하는 듯하고, 신의 나라의 이름으로도 나타난다."
3　仙女之子：民間傳說袁天綱和李淳風是親哥倆。一說同母異父, 一說是一母所生雙胞胎, 由袁, 李兩家撫養, 都是畫上的仙女所生。
　　百度百科(袁天罡), baidu 검색, 2019년 5월 25일 접속, https://baike.baidu.com.
4　이수자, 「무속신화 〈원천강본풀이〉의 신화적 의미와 위상」, 『南道民俗學의 進展』, 태학사, 1998, 800쪽; 신동흔, 『살아있는 한국 신화』, 한겨레출판, 2014, 60쪽.
5　권복순, 「〈원천강본풀이〉의 본디 모습 연구」, 『배달말』 56, 배달말학회, 2015, 174쪽.
6　김혜정, 「제주도 특수본풀이 〈원천강본풀이〉 연구 : '神名'에 대한 再考를 중심으로」, 『한국무속학』 20, 한국무속학회, 2010, 255~261쪽.

다루게 되면 〈원천강본풀이〉의 신화적 의미를 좁히게 된다. 〈원천강본풀이〉의 의미를 찾기 위해서는 시대와 세계적 분포를 한정하여 다루기보다는 이를 확대하여 적극적으로 해석하여야 한다. 〈원천강본풀이〉뿐만 아니라 특수신본풀이의 다른 각편들도 그러한 특성을 지닌다.

박봉춘본과 조술생본 모두 원천강의 내력을 읊고 있다는 공통점을 지니고 있으나, 조술생본 〈원천강본풀이〉는 신직과 관련된 공업담이 나타나 있지 않기에[7] 박봉춘본 〈원천강본풀이〉와 동일한 구비문학의 선상에서 논하기는 어렵다. 그러므로 박봉춘본을 선본善本으로 하여 작품을 분석하고자 한다. 박봉춘본의 서사단락을 정리하면 다음과 같다.

〈박봉춘 본[8]〉
① 오늘이가 강림들에서 솟아나서 학으로부터 보호를 받고 자란다.
② 박이왕의 어머니 백씨부인이 오늘이에게 원천강에 가면 부모를 만날 수 있다고 이야기한다.
③ 오늘이는 장상이에게 원천강 가는 길을 묻고, 장상이는 오늘이에게 자신이 글만 읽는 이유를 물어 달라고 부탁한다.
④ 오늘이가 연꽃나무에게 원천강 가는 길을 묻고, 연꽃나무는 오늘이에게 자신이 상가지에만 꽃이 피는 이유를 물어 달라고 부탁한다.
⑤ 오늘이가 천하대사(天下大蛇)에게 원천강 가는 길을 묻고, 천하대사는 오늘이에게 자신이 용이 되지 못하는 이유를 물어 달라고 부탁한 후, 오늘이를 등에 태워서 청수바다를 건네준다.
⑥ 오늘이가 매일이에게 원천강 가는 길을 묻자 매일이는 오늘이에게 자신이 글만 읽는 이유를 물어 달라고 부탁한다.

---

7 이수자, 앞의 논문, 1998, 792~793쪽.
8 赤松智城・秋葉隆,「원텬강본푸리」,『朝鮮巫俗의 硏究』上, 1991, 292~299쪽.

⑦ 오늘이가 바가지의 구멍을 막아 하늘옥황 시녀궁녀들의 벌역(罰役)을 끝내준다.
⑧ 오늘이가 시녀궁녀의 도움으로 원천강 입구에 다다르고, 부모를 만나게 되어 부모가 항상 자신을 보호하고 있었다는 사실을 알게 된다.
⑨ 오늘이가 춘하추동이 모두 모여 있는 원천강을 둘러본다.
⑩ 오늘이가 자신이 부탁 받은 물음들을 부모에게 묻자 부모는 매일이와 장상이가 부부가 되어야 하고, 연꽃나무는 상가지의 꽃을 따서 처음 보는 사람에게 주어 버려야 하고 대사는 야광주를 하나만 물어야 한다는 답을 준다.
⑪ 오늘이가 원천강을 나와, 매일과 장상을 부부의 연을 맺게 하고, 천하대사를 야광주를 버리게 하여 용이 되게 하고, 연꽃나무의 꽃을 자신에게 주어 연꽃나무의 다른 가지에서도 고운 꽃이 피게 한다.
⑫ 오늘이가 백씨부인을 만나 야광주를 선물하고 옥황의 신녀가 된다.
⑬ 오늘이가 옥황의 신녀가 되어 인간에 강림하여 절마다 다니며 원천강을 등사한다.

〈원천강본풀이〉는 원천강을 다녀오는 오늘이의 이야기이다. ①~②는 원천강에 가기 전의 이야기이고, ③~⑪은 원천강에 가기 위해 여러 존재와 만나는 이야기와 원천강에 도달하고 난 후 오늘이가 있던 곳으로 돌아오는 이야기이다. ⑫~⑬은 오늘이가 돌아와서 신직을 부여 받는 모습이 담겨 있다. 주인공의 이름이 '오늘'이고 '원천강'은 앞에서도 언급한 것처럼 사계절이 공존하는 장소로 나타난다. 결말에 원천강을 등사한다는 내용에 유념하여 해석한다면 오늘이가 '원천강'이라는 공간의 원리를 인간 세계에 널리 알린다는 의미로 이해할 수 있다.⁹

⑨에서 오늘이는 부모가 있는 원천강의 세계를 둘러본다. 만리장성에 둘러싸인 문을 열어 보니 봄, 여름, 가을, 겨울이 모두 모여 있었다. 현실의 공간에서는 사계절이

---

9 "이리한오날이는인간에강림하야
    절마다덴기며,원텬강을등사하게하얏다"
   赤松智城·秋葉隆, 위의 글, 299쪽.

순차적인 흐름으로 흘러가는 것으로 이해한다. 사계절이 분절되어 있는 것으로 파악하여 봄, 여름, 가을, 겨울의 구분을 둔다. 원천강의 시간 개념은 사계절이 현실 공간에서 인간이 파악하는 순차와 분절에 의하여 존재하는 것이 아니라 모두 함께 있는 것이라 한다.

오늘이가 원천강을 보았다는 것은 과거, 현재, 미래가 하나라는 것이다. '오늘'은 현재의 시간을 뜻한다. 오늘이는 강림들에서 솟아나 사람들이 이름을 붙여주었을 때부터 원천강에 가기 위해 매일과 장상을 만나고 연꽃나무, 이무기를 만날 때에도 부모와 헤어져 다시 강림들에 돌아올 때에도 '오늘'이다. 우리는 과거, 현재, 미래를 사계절처럼 분절할 수 있다고 관념한다. 어제를 과거라 하고, 오늘을 현재라 하고, 내일을 미래라 한다. 어제, 오늘, 내일은 모두 '오늘'이다. 오늘이 지나가서 어제가 되는 것이고 내일이 도래하여 오늘이 되기 때문이다.

'원천강'이라는 역서 역시 이러한 맥락으로 이해할 수 있다. 과거의 사주팔자를 가지고 현재의 내가 미래의 일을 알고자 한다. 다만 '원천강'의 역서를 통해 미래를 점치는 일 역시 과거, 현재, 미래를 분절하여 관념하기에 〈원천강본풀이〉의 근원적인 시간관념과는 다소 거리가 있다.

무가에서 '원천강'은 구비 공식구 oral formula로 쓰인다.[10] 일반신본풀이는 기자祈子와 수명연장을 이유로 초반부에 중이 등장한다.[11] 중의 영험함을 묻기 위해 원천강을 가지고 있는지 묻는다.[12]

박봉춘본 〈원천강본풀이〉의 원천강은 점서의 의미보다 더욱 근원적인 태초의 시간을 말한다. 본원적 시간의 속성을 배경으로 오늘이의 존재 근원과 결부된다. 오늘이

---

10 Albert Bates Lord · Stephen Arthur Mitchell · Gregory Nagy, *The Singers of Tales*, Harvard University Press, 1960, 131쪽.
11 강정식, 『제주굿 이해의 길잡이』, 민속원, 2015a, 192쪽.
12 〈초공본풀이〉, 〈차사본풀이〉, 〈세경본풀이〉 등에서 '원천강'이라는 단어가 쓰였다. 일반신본풀이에 등장하는 '원천강'이라는 단어는 대사들이 보는 책으로 자식이 있는지 알아보거나 자식이 있다면 그들의 운명이 어떠한지 알아보기 위해 사용된다. 여기에서 확인할 수 있는 것은 대사가 원천강을 보는 모습에서 여러 종교의 모습이 혼용되었다는 것을 알 수 있다.

는 부모, 다른 존재와 분리되어 있는 존재가 아니라 서로의 관계 맺기를 통하여 자신의 존재 근원을 알게 되고, 자신이 무엇을 해야 할지를 깨닫게 된다.

오늘이는 부모를 만나기 위해 원천강을 향한다. 원천강에 가기 위해 오늘이는 장상, 연꽃나무, 천하대사, 매일, 하늘옥황의 시녀궁녀들을 만난다. 그들은 원천강에 도달하는 방법은 알지 못하고 원천강으로 가기 위한 다음 단계들을 알고 있을 뿐이다. 오늘이는 이러한 존재들의 도움으로 원천강에 도달한다. 이들이 주는 정보는 오늘이가 원천강에 도달하기 전까지는 무의미한 정보이다. 이러한 정보들은 점처럼 존재하고 있어 이러한 정보가 무엇을 말하는지 알 수 없다. 오늘이는 이러한 점을 자신이 원천강을 향해 나아감으로써 하나의 선으로 연결시키고, 원천강이 무엇인지를 밝혀낸다. 더불어 이들 존재들이 궁극적으로 서로 연결되어 있음을 자신의 여정을 통해 드러낸다.

특이한 것은 오늘이가 매일과 장상, 연꽃나무, 이무기의 질문에 대한 해답은 원천강에 도달하기 전에는 제시하지 못하나 하늘옥황의 벌역은 해결하여 준다. 전자의 질문과 하늘옥황의 벌역은 상이한 문제이다. 매일, 장상, 연꽃나무, 이무기는 자신의 존재에 대한 해답을 모르는 이들이다. 자신이 할 수 있는 한 열심히 맡은 일을 행하나 그러한 노력이 자신의 문제를 해결하지 못한다. 하늘옥황의 시녀궁녀는 이미 자신의 존재가 하늘옥황에 속하는 존재임을 안다. 시녀궁녀들이 눈물을 흘리는 이유는 벌역의 어려움 때문이 아니라 신성성에서 일상성으로 떨어져 버린 자신의 존재 전환을 슬퍼하기 때문이다.

물을 긷는 일은 하루를 시작할 때 날마다 반복하여 행하는 아녀자의 일상적인 일로, 신성한 행위와 성격이 다르다. 〈원천강본풀이〉에서 시녀궁녀들이 받은 벌역은 강을생본 〈허궁애기본풀이〉의 콩대기가 물을 긷는 행위와 유사한 맥락에서 파악할 수 있다. 〈허궁애기본풀이〉에서 콩대기는 구멍이 난 항아리에 물을 채워야 하고, 〈원천강본풀이〉에서 시녀궁녀들은 구멍이 난 바가지로 물을 모두 퍼내야 한다. 물을 긷는 반복적 행위가 끝이 나지 않은 이유는 구멍 때문이고, 이 구멍을 막기까지 〈허궁애기본풀이〉에서는 까마귀의 도움이, 〈원천강본풀이〉에서는 오늘이의 도움이 필요하다.

혼자서 해결할 수 없는 문제를 원조자의 도움을 받아 해결하면서 이러한 문제를 해결한 존재들이 신성성을 획득한다.

시녀궁녀들을 만나기 전부터 오늘이는 인간 뿐 아니라 동·식물 등 만물의 근원적 아픔을 함께 고민하는 존재로 그려진다. 오늘이는 시녀궁녀들의 아픔에 공감하고 축도를 하여 바가지의 구멍을 막아 물을 채운다. 오늘이는 아직 원천강에 도달하지는 않았지만 여정 속에서 여러 존재들과의 만남을 통해 이미 보통 사람보다 뛰어난 능력을 가지게 된다. 오늘이는 미완의 존재에 대한 규정을 내릴 수는 없으나 자신이 어떠한 존재인지를 아는 존재들에게 다가가 공감하고 축도함으로써 그들의 신성을 회복할 수 있도록 도움을 주는 존재이다.

오늘이가 원천강에 도착하여 가장 먼저 맞닥뜨린 이가 원천강을 지키고 있는 문지기이다. 문지기는 오늘이가 원천강에 들어가는 것을 냉정하게 거절한다. 문지기의 역할은 문을 통하여 문의 안쪽과 바깥쪽이 구분되어 경계를 만드는 것이다. 그 경계는 분리된 것이 아니라 문지기의 여는 행위를 통하여 연결된다. 문지기는 경계의 문을 무너뜨리려는 위험을 감지할 수 있는 능력과 이 문을 지키기 위한 강한 힘이 필요한 자이다. 문지기의 거절에 오늘이는 '지면에 복와'하여 '연하야늣겨우니' 문지기는 '눈물의동정이울어낫다'고 하였다.[13]

오늘이가 땅에 엎드려 흘리는 눈물을 통해 오늘이가 부모를 만나기까지 얼마나 고생을 하였으며 지극한 마음으로 임하였는지 알 수 있다. 이러한 진심이 문지기의 마음을 움직여 원천강의 문을 열 수 있도록 한다. 문지기가 오늘이의 부모에게 이러한 사실을 알리자 오늘이의 부모는 이를 모두 알고 있었다고 한다. 모두 알고 있음에도 먼저 문을 열라고 하지 않은 것이다. 오늘이가 문을 통과하기 위해 간절한 마음으로 진심을 보여주어야 경계를 나누는 문이 열린다는 것이다. 이 부분의 장면묘사가 길고 자세한 이유를 울음이 행하는 원형적 의미에서 찾을 수 있다.[14] 굿에 참여한 사람들이

---

13 赤松智城·秋葉隆, 위의 글, 1991, 296~297쪽.
14 신동흔, 「서사무가 속의 울음에 깃든 공감과 치유의 미학: 특히 〈도랑선비 청정각시〉를 중심으로」, 『한

원천강의 장벽을 허무는 신성을 공감을 통하여 경험할 수 있도록 한다.

오늘이는 원천강에 도달하여 부모를 상봉하고 자신의 존재 근원을 알게 되고 다른 존재들이 소망하는 바를 이룰 수 있는 해답을 알게 된다. 오늘이는 집에서 글만 읽어야 하는 매일을 장상에게 데려 간다. 매일每日과 장상長常의 결합은 '일상日常'이다. '오늘'이 순간과 영원을 짝지어주어[15] 우리의 일상을 만든다. 또한 연꽃나무와 이무기에게 자신의 것을 내어 주어야 비로소 자신이 소망하는 바를 달성할 수 있다는 것을 알려준다. 연꽃나무가 자신이 피운 꽃을 다른 이에게 주어야 한다는 것은 연꽃나무와 꽃의 이별이자, 상가지의 '꽃'의 입장에서 보면 새로운 개체로의 탄생이다. 이전에는 연꽃나무와 하나로 연결되어 하나의 존재였으나 꽃을 꺾어 버림으로써 이러한 연결을 끊고 새로운 존재로 거듭난다. 제주도 무가에서 '꽃'은 흔히 생명으로 비유되는데 이와 연관 지어보면 새로운 생명이라는 것이 그 꽃을 받은 오늘이가 옥황의 신녀로 거듭나는 것과 상통한다. 이무기는 하나만 가지고 있어도 마음대로 할 수 있는 신비한 보물인 야광주[16]를 두 개나 다른 이에게 주어야 한다. 이무기라는 지상의 존재가 욕심을 버리고 꼭 필요한 야광주 하나만을 가지고 있을 때에 비로소 하늘로 승천하는 용이 될 수 있다. 야광주 하나에 담겨 있는 이무기의 마음은 자신의 근원에 대한 고민과 성찰이라 생각한다.

오늘이는 가진 것이 없고 부모조차 알지 못하는 이름도 없는 자에서 신녀神女로 변화한다. 오늘이의 이러한 행적을 토대로 오늘이의 신직의 의미를 알 수 있다. 오늘이는 만물이 존재하는 의미를 깨닫게 하여 존재 본연의 모습을 찾을 수 있게 만들어주는 역할을 한다. 인간을 포함한 동·식물을 통해 이러한 원리를 알게 되고, 더욱 많은 사람들에게 이러한 세계를 알리기 위하여 절마다 다니면서 원천강을 등사하게 된다. 자신의 근원을 찾아 자신이 소망하는 바를 달성하기 위해서는 자신의 일부를 내어주

국무속학』 32, 한국무속학회, 2016, 41쪽.
15 신동흔, 앞의 책, 2014, 74쪽.
16 여기에서 '야광주'라 하였으나 이는 여의주로 볼 수 있는 것으로 민담에서는 이를 혼용하기도 한다.

는 행위를 통해 이를 이룰 수 있다는 것이다. 부부의 결혼을 위하여 자신의 일부를 희생하여야 하고, 자신의 부분이었던 꽃을 다른 이에게 주어야 하고, 하나만 가져도 마음대로 할 수 있는 야광주를 두 개나 다른 이에게 주어야 한다. 그럴 때 비로소 자신이 원하던 바를 이룰 수 있고, 진정한 자아를 찾을 수 있다.

2) 〈세민황제본풀이〉의 적선積善

〈세민황제본풀이〉는 『조선무속의 연구』에 채록된 박봉춘본과 『제주도무가본풀이사전』에 채록된 조술생본이 전한다. 두 각편은 세민황제가 매일장상의 저승 창고에서 돈을 빌리고 이승에 와서 이를 갚고자 한다는 내용을 공통적으로 담고 있다. 박봉춘본은 저승을 다녀 온 세민황제가 저승에서 겪은 일을 통해 이승에서 적선積善이 무엇인지 깨닫는 내용을 담고 있다. 박봉춘본은 서사가 정연하고 한자어를 두루 사용하고 있으며 불교적 색채가 농후하다. 조술생본은 이와 달리 서사의 핵심이 되는 부분을 중심으로 어휘를 반복하여 구연한다. 박봉춘본과 조술생본의 서사단락을 구체적으로 살펴보자.

박봉춘본과 조술생본

	박봉춘본[17]	조술생본
매일·장삼의 적선	⑨ 세민황제가 매일장상과 그의 처를 찾아가 매일장상이 술값을 덜 받고, 신을 한 배씩 더 내어주며, 돈을 선선히 빌려주는 모습을 보고 만인적선을 깨닫는다.	① 매일이와 장삼이는 일을 하거나 신을 삼을 때 돈을 한푼씩 거슬러 주며 산다.
매일·장상의 죽음		② 매일이와 장삼이가 저승에 가자 품삯을 거슬러 준 것으로 저승 창고가 가득하여 저승부자가 된다.
이승에서 세민황제의 득죄와 죽음	① 세민황제는 고집이 세고 마음이 사나워 백성을 괴롭히고 불법(佛法)을 무시하며 포악한 짓을 하다가 죽어서 저승에 간다.	③ 이승에서 남의 것을 빼앗은 세민황제가 죽어서 저승에 간다.
저승사람들의 빚 독촉	② 저승 사람들이 이승에서 세민황제의 악행을 지적하며 저승왕에게 원정(原情)을 한다.	④ 저승에서 세민황제에게 다른 이들이 저승빚을 달라고 한다.

세민황제의 부채와 이승으로의 회귀	⑤ 세민황제는 매일장상 저승 창고의 돈을 빌려서 저승 사람들에게 갚는다. ⑦ 세민황제는 송아지와 흰강아지의 말을 듣지 않고 검천낭이라는 차사의 말을 따라가다가 천지소 같은 데로 떨어져서 이승으로 나온다.	⑤ 세민황제는 매일이와 장삼이에게 저승돈을 빌려 염라대왕에게 저승빚을 갚고 이승으로 돌아온다.
호인대사를 통한 팔만대진경 획득	④, ⑥ : 호인대사가 빠른개비를 구해주고 팔만대진경을 가져오자 높은 벼슬을 얻는다.	
부채 탕감	⑯ 세민황제는 매일장상에게 저승에서 빌린 돈과 이자를 저승왕의 명령에 의하여 주는 것이라 하여 강제로 준다.	⑥ 세민황제는 이승돈으로 매일이와 장삼이를 위한 도임상을 차려 저승빚을 갚는다.
매일·장삼의 다리 건설		⑦ 매일이와 장삼이는 영암 덕진산에 덕진다리를 놓아 만민적선을 받고, 남은 돈은 저승으로 가는 다리를 놓아 극락세계로 가서 저승부자, 이승부자가 된다.

　　박봉춘본과 조술생본의 차이점에 주목할 때 각편이 지향하고자 하는 바가 명확히 드러난다. 박봉춘본과 조술생본은 세민황제가 매일장상의 저승창고에서 돈을 빌리고 매일장상의 적선을 깨닫는다는 내용을 공통적으로 담고 있다. 차이점은 세 가지로 매일·장삼의 죽음, 호인대사를 통한 팔만대진경 획득, 매일·장삼의 다리 건설이다. 박봉춘본에서는 세민황제와 관련된 내용이 부가되었고, 조술생본에서는 매일·장삼과 관련된 내용이 부가되었다.

　　조술생본 〈세민황제본풀이〉는 박봉춘본 〈세민황제본풀이〉에 비하여 설화와 관련성이 깊다. 박봉춘본에서 등장하지 않는 덕진다리는 영암의 설화 속에 등장하는 다리이다. 저승에 올 시기가 되지 않은 원님이 덕진의 저승 창고에서 돈을 빌려 이승으로 나오고, 이승에 와서 갚으려 하자 덕진이가 그 돈으로 덕진다리를 놓았다.

　　조술생본에서 덕진다리는 두 가지 의미로 나타난다. 이승의 다리이자 극락세계로

17　박봉춘본의 번호는 후술하는 박봉춘본의 서사단락을 참고하여 제시하였다.

가는 다리이다. 특이한 것은 매일이와 장삼이가 영암 덕진산 깊은 물에 덕진다리를 놓고, 적선을 베푼 것이 아니라 만민적선을 받았다고 한다. 설화와의 관련성을 염두에 둔다면 매일이와 장삼이가 저승을 다녀온 이에게 받은 돈으로 덕진다리를 놓자, 사람들이 이 다리를 이용함으로써 결과적으로 매일이와 장삼이가 적선을 받는 것이다. 이러한 적선은 이승에서가 아니라 저승의 창고 안에 쌓이는 재물이고, 이를 통해 매일이와 장삼이가 극락세계로 갈 수 있는 다리가 만들어질 수 있다. 매일이와 장삼이는 사람들을 위해 다리를 놓았지만 이러한 원인이 매일이와 장삼이를 극락세계로 인도하는 결과를 낳았다.

박봉춘본 매일장상과 조술생본 매일·장삼은 세민황제와 달리 모두 빈천한 자로 그려진다. 박봉춘본에서는 신을 삼고 술을 파는 이로, 조술생본에서는 남의 일을 하여주거나 신을 삼는 이로 그려진다. 이승에서의 적선積善 여부가 저승으로 공간을 전환함으로써 삶의 지위를 전복시킨다.

박봉춘본과 조술생본 〈세민황제본풀이〉는 이야기의 서술 방식이 다소 다르다. 첫 부분을 비교해 보면 아래와 같다.

〈박봉춘본〉

세민황뎨(世民皇帝)가인간에잉금으로잇섯는데

고집이시고마음이사나운양반으로서

만민백성을궤롭게굴고, 불법(佛法)을불시하야

불도(佛道)밋는사람을험한벌에처단하며

포악한짓하다가죽어지다[18]

〈조술생본〉

오늘 오늘 오늘이라

---

18 赤松智城·秋葉隆, 「세민황뎨본푸리」, 앞의 책, 1991, 300쪽.

> 들도 좋아 오늘이여
> 오늘 오늘 오늘이라
> 날도 좋아 오늘이여
> 매일 장삼 오늘이민[19]

박봉춘본과 조술생본은 운율의 차이가 있다. 박봉춘본 〈세민황제본풀이〉는 서사의 맥락이 고전소설과 유사하여 '만민백성, 불도, 불법, 처단, 포악' 등의 어려운 단어를 사용하며 정보를 전달하고 있다. 조술생본 〈세민황제본풀이〉는 같은 내용을 다루면서 동일한 단어를 반복적으로 사용하여 운율을 형성한다.

박봉춘본에서도 '활인活人', '적선積善'이라는 단어가 반복되나 이러한 단어가 간격을 두고 사용되기에 운율을 형성하는 것과는 거리가 있다. 두 단어는 주제의식을 표출하는 단어로 운율을 형성하기보다는 의미를 형성하는 데에 초점이 맞추어져 있다.

조술생본에서 사설의 반복은 리듬을 촉발시킨다. 조술생본에서 반복된 어구를 사용하고 있다는 것은 서사의 전달 만큼이나 리듬감 형성이 구연 상황에서 중요하다는 것을 함의含意한다.

박봉춘본과 조술생본의 차이점을 매일장상이 속해 있는 세계와 연관 지어 볼 수 있다. 박봉춘본의 매일장상은 이승에 존재하는 인물이고, 조술생본의 매일과 장삼은 저승에 존재하는 인물이다. 이승에 있는 사람에게는 어떠한 사실이 있었는지를 구체적으로 이승의 방법으로 이야기 해주어야 하고, 저승에 있는 사람에게는 이러한 과정이 필요하지 않다. 이미 저승에서 이러한 사실을 알 수 있는 존재이기 때문이다.

그렇다면 조술생본과 박봉춘본을 흥의 차이로 파악할 수 있다. 조술생본에서는 저승의 존재를 이승에 불러내어 흥겹게 어울려 노는 구연 과정이 구체적으로 필요하고 박봉춘본에서는 그러한 과정이 필요하지 않다. 조술생본은 석살림의 성격과 유사하다.

---

19 진성기, 「세민황제본풀이」, 『제주도 무가본풀이사전』, 민속원, 2002, 611쪽.

박봉춘본 〈세민황제본풀이〉는 정연한 서사를 갖추고 있고, 한자어가 두루 사용된다. 불교적 색채가 농후하여 고소설과의 관련성에 주목하여 연구가 진행되고 있다.[20] 〈세민황제본풀이〉와 유사한 서사를 갖춘 당태종전에서는 용왕이 옥황에 득죄하는 내용, 용왕의 부탁을 태종이 들어주지 못하게 되는 내용, 태종이 염라국으로 이춘영을 통해 수박을 가져가게 하고 이 일에 대한 보답으로 부마도위로 삼는 내용이 있으나 〈세민황제본풀이〉에는 이러한 내용이 존재하지 않는다.[21] 〈세민황제본풀이〉는 세민황제가 죽음을 맞는 부분부터 당태종전과 유사한 부분이 다수 보인다.[22] 당태종전과의 관련성은 조술생본보다 박봉춘본과 더 밀접하다고 말할 수 있다. 아래의 표를 통해 확인해 볼 수 있다.

〈세민황제본풀이〉와 당태종전

	〈세민황제본풀이〉		당태종전
	박봉춘본	조술생본	
㉠ 저승으로 감	○	○	○
㉡ 저승에서 귀신들의 괴롭힘	○		○
㉢ 비어 있는 창고를 확인하고 가득 찬 창고에서 돈을 빌림	○	○	○
㉣ 이승으로 옴	○	○	○
㉤ 돈을 갚음	○	○	○
㉥ 팔만대장경을 가져오게 함	○		○

20　徐大錫, 「敍事巫歌硏究:說話・小說과의 관계를 中心으로」, 『國文學硏究』 第八輯, 國文學硏究會, 1968; 정제호, 「서사무가의 고전소설 수용 양상과 의미」, 고려대학교 박사학위논문, 2014, 224~225쪽.
　　서대석은 〈세민황제본풀이〉를 당태종전과의 영향 관계를 중심으로 하여 비교하였고, 정제호는 〈당태종전〉과 〈세민황제본풀이〉의 주요 단락을 비교하여 그 관련 양상을 살폈다. 죽음, 저승에서의 사건, 부활, 불교의 성행이 당태종전과 동일하고 덕진다리 건설은 조상신본풀이와 관련지었다.
21　박용식, 『금방울전/김원전/남윤전/당태종전/이화전/최랑전』, 고려대학교 민족문화연구소, 1995.
22　정제호, 앞의 논문, 2014, 78쪽.

선행연구에서 박봉춘본은 당태종전과의 관련성이 지적되었다.[23] 당태종전은 '이세민'이라는 역사적 인물을 소재로 하여 만들어진 소설인데 조술생본에 없는 호인대사가 나오는 ⑪~⑫의 내용이 서유기의 내용을 차용하였다고 전해진다.[24] 원숭이 이야기는 불교 경을 통해 유래되었다고 전해지는데,[25] 서유기에 등장하는 주인공 손오공은 인人과 신神이 겹쳐 있는 모습으로 천상세계와 지상세계가 겹쳐진 세계를 여행한다.[26] 당태종전에서는 태종이라는 인물이 중심인물이 되어 사건을 이끌어 나가나 박봉춘본과 조술생본에서는 신화적 시간성을 상징하는 매일장상이라는 인물이 중요하게 그려진다. 이러한 인물의 중요성의 정도는 소설과 신화의 차이라 할 수 있다.

박봉춘본과 당태종전은 세민황제 때문에 억울하게 죽은 원귀들이 등장하고, 매일장상의 돈으로 이들을 위무慰撫하고 이승으로 나와 매일장상을 찾아가 적선지도를 깨닫는 내용이 유사하다.[27] 차이점은 세민황제가 〈세민황제본풀이〉에서는 폭군으로 그려지고, 당태종전에서는 성군으로 그려지는 점, 〈세민황제본풀이〉의 매일장상이 당태종전에서는 장비의 후예인 장상으로 밝히고 있는 점이다. 이는 〈세민황제본풀이〉가 당태종전 뿐 아니라 〈원천강본풀이〉의 매일과 장삼, 영암에서 전해지는 '덕진다리' 이야기의 영향을 받아 본풀이 안에서 일정한 변이를 가져왔다는 것이다.

조술생본과 박봉춘본을 비교하여 본 결과 박봉춘본의 서사가 정연하고 풍부하기에 박봉춘본을 선본으로 삼고자 한다. 박봉춘본의 서사단락을 살펴보면 아래와 같다.

---

23 徐大錫, 앞의 논문, 1968; 정제호, 위의 논문, 224~225쪽.
    서대석은 〈세민황제본풀이〉를 당태종전과의 영향 관계를 중심으로 하여 비교하였고, 정제호는 〈당태종전〉과 〈세민황제본풀이〉의 주요 단락을 비교하여 그 관련 양상을 살폈다. 죽음, 저승에서의 사건, 부활, 불교의 성행이 당태종전과 동일하고 덕진다리 건설은 조상신본풀이와 관련지었다.
24 徐大錫, 위의 논문, 109쪽.
25 나선희, 「라마야나, 게사르전, 서유기 : 실크로드 위 서사작품의 비교」, 『中國文學』 72, 한국중국어문학회, 2012, 139쪽.
26 위의 논문, 147~148쪽.
27 金侑鑛, 「〈唐太宗傳〉 硏究」, 한국교원대학교 석사학위논문, 1990, 61~62쪽.

〈박봉춘 本〉[28]

① 세민황제는 고집이 세고 마음이 사나워 백성을 괴롭히고 불법(佛法)을 무시하며 포악한 짓을 하다가 죽어서 저승에 간다.
② 저승 사람들이 이승에서 세민황제의 악행을 지적하며 저승왕에게 원정(原情)을 한다.
③ 저승왕이 세민황제를 불러 이승에서 못할 짓 한 것만큼 옳은 일을 하라고 한다.
④ 세민황제는 자신이 돈이 없기에 돈을 빌려주면 이승에 가서 만인적선을 하여 돈을 갚겠다고 한다.
⑤ 세민황제는 매일장상 저승 창고의 돈을 빌려서 저승 사람들에게 갚는다.
⑥ 세민황제는 저승왕에게 자신의 저승 창고에 볏짚이 한 단 밖에 없는 이유를 묻자, 저승왕은 살았을 때 활인을 많이 하여야 저승 창고에 재산이 많아진다고 말한다.
⑦ 세민황제는 송아지와 흰강아지의 말을 듣지 않고 검천낭이라는 차사의 말을 따라 가다가 천지소로 떨어져서 이승으로 나온다.
⑧ 세민황제는 매일장상이 신을 만들어 팔고 그의 처가 술장사를 하면서 살고 있다는 것을 알아낸다.
⑨ 세민황제가 매일장상과 그의 처를 찾아가 매일장상이 술값을 덜 받고, 신을 한 배씩 더 내어주며, 돈을 선선히 빌려주는 모습을 보고 만인적선을 깨닫는다.
⑩ 세민황제는 적선지도를 행하기 위하여 호인대사에게 극락세계의 팔만대진경을 가져오게 한다.
⑪ 호인대사는 축도하고 길을 가다가 층암절벽 중간에서 자신을 부르는 소리를 듣고, 바위 틈에 갇혀 있는 빠른개비를 구해준다.
⑫ 호인대사는 빠른개비의 도움을 받아 청수바다, 황수바다, 백수바다, 흑수바다, 적수바다를 지나서 극락세계에 도달하고 팔만대진경을 구하여 돌아온다.
⑬ 세민황제는 팔만대장경을 가져온 호인대사에게 높은 벼슬을 내린다.
⑭ 세민황제는 매일장상을 불러 저승의 일과 자신이 그의 집을 찾아간 일을 말하며 그들

---

28 赤松智城・秋葉隆, 「세민황데본푸리」, 앞의 책, 1991, 300~309쪽.

을 칭찬한다.
⑮ 매일장상은 세상의 불쌍한 사람을 모두 구제하지 못하였기에 저승에 가도 저승왕을 대할 수가 없다고 말하자, 세민황제는 이에 감동하여 자신이 온 세상 불쌍한 사람들을 구제하겠다고 생각한다.
⑯ 세민황제는 매일장상에게 저승에서 빌린 돈과 이자를 저승왕의 명령에 의하여 주는 것이라 하여 강제로 준다.
⑰ 세민황제는 매일장상에게 모든 일을 의논하며 활인적선지도를 마련한다.

　박봉춘본은 세민황제가 중심이 되는 외화外話와 호인대사가 중심이 되는 내화內話로 구분하여 파악할 수 있다. 외화에 해당하는 부분이 ①~⑨, ⑭~⑰이고, 내화에 해당하는 부분은 ⑩~⑬에 해당한다. 외화에 해당하는 부분은 조술생본과 연관되는 부분이고, 내화에 해당하는 부분은 조술생본과 연관되지 않는 부분이다. ⑩~⑬은 호인대사가 빠른개비의 도움을 받아 팔만대진경을 찾는 내용이다.
　이러한 내용은 세민황제가 활인지도의 삶을 살게 되는 것과 동일하게 파악할 수 있다. 세민황제는 빠른개비이자 호인대사인 것이다. 세민황제와 빠른개비는 한 인물이 상반된 상황을 동시에 겪는다는 공통점을 갖는다. 세민황제는 저승의 황제라는 신분과 달리 가난한 자가 되고, 빠른개비는 돌 틈에서 자신의 이름과 달리 멈추어 살아야 한다. 세민황제와 호인대사의 공통점은 만인적선과 관련된다. 세민황제가 적선지도를 행하는 모습과 호인대사가 빠른개비를 구해주어 팔만대진경을 찾는 것을 유사한 맥락이다.
　팔만대진경과 관련된 내화는 세민황제가 적선지도를 행하고자 하는 노력을 강조한다. 호인대사가 팔만대진경을 찾는 이유는 세민황제가 적선지도를 위해서이다. 호인대사가 빠른개비를 돌에서 구출한 행동은 두 가지 의미를 담는다. 빠른개비에 집중하여 보면 세민황제가 저승에서 이승으로 나오는 모습과 빠른개비가 돌 틈에서 돌 밖으로 나오는 모습이 겹친다. 호인대사에 집중하여 보면 이승으로 돌아온 세민황제가 이승에서 적선을 베푸는 것과 호인대사가 적선을 베풀어 빠른개비를 풀어준 것과 동일하다. 외화의 의미를 내화가 강조한다. 팔만대진경의 의미는 세민황제가 이승의 법도를 바로잡기 위한 방편으로 이해된다.²⁹

박봉춘본에서 끊임없이 반복되는 것은 활인이다. '활인活人'이라는 뜻을 글자 그대로 해석하면 사람의 목숨을 살리는 것이다. 구체적으로 다음과 같이 표현된다.

> 베곱흔사람밥주고, 옷업는사람에게옷주고
> 가난한사람에게돈주고하는것이활인지덕이다³⁰

활인은 사람의 목숨을 살리는 재생이라는 의미를 함축적으로 담고 있으며 불교적인 윤색을 통하여 그것을 불교의 덕으로 포장한 적선積善과 동일한 의미다. '활인'과 '적선'이라는 단어의 반복은 이러한 행위에 대한 물음과 답인 동시에 행함을 보여주는 것이다. 이러한 강조가 본풀이의 주제 형성에 도움을 준다.

적선과 굿을 하는 궁극적 목적은 유사하다. 새두림의 사설 중 '쏠 그려 우는 새 베고파 우는 새 목 물라 우는 새 물 그려 우는 새 쏠 주며 두리자 물 주며 두리자'³¹라는 부분을 보자. 이는 〈세민황제본풀이〉의 적선지도와 동일한 의미다. 이러한 각도에서 살펴보면 조술생본에서 저승 간 사람에게 돈을 갚는 것과 굿에서 돈과 제물祭物을 통해 인정을 거는 것이 동일한 이유다. 망자를 위하여 도임상을 마련하였다는 부분에서 이를 확인할 수 있다.

---

29 신동혼, 「창세신화의 연장으로 본 〈세민황제본풀이〉 연구」, 『구비문학연구』 41, 한국구비문학회, 2015, 20쪽.
  신동혼은 〈세민황제본풀이〉의 저승왕을 〈천지왕본풀이〉의 대별왕과 같은 존재로 파악하였다. 저승왕의 존재가 조술생본 〈세민황제본풀이〉에서는 '염여대왕'으로 나타나고 박봉춘본과 조술생본에서 '극락세계'가 등장한다. 극락세계는 저승이 분화된 세계 중 하나이다. 저승왕을 대별왕과 같은 존재로 파악하기 위해서는 조술생본에서 저승왕이 아니라 '염여대왕'인 이유와 박봉춘본의 극락세계와 조술생본의 극락세계가 어떻게 다르며 극락세계라는 문맥을 어떻게 이해하여야 하는지를 분명히 하여야 한다. 이러한 선행연구 후에 비로소 대별왕을 저승왕과 같은 문맥으로 이해할 수 있으며, 그 의미를 위의 연구처럼 밝혀야 타당성을 얻을 수 있다.
30 赤松智城・秋葉隆, 「세민황데본푸리」, 앞의 책, 1991, 302쪽.
31 玄容駿, 『濟州島巫俗資料事典』, 新丘文化社, 1980, 55~56쪽.

박봉춘본의 배경은 이승과 저승이 분리되어 있으나 완전히 단절되지 않은 세계이다. 죽었던 세민황제가 이승에 다시 돌아올 수 있었던 이유가 여기에 있다. 세민황제가 이승에서 저지른 포악한 짓이 세민황제의 저승 창고를 비게 만들었다는 것은 이승과 저승이 소통하고 있음을 보여준다. 즉 저승의 창고에 이승에서 행한 적선이 쌓이는 것은 이승과 저승의 삶이 인과율적 상관관계를 맺은 채 소통하고 있음을 알 수 있다.[32] 이승에서의 삶의 변화가 저승 역시 변화시킨다는 것은 바로 미분화되고 탈경계적인 특수신본풀이의 사유체계를 상징한다.

3) 〈허궁애기본풀이〉의 이승·저승의 단절

오인숙 심방, 고순안 심방, 강을생 심방의 〈허궁애기본풀이〉가 채록되어 전한다. 특수신본풀이의 의례가 명확히 밝혀진 사례이고, 다양한 채록본이 존재하기에 특수신본풀이의 연구에 있어서 중요한 단서가 되는 유형이다. 최근까지 무업을 담당하고 있던 오인숙 심방과 고순안 심방이 남긴 채록본은 〈허궁애기본풀이〉는 특수신본풀이의 정체성을 밝히는데 소중하다. 오인숙본은 〈허궁애기본풀이〉가 요약되거나 확장되지 않고 〈허궁애기본풀이〉의 특성을 오롯이 드러낸다. 강을생본은 콩대기팥대기 설화와 연관되어 〈허궁애기본풀이〉의 서사가 확장된다. 고순안본은 〈허궁애기본풀이〉라 하여 독립적으로 채록된 것이 아니라 〈차사본풀이〉에 이어 〈허궁애기본풀이〉를 구연한 자료이다.[33] 고순안본은 서사가 축소되어 있고, 강을생본은 서사가 확장되어 있기에 오인숙본을 먼저 제시하고 고순안본과 강을생본을 뒤에서 제시하고자 한다.

---

32 신동흔, 앞의 책, 2014, 221쪽.
33 2018년 11월 3일 함덕리 성주풀이 하는 곳에서 고순안 심방과의 면담을 통해 고순안 심방이 〈허궁애기본풀이〉의 정체를 명확히 인식하여, 〈허궁애기본풀이〉는 〈차사본풀이〉를 구연할 때 푸는 것이라고 하였다. 2019년 4월 29일 전화 면담을 통해 〈허궁애기본풀이〉는 자신의 외삼촌인 구좌읍 하도리 심방 강봉원에게 들었다는 내용을 확인할 수 있었다.

⟨오인숙본⟩[34]

① 옛날 옛적에 허궁애기[35]가 삼형제를 낳고 저승에 간다.
② 허궁애기가 아이들 때문에 우는 것을 보고 염라대왕은 허궁애기에게 칠판에 침을 뱉고 침이 마르기 전에 이승에 다녀오라고 한다.
③ 허궁애기는 밤이 되면 이승에 와서 아이들 빨래를 하고 머리를 빗겨주고 밥을 하여 둔 후 침이 마르기 전에 저승으로 돌아간다.
④ 마고 할망이 아이들에게 부모가 없어도 옷과 머리가 깨끗한 이유를 묻자 아이들은 자신의 어머니가 밤에 다녀간다고 대답한다.
⑤ 마고 할망이 아이들에게 허궁애기가 오면 자신에게 이르라고 하자 아이들은 알았다고 하여, 밤이 되어 허궁애기가 아이들에게 오자, 아이들은 마고 할망에게 이를 알린다.
⑥ 마고 할망은 허궁애기에게 저승으로 가지 말라고 하고, 허궁애기를 안고팡 독 안에 넣고 뚜껑을 덮어 저승을 갈 수 없게 만든다.
⑦ 저승에서는 허궁애기가 뱉어둔 침이 마를 때까지 허궁애기가 오지 않자 허궁애기를 데리러 강림사자가 이승으로 간다.
⑧ 할머니가 허궁애기를 데려갈 묘책을 강림사자에게 고하고, 강림사자는 허궁애기의 몸을 데려갈 방법이 없어 허궁애기의 혼만 빼서 저승으로 간다.
⑨ 그전에는 젊은 사람들이 죽으면 밤에는 이승에 와서 살 수 있었으나 그때부터는 한번 가면 다시는 이승에 돌아오지 못하는 법이 마련된다.

오인숙본의 결말은 이승과 저승이 오갈 수 없는 계기를 담는다. 강림사자가 허궁애기를 데려간 이후로 이승과 저승은 단절되어 저승은 한번 가면 다시는 돌아올 수 없는 곳이 된다. 마고 할망의 등장은 ⟨허궁애기본풀이⟩의 서사가 창세 신화까지 연결될 수 있다는 가능성을 열어준다 마고 할망은 '마고할미'로 설화에서 지형을 창조하는 거

---

34 윤정귀, 「⟨허웅애기본풀이⟩ 연구」, 경기대학교 석사학위논문, 2013, 68~69쪽.
35 원 자료에는 '허웅애기'라고 하였으나 이 책에서는 '허궁애기'로 통칭하고자 한다.

인 여신으로 등장하는 인물이고,[36] 〈허궁애기본풀이〉는 죽음의 탄생을 담고 있기 때문이다. 죽음의 탄생이 창세 신화와 연결되는 이유는 창세 이전의 혼란스러운 상황과 삶과 죽음이 뒤섞인 상황이 유사한 성격을 띠기 때문이다. 살아 있는 사람은 이승에 있고, 이승의 삶을 다 살고 난 연후에야 저승으로 갈 수 있고 이것을 받아들인다. 그런데 삶과 죽음의 공간인 이승과 저승을 오갈 수 있다는 것은 삶과 죽음이 뒤엉킨 미분화되고 혼란스러운 세상에 삶과 죽음이라는 질서를 통하여 분화된 세계를 가져다주는 것으로 파악할 수 있다. 오인숙본을 토대로 고순안본[37]과 강을생본[38]을 비교하여 보면 다음과 같다.

오인숙본, 고순안본, 강을생본

오인숙본	고순안본	강을생본
		①~⑭ : 콩대기팥대기
① 허궁애기의 저승행	① 허궁애기가 저승에 간다.	⑮ 허궁애기가 아기를 낳고, 염라대왕에게 불리어 저승으로 간다.
② 염라대왕의 허락	② 허궁애기가 아기들 머리 국반을 내려 이승에 가겠다고 하자 염라대왕이 전상판(天障板)에 침을 뱉고 마르기 전에 오라고 한다.	⑯ 허궁애기는 아이들과 부모에 대한 걱정 때문에 밥도 먹지 않고 울기만 하자 저승 염라대왕이 낮에는 저승에 오고 밤에는 인간세계에 나가는 것을 허락한다.
③ 아이들을 돌봄	③ 허궁애기는 이승에 와서 어린 아기들 남녀 구별법을 마련한다.	⑰ 허궁애기는 밤이 되면 이승에 와서 아기들을 보살핀다.
④ 마고 할망이 아이들에게 질문		⑱ 동네 사람들이 허궁애기의 아이들이 어머니 없는 아이처럼 보이지 않는다고 하자 아이들은 어머니가 밤에 와서 자신들을 돌본다고 이야기한다.
⑤ 마고 할망의 지시와 아이들의 발설		⑲ 할머니는 아이들에게 어머니가 오면 실을 당겨 자신에게 알리도록 이르고 아이는 어머니가 오자 이를 실행한다.

36　김혜정,「한국 마고의 전승 양상과 신적 성격」, 고려대학교 박사학위논문, 2014, 56쪽.
37　허남춘 외,『고순안 심방 본풀이』, 제주대학교 탐라문화연구소, 2013, 313~314쪽.
38　진성기,「허궁애기본풀이」, 앞의 책, 2002, 614~623쪽.

⑥ 허궁애기의 유폐	④ 허궁애기는 이승에 와서 저승에 돌아갈 시간을 잊어버린다.	⑳ 허궁애기를 저승에 보내지 않기 위해 큰딸아기는 집을 청소하고 불을 사르고 시어머니는 자물쇠를 채워 두고 올레에 가시를 쌓아둔다.
⑦ 강림사자의 이승행		㉑ 저승에서는 허궁애기가 기다려도 오지 않자 저승 염라대왕은 차사를 보내 잡아오도록 한다.
		㉒ 차사가 와서 허궁애기를 찾자 시어머니가 허궁애기가 있는 곳을 말하고 잡아갈 수 있는 방법을 일러준다.
⑧ 육신과 혼의 분리		㉓ 차사가 허궁애기의 혼을 뽑자 허궁애기는 죽어서 다시는 이승에 돌아올 수 없게 된다.
⑨ 망자의 이승행 금지	⑤ 허궁애기가 염라대왕과의 약속을 어기자 이승과 저승 내외법이 마련되어 이승과 저승이 나뉜다.	㉔ 그 법으로 인간이 죽으면 돌아오지 못하고 시어머니 며느리 사이가 나빠지게 된다.

　오인숙본, 고순안본, 강을생본은 공통적으로 망자가 이승과 저승을 오갈 수 없게 된 내력을 담고 있다. 고순안본은 허궁애기가 저승에 가지 않는 이유를 허궁애기에게 찾는다. 허궁애기 스스로가 저승에 돌아 갈 시간을 잊어버렸기 때문이다. 오인숙본과 강을생본은 허궁애기가 아닌 다른 존재의 방해로 인하여 허궁애기가 이승에 어쩔 수 없이 남게 된다. 강을생본은 다른 이본들과 달리 콩대기팥대기 설화와 고부姑婦 사이가 나빠진 내력이 담겨 있다.
　고순안본 결말에서 주목해야할 부분이 있다. 허궁애기가 이승과 저승을 나누는 법을 마련하여 이승법과 저승법이 분별되었다는 것이다.

> 허궁아기가 경 거짓말 헤여부난, 이싱광 저싱, 네웨법을 마련헤영, 저싱 이싱법을, 굽을 갈릅데다~.[39]

39　허남춘 외, 앞의 책, 2013, 314쪽.

허궁아기의 거짓말은 이승과 저승의 공간을 단절시킨다. 허궁아기가 저승으로 돌아오겠다는 약속을 지키지 않자 이승과 저승이 나뉘고, 이승법과 저승법이 나뉘게 된다. 이승법과 저승법은 제주도 일반신본풀이인 〈천지왕본풀이〉에서 유래를 찾을 수 있다. 〈천지왕본풀이〉의 대별왕과 소별왕이 꽃가꾸기 경쟁을 통해 이승과 저승을 나누어 이승 사람이 저승에 가거나 저승 사람이 이승에 가지 못하게 된다. 〈허궁애기본풀이〉에서 이승과 저승을 나누고 이승법과 저승법을 나누는 행위는 창세 신화적 맥락으로 이를 살필 수 있다.

이승 사람들은 허궁애기를 데리러 차가사 저승에서 오게 되자 적극적으로 허궁애기를 못 가게 하기도 하고 오히려 허궁애기를 데려갈 수 있는 방법을 알려주기도 한다. 오인숙본의 마고 할망은 차사 앞에서도 허궁애기를 이승에 붙잡기 위해 보호한다. 강을생본의 할머니는 차사가 나타나기 전에 허궁애기를 보호하고 허궁애기를 숨겨준다. 차사가 나타난 후에 등장하는 허궁애기의 시어머니는 차사에게 허궁애기의 위치를 밀고密告한다.

강을생본은 오인숙본과 고순안본의 내용을 모두 포함하고 있다. 또한 콩대기팥대기 설화와의 관련성과 〈허궁애기본풀이〉의 의미가 연관되기에 강을생본을 선본으로 삼고자 한다. 앞에서 제시하지 못한 강을생본의 서사단락을 제시하면 다음과 같다.

〈강을생본〉[40]

① 허궁애기는 후처로 들어가 팥대기를 낳는다.
② 허궁애기가 콩대기에게는 콩만 삶아 줘서 미끈하니 곱고, 팥대기에게는 팥만 삶아 줘서 곰보가 된다.
③ 허궁애기는 콩대기에게 소를 먹이면서 마(麻)를 삼으라고 하고, 팥대기에게는 돼지를 먹이면서 마를 삼으라고 한다.
④ 콩대기는 소에게 마를 먹여 고운 삼을 뽑아낸다.

---

[40] 진성기, 「허궁애기본풀이」, 앞의 책, 2002, 614~622쪽.

⑤ 콩대기가 팥대기에게 마가 곱게 삼아진 이유를 말하자 팥대기가 자신의 일과 바꾸자고 한다.
⑥ 팥대기는 소가 곡식밭에 들지 않는데도 곡식밭에 들지 말라고 이야기하자 소는 마를 먹고 물소똥을 싼다.
⑦ 팥대기는 소를 몰고 집에 들어와서 밭에서 있었던 일을 얘기하고 소를 잡아먹겠다고 한다.
⑧ 다음날 콩대기가 소에게 팥대기가 소를 잡아먹을 것이라고 하자 소는 자신이 죽은 뒤에 콩대기에게 자신의 뼈를 주면 먹는 것처럼 하고 청대밭에 가서 버리고 국물은 찬장에 비워 버리라고 일러 준다.
⑨ 콩대기는 소가 일러준 대로 행하고 허궁애기와 팥대기는 하늘옥황 원복장자네 집에 큰굿을 구경하러 가고 콩대기는 집에 남아 기장을 찧고 물항아리에 물을 채운다.
⑩ 까마귀가 와서 콩대기에게 항아리가 터졌다는 것을 일러 주자 콩대기는 자신의 무지개를 벗어 물항아리 바닥에 놓고 물을 가득 채우고 새들이 날아와 기장을 모두 벗겨 놓는다.
⑪ 콩대기가 까마귀가 가리킨 대로 청대밭을 굽어보니 고운 옷들이 있고 찬장에 보니 딴머리가 공초당기 달려서 걸려 있어 이것으로 단장을 하고 굿 구경을 간다.
⑫ 콩대기가 굿 구경을 가자 청의도령이 태사혜 한 배를 가지고 와서 발에 맞는 자가 부인이라 말하고 콩대기가 이 신발을 신자 딱 맞는다.
⑬ 청의도령이 콩대기를 집에 데려와 자기가 외출한 사이 문을 열어주지 말라고 일러두나 팥대기의 모략으로 인해 콩대기는 문 밖에 나와 물에 빠지고, 팥대기는 콩대기의 옷을 입고 고운 나비를 잡아서 집으로 돌아와 콩대기 행세를 한다.
⑭ 팥대기가 나비를 불에 던지자 나비는 구슬이 되고, 궤에 숨겨 놓은 구슬은 사람이 없을 때 궤 밖으로 나와서 콩대기로 변해 팥대기의 만행을 알리자 청의도령이 팥대기를 잡아서 소금에 젓을 담고 허궁애기에게 팥대기를 먹이고 떠나보낸다.

①~⑭는 콩대기팥대기 설화와 연관되는 이야기이고, ⑮~㉔는 이승과 저승이 나뉘게 된 내력을 담고 있다. ①~⑭에서 허궁애기는 팥대기 어머니이고, ⑮~㉔에서 허궁

애기는 콩대기이다. 두 명의 상이한 인물이 허궁애기로 등장하는데 이들은 '어머니'라는 공통점을 갖는다. 팥대기의 어머니처럼 악인도, 콩대기처럼 선인도 허궁애기로 통칭되는 것은 이들을 선악으로 구분하고 있는 것이 아니라 선인, 악인 모두 어머니가 될 수 있고, 이러한 어머니가 될 수 있는 이들이 모두 허궁애기가 될 수 있다는 것이다.

콩대기팥대기 이야기는 광포설화로 그 분포가 지역을 넘어 세계적이다. 콩대기팥대기 이야기 속에 들어 있는 사회적 기능은 높은 것과 낮은 것 사이를 연결시키는 중개 기능인데,[41] 이러한 기능으로 인해 〈허궁애기본풀이〉의 이야기와 연결된다. 〈허궁애기본풀이〉의 허궁애기가 이승과 저승을 연결시키는 중개 기능과 콩대기팥대기의 사회적 기능과 유사하다.

'어머니'라는 접점, 비단을 짜는 화소의 공통점으로 인해 콩대기팥대기 설화와 〈허궁애기본풀이〉의 결합이 가능하게 된다.[42] 허궁애기가 이승과 저승을 오가며 이질적인 공간을 중개하는 매개적 기능을 하는데 콩대기팥대기 설화 역시 이러한 매개적 기능이 풍부한 이야기이기 때문이다.

구체적으로 지적해보자면 콩, 새, 결혼 등을 지적할 수 있다. 콩은 양의성을 가지고 있어서 이승과 저승의 양가적인 속성을 동시에 가진다.[43] 새는 하늘을 날고 땅에 내려 앉을 수 있는 존재로 하늘과 땅이라는 공간을 매개하는 역할을 한다. 콩대기와 청의도령의 결혼은 청의도령이라는 신분이 높은 자와 굿에 입고 갈 옷도 없는 빈천한 자인 콩대기와의 결합이다. 콩의 내부는 이질적 성질이 합쳐지고, 새는 하늘과 땅이라는 상이한 공간을 오가고, 콩대기와 청의도령의 결혼은 서로 다른 성별의 남녀가 하나가 되는 모습이다. 이러한 상반된 성질의 것이 하나로 연결되고 소통하는 모습이

---

41 나카자와 신이치(中澤新一), 『신화, 인류 최고의 철학』, 도서출판 동아시아, 2008, 112쪽.
42 "비단을 참시난"
 "비단클에 앚안 / 비단을 차는 체 ᄒ젠 / ᄒ염시난"
 진성기, 「허궁애기본풀이」, 앞의 책, 2002, 618~619쪽.
43 나카자와 신이치(中澤新一), 앞의 책, 2008, 120쪽.

특수신본풀이의 세계와 동일하기에 이러한 설화가 결합되어 특수신본풀이가 확장될 수 있다.

콩대기는 소를 먹이고, 팥대기는 돼지를 먹인다. 소를 먹이는 것은 소가 먹을 수 있는 풀을 찾아 오랜 시간 먹여야 하는 활동으로 돼지를 먹이는 것보다 힘든 일이다. 소는 농경을 기반으로 하는 사회에서는 먹기 위해 기르는 것이 아니라 농경의 일손으로 기른다. 돼지는 반대로 빠른 시간 키워내서 큰일을 치를 때 먹기 위한 잡식 동물이다.

여기에서 소는 집안의 가축이자 신령한 동물로 드러난다. 소는 마를 먹고서 콩대기에게 고운 삼을 삼아준다. 새들이 콩대기에게 기장을 모두 쩧어주는 역할과 유사하다. 팥대기는 소를 먹고, 콩대기는 소의 뼈를 청대밭에 묻어 소중하게 다룸으로써 소에게 옷과 신발을 받는다. 신령한 소를 어떻게 다루는지를 보여줌으로써 인물이 어떠한 결과에 처할지 짐작할 수 있다.

⑫와 ⑬은 신화의 맥락으로 이해할 수 있다. ⑫는 심부담尋父譚 화소에서 아들이 아버지의 자식임을 증명하는 증표처럼 콩대기 역시 자신이 청의도령의 배필임을 증명한다. ⑬은 〈문전본풀이〉의 내용으로 노일저대귀일이딸이 여산부인으로 변장하여 여산부인을 죽이고 난 뒤에 자신이 여산부인 행세를 하는 내용을 팥대기의 악행으로 그렸다.

⑭는 허궁애기의 비극을 다루며, 나비의 행실과 자식의 죽음은 〈차사본풀이〉의 서사와 유사하다. 나비의 나쁜 행실은 범을왕 삼형제가 꽃으로 변하여 과양생이각시를 괴롭히는 꽃의 행실과 유사하다. 허궁애기가 자신의 자식을 먹는 비극은 과양생이각시가 자신의 저주로 자식을 잃어버리는 슬픔과 유사하다. 허궁애기는 자신이 낳은 딸을 먹고 떠나간다.

이러한 비극은 인간 보편의 영속적 삶에 대한 욕망과 좌절의 모습과 통한다.[44] 영원한 삶을 살려고 몸부림치나 영원한 삶은 불가능하며 오히려 남아 있는 삶마저 종말을 맞게 한다. 허궁애기 역시 자신의 자식을 위해 행한 일들이 오히려 자식에게 비극을

---

44 신동흔, 앞의 책, 2014, 214쪽.

가져오게 한다. 꽐대기 어머니는 자식을 위하여 콩대기를 구박하고 나쁜 일을 자행하였으나 그러한 행위가 결국 자식을 죽음으로 내몰게 한다. 콩대기는 아이들과 이승에 영원히 남으려고 하나 이러한 행위로 인해 아이들과 영원히 이별하게 된다.

㉒~㉔는 작품 속에서 드러나는 것처럼 시어머니와 며느리의 내력담으로 이해할 수 있고, 그 이면적 의미를 죽음과 연관시켜 볼 수도 있다. 허궁애기는 저승의 존재로 이미 죽은 존재이다. 죽은 사람이 밤마다 살아있는 아이들을 찾아온다. 허궁애기 때문에 이승의 존재들을 저승으로 데려가는 차사까지 집으로 오게 된다. 시어머니는 죽음이라는 두려움 앞에서 허궁애기를 저승의 세계에 귀속시킬 빌미를 제공한다. 차사라는 존재를 가장 빨리 저승으로 돌려보내는 방법은 허궁애기가 어디 있는지 차사에게 알려 주어 허궁애기를 데리고 저승으로 돌아가게 하는 것이다.

시어머니의 밀고와 관련하여 진성기가 〈허궁애기본풀이〉에 대하여 언급한 내용을 되새겨 볼 필요가 있다. 시어머니가 밀고한 이유가 어린아이의 평안과 연결시킬 수 있는 여지가 있기 때문이다.

> 결국 〈허궁애기본풀이〉를 푸는 심방들은 한결같이 허웅애기가 칭원한 귀신(억울한 귀신 – 서운한 귀신)이라 하고, 또 어린애를 낳아서 기르는 데 있어 平安하게 해주는 神 이라는 데는 意見을 달리하지 않고 있다.[45]

허궁애기가 억울한 귀신인 이유는 쉽게 납득이 된다. 허궁애기가 젊은 나이에 저승을 가게 되었다는 것, 이승에 두고 온 아이들이 어머니의 손길을 필요로 하는 어린아이들인데 그 아이들을 돌보지 못한다는 것 때문이다.

허궁애기의 신격이 '어린아이를 낳아서 평안하게 해준다'고 할 수 있는데 이것이 무엇을 의미하는지 생각해 보아야 한다. 허궁애기가 저승에 간다는 것은 이승과 저승을 단절시켜 망자가 이승에 내려오지 못하게 하여 혼란을 피하게 만드는 것이다. 〈허궁

---

[45] 秦聖麒, 『耽羅의 神話』, 平凡社, 1980, 148쪽.

애기본풀이〉의 결말을 아이들의 삶과 연관시켜 본다면 아이들이 삶을 살아가는 데 필요한 질서를 바로잡은 것으로 볼 수 있다.

〈천지왕본풀이〉에서 대별왕과 소별왕이 저승법과 이승법을 만든 것처럼 허궁애기 역시 이승과 저승 사이를 망자와 생인이 오고 가는 것을 막음으로써 세상의 질서를 바로잡는다. 이는 혼돈에서 질서로의 변화에 해당하며 창조 신화의 면모에 해당한다.[46]

허궁애기는 이승과 저승을 왕래하며 생활하는 중간적 존재인데 베짜기를 통해 저승의 살림살이를 맡고 있으며, 원초적이면서도 숭고한 본성인 모성애를 보여준다.[47] 허궁애기가 중간적 존재라는 의미는 〈허궁애기본풀이〉가 이승과 저승이 완전히 단절되지 않은 혼돈과 무질서를 배경으로 하는 것과 관련된다.

비단을 짜는 화소는 인물의 신성성을 드러내는 데 사용되는 화소이다. 『삼국유사』 권1 「기이紀異」 연오랑 세오녀 설화에서 보면 '비단'은 사라진 신라의 해를 다시 떠오르게 하는 대체물이다.[48] 이처럼 '베-비단'은 하늘과 연관된다. 베짜기 노래를 살펴보아도 베를 짜는 부녀자들과 천상의 선녀를 동일하게 파악한다.[49] 베짜기와 죽음, 여성, 달의 이미지는 밀접한 연관관계를 가진다.[50] 달의 상징을 통해서 반대의 일치 coincidentia oppositorum라는 관념이 명료해진다.[51] 이는 모순적인 부분이 서로 융합함을 지시한다.

---

46 신동흔, 앞의 책, 2014, 213쪽.
47 윤정귀, 앞의 논문, 2013, 45~58쪽.
48 일연, 이범교 역해, 『삼국유사의 종합적 해석』 上, 민족사, 2007, 30~31쪽.
49 엄대현, 김분이, 허수선이 부르는 베틀 노래에서 '낮에짠건 일광단이요/밤에짠건 야광단이요' 등의 표현이 공통적으로 등장하며 베를 짜는 부녀자를 천상의 존재로 파악함을 엿볼 수 있다.
    金善豊, 『韓國口碑文學大系 2-9 : 江原道 寧越郡篇』, 韓國精神文化硏究院, 1986, 501~505쪽.
    趙東一・林在海, 『韓國口碑文學大系 7-2 : 慶尙北道 慶州市 月城郡篇』, 韓國精神文化硏究院, 1980, 454~456쪽.
    崔正如・千惠淑・林甲娘, 『韓國口碑文學大系 7-16 : 慶尙北道 龜尾市 善山郡篇』, 韓國精神文化硏究院, 1987, 173~175쪽.
50 안진태, 『신화학강의』, 열린책들, 2001, 115쪽.
51 미르치아 엘리아데, 이은봉 옮김, 『종교형태론』, 한길사, 1996, 247쪽; 니콜라우스 쿠자누스, 조규홍 옮김, 『박학한 무지』, 지식을 만드는 지식, 2011, 70쪽.

〈허궁애기본풀이〉는 이승과 저승이 분리되어 있으나 완전히 단절되지 않은 시대를 배경으로 세상의 혼란과 질서를 이야기한다. 허궁애기가 서로 다른 세계를 오고 감으로써 분절된 세계를 하나로 연결시키고, 허궁애기가 더 이상 이승에 오지 못하게 됨으로써 혼란스러운 세상에 질서를 부여한다.

4) 〈삼두구미본풀이〉의 삼두구미

〈삼두구미본풀이〉는 이춘자본과 문정봉본이 있다. 진성기 『제주도무가본풀이사전』에 이춘자본이 채록되어 있고, 현용준이 편집·해제한 『풍속무음』에 문정봉본이 채록되어 있다. 먼저 이춘자본과 문정봉본의 서사단락을 제시하면 다음과 같다.

이춘자본과 문정봉본

이춘자본[52]	문정봉본[53]
① 터주나라 터주고을에 삼두구미라는 백발노인이 자신이 산에 들어아 허라 없이 나무를 하는 나무꾼을 만난다.	① 옛날에 부인이 죽고 홀아비로 살면서 딸 삼형제를 키우어 삭달 나무를 팔아서 생활하는 백발노장이 있었다.
② 삼두구미가 나무꾼에게 중매하겠다고 하여 나무꾼의 집으로 가서 첫째딸을 자신이 사는 곳으로 데려온다.	② 백발노장에게 삼두구미[54]가 큰딸을 부잣집에 며느리로 중매하겠다고 하여 딸을 데려간다.
③ 삼두구미는 자기 양쪽 다리를 주면서 자기가 마을을 다녀오는 사이에 먹으라고 요구하고 첫째딸은 이를 거부하여 삼두구미에게 죽임을 당한다.	③ 삼두구미는 첫째딸에게 사람다리를 먹으라고 하고 첫째딸은 이를 거부하여 죽는다.
④ 삼두구미는 둘째딸을 데려와 다리를 먹으라고 하였으나 둘째딸이 이를 거부하여 둘째딸을 죽인다.	④ 삼두구미는 둘째딸을 자신의 집으로 데려와서 다리를 먹으라는 말을 안 듣자 둘째딸을 죽인다.
⑤ 삼두구미는 셋째딸을 데려오고 자신의 다리를 먹으라고 한다.	⑤ 삼두구미는 셋째딸을 데려와 자신이 다녀오는 동안에 다리를 먹으라고 한다.
⑥ 셋째딸은 말을 잘 듣겠다고 삼두구미를 안심시키며 삼두구미가 좋아하는 것과 싫어하는 것을 묻자 삼두구미는 자기가 좋아하는 것은 자신의 다리를 먹는 사람이고 싫어하는 것은 날달걀과 동쪽으로 뻗은 버드나무가지와 무쇠덩어리가 제일 싫다고 대답한다.	⑥ 셋째딸은 삼두구미에게 제일 싫어하는 물품을 묻자 삼두구미는 살아있는 닭의 알과 동쪽에 뻗은 버드나무가지를 싫어한다고 답한다.
⑦ 삼두구미가 집을 비우자, 셋째딸은 불을 피워 다리를 구워 배에 감아둔다.	⑦ 셋째딸은 화목(火木)을 가져다가 불살러서 다리를 구워 배에 차고 청소를 하였다.

⑧ 삼두구미가 집으로 돌아와 자신의 다리를 부르자 셋째딸의 배에서 소리가 나는 것을 확인한다.	⑧ 열흘째 되는 아침 인묘시에 삼두구미가 돌아와서 다리를 부르니 부인 배에서 대답소리가 들린다.
⑨ 셋째딸은 삼두구미에게 이름이 무엇이냐고 묻자 삼두구미는 자신의 이름이 '삼두구미'라는 땅귀라 대답한다.	⑨ 셋째딸이 성명을 알려 달라고 하자 삼두구미는 자신을 땅귀신이라고 말한다.
⑩ 셋째딸이 삼두구미에게 달걀, 버드나무, 무쇠나무를 싫어하는 이유를 묻자 삼두구미는 천귀가 땅일을 물어 올 때 달걀은 눈도 코도 입도 귀도 없어서 모르겠다고 하고, 동으로 뻗은 버드나무가지는 그것으로 자신을 후려치면 운신을 못하고, 무쇠덩이리는 불에 넣어도 타지 않고 변동이 없기로 자신이 조화를 부릴 수 없기 때문이라고 대답한다.	⑩ 삼두구미는 날달걀은 의지가 없어 잘못하면 깨지기 쉽고 동으로 뻗은 버드나무가지는 맞으면 사족이 저리고 조화를 부릴 수가 없고, 복숭아나무는 햇빛을 먼저 받아 독이 있어 싫어한다고 말한다.
⑪ 셋째딸이 숨겨두었던 버드나무가지, 달걀, 무쇠 덩어리를 꺼내자 삼두구미는 머리 셋에 꼬리 아홉인 모습으로 변신한다.	⑪ 셋째딸이 버드나무와 달걀을 가지고 오자 삼두구미는 그것을 보고 땀을 흘린다.
⑫ 셋째딸은 삼두구미를 버드나무로 때리고, 달걀과 무쇠덩어리로 삼두구미의 얼굴과 가슴에 맞추고 달걀에 천평지평을 써서 삼두구미의 겨드랑이에 넣는다.	⑫ 셋째딸은 삼두구미를 버드나무 가지로 후려치고 달걀에 천평지평(天平地平)을 써서 양 어깨와 양 다리에 놓아둔다.
⑬ 셋째딸이 뼈만 남아 있는 언니들을 집으로 가져 오고 아버지가 칠성판을 장만하여 시신을 매장한다.	⑬ 셋째딸은 언니들의 시체를 담아 집으로 돌아와 언니들을 매장한다.
⑭ 셋째딸과 아버지는 버드나무가지를 준비하여 삼두구미를 때려죽이고 방아에 넣고 찧은 가루를 바람에 불어버린다.	⑭ 셋째딸과 아버지는 삼두구미의 집에 가서 삼두구미를 버드나무와 복숭아나무로 백대를 때려서 죽이고 돌멩이로 부수어 가루로 만든다.
	⑮ 셋째딸과 아버지는 삼두구미의 집에 있는 금과 옥을 가져다가 부자가 되었다.

이춘자본과 문정봉본은 유사한 서사를 바탕으로 삼두구미의 변신, 복숭아나무와 무쇠의 유무, 셋째딸과 아버지의 부 획득 등의 차이점을 가진다.[55] 이춘자본의 삼두구미는 정체가 명확하여 머리 셋, 꼬리 아홉인 존재로 셋째딸 앞에 모습을 드러낸다. 문정봉

---

52 진성기, 「삼두구미본풀이」, 앞의 책, 2002, 646~650쪽.
53 현용준 엮음, 「버들남본」, 『風俗巫音(祝祀文)』 下, 제주대학교탐라문화연구소, 1994, 399~415쪽.
54 문정봉본에서는 '지귀'라 하였으나 '삼두구미'로 통일하여 칭하고자 한다.
55 진성기, 「삼두구미본풀이」, 앞의 책, 2002, 646~650쪽; 현용준 엮음, 「버들남본」, 앞의 책, 1994, 399~415쪽.

본의 삼두구미는 변신하는 모습도 보이지 않고 '삼두구미'라 칭하지 않고 '땅귀'라고만 정체를 소개한다. 이춘자본에서는 무쇠가 등장하고, 문정봉본에서는 무쇠 대신 복숭아나무가 등장한다. 복숭아는 장수의 상징이기에 죽음을 몰아낸다는 것이다.[56] 문정봉본에서 부자가 되었다는 ⑮는 이춘자본과 문정봉본의 ①~⑭에서 공통으로 다루는 서사의 흐름과 이탈된다. ⑮는 민담의 행복한 결말 형식을 취하고 있으나 아버지는 두 딸을 잃었고, 셋째딸은 두 언니를 잃었기에 이러한 부의 획득이 행복한 결말로 해석되기 어렵다.

문정봉본보다는 이춘자본의 서사가 풍부하고, 삼두구미의 정체가 구체적으로 드러나 있기에 이춘자본을 선본으로 삼고자 한다. 삼두구미와 관련하여서는 박봉춘본이 구연한 〈초공본풀이〉에서 삼두구미의 언급을 살펴볼 수 있어 이를 참고하고자 한다.

> 한길에당도하란,머리박싯돗고,촐리아홉잇는
> 삼두껍이갓혼짐생이입을꽉버리고
> 무러먹을듯이하니,큰형이노하야구타코저하니
> 산두껍이즘생말이
> 너의들이과거를원치말고
> 신줄,연줄,자부연줄,신걸매를메면
> 과거보담나으리라하니
> 삼도령이이말듯고크게으스니
> 산두껍이깁버하야가거늘[57]

박봉춘본 〈초공본풀이〉에 드러난 '삼두껍이'와 이춘자본 〈삼두구미본풀이〉에 드러난 삼두구미와 연관 지어 삼두구미가 무엇인지 밝히고자 한다. '삼두껍이'는 정확히

---

56 앤소니 크리스티, 김영범 옮김, 『중국 신화』, 범우, 2011, 246쪽.
57 赤松智城・秋葉隆, 「초공본푸리」, 앞의 책, 1991, 253~254쪽.

삼두구미를 칭하는 것인지, 산두꺼비를 칭하는 것인지,[58] 명확히 알기 어렵다. 이 동물의 형상이 머리가 세 개 돋아 있고, 꼬리가 아홉으로 삼두구미의 형상을 하고 있다. 삼두껍이는 초공이, 이공이, 삼공이에게 과거보다는 '신줄,연줄,자부연줄,신걸매를메면 과거보담나으리라하'고 그들이 나아갈 방향을 지시하여 준다. 이는 박봉춘본〈원천강본풀이〉의 박이왕의 어머니 백씨부인과 동일한 역할이다. 아무것도 모르는 오늘이에게 그리고 삼형제에게 그들이 앞으로 행할 일이 무엇인지 깨닫게 해준다.

〈삼두구미본풀이〉의 주인공은 삼두구미이다. 〈삼두구미본풀이〉의 서사는 셋째딸의 등장을 전후로 맥락이 바뀐다. 전반부는 삼두구미가 사건을 주도하고 후반부는 셋째딸이 사건을 주도한다. 후반부는 셋째딸이 삼두구미의 약점을 알아내어 삼두구미를 제치한다. 삼두구미가 중심이 되는 서사에서 셋째딸이 중심이 되는 서사로 중심이 이동하는 듯 보이나 셋째딸의 행동을 전반부와 관련지어 보면 주인공은 삼두구미라 할 수 있다.

셋째딸은 삼두구미를 속이기 위해 다리를 불에 구워 작게 만들어 배에 찬다. 삼두구미의 다리는 불에 구워져 삼두구미가 부르는 소리에 대답을 한다.

> 게멘, 내 확인을 ᄒ여 보겠다.
> 나 다리야!
> 이 소리에
> 말줏년 배에서
> 예! / ᄒ는 소리가 나왔습네다.[59]

---

[58] 두꺼비는 삼국시대, 조선시대의 벽화와 불화(佛畫)에서 달 안에 그려져 있다. 이는 항아가 달에 몸을 기탁하여 두꺼비가 되었다는 중국 신화에 기인한다.
羿請不死藥於西王母, 羿妻姮娥竊以奔月, 託身於月, 是爲蟾蜍。「靈憲」,『太平御覽』, 中國妖怪百集, 蟾蜍(蟾月) 항목, 2019년 5월 30일 접속, http://www.cbaigui.com.
두꺼비의 존재를 구체적으로 머리에 뿔이 돋아 있고, 천년을 살고, 산의 영혼을 먹는다고 하였다.
蟾蜍頭生角, 得而食之, 壽千歲, 又能食山精。「玄中記」,『太平御覽』, 百度百科, 蟾蜍紋 항목, 2019년 5월 30일 접속, https://baike.baidu.com.

이와 같은 모습은 언니들의 모습에서도 동일하게 찾아볼 수 있다. 셋째딸의 언니들 역시 육신은 죽었어도 혼은 살아 있어 대답을 한다.

> "설룬 성님아
> 원쉬 갚아시매 흐저 나옵서." / 흐난,
> "요 방에 싯저."
> 성님네 소리가 들련,
> 말줏년은 안방문을 올안 보난
> 성님넨 독흔 놈안티 죽언,
> 꽝만 술강 흐였습네다.[60]

언니들은 이미 삼두구미에게 목숨을 잃었으나 동생이 부르는 소리에 대답을 한다. 이러한 전반부를 고려할 때, 셋째딸이 삼두구미를 방아에 넣고 찧어 가루를 내고 바람에 불린다 하더라도 삼두구미의 혼은 살아 있어 누군가 삼두구미를 부른다면 부른 이에게 답할 수 있다. 셋째딸이 삼두구미를 제치하려고 하나 삼두구미는 인간의 손으로 제치할 수 있는 대상이 아니다.

후반부의 서사는 셋째딸이 삼두구미를 제치하는 방법이 주된 내용이다. 첫째딸과 둘째딸은 삼두구미의 손에 죽는다. 이러한 상황이 셋째딸에 이르러 역전된다. 셋째딸의 행위가 중요한 것은 첫째딸과 둘째딸의 인신공희人身供犧적 성격과 다른 성격을 지니기 때문이다. 셋째딸은 삼두구미에게 목숨을 빼앗기지 않고 삼두구미의 힘을 제압하여 이를 퇴치한다. 이는 합리적 세계관이 득세하면서 주술적 행위로 여겨지는 사신 숭배를 배격하고 사신을 퇴치하고자 하는 생각의 전환과 맥락이 닿는다.[61]

---

59 진성기, 「삼두구미본풀이」, 앞의 책, 2002, 648쪽.
60 위의 글, 649쪽.
61 김헌선, 「사신숭배와 사신퇴치의 신화와 의례 : 제주도의 사례를 구실 삼아」, 『제주도 굿과 신화』, 한국무속학회 학술대회 자료집, 2018, 10쪽.

다만 삼두구미는 가루가 되더라도 혼이 살아 있고 이 가루들이 다시 합쳐 새로운 형체를 만들 수 있는 존재이다. 셋째딸의 이야기는 전반부와 결말을 고려하면 여전히 셋째딸의 이야기가 핵심이 아니라 삼두구미의 이야기가 핵심인 것을 알 수 있다. '삼두구미'가 명확한 이름을 가지고 자신의 정체를 땅귀로 밝히고 있으나 셋째딸은 이름조차 등장하지 않는다.

셋째딸이 지귀를 제치할 때 날달걀에 '천평지평'이라는 글자를 써 넣고 지귀의 양어깨와 양다리에 끼운다. 천평지평은 하늘과 땅의 원리가 동일한 원리로 통한다는 의미이다. '천평지평'이라는 글귀는 현재까지도 다래끼가 났을 때 비약물치료법으로 고칠 수 있는 민간요법이다.[62] 다래끼가 나는 이유를 흙을 파거나 나무를 잘못 잘랐을 때 생기는 동티로 꼽는데, 주로 눈에 부정한 것이 달라붙는다고 인식한다.[63] 다래끼의 치료법으로 발바닥에 천평지평을 쓰며, 본주에게 버드나무를 준비하라고 한 것에서 〈삼두구미본풀이〉와 동토신과의 관련성을 찾을 수 있다. 동티를 조심해야 하는 상황은 집을 수리하거나 묘를 다른 곳으로 옮길 때이다. 묘를 옮기는 것을 철리遷移, 이장移葬, 천장遷葬이라고 한다.[64] 윤추월은 〈삼두구미본풀이〉와 유사한 서사를 갖춘 '와라진 귀신'이라는 민담을 제보한 제보자이다. '와라진 귀신'의 말미에 동티와 관련된 이야기를 하고 나서 자신이 옛날에 눈병을 얻어 크게 고생을 한 이야기를 한 것으로[65] 보아 삼두구미, 동토, 눈병은 서로 연관되어 있다 하겠다.

흙이나 나무와 관련하여 상정하여 볼 수 있는 신격은 집터와 산墓을 주관하는 토신

---

62 제주시 조천읍 선흘리에 거주하는 윤춘자, 조명옥, 박경일의 제보 중에 '다래끼가 났을 때 발바닥에 붓으로 천평(天平), 지평(地平)을 쓰면 좋다.'는 제보가 있었고,(강정식, 『제주도 지역 민간요법 발굴조사』, 제주학연구소, 2015b, 98쪽.) 서귀포시 성산읍 삼달리 오순재의 제보 중에서도 다래끼가 났을 때 '발바닥에 천평, 지평을 쓴다'는 제보가 있었다.(강정식, 같은 책, 161쪽.)
63 제주시 아라1동의 사례에서 동티가 났을 경우 본주에게 버드나무를 준비하라고 하고, 제주시 한림읍 명월리, 제주시 한경면 저지리, 서귀포시 대정읍 구억리, 서귀포시 대정읍 영락리의 사례에서 동티가 주로 눈으로 나타난다는 사실을 알 수 있었다.
    김동섭·문순덕·양영자, 『한국의 가정신앙 제주도편』, 국립문화재연구소, 2007, 38~113쪽.
64 김유진·손명철, 『제주민속조사보고서 제주의 민속문화 ② 제주의 무덤』, 국립민속박물관, 2007, 150쪽.
65 玄容駿·金榮敦, 『韓國口碑文學大系 9-3 : 濟州道 西歸浦市 南濟州郡篇』, 韓國精神文化研究院, 1983, 633쪽.

이다. 집을 주관하는 토신과 산墓을 주관하는 토신을 구분하여 관념한다.[66] 〈삼두구미본풀이〉와 관련하여 파악할 토신은 산墓 관련되었기에 집과 관련된 내용은 구체적으로 서술하지 않도록 하겠다. 삼두구미가 셋째딸의 집에서 마음대로 변신을 하지 못하고 자신의 무력으로 딸들을 데려오지 못한 이유가 집을 주관하는 토신 때문이다. 삼두구미의 힘은 삼두구미의 영역인 산墓에서 발휘된다.

삼두구미를 토신으로 파악할 수 있는 이유는 토신제에 사용하는 제물이 〈삼두구미본풀이〉의 내용과 관련되기 때문이다. 토신제에 사용하는 제물은 채소, 생선, 육고기 모두 날 것이다.[67] 삼두구미는 다리 먹는 사람이 제일 좋다고 하였기에 삼두구미가 받아야 할 제물도 이렇게 날 것과 관련된다.

제주도에서 이장할 때, 시신을 파낸 후에 그 자리에 달걀을 묻고 버드나무 가지를 꽂는데 그 유래를 〈삼두구미본풀이〉의 내용에서 찾는다. 무쇠와 관련된 항목은 땅값으로 동전을 거기에 묻는다고 한다.

삼두구미가 달걀, 버드나무, 무쇠를 싫어하는 이유를 작품의 맥락에서 찾을 수 있다. 날달걀은 아직 부화하지 않은 온전한 생명이 깃들어 있는 존재로 주몽신화만 보더라도 태양빛을 받아 유화가 알을 낳았고, 거기에서 주몽이 나왔다. 동쪽으로 뻗은 나뭇가지는 동쪽에서 뜨는 해를 향하고 있기에 독기, 즉 천상의 온기를 품고 있다. 무쇠는 변하지 않는 속성을 지니고 있어 자신이 조화를 부릴 수가 없기에 싫어한다고 하였다. 생명력, 태양의 온기, 불변을 삼두구미가 두려워하기에 셋째딸은 이 물품들을 이용한다. 다만 이러한 것은 잠시 삼두구미를 속이거나 잠시 힘을 빼놓는 물품일 뿐

---

66 김동섭·문순덕·양영자, 앞의 책, 2007, 225쪽.
67 토신제의 제물은 메4器, 과일 5種, 쇠고기 또는 돼지머리 1頭, 상어 혹은 명태 1足, 미나리菜와 무우菜 1器, 淸甘酒와 生甘酒 각각 1甁, 敝件(장례시 불태움)이 마련된다.
   金榮暾·高光敏, 『濟州民의 通過儀禮』, 濟州道, 1993, 337~338쪽.
   제주시 조천읍 대흘1리, 제주시 애월읍 애월리, 서귀포시 보목동, 서귀포시 서홍동의 토신제 제물이 고기와 생선 채소를 날 것으로 사용하고 있었고, 서귀포시 신풍리인 경우 녹포(鹿脯)를 올려야 하나 소고기로 대신하였다.
   김동섭·문순덕·양영자, 위의 책, 52~176쪽.

이지, 삼두구미의 존재를 완벽히 없앨 수 있는 물품이 아니며 삼두구미의 존재는 아직도 이 세상에 흩어져 있다. 삼두구미의 존재는 삶과 죽음이 우리의 삶의 공간에 함께 존재하고 있다는 뜻이다.

2. 특수신본풀이 서사의 공통 특징

특수신본풀이에 등장하는 특수신은 이승에서 명계로 또는 명계에서 이승으로 경계를 넘는다. 특수신이 있는 곳이 이곳이 되는데 저곳으로 나아가 저곳이었던 곳을 다시 특수신이 있는 이곳으로 바꾸어 놓는다.

〈원천강본풀이〉의 오늘이는 온전한 시간의 비밀을 원천강에서 경험하고, 〈세민황제본풀이〉의 세민황제는 저승에서 저승 사람들의 원성을 통해 자신이 저지른 포악한 짓에 대해 깨닫게 되고, 〈허궁애기본풀이〉의 허궁애기는 저승에서 아이들과 떨어져 있는 슬픔이 얼마나 큰 것인지 알게 되고, 〈삼두구미본풀이〉의 삼두구미는 나무꾼의 딸들을 자신의 후처로 삼기 위해 다리 먹기를 권한다. 삼두구미의 서사는 삼두구미가 이미 명계에 속하기에 독특하게 이승의 평범한 공간에서 자신이 부족한 것을 찾는다.

이러한 이동의 동력은 공간의 이질성이다. 이곳에 없다는 것을 인지하고 이곳과 다른 성격의 저곳으로 여행을 떠난다. 〈원천강본풀이〉와 〈세민황제본풀이〉는 이러한 여정을 통해 원하는 것을 찾게 되고, 〈허궁애기본풀이〉와 〈삼두구미본풀이〉는 여정을 통해 원하는 것을 찾지 못한다. 오늘이가 부모를 찾아 길을 떠나 부모를 만나고 자신의 존재 근원을 알게 된 것, 세민황제가 자신의 포악함을 깨닫고 이승에서 자신의 잘못을 바로 잡아 적선을 행하는 것이 이에 해당한다. 반면 허궁애기는 자신의 아이들을 모성애로 돌보고자 하나 실패하고, 삼두구미 역시 육식을 하는 자신의 아내를 찾으려는 시도가 실패한다. 허궁애기는 자신의 존재가 저승에 귀속됨으로써 세상의 질서를 수립하였고, 삼두구미는 자신의 신체가 세상에 흩날리게 됨으로써 죽음을 세상에 흩뿌리게 되어 삶의 측면에 죽음을 새겨 삶과 죽음의 균형을 만든다.

이들의 이동은 서로 다른 공간을 연결하는 의의가 있으며 이러한 의의는 무속사회의 '드리'라는 개념 속에서 그 의미를 파악할 수 있다. '드리橋'는 이곳과 저곳을 연결하는 기본적인 기능을 한다. 망자가 유족에게 이야기하는 것은 삶 너머의 공간에서 인간의 공간으로 의사를 전달하는 것이고, 유족이 다시 망자에게 이야기하는 것은 인간의 공간에서 삶 너머의 공간으로 의사를 전달하는 것이다.

앞에서 살펴본 특수신본풀이의 공통적 특징은 이승과 명계를 오가며 경계를 무너뜨리는 모습이다. 특수신이 처음 자신이 있던 곳을 '이곳'이라 한다면 특수신의 이동 양상은 '이곳'에서 '저곳'이다. 특수신이 '저곳'에 도착하게 됨으로써 다시 '저곳'은 '이곳'이 된다. 사람들은 자신이 살고 있는 삶의 영역을 이곳이라 생각하고, 삶 너머를 저곳이라 상정하여 이곳에 집중한다. 특수신이 이곳과 저곳의 경계를 넘어서는 모습은 이곳과 저곳은 다른 곳이 아니며 이승의 삶과 명계의 삶 역시 소통함을 보여준다.

특수신의 이동 양상에 주목하여 살펴보겠다. 박봉춘본 〈원천강본풀이〉의 오늘이, 조술생본 〈세민황제본풀이〉의 세민황제, 강을생본 〈허궁애기본풀이〉의 허궁애기, 이춘자본 〈삼두구미본풀이〉의 삼두구미의 이동 양상이 어떠한지 살펴보고자 한다.

특수신이 이동하는 이유는 욕망 때문이다. 특수신이 속한 이곳에서는 이룰 수 없지만 저곳에서는 이룰 수 있을 것이라 생각하고 길을 떠난다. 오늘이는 자신의 근본이 무엇인지에 대한 궁금증을 가진 채 자신의 부모를 찾아 나서고, 세민황제는 자신이 이승에서 행한 잘못을 바로 잡기 위해서, 허궁애기는 이승에 두고 온 자식들이 걱정되어서, 삼두구미는 자신의 후처를 찾기 위해 자신이 있던 이곳에서 저곳으로 경계를 넘는다.

특수신본풀이의 주인공들은 자신이 속해 있는 곳과 대립적 속성을 지닌 공간을 거친다. 오늘이는 '이승 → 원천강 → 이승'으로, 세민황제는 '이승 → 저승 → 이승'으로, 허궁애기는 '이승 → 저승 → 이승 → 저승'으로, 삼두구미는 '산墓 → 나무꾼의 집 → 산墓'으로 이동한다.

특수신의 이동은 존재의 변환을 가져온다. 오늘이는 자신의 이름조차 모르고 있다가 원천강으로 향하는 길을 물으며 인간, 식물, 이무기 등과 관계를 맺고 원천강에 가서 부모를 만나게 되고, 자신이 만났던 존재들과 자신이 무관한 존재가 아니라는 깨달음을 얻게 된다. 세민황제는 이승에서 포악한 짓만 일삼던 폭군이었으나 저승에서 저승 사람들의 원정과 저승왕의 가르침을 받아 이승에 나아와 적선지도를 실천하는 성군이 된다. 허궁애기는 저승에서 아이들을 만나지 못해 눈물만 흘리다가 이승에서 아이들을 돌볼 수 있게 된다. 삼두구미는 자신의 처가 죽자 자신의 후처를 구하기 위하여 분리된 경계를 넘는다.

〈원천강본풀이〉, 〈세민황제본풀이〉는 삶의 공간으로 돌아가는 서사이고, 〈허궁애기본풀이〉, 〈삼두구미본풀이〉는 죽음의 공간으로 돌아가는 서사이다. 그렇기에 전자는 삶의 지향을 바탕으로 명계에서 보고 온 것을 통해 이승의 질서를 바로잡으려는 형식을 취하는 것이고, 후자는 죽음의 지향을 바탕으로 이승에서 원하는 것이 있더라도 그것은 죽음의 공간에서는 소유할 수 없음을 보여준다. 다만 이곳과 저곳의 경계를 넘는 특수신의 모습을 통해 이질적인 공간이 소통하고 있음을 보여준다.

특수신본풀이에 등장하는 명계冥界는 이승과 다른 성격을 지니고 있으며 인간이 알 수 있는 영역이 아니다. 특수신의 중개자적 성격은 초월적 시·공간을 배경으로 신성성을 부여한다. 대립적 공간이 소통하는 모습은 무속에서 구체화된 모습으로 나타난다. 'ᄃ리'는 무속에서 이곳과 저곳을 연계해주는 매개물로, 눈에 보이는 'ᄃ리'를 지칭할 때에도 사용하고, 눈에 보이지 않는 경우인 신칼점을 통해 신의 의사가 인간에게 전해질 때에도 사용한다.

맞이굿을 할 때 질침을 한다.[68] 신이 오는 길을 만들기 위한 과정을 시왕맞이를 기준하여 볼 때 다음과 같이 제시된다. 질침의 순서가 '좌우도길 돌아봄, 언월도로 베기, 작대기로 치우기, 따비로 파기, 발로 밟기, 삼태기로 치우기, 밀대로 밀기, 비로 쓸기, 이슬다리 놓기, 마른다리 놓기, 나비다리 놓기, 영신靈神다리 놓기, 차사다리 놓기, 가위로 끊기, 올궁기 메우기, 시루다리 놓기, 홍마음다리 놓기' 등이다.[69] 질침에서 중요

---

68 강정식, 앞의 책, 2015a, 213쪽.
69 玄容駿, 『濟州島 巫俗 研究』, 集文堂, 1986, 378~380쪽.

강대원 심방 당주

강대원 심방 무구

한 것은 신의 공간과 인간이 있는 제장을 잇는 다리를 만드는 것이다.

굿에서 신의 의사를 알기 위해 신칼ᄃ리를 놓는다. 신칼은 두 개의 칼로 구성되며, 칼날과 자루로 나뉘고 종이를 잘라 신칼치메를 달아맨다.[70]

신칼의 칼날과 자루 사이 부분이 층계처럼 되어 있는 데 이곳을 조심다리라 한다.[71] 신칼의 명칭에도 '다리'가 포함되어 있음을 알 수 있다. 신칼점의 결과를 지칭하는 말에도 '다리'가 포함된다. 신칼을 점구占具로 사용하여 신칼점을 볼 때에 신칼을 지면에 던져 칼날의 방향으로 신의 의사를 타진한다. 이러한 신칼점은 작도다리, 칼선다리, 애산다리, 등진다리, 왼ᄌᆞ부다리, 오른ᄌᆞ부다리로 나누어진다.[72] '~다리'라 한 '~' 부분에는 신칼의 방향을 지칭하는 것이다. 이러한 신칼점을 '신칼다리를 놓는다'고 하는데

---

70 강소전, 「제주도 심방의 멩두 연구 : 기원, 전승, 의례를 중심으로」, 제주대학교 박사학위논문, 2012, 15쪽.
71 〈초공본풀이〉에서 자지맹왕아기씨가 집에서 쫓겨나 소사중을 찾아갈 때 험한 조심다리를 지나갔다는 내용이 신칼에 형상화된 것이다.
玄容駿, 앞의 책, 1986, 423쪽.
72 위의 책, 425~427쪽.

이는 신의 의사를 인간에게 전해주기 위하여 소통의 통로를 구축한다는 의미이다.

신을 청할 때마다 다리를 놓는다고 한다. '본향ᄃ리'라 하면 본향신을 맞는 의례이다.[73] 이러한 이승과 저승의 연결을 다리로 인식하는 것은 비단 제주 무속만이 아니다. 신격 구성의 복합적 원리를 보여주고 타당한 근거가 명시되어 있다고 하는 서울굿에서도 이러한 인식을 찾아볼 수 있다.[74] 베가르기가 끝나면 만신은 가슴에 묶었던 산베를 풀어내어 대신칼을 흔들면서 다리섬김을 만수받이로 하는데 이는 공수의 의미를 지닌다.[75] 지역을 떠나 이승과 저승을 잇고 신과 인간의 소통에서 다리가 중요한 의미를 지니는 것이다.

이렇게 무속에서 이승과 저승을 놓는 다리의 속성이 바로 특수신의 '이곳과 저곳의 경계 넘어서기'의 모습이다. 이승과 명계의 다리를 놓는다는 것은 이승과 명계를 연결하여 단절된 경계를 무너뜨려 이승으로 대표되는 이곳의 경계를 넘어서 이승 너머의 영역인 저곳에 닿게 한다. '저곳'의 모습이 제장 안에 형상화되어 '이곳'이 되어 버린다. 제의에서 다리를 놓는다는 것은 특수신본풀이에서는 특수신의 여정을 통해 형상화된 이곳과 저곳이 소통한다는 메시지를 제장 안에서 보여준다.

---

[73] 큰굿의 제차를 일별하면 '초감제 – 초신맞이 – 초상계 – 불도맞이 – 일월맞이 – 초공본풀이 – 초공맞이 – 이공본풀이 – 이공맞이 – 삼공본풀이 – 시왕맞이 – 세경본풀이 – 삼공맞이 – 세경놀이 – 문전본풀이 – 본향ᄃ리 – 각도비념 – 물놀이 – 도진 – 가수리 – 뒤맞이'다.
玄容駿, 위의 책, 33~444쪽.
[74] 김헌선, 『서울굿, 거리 거리 열두 거리 연구』, 민속원, 2011, 12쪽.
[75] 윤정귀, 「망자김유감 서울새남굿 연행 연구 : 2009년 7월 1-2일 남산한옥마을 민씨가옥의 사례를 예증 삼아」, 경기대학교 박사학위논문, 2018, 138쪽.

제1부 04

특수신본풀이의 민담적 특징

　제3장에서 특수신본풀이의 서사를 통하여 특수신이 이곳과 저곳을 오가는 공통점을 지적하였다. 이러한 경계 넘어서기의 모습은 공간이 정해져 있는 것이 아니라 유동성을 띠며 이질적인 성격으로 환치될 수 있음을 보여준다.

　이러한 유동성과 미확정성은 민담에서 찾을 수 있다. 제주도에서 본풀이로 전하는 특수신본풀이와 유사한 서사를 갖춘 이야기를 육지부에서 찾아보면 신화가 아닌 민담으로 전한다. '이계여행담'이라 통칭되는 민담 속에서 특수신본풀이의 서사와 견줄 수 있는 유사한 서사가 보인다.[1] 고대의 동양설화들의 기원을 살펴보면, 우리가 사는 세

1　이계여행담은 세계적 분포를 보이는 유형으로 스티스 톰슨을 비롯하여 조희웅, 장덕순, 김열규, 서대석, 이현수, 권태효 등이 이와 관련하여 논의하였다.
　스티스 톰슨, 『說話學原論』, 啓明文化社, 1992, 492쪽; 권태효, 「무속신화에 나타난 이계여행의 양상과 의미」, 『한국 구전신화의 세계』, 지식산업사, 2005, 237~273쪽; 金烈圭, 『韓國神話와 巫俗研究』, 一潮閣, 1977, 226~247쪽; 史在東, 「佛敎系 國文小說의 形成過程 硏究」, 忠南大學校 博士學位論文, 1976; 서대석, 「무속에 나타난 세계관」, 『통영오귀새남굿』, 悅話堂, 1989, 98~103쪽; 이현수, 「타계여행담고」, 『李丙疇先生周甲紀念論叢』, 二友出版社, 1981, 421~448쪽; 장덕순 외, 『한국사상대계』, 成均館大學校 大東文化研究院, 1973, 187~191쪽; 曹喜雄, 「韓國 敍事文學의 空間觀念」, 『古典文學研究』 1, 韓國古典文學研究會, 1971, 102~103쪽.

계 이외에 명계에 대한 믿음이 설화의 배경으로 작용한다.[2] 특수신본풀이 역시 명계가 등장하고, 명계와 이승을 오고 가는 여정이 담긴다. 먼저 특수신본풀이와 관련 있는 민담들을 찾아보고 특수신본풀이와 비교한 후 특수신본풀이와 민담의 영향관계를 알아보고자 한다.

명계여행 속에서 주인공들은 인물, 사물, 공간, 운명 등 다양한 탐색을 하는데[3] 이승과 다른 세계를 통해 전승 집단의 욕구를 알 수 있다.[4] 이계여행담은 민담으로 전해지나 신화적 맥락에서 적극적으로 해석할 수 있는 요소를 다양하게 갖추고 있다.

1. 서사의 공유와 활용

본풀이와 민담의 인과관계나 선후관계를 말하기는 어려우나,[5] 특수신본풀이와 유사한 서사가 민담으로 전승되고 있는 것은 분명하다. 〈원천강본풀이〉와 〈세민황제본풀이〉는 민담적 요소가 신화에 많이 반영되었고, 〈허궁애기본풀이〉와 〈삼두구미본풀이〉는 신화적 요소가 민담에 많이 반영되었다.

특수신본풀이와 비교가 가능한 유사한 서사를 갖춘 민담들이 채록되었다. 〈원천강본풀이〉인 경우 복을 구하러 떠나는 민담이 있고, 〈세민황제본풀이〉인 경우 영암의 덕진다리와 관련된 민담이 있고, 〈허궁애기본풀이〉인 경우 이승과 저승을 왕래한 여인과 관련된 민담이 있고, 〈삼두구미본풀이〉인 경우 버드나무로 괴물을 퇴치하는 민담이 있다. 이 책에서는 관련 민담들의 핵심 내용을 토대로 구복여행담, 덕진다리담, 사후불귀담, '아'라는 귀신담으로 이름을 붙였다.

---

2   스티스 톰슨, 위의 책, 181쪽.
3   조희웅, 『설화학강요』, 집문사, 1989, 119~131쪽.
4   권태효, 앞의 책, 2005, 239쪽.
5   徐大錫, 「敍事巫歌硏究:說話・小說과의 關係를 中心으로」, 『國文學硏究』 第八輯, 國文學硏究會, 1968, 51쪽.

특수신본풀이와 민담의 비교를 통하여 이들은 같은 근원을 가진 이야기임이 분명하고, 현재는 신화와 민담의 영역으로 양립兩立하여 전승되고 있음을 알 수 있다. 이 책에서는 특수신본풀이와 민담이 양립하여 존재하는 현재 상황을 토대로 논의를 진행하고자 한다.

1) 구복여행담

특수신본풀이 〈원천강본풀이〉와 유사한 서사를 갖춘 구복여행담은 설화의 문제 해결 과정,[6] 샤머니즘적 모티프,[7] 다른 나라의 설화와 비교 연구,[8] 작품 내적 구조 분석,[9] 서사무가와의 비교[10] 등 다양한 논의가 이루어지고 있다.

〈원천강본풀이〉와 구복여행담은 명계여행이라는 동일한 모티프 아래 〈원천강본풀이〉에서는 명계가 원천강으로 명확히 드러나고 구복여행담에서는 서천 혹은 용궁 등으로 불명확하게 드러나는 차이점을 지닌다.

구복여행담과의 비교는 조술생본 〈원천강본풀이〉는 제외되고, 박봉춘본 〈원천강본풀이〉를 대상으로 한다. 구복여행담의 제주적 모습이 〈원천강본풀이〉로 이해된다.[11] 조술생본 〈원천강본풀이〉는 박봉춘본과 달리 아기장수 설화와 유사한 점이 발견된다.[12] 육지부의 아기장수 설화의 경우 아기장수의 존재가 일률적으로 거부되는데 제주

---

6 최운영, 「〈구복여행〉설화의 문제 해결 과정과 그 교육적 의미」, 건국대학교 석사학위논문, 2003.
7 나주연, 「한국 민담에 나타난 샤머니즘적 모티프」, 『비교민속학』 37, 비교민속학회, 2008.
8 황인덕, 「한중인 '求福旅行' 설화의 비교적 고찰」, 『비교민속학』 31, 비교민속학회, 2006; 全惠卿, 「韓國·베트남 說話의 比較硏究: 수탉이 된 나무꾼(韓)과 닭의 기원담(越)의 비교를 중심으로」, 『東南亞硏究』 10, 한국외국어대학교 동남아연구소, 2001; 박명숙, 「한·중 구복여행 설화 비교연구」, 『口碑文學研究』 22, 한국구비문학회, 2006.
9 배도식, 「구복여행 설화의 구조와 의미」, 『국어국문학』 22, 동아대학교 국어국문학과, 2003; 조국형, 「한국 민담 텍스트(구복여행)의 서술·담화구조의 기호학적 분석」, 『언어과학』 4, 한국언어과학회, 2013.
10 김왕식, 「'求福 旅行'譚 硏究:空間移動樣相과 敍事巫歌와의 對比를 中心으로」, 동국대학교 석사학위논문, 1998.
11 김혜정, 「제주도 특수본풀이〈원천강본풀이〉연구: '神名'에 대한 再考를 중심으로」, 『한국무속학』 20, 한국무속학회, 2010, 270쪽.

의 아기장수형 설화는 세 가지로 나눌 수 있다. 아기장수가 전적으로 거부되는 유형, 날개만이 거부되는 유형, 아기장수를 수용하는 유형으로 나누어진다.[13] 조술생본의 〈원천강본풀이〉는 아기장수가 전적으로 거부되는 유형의 변이형이다.

조술생본 〈원천강본풀이〉에서 남편은 자기가 떠나가 홀로 남겨진 부인에게 원천강이나 보며 살라고 하면서 원천강을 남긴다. 이는 제주도에서는 아기장수가 거부되는 유형에 아기장수를 수용하는 유형의 포용력이 다소 스며든 것으로 이해할 수 있다. 남편을 잃고 생계가 막막해지는 그녀에게 원천강을 남김으로써 생계나마 유지할 수 있게 남편이 마련해주기 때문이다. 이 책에서는 박봉춘본 〈원천강본풀이〉에 대한 해명에 집중하고자 한다.

박봉춘본 〈원천강본풀이〉와 구복여행담은 명계여행이라는 동일한 모티프를 가지고 있다. 김헌선은 박봉춘본과 구복여행을 동일한 근원의 이야기라 하였다. 〈원천강본풀이〉의 오늘이는 근원적이고 집단적 문제를 해결하려 하나 구복여행의 주인공은 개인의 문제를 해결하기에 영웅적 면모가 약화되는 차이점을 보이는데, 이는 신성한 인물이 세속화과정을 통해 자연스럽게 변형된 것으로 보았다.[14] 먼저 한국구비문학대계를 중심으로 구복여행담의 자료들을 정리해 보면 아래와 같다.

---

12 김헌선, 「제주도 〈원천강본풀이〉의 유형적 특징과 의미 연구」, 미발표원고, 10쪽.

이야기의 핵심	조술생본 〈원천강본풀이〉	아기장수전설
영웅적 행위나 능력	원천강 남편이 왕 노릇을 하고자 한다	아이가 태어나자 날개가 달려 있으며 탁월한 능력을 갖는다
영웅에 대한 징치	나라에서 원천강을 죽이고자 한다	부모가 아이를 죽인다
여성이 나라를 돕다	나라 사령이 잡을 수 없어서 족은 각시를 꾸며서 큰 각시를 자극하다	아이가 죽으면서 어머니에게 자신의 죽은 곳을 알려주지 말라고 한다
영웅이 퇴치당하다	원천강이 아내의 질투에 의해서 잡히다	아기장수의 어머니에 의해서 아기장수의 묻힌 곳이 발각되어서 죽임을 당하다
영웅 퇴치의 결과	남편이 원망하며 원천강이 되라고 하다	아이도 죽고 용마와 군사가 죽어서 바위가 되다

13 현길언, 『제주도의 장수설화』, 弘盛社, 1981, 124쪽.
14 김헌선, 앞의 논문.

구복여행담

	제 목	제보자	채록자	출 처	발표연도 (채록연도)
1	구복여행	이흥권	조희웅	韓國口碑文學大系 1-1 (서울特別市 道峰區篇)	1980 (1979)
2	중국 석숭의 이야기	박종빈	성기열	韓國口碑文學大系 1-3 (京畿道 楊平郡篇)	1980 (1979)
3	구복여행	신천선	조희웅	韓國口碑文學大系 1-6 (京畿道 安城郡篇)	1982 (1981)
4	갑부가 된 석숭	황재학	김선풍	韓國口碑文學大系 2-1 (江原道 江陵·溟州篇)	1980 (1980)
5	팔자가 좋아 삼국에 부자가 된 사람	김남수	김선풍, 김기설	韓國口碑文學大系 2-5 江原道 束草市·襄陽郡篇	1983 (1981)
6	행운을 얻은 머슴	한준혁	김선풍	韓國口碑文學大系 2-8 (江原道 寧越郡篇)	1986 (1983)
7	점쟁이 말대로 불공드리고 부자된 머슴	권종복	김영진	韓國口碑文學大系 3-2 (忠淸北道 淸州市·淸原郡篇)	1981 (1980)
8	복타러 가서 복타가지고 온 머슴	전경남	김영진	韓國口碑文學大系 3-4 (忠淸北道 永同郡篇)	1984 (1982)
9	석숭의 복	김경천	박계홍	韓國口碑文學大系 4-2 (忠淸南道 大德郡篇)	1981 (1980)
10	서역국에 가서 복타온 석숭	석동석	박계홍	韓國口碑文學大系 4-5 (忠淸南道 扶餘郡篇)	1984 (1982)
11	사람은 자기 복으로 사는 것	김용환	최래옥	韓國口碑文學大系 5-2 (全羅南道 全州市 完州郡篇)	1981 (1980)
12	복을 타러 가는 석순이	김순엽	박순호	韓國口碑文學大系 5-4 (全羅北道 郡山市 沃構郡篇)	1984 (1982)
13	구복여행	김계화	박순호	韓國口碑文學大系 5-4 (全羅北道 郡山市 沃構郡篇)	1984 (1982)
14	옥황상제를 만난 사람	양태구	박순호	韓國口碑文學大系 5-6 (全羅北道 井州市·井邑郡篇)	1987 (1985)
15	구복여행	김판례	박순호	韓國口碑文學大系 5-7 (全羅北道 井州市·井邑郡篇)	1987 (1985)
16	점하러 갔다가 복을 안고 오는 석순이	송한석	박순호	韓國口碑文學大系 6-4 (全羅南道 昇州郡篇)	1985 (1984)

17	심부름 해 주고 복 탄 총각	이도배	이현수	韓國口碑文學大系 6-5 (全羅南道 海南郡篇)	1985 (1984)
18	서천 서해궁에서 얻은 보물	박금순	최덕원	韓國口碑文學大系 6-6 (全羅南道 新安郡篇)	1985 (1984)
19	복을 얻은 나뭇군	박단단	최래옥	韓國口碑文學大系 6-10 (全羅南道 和順郡篇)	1987 (1984)
20	복 타러 가는 이야기	이선재	조동일	韓國口碑文學大系 7-1 (慶尙北道 慶州 月城篇)	1980 (1979)
21	복 타러 가는 이야기	박병도	조동일, 임재해	韓國口碑文學大系 7-3 (慶尙北道 慶州 月城篇)	1980 (1979)
22	복을 타러 가는 사람	손순희	조동일, 임재해	韓國口碑文學大系 7-3 (慶尙北道 慶州 月城篇)	1980 (1979)
23	서천 시여골 약물	조유란	조동일, 임재해	韓國口碑文學大系 7-6 (慶尙北道 盈德郡篇)	1981 (1980)
24	구복여행	이기환	최정여, 천혜숙	韓國口碑文學大系 7-8 (慶尙北道 尙州郡篇)	1983 (1981)
25	구복여행	길용이	최정여, 천혜숙	韓國口碑文學大系 7-8 (慶尙北道 尙州郡 篇)	1983 (1981)
26	석숭의 구복여행	황수용	천혜숙, 임갑랑	韓國口碑文學大系 7-8 (慶尙北道 尙州郡 篇)	1983 (1981)
27	중국 부자 석숭이	강대각	임재해	韓國口碑文學大系 7-9 (慶尙北道 安東市 安東郡篇)	1982 (1981)
28	복타러 간 셋째 아들	송성군	임재해	韓國口碑文學大系 7-10 (慶尙北道 奉化郡篇)	1984 (1982)
29	부자가 된 석숭이	정일수	임재해	韓國口碑文學大系 7-10 (慶尙北道 奉化郡篇)	1984 (1982)
30	복 타러 간 아이	최순금	최정여	韓國口碑文學大系 7-12 (慶尙北道 郡威郡篇)	1984 (1982)
31	하늘 끝 보러 가는 아이	김덕수	최정여	韓國口碑文學大系 7-12 (慶尙北道 郡威郡篇)	1984 (1982)
32	석순이 이야기	김형효	최정여	韓國口碑文學大系 7-12 (慶尙北道 郡威郡篇)	1984 (1982)
33	게으름뱅이 총각의 구복여행	전계한	최정여, 천혜숙	韓國口碑文學大系 7-13 (大邱直轄市篇)	1985 (1983)

34	하늘에 복 타러 간 이야기	김옥련	최정여	韓國口碑文學大系 7-14 (慶尙北道 達成郡篇)	1985 (1984)
35	복 타러 간 아들	서필금	최정여, 천혜숙	韓國口碑文學大系 7-15 (慶尙北道 龜尾市 善山郡篇)	1987 (1984)
36	가난한 도령의 구복여행	손옥순	최정여, 천혜숙	韓國口碑文學大系 7-16 (慶尙北道 龜尾市 善山郡篇)	1987 (1984)
37	복 타러 간 이야기	임봉진	정상박, 류종목	韓國口碑文學大系 8-1 (慶尙南道 巨濟郡篇)	1980 (1979)
38	여의주를 얻은 사람	유치만	정상박, 류종목	韓國口碑文學大系 8-1 (慶尙南道 巨濟郡篇)	1980 (1979)
39	석순이 복 타러 간 이야기	김경택	정상박, 류종목	韓國口碑文學大系 8-2 (慶尙南道 巨濟郡篇)	1980 (1979)
40	복 타러 간 이야기	한두리	정상박, 류종목	韓國口碑文學大系 8-4 (慶尙南道 晉州市 晉陽郡篇)	1981 (1980)
41	여의주 얻어서 잘 산 이야기	이차문	최정여, 강은해	韓國口碑文學大系 8-5 (慶尙南道 居昌郡篇)	1981 (1980)
42	서천 서역국에 복 타러 간 이야기	권기동	최정여, 강은해	韓國口碑文學大系 8-6 (慶尙南道 居昌郡篇)	1981 (1980)
43	하늘에 복 타러 간 이야기	이복달	최정여, 강은혜	韓國口碑文學大系 8-6 (慶尙南道 居昌郡篇)	1981 (1980)
44	복 타러 간 총각	임 이	정상박, 류종목	韓國口碑文學大系 8-10 (慶尙南道 宜寧郡篇)	1984 (1982)
45	복 타러 가는 석순이	김삼삼	정상박, 류종목	韓國口碑文學大系 8-13 (慶尙南道 蔚山市 蔚州郡篇)	1986 (1984)
46	저승할망	이유백	진성기	남국의 전설	1967 (1956)
47	서천서역국으로 점치러 간 아이	송두야	임석재	任晳宰全集 4 韓國口傳說話 : 全羅南道·濟州道 篇	1989 (1975)
48	복 타러 간 사람	이씨	임석재	任晳宰全集 7 韓國口傳說話 : 全羅北道 篇 Ⅰ	1990 (1923)
49	복타로 간 사람	강유조	임석재	任晳宰全集 10 韓國口傳說話 : 全羅南道·濟州道 篇	1993 (1970)
50	하늘로 복 타로 가다	손영숙	임석재	任晳宰全集 10 韓國口傳說話 : 全羅南道·濟州道 篇	1993 (1973)

위의 구복여행담은 〈원천강본풀이〉의 '㉠ 부모(부/모)를 여읨, ㉡ 길을 떠남, ㉢ 결연, ㉣ 아픔/죽음 혹은 결실을 맺지 못함, ㉤ 뱀의 승천, ㉥ 신이한 공간에 도착하거나 신이한 존재를 만남, ㉦ 의문 해결'의 항목과 비교할 수 있다. 구체적으로 이 내용을 포함하고 있는 자료의 번호를 제시하면 다음과 같다.

〈원천강본풀이〉와 구복여행담

〈원천강본풀이〉 내용	구복여행담 자료 번호
㉠ 부모(부/모)를 여읨	1, 2, 7, 8, 9, 10, 12, 16, 17, 19, 21, 23, 27, 33, 34, 41, 44, 45, 46, 47
㉡ 길을 떠남	1, 2, 3, 4, 5, 6, 7, 8, 9, 10, 11, 12, 13, 14, 15, 16, 17, 18, 19, 20, 21, 22, 23, 24, 25, 26, 27, 28, 29, 30, 31, 32, 33, 34, 35, 36, 37, 38, 39, 40, 41, 42, 43, 44, 45, 46, 47, 48, 49, 50
㉢ 결연 (물음)	1, 2, 3, 4, 5, 6, 7, 8, 9, 10, 11, 12, 13, 14, 15, 16, 17, 20, 21, 22, 23, 24, 25, 26, 27, 28, 30, 32, 33, 34, 35, 36, 37, 38, 39, 40, 41, 42, 43, 44, 45, 46, 47, 48, 49, 50
㉣ 아픔/죽음, 결실(꽃) 맺지 못함 (물음)	1, 3, 4, 5, 6, 7, 8, 9, 10, 12, 13, 16, 21, 22, 23, 24, 26, 27, 28, 31, 32, 33, 35, 36, 37, 38, 42, 43, 44, 47, 48, 49, 50
㉤ 뱀의 승천 (물음)	1, 2, 3, 4, 5, 6, 7, 9, 10, 11, 12, 13, 14, 15, 16, 17, 20, 21, 22, 23, 24, 25, 26, 27, 28, 29, 31, 33, 35, 36, 37, 38, 39, 40, 41, 42, 43, 44, 45, 46, 47, 48, 49, 50
㉥ 신이한 공간 도착 (신이한 존재 만남)	1, 2, 3, 4, 5, 6, 7, 8, 9, 10, 11, 12, 13, 14, 15, 16, 17, 18, 19, 20, 21, 22, 23, 24, 25, 26, 27, 28, 29, 30, 32, 33, 34, 35, 36, 37, 38, 39, 40, 41, 42, 43, 44, 45, 46, 47, 48, 49
㉦ 의문 해결	1, 2, 3, 4, 5, 6, 7, 8, 9, 10, 11, 12, 13, 14, 15, 16, 17, 18, 20, 21, 22, 23, 24, 25, 26, 27, 28, 29, 30, 32, 33, 34, 35, 36, 37, 38, 39, 40, 41, 42, 43, 44, 45, 46, 47, 48, 49

구복여행담의 시작은 주인공이 아주 가난하게 설정되는 경우와 가난과 부모님의 부재 상황이 동시에 설정되는 경우로 나뉜다. 이러한 설정은 영웅담이나 신화 속에서 찾을 수 있다.[15] 이러한 상황을 한탄하며 주인공들은 복을 찾아 여행을 떠난다. 복을 찾는다는 내용 대신 점을 하러 간다는 자료(4, 5, 6, 7, 9, 16, 26, 31, 39, 46)도 보인다. 주

인공들은 서천, 하늘, 대국, 지하, 용궁 등의 공간을 찾아가서 옥황상제, 점을 잘 하는 사람, 노인, 소강절, 염라대왕, 용왕, 부처님 등의 존재를 만난다. 이 만남에서 자신이 질문 받은 문제에 대한 해답을 얻게 되고 이 해답을 전하며 자신은 결연을 하고, 부유하게 되고, 여의주를 갖게 된다.

결실을 맺지 못한 나무로 인해 주인공은 부를 획득한다. 나무가 결실을 맺지 못하는 것과 그 나무를 가진 집안에서 그 나무로 인해 아들이 아프다는 내용이 발견 된다. 나무로 인하였다는 이유 없이 주인공이 어떤 집을 갔더니 아들이 아파하고 있어 그 이유를 묻는다는 내용이 발견 된다.

이러한 내용은 여자가 등장하는 경우 조금씩 다른 양상을 보인다. 재물을 주어야 한다는 내용은 동일하나 결연의 내용에 다소 차이가 있다. '가난한 도령의 구복여행'(36)처럼 아들이 아니라 딸로 등장하면 그 집안의 딸과 주인공을 결연시킨다. 또한 집안 식구들이 모두 죽음을 맞은 이야기 속에서 여자가 등장하게 되면 주인공과 결연하는 이야기로 이어진다. '석순이 이야기'(32)처럼 부자가 되는 이야기와 결연하는 이야기가 함께 어우러지기도 한다. 집안 식구들이 모두 죽어 자신의 죽음을 직감하며 두려워하는 여자와 주인공이 결혼함으로써 여자의 죽음을 막아 주고 주인공과 여인이 부자가 되어 잘 산다는 이야기로 진행된다.

'여의주 얻어서 잘 산 이야기'(41)는 결연, 나무의 결실이나 개화에 대한 이야기가 등장하지 않는다. 용이 되지 못한 이무기가 자신의 입에서 보물인 여의주를 토해내는 것으로 처리되고 하늘에서 보았던 복주머니가 큰 여자와 결혼을 한다.

이야기의 특성이 복이 없어 복을 구하러 가야 하는 이야기여야 하는데 이미 복이 있어 부모에게 복을 나누어주는 이야기가 섞여 있는 자료(11)가 있다. 이는 '복'이라는 소재로 인해 이야기가 중첩된 것이다. 자신의 복으로 산다는 대답 때문에 쫓겨난 막

---

15 옛날 옛적 주년국땅 소스만이 사옵데다 싀설(三歲)적 어머님 죽고 다숫설 적 아바님 죽어 문전걸식(門前乞食) ᄒ시와 방랑생활(放浪生活) ᄒ다네
玄容駿, 『濟州島巫俗資料事典』, 新丘文化社, 1980, 276~277쪽.

내 아들은 자신이 복을 이미 가지고 있기에 복을 달라고 하여 옥황상제를 찾아갈 이유가 없다. 이 이야기의 진행은 막내아들이 집에서 쫓겨나서 먹고 잘 곳이 없어져서 사람들에게 도움을 받게 되고 이러한 도움을 받는 과정에 질문을 부탁받는 것으로 설정되어 있으나 이야기가 매끄럽지 못하다.

위의 민담들은 구복여행과 관련된 소재로 서사가 완결된 이야기들이다. 이 구복여행담 자료들은 정확하게 〈원천강본풀이〉의 핵심내용과 일치한다. ㉠은 오늘이의 부모가 오늘이를 강림들에 두고 가 버린 '기아'의 상황과 연결 지을 수 있고, ㉡, ㉢, ㉣, ㉤, ㉥, ㉦은 정확히 일치한다. ㉢과 관련되어 있는 것은 구복여행담의 남성이 〈원천강본풀이〉에서 여성으로 설정되어 구복여행담에서는 자신의 결연이 관련되어 있었으나 〈원천강본풀이〉에서는 매일과 장상을 만나 결연시킨다는 내용상의 차이가 있다.

박봉춘본 〈원천강본풀이〉와 위의 민담이 가장 큰 차이점은 연꽃과 관련해서이다. 꽃이 피지 못하거나 결실을 맺지 못하는 것과 관련해서 주인공은 부탁을 받는데 해답이 다르다. 박봉춘본에서 상가지에 피어 있는 꽃을 남에게 주라 하고, 민담에서는 그 나무의 뿌리를 파보면 금은보화가 있을 것이라 일러준다. 이러한 변형은 박봉춘본에서 오늘이가 절마다 다니면서 원천강을 등사하는 결말과 민담에서 주인공이 복을 구하여 와서 부자가 되는 결말과 관련된다. 오늘이가 만인을 위해 원천강을 등사하기에 그녀에게 필요한 것은 금은보화가 아니라 다른 사람에게 베풀 수 있는 자비이다. 이는 민담의 세계와 구별되는 신화의 세계로 이해할 수 있다. 〈천지왕본풀이〉의 대별왕과 소별왕의 꽃피우기 시합을 보면 대별왕은 소별왕이 자신의 번성꽃을 바꿔치기하였다는 것을 알고서도 소별왕에게 이승을 양보한다.

오늘이가 꽃을 갖는다는 것은 생성·분리·통합의 과정을 보여준다. 연꽃나무의 꽃은 과거와 현재를 공유하는 시간을 가지고 있다.

  나는겨울에는움이쑤리에들고
  정월이나면몸중에들엇다

이월이되면가지에가고,삼월이나면꼿이되는대[16]

겨울에 움이 뿌리에 들고, 삼월이 되면 꽃이 핀다. 꽃은 생성에서 본다면 과거와 현재의 시간을 거쳐 꽃이 핀 것이고, 연꽃나무에서 분리되어 오롯이 하나의 꽃으로 자신의 개체를 인정받는다. 오늘이는 야광주와 꽃을 가져야 신녀가 될 수 있는 존재이다. 연꽃나무에서 분리된 꽃이 오늘이에게 바쳐짐으로써 오늘이는 신녀가 되고, 꽃은 오늘이를 신녀로 만들어주는 역할을 한다. 오늘이와 꽃은 분리되어 있으나 신녀가 되어주게 하는 매개체이기에 또한 연결되어 있다. 이들의 연결 근원은 연꽃나무가 자신의 꽃을 꺾어내어 남에게 주는 자비에서 비롯되었으며 오늘이 역시 연꽃나무의 자비를 본받아 자신이 알게 된 원천강의 세계를 사람들에게 전하고자 한다. 동식물이 인간에게 도움을 주고 서로 교류를 한다는 것을 신화 속에서는 신과 인간이 소통하는 상징의 의미로, 민담에서는 이러한 상황을 오래된 옛날로 상정하여 지금은 받아들이기 어려운 것으로 인지하기에 단절의 의미로 받아들인다. 이러한 부분에서 신화의 영역과 민담의 영역 간의 차이를 알 수 있다.

2) 덕진다리담

〈세민황제본풀이〉와 유사한 이야기는 '덕진다리'와 관련된 이야기이다. 덕진이라는 인물이 덕을 많이 가지고 있어 그 인물이 세운 다리를 덕진다리라고 한다. 이 다리에 중의적 의미가 담겨 있는데 덕진이가 놓은 다리라 하여 덕진다리라고 하는 것이고, 덕진이가 다른 사람을 향해 도움을 주고자 하는 덕이 들어 있기에 이를 덕진다리라 하는 것이다. 먼저 민담의 목록을 제시하면 아래와 같다.

---

16 赤松智城・秋葉隆, 「원텬강본푸리」, 『朝鮮巫俗의 研究』 上, 1991, 294쪽.

덕진다리담

	제 목	제보자	채록자	출 처	발표연도 (채록연도)
1	덕진다리(함평)	정점암	지춘상	韓國口碑文學大系. 6-2 (全羅南道 咸平郡篇)	1981 (1981)
2	덕진다리 이야기(신안)	임성춘	최덕원	韓國口碑文學大系 6-5 (全羅南道 海南郡篇)	1985 (1984)
3	덕진골 처녀가 놓은 다리(대구)	배동벽	최정여 ·임갑랑	韓國口碑文學大系 7-13 (大邱直轄市篇)	1985 (1983)
4	德津다리	임회정	임석재	任晳宰全集 7 韓國口傳說話 : 全羅北道 篇 Ⅰ	1992 (1923)

민담에서는 덕진다리가 삶의 공간으로 구체화되어 나타난다. 박봉춘본은 구체적인 다리의 모습이 작품 속에 드러나지 않는다. 박봉춘본 〈세민황제본풀이〉에서 세민황제가 저승에서 이승으로 나옴으로써 저승과 이승을 연결한다는 의미로 해석하는 것은 가능하다. 조술생본 〈세민황제본풀이〉에서 덕진다리가 구체화된다. 조술생본에서 인물의 이름은 덕진다리담과 다소 다르게 나타난다. 조술생본에는 세민황제, 매일, 장삼이로 등장하는데 민담에서는 영암 군수, 동네 부자, 원님으로 등장하여 이들이 세민황제의 역할을 하고 덕진이가 매일 장삼의 역할을 행한다.

덕진다리담과 〈세민황제본풀이〉가 유사한 부분은 주인공이 이승과 저승을 오고 간 일, 자신의 저승 창고에 짚이 한 단 밖에 없는 일, 다시 이승에 돌아와서 그것을 갚으려 한 일 등이다. 〈세민황제본풀이〉의 서사단락과 덕진다리담의 내용을 비교해 보면 다음과 같다.

〈세민황제본풀이〉와 덕진다리담

	〈세민황제본풀이〉		덕진다리담			
	박봉춘본	조술생본	정점암	임성춘	배동벽	임회정
㉠ 이승에서 득죄	O	O			O	
㉡ 저승 이동	O	O	O	O	O	O
㉢ 이승에서 '적선'을 베푸는 이에게 저승돈을 빌림	O	O	O	O	O	O
㉣ 저승돈을 갚음	O	O	O	O		O
㉤ 다리를 놓음		O	O	O	O	O

　〈세민황제본풀이〉와 덕진다리담은 이승에서 득죄하는 부분, 다리를 놓는 부분을 제외하고 유사한 내용이 담겨 있다. 본풀이의 세민황제와 덕진다리담의 영암 군수, 동네 부자, 원님 등의 공통적인 특징은 이승에서 남부러울 것 없이 재물을 가진 자이다. 그들이 이승과 저승을 오가며 자신의 과오를 깨닫게 된다. 본풀이와 덕진다리담 모두에서 삶의 공간과 삶의 공간을 초월한 공간이 등장하고 인물들이 이를 오간다.

　덕진과 매일·장상의 차이점은 민담적 세계와 신화적 세계의 차이점을 보여준다. 매일·장상은 신화적 시간성을 표상하고, '덕진'은 지명과 인물을 구체적으로 지칭하여 신화적 시간성과 관련 없는 '덕德'이라는 교훈적 의미만을 담고 있기 때문이다.

　본풀이와 덕진다리담의 가장 큰 차이점은 다리의 의미와 관련해서이다. 조술생본 〈세민황제본풀이〉에서 다리를 놓는 것이 두 번이나 등장하는 데 다리의 의미가 상이하다.

영암 덕진산이

짚은 물에

덕진드리 놓아놓고

가는 사름 오는 사름

만민적선 받았수다.
경ᄒ단에 남은 돈은
매일이광 장삼이는
저싱데레 가는 ᄃ릴 놓와
극낙세계 가셨수다.[17]

　매일이와 장삼이는 두 개의 다리를 놓는다. 첫 번째 다리는 영암 덕진산 깊은 골에 놓인 다리이다. 민담에서의 덕진다리와 유사하여 보이나 적선을 베푸는 것이 아니라 '만민적선 받았'다고 하였다. 적선을 베푸는 행위로 인해 매일이와 장삼이의 저승창고가 가득해진다는 의미로 이해할 수 있기에 민담과 상통하는 의미의 다리이다. 두 번째 다리는 '저싱데레 가는' 다리이다. 저승으로 가는 다리는 민담의 세계에서 보여주는 구체적 세계에 형상화된 다리가 아닌 이승과 저승을 잇는 다리이며 인간의 힘으로 놓을 수 없는 다리이다. 이 다리는 현실의 공간과 극락세계라는 초월적 공간을 연결시킨다.
　민담의 세계 속 다리는 구체적인 삶의 공간에 놓인 다리이며 그러한 다리에 담긴 적선을 베푸는 것 역시 삶의 공간 안으로 한정되어 있어 본풀이의 세계와 다르다. 본풀이의 세계에서 그 다리는 구체적인 다리일 뿐 아니라 삶의 공간에서부터 삶 너머의 공간을 이어주며 우리가 사는 삶이 삶 너머의 공간과 다르지 않음을 우회적으로 보여준다. 우리 눈에 보이지 않는 알 수 없는 세계의 원리를 본풀이 속에서 이야기한다.
　덕진다리담과 〈세민황제본풀이〉에서 중요한 것은 세민황제의 뉘우침에 따른 적선積善이다. 인간은 자신에게 죽음이 닥칠 것을 알고 있으나 삶의 너머를 보려하지 않고 자신이 지금 살고 있는 삶에 초점을 맞추며 살아간다. 어떻게 하면 현세에 더욱 많은 재산을 가질 것인지에 대해서만 관심을 갖는다. 이러한 잘못된 관심을 이승 창고가 비어 있는 것이 저승 창고에는 가득할 수 있다고 이야기함으로써 생각을 전환할 수 있게 만든다.

17　진성기, 『제주도 무가본풀이사전』, 민속원, 2002, 612쪽.

3) 사후불귀담

〈허궁애기본풀이〉와 유사한 서사를 갖춘 민담이 있다. 죽은 어머니가 아이들을 그리워하여 밤마다 찾아오다가 결국에 돌아오지 못하게 되는 이야기이기에 이들 민담을 통칭하여 사후불귀담이라고 하였다. 이러한 이야기는 예정론을 바탕으로 한다. 인간의 만남이 한정되어 있으며 결국은 망자는 망자의 세계로 생자는 생자의 세계에 귀속되어야 함을 보여준다. 〈허궁애기본풀이〉와 관련되는 민담의 목록은 아래와 같다.

사후불귀담

	제목	제보자	채록자	출처	발표연도 (채록연도)
1	저승에서 잡아간 이운 애기	이차계	강은해	韓國口碑文學大系 7-4 (慶尙北道 星州郡篇)	1980 (1979)
2	허웅아기	윤추월	현용준·현길언	韓國口碑文學大系 9-3 (濟州道 西歸浦市 南濟州郡篇)	1983 (1981)
3	히운 애기	양송백	제주대학교 국어교육과	『백록어문』 2집	1987 (1986)
4	허웅아기	김자생	제주대학교 국어국문학과	『국문학보』 9집	1989
5	허웅아기	이방아	임석재	韓國口傳說話 : 全羅北道 篇 Ⅰ	1992 (1964)
6	허웅애기	부의함	제주대학교 국어교육과	『백록어문』 10집	1994 (1992)
7	죽으면 못 돌아오게 된 유래	오익찬	현용준	제주도민담	1996 (1959)
8	애기엄마의 혼	김순자	제주대학교 국어교육과	『백록어문』 16집	2000 (1999)
9	허웅아기[18]	이오생	진성기	신화와 전설	2001 (1956)
10	강림이야기	송금양	제주대학교 국어교육과	『백록어문』 20·21집	2005 (2004)
11	저승과 이승을 오가지 못하는 이유	강정자	제주대학교 국어교육과	『백록어문』 20·21집	2005 (2004)

12	죽음이 시작된 유래	김병숙	제주대학교 국어교육과	『백록어문』 22집	2006 (2005)
13	죽음이 생겨난 유래	오성춘	제주대학교 국어교육과	『백록어문』 24집	2008 (2007)

위의 민담들은 대체로 다음과 같은 내용을 담고 있다. 주인공이 명주실 짜는 솜씨가 좋아서 저승으로 가게 되는 것, 이승에 두고 온 아이들을 돌보고자 이승과 저승을 오가는 것, 결국에 약속을 지키지 않아 이승에 못 오게 되는 것 등이다. 〈허궁애기본풀이〉와 사후불귀담을 비교해보면 아래와 같다.

〈허궁애기본풀이〉와 사후불귀담

〈허궁애기본풀이〉 내용	사후불귀담 자료 번호
㉠ 솜씨가 좋음(명주, 살림)	1, 2, 5, 6, 7, 9, 10
㉡ 저승으로 감	1, 2, 3, 4, 5, 6, 7, 9, 10, 11, 12
㉢ 이승과 저승을 오고 감	2, 3, 4, 5, 6, 7, 8, 9, 10, 11, 12, 13
㉣ 이승에 남으려 함	2, 3, 4, 6, 7, 8, 9, 10, 11, 12, 13
㉤ 저승으로 가서 이승에 못 오게 됨	2, 3, 4, 5, 6, 7, 8, 9, 10, 11, 12, 13

윤추월의 '허웅아기'(2)에 신화적 맥락이 녹아 있다. 윤추월의 이야기 속에서 〈천지왕본풀이〉의 내용이 담겨있다.[19] 윤추월의 구연은 〈허궁애기본풀이〉가 〈천지왕본풀이〉

---

18 이오생이 구연한 허웅아기는 진성기의 『탐라의 신화』, 『남국의 전설』 등에도 동일한 내용이 실려 있다. 1959년에 초판을 발행하고 2001년에 재발행한 『신화와 전설』에 제보자의 정보와 시기가 명확하게 실려 있기에 이 자료를 제시하였다.

19 "허웅아기가 영원히 이제 집에서 죽으니까, 이제 다음부터는 이제 이 저승을 일절 이제 끊어져서 이 저승광 이승 이제 굽을 갈라. 그때는 귀신 불르민 생인(生人) 대답, 생인 불르민 귀신 대답ᄒ면서, 이 인간에 이제 귀신덜이 이제 사람인 줄 귀신인 줄 몰라낫는디, 이제 그 어느 이제 천왕폐와 어느 나라가 이제 해도 하나 쏘아 불고, 둘도 하나 쏘아 불고, 이젠 귀신들이 말을 못 ᄀᆞ게 다 해여 불고,"
玄容駿·金榮敦, 『韓國口碑文學大系 9-3 : 濟州道 西歸浦市 南濟州郡篇』, 韓國精神文化硏究院, 1983,

와 맥을 같이 하며 창세 신화로서 불릴 수 있는 가능성을 보여준다.[20] 윤추월 구연에서 두 개씩이던 해와 달에 관한 내용이나 이승과 저승의 왕래라는 상황이 모두 머나먼 시원의 상황을 환기하는 요소가 된다. 귀신과 산 사람이 서로 잘 분간이 안 되는 채로 공존했다는 것 또한 음양의 질서가 분화되기 이전의 원시적 카오스 상황을 연상시킨다.[21]

사후불귀담의 내용은 〈허궁애기본풀이〉의 내용과 유사하다. '허웅애기'의 제보자인 부의함이 구연한 '허웅애기'(6)를 살펴보면 특이한 사항을 발견할 수 있다. 부의함은 총 9편을 제보하였는데 7편의 내용은 일반신본풀이와 당신본풀이의 내용이다. '마퉁이'는 〈삼공본풀이〉의 내용과 일치하고, '원강암이'는 〈이공본풀이〉의 내용과 일치한다. '亽만이'는 〈멩감본풀이〉의 내용과 일치하며 'ᄌ청비'는 〈세경본풀이〉의 내용과 일치한다. '안택초상'은 〈칠성본풀이〉의 내용과 일치하고, '김동지와 애기씨'는 〈일뤳당본풀이〉의 내용과 일치하며 '과양셍이'는 〈차사본풀이〉의 내용과 일치한다. 줄거리의 대강을 이야기한 것이 아니라 아주 구체적인 내용을 풍부하게 제보하였다. 여기에 '허웅애기'와 '콩댁이 풋댁이'의 민담이 포함된다.

강을생본 〈허궁애기본풀이〉에서 허궁애기의 이야기와 콩대기팥대기의 이야기가 연결되었는데 부의함의 제보에서도 이러한 연결고리를 찾을 수 있었다. 부의함이 제보한 내용들은 '콩댁이 풋댁이'를 제외하고 모두 본풀이와 관련된 내용이다. 그렇다면 〈허궁애기본풀이〉와 '콩댁이 풋댁이' 역시 신화의 맥락과 연관된다고 추정할 수 있다.

사후불귀담의 내용 중에 허궁애기가 저승으로 못 가는 이유를 신발을 찾지 못하여 못 가는 것으로 설정한 이야기가 있다. '애기엄마의 혼'(8),[22] '죽음이 시작된 유래'(12)

642쪽.
20 "그땐 이제 그 옛날에는 이제 아주 그저 뭐 이제 하늘에는 해도 두 개 이제 돌도 두 개 그러면 낮이는 막 이제 더워서 죽고 밤에는 추워서 죽고 그러ᄒᆞ는 이제 시절이었던ᄀᆞ라."
玄容駿·金榮敦, 위의 책, 640~641쪽; 김헌선, 「〈허웅아기본풀이〉의 정체와 기여」, 미발표원고, 5~6쪽.
21 신동흔, 『살아있는 한국 신화』, 한겨레출판, 2014, 213쪽.
22 그 신발을 오꼿 곱쩌 부려서(숨겨 버렸다). 그 신발을 곱쩌 부난, 애기 젖 멕여뒁 가젠 허난. 막 신 촛

에서[23] 구체적인 대목을 찾을 수 있다. 신발을 찾지 못해서 천상에 가지 못하였다는 것은 신발이 천상으로 가는 길을 인도하여 주는 매개의 역할을 한다는 것이다. 한 쪽 신발이 없어 절름발이가 되어 두 세계를 연결하는 상징을 보여주는 콩대기끝대기 이야기는 이승과 저승을 오가며 두 세계를 매개하는 허궁애기의 이야기와 동일한 역할을 한다. '천상'을 뜻하는 신발의 상징이 두 이야기 속에서 동일한 의미로 파악할 수 있는 소재이고, 이러한 속성으로 인해 두 이야기가 결합한다.

강정자의 '저승과 이승을 오가지 못하는 이유'는 '허궁아기', '허웅아기' 등의 이름이 보이지 않고 '아기 어멍'이 저승과 이승을 오간다고 하였다. '허궁아기'라는 신적인 존재가 아니라 일상적인 인물이 주인공이다. 이 자료는 민담과 본풀이가 서로 양립하고 있음을 보여주는 자료이다. 일상의 인물인 '아기 어멍'과 신성한 인물인 '허궁애기'가 두 축을 이루어 제주도에서 전승되고 있음을 이 자료를 통해 명확히 알 수 있다. 김태일은 허웅애기를 민요 자료로 구연하였는데 주목할 부분이 있다.

이젠 채사님이 그 관장이 채사님이 어떻해선 그렇게 눈물 나남시난.

어린애기 젖주는 아기 떼고 밥주는 애기 다 떼고

다 애기들이 다 떼고 왔수니까 이렇게 눈물 납니다.

이젠 이만커난 돌맹이 옛날에 덩두렁 없수까 그걸 탁 내노면서

그러며는 이 돌에 춤을(침을) 탁 밭앙(뱉어서)

그 춤을 멀리 전에 이승에 갔다 오겠느냐.

예 갔다 오겠습니다. 경허난 이젠

동네 사난 할망 하는 말은 그 아기덜 보난

지 못허여 막 애 타단보난,
제주대학교 국어교육과, 「애기엄마의 혼(魂)」, 『白鹿語文』 16, 2000, 433쪽.

[23] 아이고 나 시간 바빵 흔저 가쿠다 가쿠다, 나 신 어디간넨 어디간넨 헤가난에, 신 흔꼼 곱져두고 이 항드레 제게 곱으라
제주대학교 국어교육과, 「죽음이 시작된 유래」, 『白鹿語文』 22, 2006, 284쪽.

이야기야 이야기야 어멍 업서두 어떵하난

지체로 고은옷 입고 머리단장 허여놓고 이영무신이난

아이구 우리 어머니 밤에 옵네다 밤이오면 왔다 만다

애기들 젖기른애기 젖먹여두고 밥기른 애기 밥멕여두고

[이거 심방(무당) 헌거래]24

  김태일은 심방들이 부르는 노래와 자기가 밭에서 어머니께 배운 김매는 노래를 구분하였다. 이는 서사무가로서의 〈허궁애기본풀이〉가 존재하고, 이러한 서사를 담은 노래가 각각 존재하였다는 것이다. 무속서사시인 본풀이의 서사가 서사민요에 녹아 구비전승되고 있는 것이다. 제주도에서 무속서사시가 아직까지 불리고 있고, 무속서사시와 연관되는 서사민요가 불린다는 것은 신성성의 갈래와 일상성의 갈래가 양립하고 있으며 서로 연관되어 있음을 알 수 있다.25

  〈허궁애기본풀이〉에서 혼과 육신이 분리되는 의미는 이승과 저승이 완전히 단절되어 죽은 사람이 부르면 산 사람이 대답하고, 산 사람이 부르면 죽은 사람이 대답하는 혼란의 시기에서 이승과 저승의 질서가 잡히는 시기로 이행하는 이야기가 담겨 있다. 사후불귀담의 제목을 보면 '죽으면 못 돌아오게 된 유래', '죽음이 시작된 유래', '죽음이 생겨난 유래' 등이다. 사람이 죽는다는 것은 저승의 존재와 이승의 존재들이 더 이상 만나지 못한다는 것이다. 결말에 드러난 허궁애기의 죽음은 이승에 더 이상 올 수 없어 아이들과 만날 수 없기에 이러한 민담들은 죽음의 기원과 연관된다.

  허궁애기는 아이들을 낳고 저승으로 간다. 어머니는 아이를 뱃속에 품고 있다가 탄생

---

24 2012년 8월 21일 고산리 경로당에서 김태일의 허웅애기 이야기와 민요를 채록하였다.
    서영숙, 『서사민요와 발라드 : 나비와 장미』, 박이정, 2018, 477~478쪽.
25 허궁아기에 대하여는 심방어르신과 민요를 부르는 분들에게서 이야기를 들을 수 있었다. (故)고순안 심방, 오춘옥 심방, 김돌산 심방 등은 차사본풀이에 이어서 〈허궁애기본풀이〉를 구연하였고, 금악 경로당을 방문하였을 때 양○○(1933년생) 할머니가 심방이 〈허궁애기본풀이〉를 구연하는 것을 여러 차례 보고 들은 기억이 있다고 하였다. 허궁애기와 관련하여 민요로 구연하였다는 이들이 더욱 많았고, 그 전승은 현재까지 전해 내려오고 있었다.

시키는 존재이다. 어머니와 아이가 뱃속에서 하나로 연결되어 있음을 감안할 때, 허궁애기의 존재에 대한 상징은 탄생과 죽음이 연결되는 존재이다. 이러한 이미지는 달이 하루를 기준으로 커지고 작아지는 것과 허궁애기의 삶의 유사성을 토대로 재생의 의미와 연관 지을 수 있다. 달은 밤이 되면 나타나고, 낮이 되면 우리 눈에 보이지 않지만 다시 다음 날 밤이 되면 나타난다. 초승달에서 보름달이 되는 것처럼 달은 끊임없이 기울고 차기를 반복한다. 이러한 반복은 끊임없는 재생을 말하며 이러한 재생은 영생과 연관된다. 허궁애기는 달과 같은 존재로 밤이 되면 이승에 나타나고 낮이 되면 사라지는 존재이다. 달의 재생 이미지와 허궁애기의 이미지는 일치한다. 더욱이 이방아, 윤추월의 이야기 속에 일월조정 화소를 찾을 수 있어 일상적인 이야기 안에 신화적 생명력이 숨 쉬고 있는 이야기임을 알 수 있다.

4) '아'라는 귀신담

〈삼두구미본풀이〉와 유사한 내용을 담고 있는 민담이 2편 있다. '버드나무잎이 제일 무섭다'와 '와라진 귀신'이다. 전자는 『韓國口碑文學大系 9-3 : 濟州道 西歸浦市 南濟州郡篇』에 수록되어 있고, 후자는 『韓國口碑文學大系 1-7 : 京畿道 江華郡篇』에 수록되어 있다. 비록 적은 편수이나 〈삼두구미본풀이〉의 서사와 일치하기에 중요하다.

'아'라는 귀신담

	제목	제보자	채록자	출처	발표연도 (채록연도)
1	버드나무잎이 제일 무섭다	신석하	성기열·정기호	韓國口碑文學大系 1-7 (京畿道 江華郡篇)	1982 (1981)
2	와라진 귀신	윤추월	현용준·김영돈	韓國口碑文學大系 9-3 (濟州道 西歸浦市 南濟州郡篇)	1983 (1981)

두 편은 '아'라는 귀신담으로 묶을 수 있다. 두 작품을 함께 살펴봄으로써 윤추월 구연 속 '와라진 귀신'의 의미를 짐작하여 볼 수 있다. 두 편의 앞부분에서 동일하게 노인이 열심히 일해도 먹고 살기 힘든 자신의 신세를 한탄하는 모습이 나타난다. 신석하와 윤추월이 제보한 민담의 앞부분은 아래와 같다.

> 아 하구선 힘들이 들어서 말이야, '아' 허구서 인제 이러구 있으니까 …(중략)… "안 불르긴, 내 이름이 안데, '아'하구 불러서 내 왔단 말이야."[26]

> 'ㅎ이' 이제 지쳐서 이제 손비를 쳤어. 'ㅎ이'해서 이제 그런 손비를 치면서 거기 앉아시니까, 거기로다가 이제 그 소나무 알로다가 '와라진'이라 흔 귀신이 나와가지고,[27] (*손비 : 숨을 몰아쉬기 위한 입동작)

두 편에 나타난 귀신의 이름은 서로 다르다. 신석하의 구연에서 귀신의 이름은 '아'라는 귀신이고, 윤추월의 구연에서 귀신의 이름은 '와라진'이다. 노인이 힘들어서 숨을 내쉬는 모습, 그리고 그 숨을 내쉬자마자 바로 등장하는 괴물의 모습을 생각해보면 윤추월의 구연 역시 신석하의 구연과 유사하게 파악할 수 있다. 즉 '아'라는 귀신이 등장하였는데 '아'라는 귀신에서 '와라진' 귀신으로 이름이 와음訛音되었을 가능성을 염두에 두고자 한다.

'아'라는 귀신담은 명당을 통해 현세구복에 관심을 두는 이야기인 풍수설화와 맥을 달리한다. 풍수설화는 궁극적으로 복을 추구한다. 부, 명예, 자손을 많이 얻고자 초월적 힘에 의존해 행복을 얻으려 하는 것이다. 망자에 초점이 있는 것이 아니라 현세에 살아 있는 후손에 초점이 있다.[28] '아'라는 귀신담에는 죽음과 관련된 존재를 물리치

---

26 成耆說, 『韓國口碑文學大系 1-7 : 京畿道 江華郡篇』, 韓國精神文化硏究院, 1982, 564쪽.
27 玄容駿·金榮敦, 앞의 책, 1983, 624쪽.
28 신월균, 『풍수설화』, 밀알, 1994, 223~227쪽.

기 위한 인간의 노력이 보이나 결국에 죽음과 삶이 하나라는 인식이 뿌리 깊게 박혀 있다.

'아'라는 귀신담은 〈삼두구미본풀이〉의 서사를 비교해 보면 다음과 같다.

〈삼두구미본풀이〉와 '아'라는 귀신담

	〈삼두구미본풀이〉		'아'라는 귀신담	
	이춘자	문정봉	신석하	윤추월
① 삼두구미와 나무꾼(노인)의 등장	○	○	○	○
② 삼두구미의 집으로 첫째딸/첫째손녀를 데려감	○	○	○	○
③ 다리 먹기 제안과 첫째딸/첫째손녀의 죽음	○	○	○	○
④ 다리 먹기 제안과 둘째딸/둘째손녀의 죽음	○	○	○	○
⑤ 셋째딸/셋째손녀에게 다리 먹기 제안함	○	○	○	○
⑥ 셋째딸/셋째손녀의 질문과 삼두구미의 대답	○	○	○	○
⑦ 셋째딸/셋째손녀가 다리를 구워 배에 감음	○	○	○	○
⑧ 셋째딸/셋째손녀가 지귀를 속임	○	○	○	
⑨ 삼두구미의 이름 확인	○	○	○	○
⑩ 삼두구미가 자신이 싫어하는 것에 대한 이유를 말함	○	○		○
⑪ 삼두구미의 정체	○	○		
⑫ 삼두구미 제치	○	○	○	○
⑬ 두 언니를 매장	○	○		
⑭ 삼두구미가 가루가 됨	○	○		○
⑮ 셋째딸과 아버지의 부의 획득		○	○	

신석하의 구연은 간략하고 윤추월의 구연은 자세하다. 신석하의 구연 속에서 삼두구미[29]의 이름이 구체적으로 '아'라고 등장하고, 윤추월의 구연 속에서는 와라진 귀신

---

29 신석하, 윤추월의 구연에서 '삼두구미'에 해당하는 귀신을 지칭할 때 이춘자본, 문정봉본에서처럼 '삼두구미'로 통칭하고자 한다.

으로 등장한다. '아'라는 귀신담에서는 두 언니의 매장과 관련된 부분이 없고, 삼두구미가 무서워하는 것은 버드나무 하나뿐이다. 신석하의 구연에서 삼두구미가 '키가 구척이고 뿔과 털이 있는 도깨비 같은' 모습을 하고 있다고 하였다. 삼두구미를 머리가 세 개로만 인식하였는데 신석하의 구연을 통해 세 개의 머리라는 것이 두 개의 뿔과 하나의 머리를 지칭할 수 있다는 가능성을 열어주었다.

윤추월의 구연이 자세하여 〈삼두구미본풀이〉와 차이점을 구체적으로 발견할 수 있었다. 본풀이의 배경이 산속으로만 제시되었는데 윤추월의 구연을 통해 삼두구미의 집이 땅속이라는 것을 확인할 수 있었다. 사람을 살리는 약물이 등장하여 두 언니와 삼두구미에게 잡혀 있던 사람들을 되살려내고, 그들과 새들이 떡을 먹자 삼두구미는 새로 환생하게 된다. 다음으로, 셋째 손녀 스스로 삼두구미를 물리칠 방책을 생각해내는 것이 아니라 백발노장이 나타나 해결책을 일러준다.

윤추월의 구연을 통해 〈삼두구미본풀이〉가 신화적 맥락과 공유하는 부분을 찾을 수 있었다. 삼두구미는 새로 환생한다. 삼두구미가 재를 먹고 새가 삼두구미의 화신이 되는 것이다. 〈지장본풀이〉의 지장아기씨가 새로 태어나는 설정과 유사하다. 삼두구미의 새의 의미와 지장아기씨의 새의 의미는 모두 죽음과 연관된다. 또한 지장아기씨가 새로 태어나기 전에 전새남굿을 위해 정성스럽게 떡을 하는 것과 삼두구미가 떡으로 만들어진 것이 가능하다. 이는 굿에서 떡을 제물로 신에게 바치고 사람들과 나누어 먹는 이야기를 담고 있는 것이다.

〈삼두구미본풀이〉에서 삼두구미의 시체가 가루가 되어 바람에 불려 물이나 땅에 스며든다. 포괄적으로 생각해 보면 삼두구미의 시신이 땅을 지탱하는 양분이 되어 그 땅에서 나는 것을 우리가 먹는 것이다. 삼두구미를 제치하려고 하나 제치할 수 없는 존재이며 멀리할 수 있는 존재가 아니라 우리 몸에 스며들어 우리와 함께하는 존재이다.

매장과 관련된 내용이 없다는 것은 〈삼두구미본풀이〉와 '아'라는 귀신담의 가장 큰 차이점이다. 본풀이는 두 언니들의 매장과 이에 대한 구체적인 방법이 제시되는 반면, 민담에서는 그러한 이야기가 중요하지 않다. 본풀이가 이장 혹은 매장과 관련되어 사용되었음을 위의 비교를 통해 알 수 있다. 시체를 이장할 때 계란과 버드나무를 사용하는데 민담에서는 버드나무만 나와 있다는 것은 민담의 전승 상황에서 이장과 관련된 부분이 그다지 중요하지 않는 것으로 파악할 수 있다.

제주도에서 이묘移墓를 하고 나면 '철리터 방법'이란 것을 행한다. 묘를 옮길 때 '삼두구미 토신님께 옥황에 올라가십사'라는 내용을 묘 앞에서 고하고 묘를 파고 나서 시신을 옮긴 뒤에 달걀 세 개, 무쇠 조각 세 개를 넣어 덮고 그 위에 버드나무를 꽂는다.[30] '삼두구미'라 하는 토신이 하늘을 다녀오고 나서 이묘를 하여 시신이 없어진 것을 알고 찾으려고 하나 버드나무, 달걀, 무쇠는 모른다고 한다. 삼두구미 토신도 인간에게 조화를 부릴 수 없게 되는 것이다.[31] 여기서 토신이라 하였으나 이 토신이라 함은 땅을 대표하는 지신과 구별되며, 토주관이라는 본향당신과도 구별되는 무덤과 관련된 터를 주관하는 터신의 개념으로 이해할 수 있다.

문정봉본 〈삼두구미본풀이〉에서 셋째딸과 아버지가 부를 획득하는 결말은 신화적 결말이라기보다는 민담적 결말의 성격을 띤다. 민담 속에서 괴물이 등장하는 것은 인간의 비인간적 요소를 상징하고 본능의 파괴적 측면을 의미하는데 이러한 파괴적 본능은 전환 가능한 긍정적 요소를 내포하고 있기에 이를 표상하여 괴물이 제치된 곳에서 금은보화가 나온다.[32] 민담에서 흔히 볼 수 있는 화소이나 이는 신화적 속성을 내포하고 있는 것이다. 파괴적 본능이 긍정적 요소로 환치되기 때문이다. 문정봉본 결말을 통해서 민담과 신화는 공유하면서 영향관계를 끼치고 있음을 확인할 수 있다.

2. 양립적 공존

특수신본풀이와 민담은 양립하여 존재한다. 신화, 민담, 전설이 분화되지 않던 시대

---

30 秦聖麒, 『濟州島民俗 : 歲時風俗』, 濟州民俗硏究所, 1997, 202~203쪽.
31 위의 책, 204쪽.
32 李符永, 『韓國民譚의 深層分析 : 分析心理學的 接近』, 집문당, 1995, 104쪽.

의 이야기를 근원으로, 특수신본풀이라는 신화와 특수신본풀이와 서사를 공유하고 있는 민담이 각기 다른 영역에서 분리 발전하였다. 원형적 서사가 있고 이것이 각각 심방의 이야기와 민중들의 이야기로 분리되어 수용되었다. 제주도에서는 신화의 축과 민담의 축이 병렬적으로 존재하고 있기에 특수신본풀이에서 본풀이와 민담의 상호작용을 파악할 수 있었다. 〈원천강본풀이〉와 〈세민황제본풀이〉의 경우에는 민담적 속성이 본풀이에 반영된 것이고, 〈허궁애기본풀이〉와 〈삼두구미본풀이〉의 경우에는 신화적 속성이 민담에 반영된 것이다. 이러한 영향관계가 가능한 것은 신화와 민담의 축이 공유하는 미분화성에 기인한다.

〈허궁애기본풀이〉에서 어머니와 〈삼두구미본풀이〉에서 무덤은 인간의 삶의 시작과 끝의 공간이다. 인간의 눈에는 보이지 않으나 어머니의 뱃속에서 생명이 잉태하고 있고, 무덤 속에 영혼이 담겨 있다고 인식하여 묘제墓祭를 지낸다. 이러한 근원적인 시작과 궁극적인 끝은 민담의 영역이라기보다는 신화적 속성을 지니기에 민담의 이야기에 신화적 요소가 담긴다. 〈세민황제본풀이〉와 〈원천강본풀이〉는 삶의 여정에 비유되는 길을 찾아 떠나는 과정을 보여준다. 이러한 여정은 삶의 과정적 성격과 밀착될 수 있기에 신화 속에 민담적 요소가 담기게 된다. 이러한 양립적 공존의 관계는 한 갈래가 다른 갈래에 흡수되지 않는 정체성이 그 안에 담겨 있음을 의미한다. 특수신은 다른 신들의 체계에 편입되지는 않으나 특수신본풀이에 민중들이 바라는 열망이 담겨 있는 동시에 신화적 속성을 담고 있다. 세상이 창조되는 원리에 적용받는 것은 결과적으로 인간이며 특수신본풀이는 개인을 통하여 세상의 원리를 이야기한다.

1절에서 특수신본풀이와 관련된 민담을 비교하여 봄으로써 특수신본풀이와 민담의 관련성을 지적하였다. 이러한 특성은 심방이 주재하는 신화의 영역에 속하는 미분화성과 일반인의 생활 영역에 속하는 미분화성이 신과 인간이라는 관점이 달라질 뿐이지 내용적인 속성은 공유한다는 것을 보여준다.

이는 특수신본풀이가 일반신본풀이의 주변적 속성을 지니나 이 주변적 속성은 확장된 주변의 속성이라는 것이다. 단형적이고 삽화적인 서사 속에 심층적 저변을 담고 있는 특수신본풀이가 민담의 확장된 주변부에 속하는 서사와 접점을 갖게 되는 것이다. 신화의 영역에서 세상을 만들고 질서를 바로잡는 이야기와 민담의 영역에서 인간이 어떻게 생기게 되었으며 인간이 사는 세상의 질서는 무엇인지에 대한 의문이 만나는 부분이다. 그렇기에 특수신본풀이와 민담은 서로의 서사를 공유하면서 각 영역에서 구비전승 될 수 있다.

특수신본풀이는 이곳과 저곳의 경계 넘어서기의 큰 틀을 갖추고 있다. 이곳과 저곳의 경계를 넘기 위해 이곳에서 다른 곳으로 출발하고 원조자의 도움을 통해 저곳으로 다다른다. 이곳과 저곳의 구분은 이곳에서는 분명하지만 저곳으로 가게 되면 저곳이 이곳으로 바뀌게 된다. 이곳에서 얻을 수 없는 것을 저곳에서 얻고, 저곳의 영향력을 이곳에까지 미친다. 저곳에서 이곳으로 돌아올 때는 특별한 원조자의 도움이 필요하지 않다. 이미 이곳과 저곳은 소통할 수 있는 곳으로 거듭났기 때문이다. 이를 간략히 도식화하면 아래와 같다.

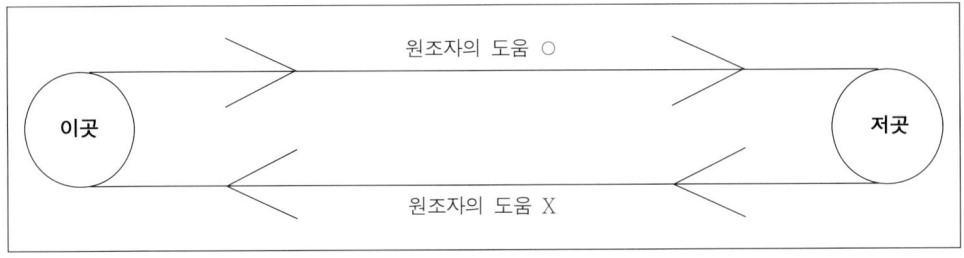

이곳과 저곳의 경계 넘어서기

이곳에서 저곳으로 갈 때의 원조자의 도움 유무는 중요하다. 특수신본풀이의 인물들은 원조자의 도움 없이는 이곳에서 저곳을 갈 수 없으나 원조자의 도움으로 이질적인 성격의 저곳으로 갈 수 있다. 〈원천강본풀이〉는 매일·장상, 연꽃나무, 이무기, 옥황의 시녀궁녀 등이 오늘이에게 길을 가르쳐 주는 원조자로 등장하였고, 〈세민황제본풀이〉는 검청낭이라는 차사가 세민황제에게 이승으로 나가는 길을 안내하였으며, 〈허궁애기본풀이〉는 저승왕이 허락하여 허궁애기가 이승으로 나갈 수 있게 되었으며, 〈삼두구미본풀이〉는 나무꾼이 삼두구미를 자신의 집으로 안내하였다.

특수신본풀이인 경우 고난이 닥쳤을 때 스스로의 힘보다는 다른 존재의 도움에 의하여 고난을 극복하고 고난 극복의 과정이 주로 인물의 이동을 통하여 이루어진다. 일반신본풀이의 인물들이 고난을 스스로 극복하고 그 고난 극복과 관련하여 신직을 부여 받는 것과 다른 양상을 보여준다. 이러한 성격으로 인하여 특수신본풀이의 인물들은 인간과 신의 중간적 성격을 띠게 된다. 중간적 성격이라는 것은 신과 인간의 속성을 모두 가지고 있다는 의미로 신과 인간으로의 분화 이전의 모습을 가리킨다.

〈원천강본풀이〉의 원천강과 〈세민황제본풀이〉의 이세민은 같은 시대를 공유하는 인물이다. 원천강은 547~634년까지 살았던 인물이고, 이세민은 599~649년까지 살았던 인물이다. 이 시대는 당나라에 해당하며 우리나라는 신라가 당나라와 동맹을 맺고 백제, 고구려를 멸망시키고 나서 676년 한반도 중남부를 통합하였다. 신라가 삼국을 통일한 후에 전쟁이 줄어들고 나라가 안정됨에 따라 당과의 무역이 증가되던 시절 주요한 수입품 중 하나가 서적이다. 사치품으로 분류되기도 했던 서적이 대중에게 퍼지기까지는 시간이 필요했고, 시간이 흐른 후에 이러한 이야기들이 퍼지게 되는 것을 감안하면 원천강과 이세민이 살던 시절 보다는 후대에 이러한 이야기가 전해졌다고 파악할 수 있다.

'원천강'과 '세민황제'라는 단어를 통해 특수신본풀이가 중심에서 주변부로 밀려나는 상황을 짐작할 수 있다. 이러한 단어들은 특수신본풀이가 시대의 변화 흐름에 맞추어 신화 역시 고대서사시에서 중세서사시로 그리고 신앙비판서사시로 변화되고 있는 상황에서 살아남기 위한 방편이었다. 특수신본풀이가 함의하고 있는 바는 고대서사시가 향유되던 시대의 미분화성을 간직하고 있기에 시대의 흐름 속에서 살아남기 위하여 대중들이 알고 있는 힘 있는 단어들을 특수신본풀이에 받아들여 생명을 유지한 것이다. 또한 특수신본풀이의 속성이 민중들이 원하는 삶과 죽음의 문제에 대한 분할되지 않은 온전한 의미를 보여주는 것이기에 시대의 변화에도 살아남을 수 있었다.

특수신본풀이의 네 유형은 동일한 시기의 것으로 추정하기는 어렵다. 〈허궁애기본풀이〉와 비교해 볼 때, 〈세민황제본풀이〉는 후대의 것으로 추정된다. 역사적 인물의 등장, 이승과 저승의 분립과 단절 등을 통해 이러한 시기의 차이를 가늠할 수 있다.[33]

역사적 시기는 특정하지 못하지만 이들 네 유형에 삶과 죽음의 균형과 질서 그리고 이에 대응되는 혼란이 드러나고 특수신은 이러한 질서와 혼란의 경계면에 존재한다.

〈원천강본풀이〉와 관련된 민담은 구복여행담으로 불리는 민담들이다. 개인이 복을 구하러 가서 부자가 되고 이런 구복여행길에 배우자를 만나 결연을 하게 되는 이야기이다. 중국 서진의 부호 석숭의 이름을 빌린 이야기가 많다. 구복여행담에서는 복을 찾는 것이 개인에게 집중되어 있다. 세 가지의 물음에 대한 해결 모두 개인의 부와 행복을 찾는 데에 있다. 그러나 〈원천강본풀이〉는 개인이 부모를 만나겠다는 데에서 이야기가 출발하여 절마다 다니며 원천강을 등사한다는 내용으로 이야기가 끝이 나기에 대중을 향하여 그러한 사상이 퍼지게 되는 특징을 보인다. 오늘이는 자신의 부모를 찾기 위해 원천강을 찾아갔으나 이러한 여정을 통해 자신이 혼자가 아니라는 사실을 깨닫게 된다.

식물과 관련된 화소를 보면 구복여행담에서는 배나무 밑에 금은보화가 묻혀 있어 열매가 열리지 않거나 꽃이 피지 않는 것으로 이야기되나 〈원천강본풀이〉에서는 연꽃나무의 상가지 꽃을 남에게 주지 않았기에 꽃이 피지 않는 것으로 되어 있다. 구복여행담의 주인공은 나무뿌리에 묻힌 재물을 가지게 되어 부자가 되지만 〈원천강본풀이〉의 오늘이는 꽃과 야광주를 가지게 되고 옥황의 신녀가 되어 절마다 다니며 원천강을 등사하는 내용으로 바뀌게 된다. 민담 속에서는 개인의 행복을 중시 여기게 되나 본풀이는 원천강의 세계를 바탕으로 진리에 대한 이야기가 담겨 있다. 원천강의 세계는 과거, 현재, 미래가 연결되어 있는 곳이고 이를 등사한다는 것은 사람들에게 이러한 원리를 알린다는 것이다. 이러한 원리를 알리는 것은 자비에 초점이 맞추어져 있으며 이러한 성격은 종교에서 추구하는 보편적 원리 중 하나이다.

〈세민황제본풀이〉와 관련된 민담은 덕진다리담이다. 이들 민담 모두 적선積善이 강조된다. 〈세민황제본풀이〉와 관련된 민담에 공통적으로 덕진다리가 등장하는 반면 조술생본 〈세민황제본풀이〉에서는 덕진다리가 등장하고 박봉춘본 〈세민황제본풀이〉

---

33 신동흔, 앞의 책, 2014, 221쪽.

에서는 다리를 놓는 이야기 대신 팔만대장경을 구하러 떠나는 이야기가 있다. 팔만대장경을 구해오는 이야기와 다리를 놓는 이야기는 모두 적선을 베풀어 극락세계로 가는 이야기이기에 동일한 역할이라 할 수 있다. 민담에서는 매일이와 장삼이의 행위가 강조되어 사람들이 현세의 덕을 강조하는 이야기가 되어 버리나 본풀이 속에서는 세민황제가 이승과 저승을 오가는 이야기가 중요하다. 이를 통해 저승의 법도가 바로 잡히며 구체적으로 이승과 극락세계를 연결하는 다리가 놓인다.

〈허궁애기본풀이〉와 관련된 민담은 사후불귀담으로 묶을 수 있는 민담이다. 신화와 민담 모두 죽음의 근원을 다루고 있다. 다만 이것을 바라보는 측면이 민담에서는 개인의 측면에서 죽음이 당도해 더 이상 어머니와 아이가 만나지 못하는 슬픔이 그려져 있고, 신화에서는 이승과 저승의 혼란을 막고 법도를 바로 세우기 위한 방편이 강조된다. 동일한 서사에 서로 다른 의미가 부여된다. 특수신본풀이는 서로 다른 의미를 동시에 포괄하게 된다. 개인인 어머니의 죽음이 세상의 질서를 바로 잡는 일이기 때문이다. 신화를 통해서는 죽음이 인간에게 어떠한 의미를 띠는지를 말하고, 민담에서는 망자와의 이별을 통한 슬픔을 강조한다.

〈삼두구미본풀이〉와 관련된 민담은 '아'라는 귀신담으로 묶어 살핀 민담이다. 〈삼두구미본풀이〉는 죽음을 인식하는 데 있어서 흔한 유형의 특수한 사례라 할 수 있다. 죽음에 대한 인식을 이장 풍습까지 연결하고 있어 죽음이 구체적으로 우리에게 어떠한 의미를 주는지 신화의 맥락에서 이러한 풍습을 이해할 수 있도록 만든다.

구비서사물에는 신적인 것, 정신적인 것에 관한 생각이 소중하게 보존되어 있어 태고의 신앙이 모습을 바꾸어 전해진다.[34] 그렇기에 신화와 민담은 서로의 실체를 보완하는 매개체로 작용할 수 있다.

구비 서사물은 유동성을 띤다. 신화와 민담 역시 이러한 성격을 띠며 시대의 흐름을 반영한다. 일반신본풀이만 보더라도 〈천지왕본풀이〉라 하면 천지왕의 이야기가

---

34 이나다 고오지(稲田浩二), 「민담의 원류와 탄생」, 『비교연구를 통한 한국민속과 동아시아』, 민속원, 2004, 625쪽.

담겨 있어야 하는데 2세대인 대별왕·소별왕의 이야기로 서사의 중심이 이동하고 있고, 〈삼승할망본풀이〉는 외래에서 들어온 신격인 명진국따님아기가 토착신인 동해용왕따님아기를 밀어내어 신직을 차지하는 과정이 담겨 있다.[35]

특수신본풀이와 민담은 영향을 주고받으며 서로의 영역에서 양립하여 전승한다. 특수신의 인간과 신의 중간적 모습이 이러한 공존을 가능하게 만든다. 이미 설화의 영향을 수용한 서사무가에 대해서는 함경도 지방을 중심으로 연구자들에 의해 논의되고 있다.[36] 또한 제주도 본풀이와 민담의 관계는 제주도 〈삼공본풀이〉가 '내 복에 산다'계 설화에 영향을 준 것이라는 선행연구가 있다.[37] 신화와 설화의 관련성뿐만 아니라 신화와 신화의 관련성 역시 지적되고 있다. 〈허궁애기본풀이〉에서 보이는 허궁애기의 죽음과 유사한 것이 함경도 무속서사시인 〈도랑선비 청정각시〉이다. 결말의 내용은 이승과 저승의 단절이나[38] 무巫를 집행하는 이나 신앙민들에게 중요한 것은 허궁애기와 청정각시가 이승과 저승을 오고 가는 행위이다.[39] 〈도랑선비 청정각시〉는 도랑축원에서 불리는데 〈차사본풀이〉와 유사한 성격의 본풀이가 불리는 짐가재굿과 공통점을 지닌다.

짐가재굿과 도랑축원의 공통점으로 망자의 넋 천도, 죽음의 원인 찾기, 살릴 방도 찾기를 꼽는다.[40] 도랑선비와 청정각시에서 이들은 이승에서 저승으로 건너간다. 도랑

---

35 李炫靜, 「제주도 서사무가 〈할망본풀이〉의 형성원리 연구 : 〈할망본풀이〉와 〈일뤳당본풀이〉의 영향관계를 중심으로」, 제주대학교 석사학위논문, 2014.
36 서대석, 앞의 논문, 1968; 권태효, 앞의 책, 2005; 전경욱, 『함경도의 민속』, 고려대학교 출판부, 1999, 137~138쪽; 정제호, 「관북지역 〈바리공주〉의 '죽음'에 대한 고찰」, 『한국무속학』 25, 한국무속학회, 2012; 신호림, 「산천굿 무가사설의 구성적 특징과 죽음에 대한 인식」, 『한국무속학』 28, 한국무속학회, 2014.
37 현승환, 「내복에산다 系 설화 연구」, 제주대학교 박사학위논문, 1992.
38 정제호, 「〈도랑선비 청정각시〉에 나타난 고난의 의미와 제의적 기능」, 『고전과 해석』 23, 고전문학한문학연구학회, 2017, 79쪽
39 김헌선, 「함경도 무속서사시연구 : 도랑선배·청정각시 노래를 중심으로」, 『口碑文學硏究』 8, 한국구비문학회, 1999, 243쪽; 김선현, 「〈도랑선비 청정각시〉에 나타난 경계 공간의 서사적 함의」, 『구비문학연구』 44, 한국구비문학회, 2017, 25~29쪽.
40 김헌선, 위의 논문, 254쪽.

선비와 청정각시가 죽어서 가는 저승은 불교적 세계관에 입각한 저승으로 받아들일 여지가 있다. 이러한 불교적 성격의 자기희생의 모습은 다른 설화에서도 찾아볼 수 있다. 도랑선비와 청정각시 이야기에서 청정각시가 남편을 만나기 위해 손바닥에 구멍을 뚫고 빨랫줄에 걸린 채 기도하는 장면은 『삼국유사』의 욱면비염불서승郁面婢念佛西昇의 모습과 유사하다.

이러한 관련성은 세상의 근원에 대한 인간의 궁극적인 질문과 신의 대답의 측면에서 맞닿아 있다. 인간의 근원과 세상의 질서에 대해서는 신화의 영역에서도 민담의 영역에서도 다루어질 수 있으며 특수신은 이러한 경계면에 위치하기에 서로 양립할 수 있게 만든다. 다만 바라보는 측면이 다르다. 세상의 원리 속에서 개인을 바라보는지, 개인을 통하여 세상의 원리를 바라보는지의 차이가 있다.

무가巫歌는 삶의 세계와 우리가 알 수 없는 삶 너머의 세계를 연결하여 우리에게 삶과 죽음이 무엇인지에 대해 말하여 준다. 삶을 살고 있는 사람들은 자신의 삶 너머에 무엇이 있는지 의문을 갖는다. 서로 다른 차이점을 가지고 있으나 담겨 있는 서사는 공통적 특징을 담고 있기에 이러한 관점을 준용하여 특수신본풀이와 민담과의 관련성을 살펴보았다.

제1부 05

특수신본풀이와 유사 신화 비교

　특수신본풀이는 죽음과 밀접한 관련을 맺고 있다. 특수신본풀이의 제의적 성격 또한 죽음과 관련된 제의 속에서 찾는 것이 타당하다. 죽음과 관련된 대표적인 의례로 시왕맞이를 꼽을 수 있는데, 시왕맞이가 확대되어 연행되면서 다층적인 성격을 띠게 된다. 시왕맞이는 일반적으로 시왕을 청하여 놓고, 차사를 맞이하여 영혼이 저승 가는 길을 닦아주는 차사영맞이를 한다.[1] 맞이 속에 맞이가 삽입되는 특별한 형태를 갖춘다.[2] 차사영맞이와 관련해서 특수신본풀이의 제의적 성격을 해명하고자 한다.

1. 특수신본풀이와 〈차사본풀이〉

　우리는 제주도 본풀이가 가지는 중요성을 재인식하여야 한다. 특수신본풀이는 단형

1 　강정식·강소전·송정희, 『동복 정병춘댁 시왕맞이』, 제주대학교 탐라문화연구소, 2008, 19쪽.
2 　강정식, 『제주굿 이해의 길잡이』, 민속원, 2015a, 181쪽.

의 완결된 서사적 형태를 가진 본풀이로 이러한 사례를 찾아보기 어렵다. 특수신본풀이는 의존적 성격이 강하고 독립적 제차를 확보하지 못하고 있다는 이유로 주목되지 못하였다. 이러한 이유로 제의적 성격 역시 명확히 밝히지 못하고 있다.

특수신본풀이의 제의에 대한 논의의 출발점은 현장에서의 소멸이다. 고순안 심방의 구연을 통해 특수신본풀이가 현장에서 사라지지 않았음을 알게 되었고,[3] 오인숙 심방의 구연을 통해 근래까지 특수신본풀이가 구연되었음이 보고되었다. 이를 바탕으로 특수신본풀이의 제의적 성격을 적극적으로 해명하고자 한다.

특수신본풀이가 이전에 불리었다는 흔적을 찾고자 한 노력들이 있었다. 강권용은 〈원천강본풀이〉를 신굿의 일월맞이에서, 〈세민황제본풀이〉를 시왕맞이 중 차사영가 질침에서, 〈허웅애기본풀이〉는 시왕맞이 중 〈차사본풀이〉에서 불린다고 하였다.[4] 여러 심방들의 제보를 통해 제차를 확보하였다. 이 논의가 소중한 이유는 복수의 심방에 의해 특수신본풀이의 존재가 확인되었다는 의의가 있다. 다만 이러한 의의가 성립하기 위하여서는 제차의 성격이 특수신본풀이의 성격과 일치하여야 하나 이러한 관련성을 적극적으로 해명하지는 못하였다.

특수신본풀이에 대한 본격적인 해명은 아니었으나 특수신본풀이의 제의적 범주를 죽음의 제의와 관련하여 밝히려는 시도가 있었다.[5]

성인 - 정시 : 시왕맞이 〉 차사본풀이(+원천강본풀이)

성인 - 생인(산질) : 시왕맞이 〉 차사본풀이(+세민황제본풀이)

성인 - 어린 자녀 둔 여인 : 시왕맞이 〉 차사본풀이(+허웅애기본풀이)

성인 - (이장) : 시왕맞이 〉 차사본풀이(+삼두구미본풀이)

---

3 허남춘 외, 『고순안 심방 본풀이』, 제주대학교 탐라문화연구소, 2013, 313~314쪽.
4 강권용, 「제주도 특수본풀이 연구 : 〈원천강본풀이〉, 〈세민황제본풀이〉, 〈허궁애기본풀이〉를 중심으로」, 경기대학교 석사학위논문, 2001, 58쪽.
5 강정식, 김헌선, 「〈제주도 「삼두구미본풀이」의 의례적 기능과 의의〉에 대한 토론문」, 『2017년 한국무속학회 동계 학술대회 자료집』, 한국무속학회, 2017, 61쪽.

제주도 무속 제의에서 시왕맞이는 죽음과 관련된 의례와 본풀이를 받아들여 흡수하는 용광로 노릇을 하고 있다. 이러한 구조적 응용 원리에 입각하여 새삼스러운 본풀이 구성이 가능하다. 특수신본풀이가 의존적 의례 구현물로서 시왕맞이에 삽입될 수 있는 가능성이 있다. 이것의 구조적 틀을 밝힘으로써 본풀이와 제의 일반의 관계를 재구하여 환기하고자 한다.

이를 위해 선행하여야 할 작업은 특수신본풀와 〈차사본풀이〉의 친연성 여부이다. 특수신본풀이와 〈차사본풀이〉의 성격을 비교하기 위해서는 특수신본풀이를 구연하였고, 다른 이야기가 두루 섞이지 않아 〈차사본풀이〉의 온전한 면모를 파악할 수 있는 박봉춘본이 적합하다고 생각한다. 아래는 박봉춘본 〈차사본풀이〉의 서사단락이다.[6]

〈박봉춘본〉
① 동정국범을황제 아들 구형제 중에 아래·위로 삼형제가 죽고, 남은 삼형제가 대사에게 단명하겠다는 말을 듣는다.
② 대사는 아들 삼형제가 인간에 나아가서 은물장사, 놋기장사, 비단장사를 하며 고생을 하면 장명한다는 얘기와 과양생이 집에 들지 말라는 경고를 전해준다.
③ 동정국범을황제는 대사의 말대로 아들들을 세상에 내보낸다.
④ 삼형제는 주년국 연못가에서 과양생이를 만나 과양생이의 집으로 가게 된다.
⑤ 과양생이는 삼형제에게 술을 권하여 취하니 삼형제를 죽여 재물을 취한 후, 연지(蓮池) 못에 시체를 던지자 고운 꽃이 피어 그것을 집으로 가져와 문전에 달아둔다.
⑥ 과양생이가 문전에 출입할 때마다 꽃이 머리를 박박 긁어서 꽃을 불붙인다.
⑦ 청태산늙은할망이 불을 담으러 과양생이 집에 왔다가 구슬을 발견하자, 과양생이는 자신의 것이라며 구슬을 입 안에 넣고 굴리다가 삼킨다.
⑧ 과양생이는 삼형제를 낳고 공부를 시켜, 삼형제가 과거를 보러 가서 장원급제를 한다.
⑨ 잔치를 준비하던 과양생이는 삼형제가 갑작스럽게 모두 죽어 있는 것을 발견하고, 김치

6　赤松智城·秋葉隆, 「체사본푸리」, 『朝鮮巫俗의 研究』 上, 1991, 317~324쪽.

원님에게 소지를 올린다.

⑩ 과양생이의 소지가 9상자 반이 넘자, 김치원님은 강임이에게 염라대왕을 잡아오라고 한다.

⑪ 집으로 돌아온 강임이는 염라대왕을 잡을 길이 없어 자결하려 하자 큰부인이 떡 셋을 만들어 조왕에 올리고, 후원에 단을 묻어 기도하고, 남은 떡은 강임이를 준다.

⑫ 강임이가 길을 떠나 조왕할망을 만나 조왕할망이 준 떡을 먹으니 자신의 처가 만든 떡임을 알고 염라국 가는 길을 묻는다.

⑬ 조왕할망은 연지(蓮池)못에 가서 목욕제계하고 정성을 다하여 향화(香火)를 피우고 떡을 올려 기도하면 삼신선이 내려온다고 일러주자 강임이가 그대로 행하여 삼신선이 강임이에게 청풍채(靑風扇), 금풍채(金風扇), 홍세줄(紅金線)을 내어준다.

⑭ 강임이가 청풍채, 금풍채를 던지며 길을 찾아 가는데 저승차사 이원잡이 보인다.

⑮ 강임이와 이원잡은 서로 통성명을 하고 음식을 교환하여 먹고 나서, 강임이가 이원잡에게 염라대왕을 만나는 방법을 묻는다.

⑯ 강임이는 염라대왕을 향해 홍세줄을 던져 붙잡으려 하자, 염라대왕은 강임이의 용맹을 칭찬하고 유승상집을 다녀오고 나서 가겠다고 말한다.

⑰ 강임이가 김치원님께 내일 염라대왕이 온다고 하자, 김치원님은 이를 헛말이라고 하여 강임이를 하옥한다.

⑱ 다음 날 염라대왕이 들어오자 김치원님은 기둥으로 변신하여 나오지 아니하니 염라대왕이 그 기둥을 베라 하자 나타난다.

⑲ 염라대왕은 김치원님이 자신을 부른 이유를 이미 알고 있었다고 하며 연지못의 물을 푸고 과양생이를 잡아 오라고 하였다.

⑳ 염라대왕의 말대로 행하자 삼형제의 시체가 발견되어 과양생이는 자신의 죄를 인정하고, 자신의 아들 무덤이라고 생각했던 곳에는 시체 대신 허수아비가 있었다.

㉑ 과양생이는 벌을 받아 죽고, 염라대왕은 강임이가 영리하고 용맹하기에 강임의 혼을 빼어 염라국의 차사로 앉힌다.

〈차사본풀이〉에서 강림이가 이승과 저승을 오가는 이동 양상은 특수신본풀이의 이동 양상과 동일하다. 인간인 강임이가 이승에서 저승을 가고, 저승에서 염라대왕을 만나고 이승으로 돌아온다. 특수신본풀이의 오늘이, 세민황제, 허궁애기, 삼두구미도 죽음과 친밀한 세계와 이승을 오간다. 또 하나의 공통점은 강임이와 특수신본풀이의 오늘이, 세민황제, 허궁애기, 삼두구미 모두 원조자의 도움을 받아 이곳과 저곳의 경계를 넘고 목적을 달성하였다는 것이다. 이러한 사정은 강임이가 이승에서 저승으로 갈 때 아내가 원조자로 등장하여 이승 길을 예비하여 주는 것과 비교하여 볼 수 있다. 이러한 원조자의 등장을 통한 경계 이동은 이승과 저승이 분리되어 있는 상태를 말하여 주는 동시에 이러한 분리가 완전한 단절이 아니어서 생인生人이 오갈 수 있는 사정을 말한다.

〈차사본풀이〉는 다층적 성격을 지녔다. 중세 서사시이면서 신앙비판서사시의 성격을 지닌다.[7] 〈차사본풀이〉는 민담과 신화의 영역에서 이야기들을 흡수하면서 확장하여간 본풀이다. 이러한 확장은 남겨진 자들이 죽음에 대한 관심이 얼마나 지대한지 알 수 있다. 자신이 알고 있던 삶이 죽음으로 바뀐 것을 받아들이기 어렵기에 이러한 과정을 풀어내기 위해 서사가 확장되는 것이다.

『백록어문』 20·21집에 실려 있는 '강림이야기'는 특수신본풀이와 〈차사본풀이〉의 관련성에 대하여 생각해 볼 수 있는 자료이다. 송금양이 구연한 '강림이야기'에서 화자는 강림이가 어떠한 일을 하는 사람인지 정확히 알고 있다. '각시가 12명인 강림이'에서 〈차사본풀이〉의 정확한 내용을 구술하고 있기 때문이다. 강림이가 회의에 늦은 이유를 다음과 같이 설명하고 있다.

> 강림이가 연날엔 죽지 않는 이역을 갓다왔다 허멍 살곤 헷거든. 이젠 그레신디 저승가그네 곧 가그네 늦게 회 참여를 못 가부난, 그 죄 받앙 그 죄로써 염라왕 잡아오라 염라왕 잡아.[8]

---

7 조동일, 『동아시아 구비서사시의 양상과 변천』, 문학과지성사, 1997, 72~97쪽.
8 제주대학교 국어교육과, 『백록어문』 20·21, 제주대학교 국어교육과 국어교육학회, 2005, 523쪽.

그리고 '강림이야기'에서 이역에 가게 된 이야기를 하게 된다. 〈허궁애기본풀이〉와 유사한 내용에 허궁애기 대신 강림이가 그 이야기의 주인공이 된다. 이야기를 잘하는 이야기꾼들이 강림이와 허궁애기를 혼동할 여지가 있다는 것이다.

결말을 보면 〈차사본풀이〉와 〈허궁애기본풀이〉는 동일한 이야기로 보인다. 강림이와 허궁애기의 육신은 이승에서 가지게 되고, 영혼은 저승에서 가지게 되는 결론을 갖추고 있기 때문이다.

〈차사본풀이〉의 확장성과 주제의식을 고려하였을 때 특수신본풀이의 서사는 〈차사본풀이〉와 연관된다. 저승의 이야기를 하는 것은 평범한 상황에서 일어나는 일이 아니다. 죽음이 닥쳤거나 죽음을 떠올릴 만한 어떤 일이 생길 때에 저승과 관련된 이야기를 한다. 특수신본풀이의 이야기들이 명계와 관련된 이야기이기에 〈차사본풀이〉와 특수신본풀이의 구술 상황이 동일할 수 있다.

이러한 가능성은 오인숙 심방의 사례에서 검증하여 볼 수 있다. 오인숙 심방은 〈허궁애기본풀이〉가 귀양풀이에서 불리었다고 하였다.[9] 강권용 역시 〈허궁애기본풀이〉가 시왕맞이 중 〈차사본풀이〉와 관련하여 불리었을 것이고, 〈세민황제본풀이〉는 시왕맞이 중 차사영가 질침에서 불리었을 것이라 주장한다.[10]

〈차사본풀이〉와 특수신본풀이는 구체적인 서사에서도 유사점을 보인다. 〈차사본풀이〉의 강임이가 저승을 가기 위해 강임이의 부인이 조왕과 후원에 음식을 올리고 기도하는 모습은 오늘이가 시녀궁녀의 문제를 해결해주기 위하여 기도를 하는 모습과 동일하다. 강임이는 저승길을 가기 위해 조왕할망과 삼신선에게 저승 가는 길을 물어 길을 청한다. 오늘이도 신이한 존재들에게 자신이 나아갈 길을 묻고 길을 떠난다. 이러한 과정이 한 번의 묻고 답하는 과정이 아니라 여러 차례에 거듭한다는 것 역시 〈원천강본풀이〉와 동일하다.

다만 이러한 행위가 〈원천강본풀이〉에서는 오늘이 혼자서 길을 묻고 도움을 받아

---

9 윤정귀, 「〈허웅애기본풀이〉 연구」, 경기대학교 석사학위논문, 2013, 59쪽.
10 강권용, 앞의 논문, 2001, 58쪽.

원천강에 도달하는 것으로 나타나고, 〈차사본풀이〉에서는 강임의 처를 통해 저승으로 가는 길에 대한 예비가 이루어지고 이승에서 길을 떠나는 것은 강임이다.

〈차사본풀이〉와 〈세민황제본풀이〉의 공통점은 차사가 등장하여 목적을 달성하게 하여 준다는 것이다. 〈차사본풀이〉에서는 '이원잡'이라는 저승차사가 등장하여 염라대왕을 언제 만날 수 있는지 알려주고, 〈세민황제본풀이〉에서는 '검천낭'이라는 차사가 길을 안내해 주어 이승으로 돌아오게 해준다.

박봉춘본 〈세민황제본풀이〉의 화소와 〈차사본풀이〉의 화소가 겹치는 부분이 있다. 〈세민황제본풀이〉에서 세민황제가 저승에서 이승으로 나갈 때에 어린 송아지와 흰강아지를 쫓아가지 말고 차사를 쫓아가라는 부분이다.[11] 〈차사본풀이〉에서도 백강생이가 등장하는데 이 존재는 강림이를 저승으로 인도하는 존재이다. 이승과 저승으로 통하는 어느 길목에 사람이나 신이 아닌 동물인 강아지가 존재한다는 공통점을 지닌다.

〈차사본풀이〉와 〈허궁애기본풀이〉는 결말이 유사하고, 자식의 죽음 역시 동일하다. 〈차사본풀이〉에서 과양생이가 아들들의 죽음을 겪고, 〈허궁애기본풀이〉에서 팥대기의 어머니인 허궁애기가 딸의 죽음을 겪는다.

자식의 죽음에 있어서 〈차사본풀이〉에서 자식을 먹는 이야기가 등장하지 않고, 〈허궁애기본풀이〉에서는 자식을 먹는 이야기가 등장한다. 허궁애기가 자신의 아이를 먹고 사라지는 모습을 제주도 신들의 식성과 위계에 관련지어 생각해 볼 수 있다. 육식肉食을 하는 신들이 밀려나 미식米食을 하는 신들이 육신을 하는 신들보다 우월한 위치를 점한다.[12] 육식을 하는 허궁애기가 자식을 먹었다는 이유로 사라지게 된 것은 시대의 흐름에 밀려 힘을 잃게 된 육식신肉食神의 모습으로 이해할 수 있다.

〈차사본풀이〉와 〈삼두구미본풀이〉는 유사점보다는 오히려 차이점이 보인다. 〈차사본풀이〉의 조왕할망, 삼신선三神仙은 강임이의 부인이 빚은 떡을 제물로 받는다. 삼두

---

11 흰강아지가길을인도하야주겟다하리라
   그러나그말도듯지말고
   赤松智城・秋葉隆, 「세민황뎨본푸리」, 앞의 책, 1991, 302쪽.
12 강정식, 「당신본풀이와 돼지고기 금기」, 『2012년 한국구비문학회 추계학술대회 발표논문집』, 2012, 38쪽.

구미는 육식을 하는 신이다. 〈삼두구미본풀이〉는 단독으로 이해할 것이 아니라 〈지장본풀이〉와의 연장선상에서 이해하여야 그 면모를 자세히 들여다 볼 수 있다. 〈삼두구미본풀이〉와 〈지장본풀이〉의 관련성은 '2절 특수신본풀이의 성격'에서 자세히 다루고자 한다.

〈차사본풀이〉는 시왕맞이에서 불린다. 시왕맞이는 사자공양제死者供養祭로서 대체로 망자 사후 3년 내에 행한다. 여기에서 저승의 신인 시왕과 차사 등을 청하여 망자의 왕생극락을 빌어주고, 사자의 심정을 전해 듣는 영개울림을 하며, 저승으로 가는 길을 치워 닦아서 망자를 저승으로 보낸다.[13] 시왕맞이를 큰 틀로 생각하면 아래와 같은 도식을 생각하여 볼 수 있다.

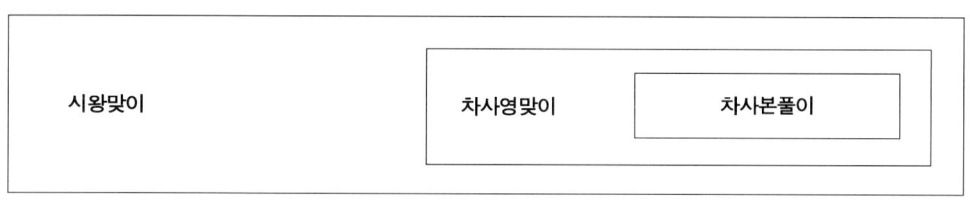

'맞이' 속의 '맞이'

특수신본풀이는 시왕맞이의 차사영맞이와 〈차사본풀이〉 사이에서 일어나는 변이 과정으로 이해할 수 있다. 차사영맞이의 핵심은 저승길을 닦는 것이고, 이 과정에서 〈차사본풀이〉가 핵심적 기능을 한다. 죽음에 관한 신앙민의 관심은 특수신본풀이 뿐만 아니라 〈차사본풀이〉에 여러 이야기들을 새겨 놓아 구비전승할 수 있는 기반이 된다. 이로써 〈차사본풀이〉는 다층적인 성격을 띠게 되고, 특수신본풀이가 이러한 의례에 흔적을 남길 수 있었던 것이다.

특수신본풀이는 의존적 본풀이의 성격을 지닌다. 제의에서 젯드리를 갖춘 신의 위상과는 다른 성격을 갖추기에 독립적인 본풀이로 불리기 어려워 다른 본풀이에 부가

---

13 玄容駿, 『濟州島 巫俗 硏究』, 集文堂, 1986, 239~240쪽.

적으로 덧붙어서 구연된다. 이를 다시 신직을 기준으로 한 분류체계에 비추어 본다면 특수신본풀이의 위치는 일반신본풀이의 완형完型과 구별되는 미완형未完型이라 할 수 있다. 완형은 정해져 있으나 미완형은 완성되지 않았기에 드러나지 않은 생명력을 본풀이의 서사 안에 품고 있다.

특수신본풀이의 사설을 살펴보면 본풀이가 덧붙기도 하고 축소되기도 한다. 이러한 특성은 사설이 비교적 전형화 되어 있거나 고정되어 있지 않아 사설이 아직 열린 채로 존재한다고 볼 수 있다. 강을생본의 〈허궁애기본풀이〉만 보아도 콩대기끝대기 설화를 비롯하여 〈문전본풀이〉, 〈차사본풀이〉 등이 섞여 있다.

특수신본풀이가 죽음과 관련된 내용을 다루고 있으나 시왕맞이의 어떠한 제차와 관련되는지 구체적인 논의가 없어 이에 대한 해명이 필요하다. 본풀이는 본풀이 자체로 구연되는 것이 아니라 일정한 제차를 가지고 구연되기에 그 제차에 대한 소명이 필요하다. 특수신본풀이는 〈차사본풀이〉의 중세적 세계관과 근세적 세계관의 모습 보다 더욱 근원적인 원시성을 띠기에 서사에 완전히 융합하지 못하고 제의 속에 흔적을 남기게 된다.

특수신본풀이는 차사영맞이의 제의와 밀접한 연관을 지닌다. 차사영맞이는 시왕맞이에서 먼저 시왕을 청하여 놓고, 이승에서 저승으로 영혼이 갈 길을 닦는 제의를 일컫는다. 특수신본풀이가 이곳과 저곳의 경계를 오가는 서사를 가지고 있기에 특수신본풀이가 삽입될 수 있는 부분이 이 과정이다. 신앙민들은 자신이 모르는 저승과 관련된 구체적인 것보다는 죽은 이의 영혼을 이승에 떠도는 원혼이 되지 않기 위해 이승에서 저승으로 모셔가는 것에 관심이 많다. 특수신본풀이의 서사는 이승과 명계의 여정을 넘나든다. 먼저 굿에서 고정적 요소로서 제의 속에서 변하지 않는 요소가 무엇이고, 비고정적 요소로서 제의 속에서 변하는 요소가 무엇인지 찾아보고자 한다.

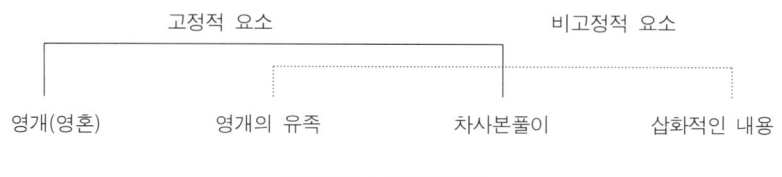

고정적 요소와 비고정적 요소

시왕맞이의 전제는 죽음이다. 이승을 헤매는 원혼冤魂이 되지 않기 위해 차사가 이 영혼을 저승 시왕 앞으로 데려가야 한다. 여러 가지 이유로 많은 제차들이 생략되더라도 분량이 상당한 〈차사본풀이〉는 반드시 구연한다. 그렇다면 고정적 요소와 비고정적 요소를 통하여 제의 속에서 어떠한 변이가 일어날 수 있는지 알아보고자 한다.

영개(영혼)	영개의 유족	차사본풀이	삽화적인 내용
성인의 죽음	정시(산, 풍수)	O	원천강본 – 사주역(화주역)
성인의 예정된 죽음	(성인–산질)	O	세민황제본
성인의 죽음	자녀	O	허궁애기본
성인의 죽음	(천리장)	O	삼두구미본 – 군병질침

시왕맞이는 성인의 죽음을 다룬다. 15세 미만의 어린아이인 경우에는 아이의 출생과 죽음을 모두 삼승할망이 주관하기에 불도맞이에서 다루어진다. 고인故人과 고인의 영혼을 데려가는 차사의 이야기가 담긴 〈차사본풀이〉는 정해져 있다. 고인의 유족은 전통사회에서는 직계 가족 뿐 아니라 유족의 범위가 넓어진다. 그렇기에 굿에 참여하는 유족이 누구인지에 따라 삽화적인 내용이 덧붙을 수 있다.

남아 있는 가족 중에 정시의 일을 하고 있는 이가 있다면 〈원천강본풀이〉의 구연이 가능하다. '원천강'은 역술서를 일컫는 말로 제주도 본풀이에 이미 수용이 되어 있다. 기자祈子를 원하는 인물들이 자신의 집에 시주를 청하러 온 스님에게 원천강을 가지고 있냐고 묻는 부분은 공식구로서 다양한 본풀이에 삽입되어 있다.

죽음을 흥겹게 받아들이는 의례가 있다. 미래의 영개가 될 본주가 자신의 굿을 의

뢰하고 유족의 역할을 행한다. 산질은 이미 장수를 누렸다고 생각하는 이들이 후손들에게 시왕맞이에 대한 부담을 주지 않기 위해 미리 저승으로 가는 길을 자신이 준비한다. 실제 존재하는 죽음이 없기에 저승으로 가는 길을 치우고 닦는 과정이 축제처럼 흥겨운 분위기에서 진행될 수 있다. 산질을 치는 경우, 보통의 시왕맞이 보다 규모가 커지고, 본인의 저승길을 본인이 미리 치는 것이기에 굿에 참여한 사람을 비롯하여 구경 온 이들에게까지 풍부하게 물자를 베푼다고 하였다.[14] 이러한 의례에 적합한 본풀이는 〈세민황제본풀이〉다. 세민황제는 저승을 다녀오고 나서 이승에서 적선을 쌓는 인물이다. 세민황제가 이승에서 적선을 쌓는 모습과 산질을 치는 자가 이승에서 적선을 쌓는 모습은 유사하다.

죽음의 대상이 어린 자녀를 둔 어머니라면 자녀들은 그 죽음을 받아들이기 어렵다. 그렇기에 죽음으로 가는 저승길을 치기 이전에 〈허궁애기본풀이〉를 통해 어머니라는 존재가 사라진 것이 아니라 어머니의 존재는 이곳에서 저곳으로 옮겨간 것이라는 사실을 유족에게 인지하도록 해야 한다. 허궁애기가 저승에 간 후에 아이들을 찾아온다는 것은 허궁애기의 죽음이 존재의 소멸이 아니라 거처居處의 변경이라는 것을 알려준다. 다만 삶과 죽음은 서로 영향을 주고받을 수 있으나 이러한 경계는 분명하게 구분되어 있으며 더 이상 오갈 수 없다는 것을 말하여 준다.

〈삼두구미본풀이〉는 성인의 죽음에서 구체적인 부분을 차지한다. 무덤을 관장하는 터신인 삼두구미에게 시신을 묻고 나서 시신에 해가 끼치지 않도록 빌게 된다. 장례와 관련한 절차는 남자들이 주도하는 유교식 제의가 온전히 그 부분을 차지하게 된다. 이러한 상황에서 무속신이라 여겨지는 삼두구미의 입지가 약하게 되어 장례의 일반적인 경우에서 묘를 옮기는 특수한 경우로 이동하게 된다. 묘를 옮기게 되면 동티와 관련된 부분이 염려된다. 이러한 부분은 유교적 제의만으로는 해결이 되지 않기에 〈삼두구미본풀이〉가 적극적으로 활용될 수 있는 부분이다. 이묘를 할 경우에 굿의 규모가 커지기보다는 간단한 비념을 신앙민들이 선호하는데 이러한 과정에서 본풀이가

---

14 2017년 12월 9일 경기대학교에서 김영철 심방과 면담한 내용이다.

사라졌을 가능성이 있다.[15]

특수신본풀이의 성격에 근거하여 제차를 재구해보는 것이다. 〈허궁애기본풀이〉가 이러한 추정을 뒷받침 하나 다른 본풀이들은 〈차사본풀이〉에 남아서 온전히 구연되는 사례가 없다. 본풀이가 온전히 구연되지는 않으나 제의 속에서 특수신본풀이의 흔적을 찾을 수 있는 사례가 있어 이를 궁구해보고자 한다.

가장 먼저 본풀이의 인물들이 사설에 남아 있는 경우가 있다. 박봉춘본 〈원천강본풀이〉의 오늘, 매일, 장상이의 이름과 박봉춘본 〈세민황제본풀이〉와 조술생본 〈세민황제본풀이〉의 매일장상이의 이름을 아래의 사설에서 찾을 수 있다.

> 저우저~오널~오널~, 오널~이라헤~
> 날도 좋~안 오널이며~
> 둘도 좋안~오널이라~
> 내일 장삼~어제 오널~
> 성도 원만~가실쏘냐~[16]
> 어제 오널은 오널이라
> 날도 좋구나 오날이래[요령]
> 둘도 좋다
> 오날이라.
> 네일 장상은 오날이면
> ᄇᆞ름산도 놀고 가자.
> 구름산도나 놀고 쉬재[요령][17]

---

15 박봉춘의 며느리 이인옥 심방은 〈원천강본풀이〉는 제관들이 하는 것으로, 〈삼두구미본풀이〉를 보살이 하는 것으로 인지하였다.
  김기형, 「서귀포 심방 박봉춘의 家系와 무업 활동」, 『한국무속학』 31, 한국무속학회, 2015, 43쪽.
16 허남춘 외, 『이용옥 심방 본풀이』, 제주대학교 탐라문화연구소, 2009, 205쪽.
17 강정식·강소전·송정희, 앞의 책, 2008, 194쪽.

여기에 등장하는 '오널', '네일', '장상'은 특수신본풀이의 '오늘', '매일', '장상'이다. 조술생본과 비교하여 보면 단순하게 이름만 동일한 것이 아니라는 것을 알 수 있다.

오늘 오늘 오늘이라
들도 좋아 오늘이여
오늘 오늘 오늘이라
날도 좋아 오늘이여
매일 장삼 오늘이민
성도 언말 가실서냐?
오늘 날은 날이 좋아
들 중에도 상들이여
날 중에도 상날이여.
오늘 오늘 오늘이라
들도 좋아 오늘이여
오늘 오늘 오늘이여
날도 좋아 오늘이여
매일 장삼 오늘이면
성도 언말 가실서냐
들 중에도 상들이여
날 중에도 상날이여[18] – 조술생본 〈세민황제본풀이〉

두 사설을 비교하여 보면 공통점이 존재한다. 첫째 동일한 단어가 많이 등장한다. 덕담창은 '오널 오널 오널이라'를 기본으로 하여 '날도 좋아 오널', '들도 좋아 오널', '내일 장삼에 오널', '성도나 언만 가실러야' 등이 반복적으로 등장하는데 조술생본

---

[18] 진성기, 『제주도 무가본풀이사전』, 민속원, 2002, 611쪽.

〈세민황제본풀이〉도 그러하다. 둘째, '매일(내일/네일)'과 '장삼'이라는 인물이 공통적으로 등장한다. 기본적으로 덕담 소리가 '오늘 오늘'로 시작하고 시작 부분이 관용구처럼 쓰인다는 것을 생각해 보면[19] 〈세민황제본풀이〉의 사설과 동일한 부분은 제차의 기능에 있어서 덕담창과 유사한 기능을 하였다고 추론 가능하다.[20]

이와 유사한 사설은 다른 제차에서도 볼 수 있다. 삼공맞이에서 봉사와 봉사의 처가 자신들이 살아온 이야기를 한다면서 〈삼공본풀이〉의 내용을 창과 사설로 섞어가며 부른다.[21] 여기에서 '오늘오늘 오늘이여/날도 좋아 오늘이여/성도 언만 가실서냐/ᄇᆞ름 산도 놀고 가자.'가 공식구적 표현formulaic expressions으로 작용한다. '놀레' 부분과도 사설의 유사성을 보인다. 이러한 사설이 불리는 제의의 맥락은 제장의 흥을 돋워 신명을 풀어내는 부분에서 사용된다. 뿐만 아니라 전해지는 악보나 시조집에서도 이러한 구절을 볼 수 있어 관련성을 검토할 필요가 있다. 아래는 1572년 안상安瑺이 지은 거문고 악보인 『금합자보』에 실려 있는 자료이다.

오ᄅᆞ리 오ᄅᆞ리오
ᄆᆡ일에 오 - ᄅᆞ리
졈므디도 새디도
오ᄅᆞ리 새라
ᄆᆡ일 댱샹 오ᄅᆞ리쇼셔[22]

---

19 송정희, 「제주도 굿 제차 중 〈석살림〉 연구」, 제주대학교 석사학위논문, 2015, 50쪽.
20 김헌선, 「제주도 〈원천강본풀이〉의 유형적 특징과 의미 연구」, 미발표원고, 4쪽.
21 오늘오늘 오늘이여
    날도 좋아 오늘이여
    성도 언만 가실서냐
    ᄇᆞ름 산도 놀고 가자.
    옛날 옛적 강이영성이서불과
    아랫녘인 홍문소천
    玄容駿, 『濟州島巫俗資料事典』, 新丘文化社, 1980, 375~376쪽.
22 안상, 『금합자보』, 『한국음악학자료총서』 22, 국립국악원, 1987, 66~68쪽.

『동대금보』,『청구영언』,『병와가곡집』 등 여러 악보집과 시조집에 이와 유사한 내용이 실려 있다.[23] 『병와가곡집』에는 마지막 행이 '미양에 晝夜長常에 오늘이 오늘이쇼셔.'로 장상이라는 이름이 등장하나『청구영언』에는 '장상'이라는 이름이 등장하지 않는다.[24]

'오ᄂ리'라는 노래는 악보와 시조집 외에 옥산궁의 무가巫歌에서도 그 흔적을 찾을 수 있다. 옥산궁은 1605년 일본으로 끌려 온 도예가들이 창건한 신사로 대략 1871년경 옥산신사로 이름을 바꾸었다.[25] 옥산궁은 처음에 나에시로가와苗代川에 생겼고, 나에시로가와가 인구가 넘치자 카사노하라笠野原로 160명을 이주시키면서 카사노하라에도 옥산궁이 생겼다.[26] 옥산궁제라 하여 음력 8월 14일에[27] 제의가 행하여졌고, 별도로 산신제가 행하여 졌다.[28] 옥산신사신무가玉山神社神巫歌는[29] 석살림의 사설과 유사하다.

---

23 미상,『동대금보』,『한국음악학자료총서』 22, 국립국악원, 1987, 118~119쪽; 김용찬,『교주 병와가곡집』, 월인, 2011, 93쪽; 김천택,『青丘永言 영인편』, 국립한글박물관, 2017, 9쪽.
24 김기형,「〈오ᄂ리〉 유형의 기원과 전승 양상」,『韓國民俗學』 30, 한국민속학회, 1998, 11쪽.
25 李杜鉉,『韓國民俗學論考』, 學硏社, 1984, 219~221쪽.
26 노성환,「玉山神社의 祭義와 朝鮮 巫歌에 대한 一考察」,『일본언어문화』 11, 한국일본언어문화학회, 2007, 208쪽.
27 "島津義弘을 제사 지낸 伊集院의 德重神社의 例祭가 8월 15일이므로, 8월 14일로 바꿨다는 것이다. 8월 15일은 秋夕날이므로 祭日을 본래 일 년 중 가장 큰 명절인 秋夕과 관련지은 것이 아닌가 생각된다." 李杜鉉, 앞의 책, 1984, 226쪽 각주 20.
28 위의 책, 225쪽.
29 "一. 오ᄂ리 오ᄂ리이라, 오ᄂ-ㄹ이라
　　　날논죠이물
　　　제믈됴차이즐
　　　오ᄂ리이라
　二. 오노-ㄹ이라
　　　희워오 놀이 고놀이나
　　　뭇 노 세로 뭇 노 세로
　　　오ᄂ리이라
　三. 이리도노세 이리도노세
　　　제이리 제이리 울아반
　　　노세난니, 노세난니
　　　하나가 하이치쟌아
　四. 하나가 하이치쟌아
　　　고스래나 고스래나
　　　죠나새나
　　　하나가 하이치쟌아"

석살림은 굿판의 신명을 살린다는 의미를 지니며 다양한 방식으로 행해진다. 석살림은 신들에게 술을 올리고 심방과 제주, 가족들이 함께 어울려 춤을 추며 신에게 기원하는 제의이다.[30] 크게 세 가지의 경우로 '초감제의 신청궤에서 군웅일월을 청하여 놀릴 때', '초감제와 맞이굿 사이에서 독립제차로 벌'일 때, '맞이굿의 마지막 제차로 벌'일 때에 행해진다.[31] 석살림은 의례를 단락 짓고, 그 의례의 끝에서 신명을 이어가는 기능을 한다.[32] 굿의 과정을 신을 청하고 신과 함께 어우르고 신을 돌려보내는 과정으로 파악하나

석살림을 구연하는 장면

굿의 핵심은 '신메와 석살림'이라 생각한다. 신을 청하여 신명을 살려내는 것이 무엇보다도 긴요하다.

'오ᄂ리'는 심방곡心方曲에 실려 있어 무가와 밀접한 연관이 있다.[33] 제주도의 무속인을 심방이라고 하는데 심방의 기능은 신과 인간을 이어주는 역할을 한다. '심방'은 흔히 신의 성방으로 불리며, '심방心方, 신방神方'이라는 한자와 의미가 상통한다. '방方'이라는 한자가 손잡이가 양쪽에 달린 쟁기 모양을 뜻하는데 심방은 신과 인간이 만나 함께 어울릴 수 있도록 만들기 때문이다. 인간이 자신의 영역 너머의 신을 만나는 것

    李杜鉉, 앞의 책, 1984, 236쪽.
30 玄容駿, 앞의 책, 1986, 252쪽.
31 강정식, 앞의 책, 2015a, 105~106쪽.
32 위의 책, 111쪽.
33 김기형, 앞의 논문, 1998, 10쪽.

은, 신의 권능을 고려할 때 신앙민에게는 두려운 일이 될 수 있다. 그렇기에 신앙민들이 신을 기쁨으로 영접하기 위해 '신메와 석살림'이 필요하다.

석살림이 〈원천강본풀이〉, 〈세민황제본풀이〉와 연관을 맺는 것은 유사한 사설을 바탕으로 주제의식이 상통하기 때문이다. 두 본풀이 안에서 중요하게 다루어지고 있는 '자비와 적선'이라는 주제가 석살림에서 제의의 성격과 관련된다.

〈원천강본풀이〉와 〈세민황제본풀이〉는 다른 서사 속에 놓여 있으면서 '자비와 적선積善'이라는 동일한 의미망을 가지고 있다. 〈원천강본풀이〉는 〈세민황제본풀이〉에 비해 대상의 폭이 더욱 넓어지고 의미가 금전에 한정되는 것이 아니라 원천강의 세계라 하여 그 범위가 넓어지는 차이가 있다. 〈원천강본풀이〉에서 오늘이는 연꽃나무, 이무기, 매일, 장상, 옥황의 시녀궁녀들에게 도움을 받고 그들에게 도움을 준다. 자비를 베푸는 방향이 양방향성을 띤다. 오늘이가 자신의 존재 근원을 찾기 위해 길을 묻고, 거기에 도움을 준 존재들은 오늘이에게 도움을 받아 자신의 존재 근원을 찾는다. 이러한 관계의 의미를 결말에 빗대어 보면 오늘이가 원천강의 세계를 철마다 다니며 등사하였다는 것은 자비와 진리를 사람들에게 전파한다는 것이다. 이는 석살림의 신명이 사방으로 퍼져 나가는 것과 동일하게 사람들에게 원천강의 세계가 전파된다는 것을 알 수 있다.

〈세민황제본풀이〉는 적선의 대상과 범위가 좀 더 구체적이다. 세민황제와 매일장상이 저승에서의 부채관계를 바탕으로 적선을 베풀어야 한다는 것이 물질적인 것으로 구체화되어 있다. 매일장상은 돈이 없는 사람에게 돈을 빌려 주고, 밥을 굶는 사람에게 밥을 주는 것, 옷이 없는 사람에게 옷을 주는 것이 적선이라 생각한다. 석살림에서도 이러한 적선의 행위가 이루어진다. 석살림의 제차는 '말미 – 날과국섬김 – 연유닦음 – 신메움 – 놀판 – 비념 – 산받아분부 – 주잔넘김 – 제차넘김'으로 이루어져 있다.[34] '놀판'이 중심이 되는데 여기에서 신앙민들이 인정을 걸기 위해 돈을 들고 춤을 추는 모습을 볼 수 있다. 자신의 돈으로 인정을 건다는 것은 〈원천강본풀이〉의 관점으로 보

---

34 玄容駿, 앞의 책, 1980, 88~95쪽; 강정식, 앞의 책, 2015a, 110~111쪽.

면 자비와 적선이라는 것이 양방향성을 띠기에 자기한테 돌아온다고 해석할 수 있고, 〈세민황제본풀이〉의 관점으로 보면 이승에서 돈을 내는 것은 저승의 창고에 그만큼 쌓이는 것이라 해석할 수 있다.

차사영맞이와 관련하여 인정을 거는 모습을 지적해 보면 신이 오는 군문을 열 때에 군문인정이라 하여 걸고, 망자가 저승으로 가는 길에서 인정을 거는 모습을 볼 수 있다. 저승길을 칠 때에 인정 거는 것이 거듭하여 행해진다. 저승길의 열두 문을 잡고 그 문마다 지전을 얹고, 지전 위에 다라니경을 얹고, 그 위에 돈을 얹는다.[35] 다라니경은 범문으로 되어 있고, 이를 외면 많은 공덕을 받는다고 전해지는 부처의 말씀이 담긴 경문이다. 심방과 유족들은 다라니경을 돈으로 인식하여 인정을 많이 건다고 한다. 〈세민황제본풀이〉의 팔만대진경이 팔만대장경과 관련이 있으며 부처의 말씀을 담고 있다는 것이 이러한 맥락에서 이해될 수 있다. 결국 세민황제가 매일장상이의 적선을 통해서 본받고자 하였고, 팔만대진경을 어렵게 구해와 행하려 했던 적선을 굿판에서 찾아본다면 인정을 거는 모습이다.

〈허궁애기본풀이〉는 〈차사본풀이〉와 함께 구연되는 사례를 복수로 찾을 수 있었으며 김태일의 민요 가락 속에서 심방이 불렀다는 증거를 찾을 수 있었기에 이에 대한 별도의 논의는 하지 않겠다.

〈삼두구미본풀이〉는 〈차사본풀이〉의 맥락에서 이해하기 어렵다. 삼두구미는 무덤 신으로 위치를 차지하여 차사보다 죽음과 더욱 밀접하게 관련되어 있다. 이와 연관되는 제의의 흔적은 '액막이'에서 찾을 수 있다. 액막이는 본래 시왕맞이의 부속제차로 벌이는 것인데 근래는 차사영맞이의 부속 제차로 흔히 벌인다.[36] 액막이는 '날과국섬 김 – 연유닦음 – 〈맹감본풀이〉[37] – 액막음 – 산받아 분부 – 비념'의 순서로 진행된다.[38]

---

[35] 시왕맞이에 관한 것은 김영철 심방 초역례 굿에서 2016년 5월 14일~2016년 5월 17일까지 행해진 시왕맞이를 참고하였다.
[36] 강정식, 앞의 책, 2015a, 201쪽.
[37] 액막이의 근거는 사만이의 장명이어서 〈맹감본풀이〉라는 이름보다는 〈사만이본풀이〉라는 이름을 사용하여야 하나, 같은 대상을 다르게 지칭하여 야기되는 혼란을 막고자 〈맹감본풀이〉라 통칭한다.
[38] 玄容駿, 앞의 책, 1980, 276~287쪽.

액막이에서 보답을 내어 불태우고, 닭을 희생제물로 잡는다.[39]

제주도 여러 지역에서 액막이로 닭을 사용하고 있고,[40] 토신제에서도 날 것을 제물로 올린다.[41] 날 것을 올리는 제의는 액막이, 토신제 이외에 멩감제가 있다. 〈멩감본풀이〉는 액막이와 멩감제에서 구연되는데 액막이와 멩감제에서 동일하게 날것을 제물로 받는다는 공통점을 찾을 수 있었다.

멩감제는 생업의 풍요를 비는 신년제로 문전제와 비슷하나 농업이나 수렵 등 생업의 풍요를 빈다. 멩감제는 깨끗한 들에 나가 병풍屛風을 치고 제물을 차려 가정이 잘 되고, 집안을 평안하게 해달라고 지내는 제의祭儀를 가리킨다.[42] 최근에는 멩감제에 날 달걀을 사용하기도 하는데,[43] 이는 닭을 희생제물로 바치는 것과 연관된다. 〈멩감본풀이〉의 말미를 보면 특이한 부분이 있다.

> 천앙[天皇]~멩감, 지왕[地皇]멩감, 인앙[人皇]멩감, 농ᄉ지어 사는 집안에는 제석[帝釋]멩감이 잇고~, ᄉ신요앙[龍王]멩감, 베[船] 타는 사람덜은 서녕[船王]멩감이 잇입네다. 전싱[全生] 궂인 심방집인 당주[堂主]멩감이 잇습네다. 동이는 청멩감, 서인 벡멩감, 남이 적멩감, 북이 흑멩감, 중앙 황신멩감~, 일흔ᄋ덥 도멩감님도, 네려상근[44]

하늘, 바다, 땅을 비롯하여 여러 멩감이 있다. 멩감은 명관冥官과는 거리가 있다. 명

---

39 강정식, 앞의 책, 2015a, 201쪽.
40 '서귀포시 대정읍 영락리 액막이 : 불공 액막이로 백지에 생쌀 7알, 삶은 계란 4개, 동전(10원짜리) 4개를 포장해서 소원성취를 쓰고 가족들의 이름을 하나씩 써서 바다에 가서 던진다.', '제주시 조천읍 대흘1리의 액막이는 입던 옷 중에서 굴중이나 치마, 저고리, 수건 등을 튼 방에 가서 사르고 액막이를 한다. 대개는 장닭수탉의 목을 비틀어 끊거나 자른다.', '제주시 구좌읍 송당리의 액막이도 살 기운든 옷을 튼 방에 가서 사르고 액막이를 하며 장닭으로 대수대명하고 비념한다.'
김동섭·문순덕·양영자, 『한국의 가정신앙 제주도편』, 국립문화재연구소, 2007, 53~198쪽.
41 '서귀포시 대정읍 구억리 토신제는 날생선을 준비하고, 생선이나 돼지고기는 날 것으로 올린다.'
김동섭·문순덕·양영자, 위의 책, 204~205쪽.
42 김동섭, 「제주도 가정신앙의 특징」, 『한국의 가정신앙 제주도편』, 국립문화재연구소, 2007, 229쪽.
43 위의 책, 231쪽.
44 허남춘 외, 『양창보 심방 본풀이』, 제주대학교 탐라문화연구소, 2010, 322쪽.

관은 저승에서 중생의 죄를 재판하는 관리를 뜻하는데 그러한 명관이 어디에나 있다는 것은 납득하기 어렵다. 〈멩감본풀이〉의 멩감은 백년해골을 지칭하며 백년해골은 생업수호신으로, 뼈를 숭배하는 의식과 관련된다.[45]

제의에서 멩감을 지칭할 때 '멩도, 멩감, 삼처서'라고 멩감의 신명이 '멩도'와 '삼처서'의 사이에서 불린다. 멩도는 명도冥途를 뜻하여 명관과 관련 있고, 멩감은 〈멩감본풀이〉에서 백년해골을 지칭하며, 삼처서는 〈멩감본풀이〉에서 사만이를 데리러오는 삼차사를 말한다. 〈멩감본풀이〉와 관련되는 신명들의 나열이다. 이들이 사용되는 구연 상황을 보면[46] 이들을 강조하기 위한 것이 아니라 여러 신명을 나열하는 곳에서 이렇게 사용함을 알 수 있다.

〈멩감본풀이〉는 멩감제에서도 불린다. 조령신앙과 연관된 생업의 풍요를 바라는 의미인데 이는 '산신멩감'과 관련된 부분으로 볼 수 있다.[47] 농경이 정착하여 수렵신이 더 이상 필요하지 않자 후반부의 수명연장의 삽화를 근거로 하여 액막이 제차에서 자리 잡게 된 것으로 보인다. 고순안 심방의 제보에 의하면 〈허궁애기본풀이〉도 멩감제에서 불리었다고 하는데[48] 〈멩감본풀이〉의 원형적 모습과 맞닿아 있는 것이 아닌가 생각해 본다. 〈멩감본풀이〉 역시 특수신본풀이가 가지고 있는 샤먼의 권능에 대한 이야기가 포함되어 있는 것으로 보인다. 다만 원래의 신격에 대한 이야기보다는 후반부의 이야기로 제의에서 각인되어 자리 잡게 된 것이다.

산신을 청하여 수렵의 풍요를 비는 산신멩감제는 밤에 산에서 행한다.[49] 조령신앙

---

45 『삼국유사』의 진표율사의 세골장에 관한 기사, 이차돈의 머리가 날아간 곳에서 장사를 지냈다는 기사, 혜현(惠現)의 시신을 머리와 혀만 남기고 뱀이 먹었다는 기사 등이 있다.
46 고순안 심방은 방광침을 할 때 신명을 나열하는 과정에서 '멩도, 멩감, 삼처서'를 말하였고, 마치순 심방은 〈차사본풀이〉를 풀 때 '멩도, 멩감, 삼처서'를 말하였다. 이들 심방은 '멩도, 멩감, 삼처서'의 앞뒤에 여러 신명을 나열하였다.
47 허남춘, 『설문대할망과 제주신화』, 민속원, 2017, 200쪽.
48 2018년 11월 3일 함덕리 성주풀이하는 곳에서 고순안 심방의 제보를 들을 수 있었다. 〈허궁애기본풀이〉의 구연 위치를 묻자, 〈차사본풀이〉와 멩감제에서 불린다고 제보해 주었다. 다른 심방들의 복수의 제보가 없어 이러한 제보를 교차 검증할 수 없었기에 구체화하여 논의하지는 않겠다.
49 玄容駿, 앞의 책, 1986, 233쪽.

과 연관된 생업의 풍요를 바라는 의미이다.[50] 농경이 정착하여 수렵신이 더 이상 필요하지 않자 후반부의 수명연장의 삽화를 근거로 하여 액막이 제차에서 불리게 되었다. 고순안 심방의 제보에 의하면 〈허궁애기본풀이〉가 멩감제에서 불린다고 하는데 본인이 직접 구연한 것이 아니라 들은 것이기에 구체적인 제차를 지적하지는 못하였다.[51]

〈멩감본풀이〉와 〈지장본풀이〉는 제의와 밀접한 본풀이다. 〈멩감본풀이〉는 명관이라는 직책을 맡은 삼차사가 사만이를 잡아가기 위해 이승에 왔는데 결국 사만이가 차려 놓은 제물을 먹게 되어 사만이의 삶을 연장시켜 주게 된다. 〈지장본풀이〉는 지장아기씨의 일가친척이 모두 죽음을 맞자 전새남굿을 하여 '사邪'를 쫓아내고 다시 지장아기씨가 새로 태어난다. 〈멩감본풀이〉와 〈지장본풀이〉는 신에 대한 제향과 정성을 통해 자신의 삶이 연장되고 사악한 기운을 퇴치하여 인간이 원하는 삶의 연장을 이루어낸다. 죽음에 대처하는 인간의 태도를 이 본풀이들에서 볼 수 있다.

〈허궁애기본풀이〉와 〈멩감본풀이〉에서 차사가 등장하나 〈허궁애기본풀이〉에서는 차사가 허궁애기를 저승으로 데려가고, 〈멩감본풀이〉에서는 차사가 사만이를 저승으로 데려가지 않고 이승에서의 수명을 연장시킨다. 〈허궁애기본풀이〉에서 차사가 접근하지 못하도록 불을 지피고 가시나무를 쌓는다. 이와 달리 〈멩감본풀이〉에서는 삼차사를 잘 대접하여 자기 대신 다른 이를 잡아가게 만든다. '새ᄃ림'에서 사악한 기운을 뜻하는 '사邪'를 쫓아낼 때, 밥을 주고 물을 주며 대접하는 것을 볼 수 있다. 허궁애기를 이승에 붙들어 두기 위해서는 차사의 접근을 막는 것이 아니라 그들을 대접하여야 한다.

옷을 바치고 고기를 바치는 것, 청감주를 내어주는 것 등은 〈세민황제본풀이〉에서 지적하는 적선의 행위이다. 〈세민황제본풀이〉에서 적선에 대하여 지적하기를 '배고픈

---

50 허남춘, 앞의 책, 2017, 200쪽.
51 2018년 11월 3일 함덕리 성주풀이하는 곳에서의 면담과 2019년 4월 29일 전화 면담을 통하여 고순안 심방의 제보를 들을 수 있었다. 〈허궁애기본풀이〉의 구연 위치를 묻자, 〈차사본풀이〉와 멩감제에서 불린다고 제보해 주었다. 다른 심방들의 복수의 제보가 없어 이러한 제보를 교차 검증할 수 없었기에 구체화하여 논의하지는 않겠다.

사람 밥 주고 옷 없는 사람에게 옷 주고, 가난한 사람에게 돈 주고 하는 것이 활인지 덕'이라 하였다. 다음의 사설에서도 이와 유사한 사상을 살펴볼 수 있다.

쏠 기린 새랑~
쏠 주며 드리고~
물 기린 새라근~
물 주며 드리자~⁵²

이용옥의 〈지장본풀이〉의 구연 대목을 보면 새를 쫓는 방법으로 쌀을 주고 물을 주는 것을 알 수 있다. 이것이 바로 적선의 의미이다. 〈지장본풀이〉의 두 가지 중심내용은⁵³ 반복되는 죽음과 이를 풀어내기 위한 전새남굿의 준비이다. 전새남굿은 시왕맞이를 지칭하기에 이러한 유사성을 가벼이 지나칠 수 없다.⁵⁴ 〈원천강본풀이〉, 〈세민황제본풀이〉, 〈삼두구미본풀이〉, 〈지장본풀이〉가 적선의 영역 안에서 하나로 묶인다. 〈원천강본풀이〉와 〈세민황제본풀이〉는 앞에서 석살림과의 관련성을 이미 언급하였기에 여기에서는 〈삼두구미본풀이〉와 〈지장본풀이〉의 관련성만 지적하고자 한다.

죽음의 기운을 털어내는 방법은 굿을 준비하고 행하는 과정과 동일하다. 떡을 하고 이것을 신에게 바치고, 바친 제물을 사람들과 나누어 먹음으로써 이를 극복할 수 있다. 이는 〈삼두구미본풀이〉와 관련된 민담에서 와라진 귀신의 시체로 떡을 해 먹는 모습과 연관 지어 살펴볼 수 있다. 이 자료에서 〈삼두구미본풀이〉와 〈지장본풀이〉의 관련성을 짐작해 볼 수 있다.

---

52 허남춘 외, 앞의 책, 2009, 226쪽.
53 채록자료에서는 장단을 명확히 파악할 수 없으나 강대원 심방이 구연한 〈지장본풀이〉를 들으면 지장아기씨의 탄생에서부터 지장아기씨를 제외한 가족들의 죽음까지 장단이 서서히 빨라지다가 전새남굿을 준비하는 대목부터 미묘하게 느려지다가 '새드림' 사설을 반복하는 부분에서 다시 변주되는 것을 알 수 있다. 그렇기에 〈지장본풀이〉를 크게 '지장아기씨 주변 사람들의 죽음 - 그에 반하는 행위 - 이를 쫓는 사설'로 나눌 수 있고 이를 정반합(正反合)의 과정으로 파악할 수 있다.
54 강정식, 앞의 책, 2015a, 207쪽.

〈삼두구미본풀이〉의 구체적인 제차를 해명하고자 한 논의가 있다.[55] 김헌선의 논의는 강대원 심방의 인터뷰를 통하여 근거를 확보하였다. 군병질침에 삼두구미가 포함된다는 것은 무수히 많은 죽음과 관련되어 있고 그 죽음이 역가를 바치는 행위로 풀어낸다는 것이다. 이춘자본 〈삼두구미본풀이〉의 결말에서 방아에 삼두구미를 찧어 가루를 내는 부분은 지장아기씨가 떡을 하기 위해 방아에 가루를 내기 위해 찧는 부분과 유사하다. 삼두구미가 가루로 만들어져 바람에 흩어져 버린 것은 삼두구미가 어디에나 존재한다는 것이다. 생업수호신인 멩감이 어디에나 존재한다는 것은 역으로 어디에나 죽음이 도사리고 있다는 말이다. 이를 흩어내기 위해서는 지장아기씨의 행위처럼 떡을 하여 신에게 제향하고 인간에게 베풀어야 한다는 것이다.

신에게 정성을 바치는 내용으로 나까도전침, 〈지장본풀이〉, 삼천군병질침은 함께 묶어 살펴야 한다.[56] 역가를 바치는 상황을 살펴보면 나까시리놀림 - 지장본풀이 - 군병질침으로 이어짐을 알 수 있다. 이들 제차들은 역가바침의 범주 안에서 밀접하게 연결되어 하나의 덩어리처럼 작용한다.[57] 군병질침에서 물에 빠져 죽거나 난을 만나거나 억울한 이유로 죽거나 이 외에도 다양한 이유로 죽은 귀신들을 모두 위한다.

군병질침은 '제청 안으로 청한 여러 신의 뒤를 따르는 하위신과 잡신을 위한 제차로 ᄀ를질 지사빔 - 군병질 지사빔 - 실명질 지사빔'으로 이루어진다.[58] 삼천군병은 'ᄀ를질, 군병질, 실명질'이다. 〈삼두구미본풀이〉와 〈지장본풀이〉가 관련되는 것이 바로 ᄀ를질침이기에 이 부분을 아래에 제시한다.

지장만보살 신풀었더니 동(東)으로도 일천ᄀ를이 울러온다. 서(西)으로도 일처ᄀ를, 낭그

---

55 김헌선은 삼두구미의 정체를 군병질침으로, 신호림은 용(龍)으로 파악하였다.
    김헌선, 「제주도 〈삼두구미본풀이〉의 의례적 기능과 의의」, 『2017년 한국무속학회 동계 학술대회 자료집』, 2017, 41~42쪽; 신호림, 「三頭九尾의 정체와 본풀이로의 수용과정 고찰」, 『한국무속학』 34, 한국무속학회, 2017, 146쪽.
56 강정식, 앞의 책, 2015a, 203쪽.
57 위의 책, 203쪽.
58 위의 책, 207쪽.

로도 일천ᄀ를, 북(北)으로도 일천ᄀ를, 이삼ᄉ월(二三四月) ᄌ지으남 탕천(撑天)ᄒ듯 동서 (東西)으로 울러오는구나. 그리말고 시왕대번지청너울로 일천ᄀ를랑 울러맞고 절아맞자. 울러맞고 절아맞았더니 본멩두신치매 신멩두치매 감아맞고 절아맞자. 감아맞고 절아맞았더니 『본주제관(本主祭官)님아, 이게 누게 줴척(罪責) ᄀ트리까? 본주지관 줴척인 듯ᄒ오리다. 저 인정 많이 내보냅서.』본주지관과 마ᄋᆞᆫ읍(四十八) 상단궐 제민제단궐아피 저인정 많이 받아시니 본멩두 신멩두치매랑 아주 활짝 풀어맞자. 아주 활짝 풀어맞았더니, 본멩두 신멩두치맨 마농머리 홀ᄄᆞ리듯 활짝 풀어지는 듯하는구나.[59]

ᄀ를질침의 제의 순서는 '절아맞음 - 줴척문답 - 인정받음 - 풀어맞음'의 순이다. 지장만보살을 풀었더니 가루들이 몰려온다. 여기서 가루는 〈지장본풀이〉와 〈삼두구미본풀이〉의 가루와 관련된다. 지장아기씨가 전새남굿을 위해 방아를 찧어 가루를 내는 것과 셋째딸이 삼두구미를 방아에 넣고 찧어 가루로 만드는 것이다.

〈지장본풀이〉에서는 지장아기씨가 죽음을 몰고 오는 이유에 대한 해명을 본풀이 안에서 할 수 없다. 〈삼두구미본풀이〉의 셋째딸이 지장아기씨라 한다면 수많은 죽음들을 이해할 수 있다. 셋째딸은 삼두구미를 제치하려 했으나 삼두구미는 무덤과 관련된 죽음의 신이기에 그를 제치하는 것은 불가능하다. 셋째딸이 세상으로 날려 보낸 가루들이 몰려든다. 이러한 죽음의 가루들을 맞아들여 자신의 잘못을 받아들여 인정을 걸어 그것을 풀어내는 것이다. 지장아기씨는 〈삼두구미본풀이〉에서 셋째딸로 인식된다. 셋째딸이 죄를 지었고, 이 죄를 풀어내기 위하여 지장아기씨가 전새남굿을 하여 인정을 많이 걸고 이를 풀어내는 것이다. 시대의 흐름은 〈삼두구미본풀이〉에서 〈지장본풀이〉로 초점을 옮기게 되고, 〈삼두구미본풀이〉는 이장 풍습의 근거를 제공하는 신화로 재탄생하게 된다.

〈삼두구미본풀이〉에서 등장했던 소재들은 실제 이장 과정에서 쓰이고 있으나 이장 과정에서 〈삼두구미본풀이〉는 불리지 않는다. 〈삼두구미본풀이〉를 구연한 박봉춘 심방

---

[59] 玄容駿, 앞의 책, 1980, 295~296쪽.

의 며느리가 〈삼두구미본풀이〉에 대하여 말하기를 보살이 부르는 것이라 하였다.[60] 이는 이장 과정이 끝나고 〈삼두구미본풀이〉가 동티를 막기 위해 불리었는데 사회의 변화에 따라 간략한 형식의 의례를 행하는 보살이 이를 맡게 되면서 〈삼두구미본풀이〉가 사라졌을 가능성이 있다. 이 본풀이의 필요성은 인지되나 그것이 동심절과 같은 징표로 간략히 민속에 자취를 남긴 것이다. 〈삼두구미본풀이〉는 제의에서 자신의 자리를 찾지 못해 군병질침에 그 흔적을 남긴 채 무속이 아닌 민속에 자리를 잡아 본풀이로서 남은 것이 아니라 풍속으로 자리 잡은 예로 정리할 수 있다.

〈삼두구미본풀이〉의 원시성은 풀리지 않는 본풀이들의 비밀을 해결할 수 있는 실마리가 된다. 주검의 상태로 오랜 시간 모시는 풍습은 고대사회에서부터 조선시대에까지 만연한 풍습이었다.[61]

특수신본풀이는 고대서사시의 미분화성과 구체적인 생활서사시의 성격을 동시에 가지고 있다.[62] 신앙민과 밀착되어 현실적이고 근원적인 이야기를 하기 때문이다. 부모를 찾으러 여행을 떠나는 오늘이, 죽음의 문턱에서 돌아온 세민황제, 자식을 이승에 놔두고 먼저 저승으로 간 허궁애기, 언니들의 시신을 보호하기 위해 삼두구미의 집으로 다시 찾아가는 셋째딸 등은 신앙민들이 생활에서 일상적으로 접할 수 있는 사람들 중에 하나일 수 있기에 이러한 이야기를 들었을 때 신앙민들은 자신의 가족 중 누군가를 떠올리며 가슴 아파하며 공감할 수 있다.

무가 속에 드러나는 명계의 모습에 이승과 저승을 하나의 공간으로 인식하는 무속적 세계관이 내재한다. 샤먼들은 서로 다른 세계로 보이는 두 세계를 동시에 인식하는 모습을 보여준다.[63] 이러한 인식을 보여주는 예를 함경도의 무속서사시에서 찾을 수 있다. 함경도의 무속서사시를 견주는 이유는 함경도와 제주도에서만 천지개벽신화가 불리고 있고, 도랑선비 청정각시노래의 마지막 부분이 〈허궁애기본풀이〉와 유사하

---

60 김기형, 앞의 논문, 2015, 43쪽.
61 구미래, 『한국불교의 일생의례』, 민족사, 2012, 308쪽.
62 강권용, 앞의 논문, 2001, 69쪽.
63 피어스 비텝스키, 김성례·홍석준 옮김, 『샤먼』, 도서출판 창해, 2005, 65쪽.

기 때문이다.⁶⁴ 도랑축원의 무가⁶⁵는 이승과 저승을 교류시키기 위한 무가로 인식하고 있다.⁶⁶ 이승에서 저승으로 향하다가 자결하는 모습으로 인식할 수도 있으나 이는 이승에서 저승으로 가는 하나의 방식으로 제시된 것이고, 이것은 분리를 극복하는 방식에 불과한 것이다. 〈도랑선비 청정각시〉의 죽음과도 연결 지을 수 있는데 이 작품 속에서 현실 속의 경계 공간인 산, 고개, 다리를 통해 이승과 저승이 연결되어 있는 것을 보여준다.⁶⁷ 그래서 '인간의 영혼을 관장하는 신'으로 좌정한 것으로 파악할 수 있다. 청정각시는 남편과 무한한 삶을 누리다가 인간으로 환생하였다고도 하는데, 이때의 청정각시는 자기희생을 통해 원하는 것을 얻고, 환생하는 존재이다.

특수신본풀이의 서사를 다른 지역 무가로까지 확대시킬 수 있는 이유는 특수신본풀이의 보편성 때문이다. 특수신은 이질적인 성격의 경계면에 존재하기에 서로 다른 속성을 지니게 되더라도 어느 한 쪽에 이끌리지 않고 전체에 관계되는 보편성으로 작용

---

64 임석재, 「이승과 저승을 잇는 신화의 세계 : 함경도 무속의 성격」, 『함경도망묵굿』, 悅話堂, 1985, 90쪽.
65 도랑선비와 청정각시 신화가 담긴 무가의 줄거리는 다음과 같다.
"도랑선비는 일찍이 부모를 여의고 삼촌의 집에서 자랐다. 장성하여 청정각시라는 규수에게 장가들게 되었다. 마침 장가길을 떠나려는데 여러 가지 불길한 일들이 일어났다. 도랑선비는 다른 날을 택해서 장가들겠다고 하는데 삼촌은 그대로 할 것을 우겨서 장가길을 떠났다. 도랑선비는 결혼식을 겨우 마쳤을 때 인사불성이 되었다. 본 집으로 데려가서 치료하려 했지만 그만 죽었다. 청정각시는 도랑선비를 만나기를 간구하면서 슬피 울었다. 서인이 이 슬픈 울음소리에 감동되어, 추운 겨울날 찬물에 5일 동안 알몸을 담가 추위를 견뎌내면 도랑 선비를 만날 수 있다는 기회를 주었다. 청정각시는 그 고행을 해내었고, 드디어 도랑선비를 만난다. 그러나 그 만남은 순식간의 만남이었다. 다음에 서인은 열손가락에 불을 켠다면 만날 수 있으리라고 한다. 청정각시는 그 고행을 해내고 도랑선비를 만난다. 그 만남 역시 순식간에 끝나버린다. 서인은 머리카락을 뽑아 3천척이나 되는 줄을 꼬아 한 끝은 앞 남산 꼭대기 소나무에 매고 다른 끝은 금상사 절 기둥에 매어, 그 머리카락 줄을 두 손바닥에 꿰고는 줄 사이를 3천 번 왔다 갔다 하면 도랑선비를 만날 수 있다고 하는 것이었다. 청정각시는 그 고행을 해내고는 도랑선비를 만났다. 그러나 그 만남 또한 순간이었다. 다음에 서인은 금상사로 가는 부치고개의 험한 길을 닦으면 도랑선비를 만날 것이라 했다. 청정각시는 부치고개의 험한 길을 닦았다. 그래서 도랑선비를 만났다. 도랑선비는 같이 가자며 청정각시를 데리고 가는데, 가는 길에 어느 큰 강 위에 놓인 다리를 건너게 되었다. 다리의 중간쯤에서 도랑선비는 강물 속으로 빠졌다. 그런데 밤이면 도랑선비는 청정각시에게로 찾아와 부부생활을 계속하게 되었다."
임석재, 위의 책, 82~83쪽.
66 위의 책, 84쪽.
67 김선현, 「〈도랑선비 청정각시〉에 나타난 경계 공간의 서사적 함의」, 『구비문학연구』 44, 한국구비문학회, 2017, 25쪽.

한다. 보편이라 하면 세상이나 존재의 전체에 관계된 것이다. 과학적 사고의 등장으로 인해 온전한 전체를 바라보기보다는 미시적인 관점에서 전체를 나누어 분석하고, 쪼개진 부분의 합을 전체라 인식한다. 이러한 흐름은 전체를 정확히 바라보는 관점의 상실로 이어진다. 보편성을 띠던 서사시는 체계 안에 편입되지 못하여 주변부에 머무르게 된다.

제주도 무속의 세계에서는 이러한 흐름이 뒤늦게 반영되어 특수신본풀이가 신화로서의 명맥을 유지하였던 흔적을 발견할 수 있었고, 그 흔적을 제의에 남겨 두었다고 생각한다. 그렇기에 이 각편들을 통해 시대를 거슬러 보편성이 주는 의미를 되새기고자 한다.

2. 특수신본풀이와 〈바리덕이〉 무가

원시 서사는 단순화된 형태의 이승과 저승을 다룬다. 고대 서사는 구체화되기 이전의 저승 세계를 여행하는 이야기를 다룬다. 중세 서사는 저승의 신들이 더욱 분화되고 저승 공간이 구체화되어 시왕, 저승 여행, 여러 인문지리 현상을 이와 관련지어 다룬다. 특수신본풀이는 고대 서사에 해당하는 본풀이의 성격을 띠는데 현재까지 그 흔적을 찾을 수 있다는 것이 흥미롭다. 제주도의 지리적 여건과 문화적 제반이 특수신본풀이의 서사를 흡수하였기 때문이라 생각한다.

이승과 저승을 오가는 이야기는 예전부터 전해 오는 이야기이나 현대사회의 청중들이 사실 그대로 믿기 어려운 이야기이다. 이러한 이야기는 민담과 구분되는 특성이 있는데 이를 명백히 밝히기 위하여 신화의 체계 안에서 다른 신화 각편들과 비교하고자 한다. 특수신본풀이와 동일한 세계관을 살펴볼 수 있는 작품은 〈바리덕이〉 무가와 이난나 신화·길가메쉬 서사시이다. 이러한 세계관은 고대의 지혜가 담겨 있어 현대사회의 문제를 해결하는 방향성을 탐색할 수 있도록 도움을 준다.

특수신본풀이와 동일한 세계관을 공유하며 저승 여행을 하는 신화는 제주도 외에 다양하게 존재한다. 제주를 제외한 한국에 두루 퍼져 있는 〈바리덕이〉 무가, 인도의 라마야나, 만주의 니샨 샤먼 신가, 수메르의 이난나와 길가메쉬 서사시 등이 그것이다. 〈바리덕이〉 무가, 니샨 샤먼, 라마야나의 저승 여행은 동일하게 살펴볼 수 있는 면이 많기에[68] 〈바리덕이〉 무가를 구체적으로 살피고 다른 신화들을 부분적으로 보완하고자 한다. 이난나 신화・길가메쉬 서사시는 고대 서사시의 성격을 살펴볼 수 있는 대표적인 자료이기에 특수신본풀이와 이난나 신화・길가메쉬 서사시의 유사점을 중심으로 비교하고자 한다.

특수신본풀이의 고대적 서사시의 모습들은 많이 사라져 버렸으나 흩어진 조각들의 단서를 중심으로 특수신본풀이가 무엇인지 구명하고자 노력한다면 그 실마리를 찾을 수 있으리라 생각한다.

특수신본풀이와 〈바리덕이〉 무가는 죽음과 관련된 의례에서 불리는 무가이다. 특수신본풀이는 시왕맞이에서, 〈바리덕이〉 무가는 망자천도굿과 관련된다.[69]

서울새남굿의 입체적 모습을 보여주는 사례가 근래에 보고되었다. 망자 김유감 서울새남굿은 어떻게 굿이 짜여 있고, 굿을 어떤 방식으로 전개해 나가는지를 보여주는 굿이며 새남굿의 특징을 명확하게 보여주는 사례이다.[70] 새남굿은 시왕맞이의 제차와 유사한 제차를 가지고 있다. 인간이 죽음을 인식하고 받아들이는 과정이 고스란히 굿에 녹아들기 때문이다. 새남굿의 '사재삼성-말미'는 시왕맞이의 〈차사본풀이〉와, 새남굿의 뒷영실은 시왕맞이의 영개울림과, 새남굿의 베가르기는 시왕맞이의 질침과, 새남굿의 뒷전은 시왕맞이의 군병질침 등과 동일한 성격을 띤다. 말미에서 유일한 본풀이인 〈바리덕이〉 무가가 불린다. 〈바리덕이〉 무가와 특수신본풀이의 공통점은 특

---

[68] 김환희, 「〈바리공주〉의 보편성과 특수성을 찾아서 : 외국인 생명수 탐색담 및 〈니샨샤만〉과의 비교연구」, 『동화와 번역』 2, 건국대학교 동화와 번역 연구소, 2001, 160~164쪽; 신연우, 「〈바리공주〉와 중국 〈妙善〉 및 유사설화 비교의 관점」, 『한국무속학』 27, 한국무속학회, 2013, 109쪽.

[69] "죽은 이를 위한 굿은 지방에 따라 명칭이 相異한데 중서부지역 무가권에서는 오구굿, 전라도지역 무가권에서는 씻김굿이라고 불리며, 함경도지역에서는 망묵굿, 평안도 지역에서는 다리굿이라고 불린다." 홍태한, 『서사무가 바리공주 연구』, 민속원, 1998, 152쪽.

[70] 김헌선・윤정귀, 『망자 김유감 서울새남굿 신가집』, 보고사, 2019, 37쪽.

수신본풀이가 죽음과 관련된 의례 중 망자천도의례와 깊은 관련이 있음을 되새기게 하여준다.

뒷전에서 만수받이로 청배되는 신神 중에 터주신이 있다. 이 터주신과 삼두구미의 성격이 유사하다. 만수받이 장단을 통하여 삼두구미 신이 청하여지는데 이를 새ᄃ림과 연관 지을 수 있다. 〈지장본풀이〉는 새ᄃ림의 의례에 대한 근거가 소명된 본풀이며 〈삼두구미본풀이〉와의 관련성은 이미 앞에서 언급하였다.

새ᄃ림은 도레둘러뷈, 젯북제맞이를 연속하여 행하는 경우가 많다.[71] 이러한 연계성의 실마리를 만수받이 장단에서 찾고자 한다. 만수받이는 창자가 일어서서 구연하며 장구잽이와 매기고 받는 형태를 취한다.[72] 청신을 할 때는 선굿의 형태로 진행한다. 그렇다면 새ᄃ림이 반드시 입창立唱의 형태를 띠고 만수받이 장단은 청신 무가로 사용됨을 근거로 할 때 새ᄃ림의 성격을 유추하여 볼 수 있다. 새ᄃ림은 제장을 정화하는 기능만이 강조되어 왔는데 제장 정화를 하는 행위가 청신의 행위로 이해할 수 있다. 이렇게 해석할 때, 새ᄃ림 - 도레둘러뷈 - 젯북제맞이의 연속성을 이해할 수 있다. 굿의 기본이며 신을 청할 때 필요한 것이 제장을 정결히 하는 정성을 갖추고, 향로를 피우고 떡을 준비하며, 연물과 멩두를 갖추는 것이기 때문이다.

제주도에는 〈바리덕이〉 무가가 발견되지 않는다고 하지만[73] 제주도 무가와 〈바리덕이〉 무가 사이에서 유사한 모습은 찾을 수 있다. 바리덕이가 명계여행을 통해 약수를 가지고 와서 부모를 다시 살리는 모습과 제주도 신화의 주인공들이 서천꽃밭에 가서 생명꽃을 가지고 와서 죽은 이를 재생시키는 모습은 유사한 행위로 보인다.

〈바리덕이〉 무가는 망자를 천도하는 굿에서 불리며[74] 망자의 여행을 돕는 목적으로

---

71 강정식, 앞의 책, 2015a, 58쪽.
72 이용식, 「서울 진오귀굿의 음악」, 『동양음악』 39, 2016, 170쪽.
73 홍태한, 앞의 책, 1998, 28쪽.
74 김헌선은 〈바리공주〉를 둘러싸고 있는 대국면의 의례를 새남부정, 가망청배, 중디밧산, 사제삼성, 말미, 밖도령, 영실, 안도령, 상식, 뒷영실 베째(베 가르기), 시왕군웅거리, 뒷전으로 지적하고 소국면의 의례를 바리공주·사제삼성, 밖도령·영실, 상식으로 밝히고 있다.
  김헌선, 『서울 진오기굿 : 바리공주 연구』, 민속원, 2011, 18~24쪽.

저승세계의 여행이야기를 담고 있다.[75] 제주도 무속에서 〈바리덕이〉 무가가 불리지 않는 이유에 대한 정확한 해답은 찾기 어렵다. 다만 분명한 것은 〈바리덕이〉 무가와 특수신본풀이는 동일하게 이곳과 저곳을 넘는 경계 넘어서기의 모습을 볼 수 있다는 것이다.

특수신본풀이와 〈바리덕이〉 무가와의 관련성을 구체적으로 비교하여 보고자 한다. 먼저 바리덕이의 서사는 지금섭과 이고분의 함흥본 〈바리데기〉 교합본[76]을 참고하고자 한다. 함경도 서사시는 제주도와 동일하게 창세 서사시가 발견되고 있다는 점에서 주목해야 하는 자료들인데, 특히 함흥본 〈바리데기〉는 다른 지역의 이본들과 달리 바리데기가 신직에 좌정하지 않고 죽음을 맞이하고 있다. 이러한 특성과 명계여행은 특수신본풀이의 속성과 유사하기에 비교하여 보고자 한다. 교합본의 서사단락을 제시하면 다음과 같다.[77]

〈교합본〉
① 수차랑 선배와 덕주아 부인이 득죄하여 지하국에 귀신 정배를 내려온다.
② 수차랑 선배와 덕주아 부인이 결연하였으나 자식이 없어 문점을 하러 간다.
③ 부부는 점괘를 따라 백일기도를 한 후에 딸 여섯을 낳고 각각 윗방과 아랫방을 사용한다.
④ 수차랑 선배는 덕주아 부인과 다시 합궁을 하여 바리덕이가 잉태된다.
⑤ 수차랑 선배는 아들을 낳으면 편지하고, 딸을 낳으면 바다에 버리라 일러두고 옥황으로 떠난다.
⑥ 덕주아 부인은 바리덕이를 출산하여 돌함에 넣고 바다에 버리자 수궁용왕 부인이 돌함

---

[75] 피어스 비텝스키, 앞의 책, 2005, 64쪽.
[76] 함흥본 〈바리데기〉는 지금섭과 이고분의 자료인데 현재까지 채록된 자료에서 오류가 발견되어 이를 보완하여 정리한 교합본을 아래의 논문에서 소개하고 있기에 이를 활용하고자 한다.
윤준섭, 「함흥본 〈바리데기〉 연구」, 서울대학교 석사학위논문, 2012, 104~132쪽.
[77] 위의 논문, 104~132쪽.

을 발견하여 집으로 데려간다.
⑦ 수궁용왕이 관복을 짓지 못하여 근심하자 바리덕이가 옷을 짓는다.
⑧ 오제용왕은 수궁용왕의 관복을 보고 바리덕이가 양자임을 알게 되고 내보내라 한다.
⑨ 수궁용왕은 바리덕이를 쫓아내고, 바리덕이가 집으로 돌아오나 자신의 어머니와 언니들은 바리덕이를 귀신이라 한다.
⑩ 바리덕이는 자기를 버릴 때 자른 장가락과 자신의 손가락을 맞추어 바리덕이임을 입증한다.
⑪ 덕주아 부인이 병을 얻자 바리덕이는 어머니가 죽으면 장례를 잘 치를 것이라 어머니에게 대답하고 점을 친다.
⑫ 바리덕이는 언니들이 주는 달비와 치마를 받아 점괘대로 길을 떠난다.
⑬ 바리덕이는 여러 존재들에게 길을 물으며 서천서역국을 향해 간다.
⑭ 새영꾼에게 끌려간 바리덕이는 자신의 지혜로 위기를 모면하고 새영꾼이 나무를 하러 간 사이 탈출한다.
⑮ 바리덕이가 강변에서 하소연을 하자, 연등이 내려와 바리덕이를 옥황으로 데려간다.
⑯ 바리덕이는 옥황상제 손녀[78]와 살림을 차리고 아들을 열 둘 낳는다.
⑰ 바리덕이는 꽃밭을 둘러보고, 남편 몰래 꽃을 훔치고 약수를 얻는다.
⑱ 바리덕이는 지상으로 내려오는데, 자신이 길을 물었던 이들에게 죄상을 이야기해 준다.
⑲ 바리덕이는 어머니의 장례행렬을 보게 되고, 옥황에서 얻은 꽃과 약수로 어머니를 살려 집으로 돌아온다.
⑳ 덕주아 부인이 여섯 딸에게 저승 보배를 나누어 주어 여섯 딸은 죽음을 맞게 되고, 여섯 딸을 묻고 온 뒤부터 바리덕이도 앓다가 죽음을 맞는다.
㉑ 덕주아 부인은 서인대사에게 속아 죽음을 맞는다.

---

[78] 손녀로 지적되었으나 손자가 적절해 보인다.

〈바리덕이〉 무가에서 바리덕이는 특수신본풀이의 특수신과 동일한 궤적과 동일한 결말을 보인다. 특수신이 일반신의 체계가 맞지 않아 〈차사본풀이〉 안에서 의존적으로 구연되는 것과 〈바리덕이〉 무가 안에서 강림도령이 불리는 것이 유사한 형태를 보인다. 인간의 삶은 이승에서 명계로 가는 것은 가능하나 다시 이승으로 돌아올 수는 없다. 〈바리덕이〉 무가와 허궁애기 역시 결말에 이르러서는 인간의 삶처럼 다시 돌아올 수 없는 저승으로 떠난다. 이러한 특수신과 바리덕이의 이동 양상은 삶과 죽음의 경계를 드러내어 분리되어 있으나 삶과 죽음이 함께 존재한다는 것을 보여준다.

〈원천강본풀이〉와 〈바리덕이〉 무가는 명계여행, 원조자의 단계적 도움, 신이한 세계를 둘러 봄, 이승으로 회귀 등의 모습이 유사하다. 구체적으로 비교할 서사단락은 다음과 같다.

〈원천강본풀이〉와 〈바리덕이〉 무가

	박봉춘본 〈원천강본풀이〉	〈바리덕이〉 무가
명계로 출발	② 오늘이가 백씨부인을 만나 원천강에 가면 부모를 만날 수 있고 원천강에 가는 길은 장상에게 문의하라는 이야기를 듣는다.	⑫ 바리덕이는 언니들이 주는 담비와 치마를 받아 접개대로 길을 떠난다.
원조자의 도움	③ 오늘이가 장상이를 만나 원천강 가는 길을 묻자 장상이는 연꽃나무에게 길을 물어 보라고 대답하고, 자신이 글만 읽는 이유를 물어 달라고 부탁한다. ④ 오늘이가 연꽃나무에게 원천강 가는 길을 묻자 연꽃나무는 천하대사에게 물어 보라고 대답하고, 자신이 상가지에만 꽃이 피고 다른 가지에 꽃이 피지 않는 이유를 물어 달라고 부탁한다. ⑤ 오늘이가 천하대사에게 원천강 가는 길을 인도하여 달라고 하자 천하대사는 자신이 야광주를 셋이나 물어도 용이 되지 못하는 이유를 물어 달라고 부탁하고 오늘이를 등에 태워서 청수바다를 넘겨준다. ⑥ 오늘이가 매일이에게 원천강 가는 길을 묻자 매일이는 시녀궁녀에게 길을 물어 보라고 대답하고 자신이 글만 읽는 이유를 물어 달라고 부탁한다. ⑦ 오늘이가 하늘옥황의 시녀궁녀들이 벌을 받고 있는 것을 보고 정성을 다해 바가지의 구멍을 막고 축도를 하여 물을 다 퍼내주어 벌역을 끝내준다.	⑬ 바리덕이는 여러 존재들에게 길을 물으며 서천서역국을 향해 간다.

과제 해결	⑩ 오늘이가 자신이 부탁 받은 물음들을 부모에게 묻자 부모는 장상이와 매일이 부부가 되면 만년영화를 누릴 것이고 연화동은 상가지의 꽃을 따서 처음 보는 사람에게 주어 버리면 다른 가지에 꽃이 만발할 것이고 대사는 야광주를 하나만 물면 용이 되리라는 답을 준다.	⑱ 바리덕이는 지상으로 내려오는데, 자신이 길을 물었던 이들에게 죄상을 이야기해 준다.
명계에서 행하는 일	⑨ 오늘이가 춘하추동이 모두 모여 있는 원천강을 둘러본다.	⑰ 바리덕이는 꽃밭을 둘러보고, 남편 몰래 꽃을 훔치고 약수를 얻는다.
이승으로 회귀	⑮ 오늘이가 옥황의 신녀가 되어 인간에 강림하여 절마다 다니며 원천강을 등사한다.	⑲ 바리덕이는 어머니의 장례 행렬을 보게 되고, 옥황에서 얻은 꽃과 약수로 어머니를 살려 집으로 돌아온다.

〈원천강본풀이〉와 〈바리덕이〉 무가는 크게 '명계로 출발 – 원조자의 도움 – 과제 해결 – 명계에서 행하는 일(원천강/꽃밭 둘러봄) – 이승으로 회귀'의 공통점을 지닌다. 명계로 여행을 통해 자신의 진정한 자아를 찾고 자신의 할 일을 깨닫게 된다. 오늘이는 사람들에게 원천강의 세계를 다녀옴으로써 알게 된 원천강의 세계를 등사함으로써 사람들이 새로운 마음가짐으로 깨달아 살아갈 수 있도록 하고, 바리덕이는 저승세계에서 가져온 꽃과 약수를 통하여 어머니를 살려낸다.

오늘이와 바리덕이는 부모에게 버려진 존재이며 자신이 무엇을 행해야 하는지 알지 못하는 이들이다. 이들은 명계로 떠나는 여행길에 다른 존재들을 만나 그들의 질문을 받는다. 그 질문에 대한 답은 명계를 다녀오고 나서 해결할 수 있게 된다. 하나의 존재가 아니라 여러 존재에게 물어 길을 찾는다는 것, 이승과 다른 곳을 가기 위해 이무기의 등에 타거나 용머리 모양의 가마를 타고 가는 점 등 세부적인 부분에서도 공통점을 찾을 수 있다.

이들이 여행을 다녀오고 난 후, 오늘이는 원천강을 등사하고 바리덕이는 어머니를 살려낸다. 오늘이는 인간의 영을 살려내고, 바리덕이는 어머니의 몸을 살려낸다. 다만 바리덕이가 제의에서 구연되는 컨텍스트를 고려한다면 영靈과 관련된 행위라고도 말할 수 있다. 다음은 〈세민황제본풀이〉와 〈바리덕이〉 무가를 비교하여 보겠다.

〈세민황제본풀이〉와 〈바리덕이〉 무가

	박봉춘본 〈세민황제본풀이〉	〈바리덕이〉 무가
명계로 출발	① 세민황제는 백성을 괴롭히고 포악한 짓을 하다가 죽어 저승을 간다.	⑮ 바리덕이가 강변에서 하소연을 하자, 연등이 내려와 바리덕이를 옥황으로 데려간다.
명계에서 행하는 일	② 세민황제는 자신의 저승궤에 볏짚 한 단 밖에 없어서 매일장상의 저승궤에서 돈을 꾸어갚고 이승으로 나온다.	⑰ 바리덕이는 꽃밭을 둘러보고, 남편 몰래 꽃을 훔치고 약수를 얻는다.
이승으로 회귀	⑰ 세민황제는 매일장상에게 모든 일을 의논하며 활인적선지도를 마련하였다.	⑲ 바리덕이는 어머니의 장례행렬을 보게 되고, 옥황에서 얻은 꽃과 약수로 어머니를 살려 집으로 돌아온다.

〈세민황제본풀이〉와 〈바리덕이〉 무가는 크게 '명계로 출발 – 명계에서 행하는 일 – 이승으로 회귀'의 공통점을 지닌다. 이승에서 명계를 다녀와 이승으로 돌아오는 큰 틀은 유사하나 구체적으로 명계에서 행하는 일은 다소 차이가 있다. 세민황제는 저승왕에 의해서 자신의 잘못을 깨달아 매일장상의 창고에서 빚을 지게 되고, 〈바리덕이〉는 꽃과 약수를 지니게 된다. 이러한 행위는 외면적으로는 다른 행위처럼 보이나 결과적인 측면에서는 유사하게 살필 수 있다. 〈세민황제본풀이〉에서 세민황제가 저승에서 깨달음과 빚으로 인해 이승으로 나오게 되었고, 바리덕이의 꽃과 약수로 인해 바리덕이의 어머니가 다시 살아나기 때문이다. 다음은 〈허궁애기본풀이〉와 〈바리덕이〉 무가를 비교하여 보겠다.

〈허궁애기본풀이〉와 〈바리덕이〉 무가

	오인숙본 〈허궁애기본풀이〉	〈바리덕이〉 무가
명계로 출발	① 옛날 옛적에 허궁애기가 삼형제를 낳고 저승에 간다.	⑥ 덕주아 부인은 바리덕이를 출산하여 돌함에 넣고 바다에 버리자 수궁용왕 부인이 돌함을 발견하여 집으로 데려간다.
명계에서 하는 일	(*민담과 강을생본 토대로 허궁애기가 살림살이와 명주 짜는 일에 능했음을 알 수 있음)	⑦ 수궁용왕이 관복을 짓지 못하여 근심하자 바리덕이가 옷을 짓는다.

이승으로 회귀	③ 허궁애기는 밤이 되면 이승에 와서 아이들 빨래를 하고 머리를 빗겨주고 밥을 하여 둔 후 침이 마르기 전에 저승으로 돌아간다.	⑲ 수궁용왕은 바리덕이를 쫓아내고, 바리덕이가 집으로 돌아오나 자신의 어머니와 언니들은 바리덕이를 귀신이라 한다.
죽음	⑧ 강림사자가 지붕 상마루로 올라가 허궁애기를 보고 몸을 데려갈 수 없어서 혼만 빼고 간다.	⑳ 덕주아 부인이 여섯 딸에게 저승 보배를 나누어 주어 여섯 딸은 죽음을 맞게 되고, 여섯 딸을 묻고 온 뒤부터 바리덕이도 앓다가 죽음을 맞는다.

〈허궁애기본풀이〉와 〈바리덕이〉 무가는 '명계로 출발 – 명계에서 하는 일 – 이승으로 회귀 – 죽음'의 공통점을 지닌다. 바리덕이는 1차는 어머니에게서 버려지고, 2차는 수궁용왕에 의해서 버려진다. 〈허궁애기본풀이〉와 유사성을 찾을 수 있는 것은 2차의 버려짐과 관련한 부분이다. 허궁애기는 저승으로, 바리덕이는 수궁용왕의 집에 가게 된다. 명계에서 하는 일이 오인숙본에서는 구체적으로 드러나지 않았으나 강을생본 〈허궁애기본풀이〉와 민담에서 드러나는 허궁애기의 면모를 짐작하면 저승에서 명주 짜는 일을 하였음을 알 수 있다. 바리덕이 역시 수궁용왕의 집에서 용왕의 관복을 짓는다. 허궁애기는 아이들을 보살피기 위해서 바리덕이는 어머니를 구하기 위해서 이승으로 돌아오게 된다.[79] 이승으로 돌아와 허궁애기는 아이들을 보살피고, 바리덕이는 어머니를 살릴 꽃과 약수를 구해온다. 그리고 결말에 가서 허궁애기와 바리덕이 모두 죽음을 맞게 된다. 다음은 〈삼두구미본풀이〉와 〈바리덕이〉 무가를 비교하여 보겠다.

---

[79] "가를 버린 날부터 가의 부모는 '내 배꼴을 내 가지라 니 배꼴은 니 가지라.'하고 앓으니, 가가 가야 효자 되어 낫겠으니 가를 잠시 보내시라."
윤준섭, 앞의 논문, 2012, 117쪽.

〈삼두구미본풀이〉와 〈바리덕이〉 무가

	이춘자본 〈삼두구미본풀이〉	〈바리덕이〉 무가
명계로 도착	⑤ 삼두구미는 셋째딸을 데려오고 자신의 다리를 먹으라고 한다.	⑮ 바리덕이가 강변에서 하소연을 하자, 연등이 내려와 바리덕이를 옥황으로 데려간다.
명계에서 하는 일	⑧ 삼두구미는 집으로 돌아와 다리를 부르자 셋째딸의 배에서 소리가 나는 것을 확인한다.	⑯ 바리덕이는 옥황상제 손녀와 살림을 차리고 아들을 열 둘 낳는다.
죽음	⑭ 셋째딸과 아버지는 버드나무가지를 준비하여 삼두구미를 때려죽이고 방에 넣고 찧은 가루를 바람에 불어버린다.	⑳ 덕주아 부인이 여섯 딸에게 저승 보배를 나누어 주어 여섯 딸은 죽음을 맞게 되고, 여섯 딸을 묻고 온 뒤부터 바리덕이도 앓다가 죽음을 맞는다.

　〈삼두구미본풀이〉와 〈바리덕이〉 무가는 크게 명계로 도착 - 명계에서 하는 일 - 죽음의 공통점을 지닌다. 삼두구미는 자신의 부인을 구하기 위하여 셋째딸을 명계로 데려오고, 바리덕이는 옥황상제의 손녀와 살림을 차린다. 명계에서 하는 일은 부부가 되는 것이다. 〈삼두구미본풀이〉에서 삼두구미는 자신의 부인이 되기 위해서는 자신이 제일 좋아하는 것이 다리를 먹는 것이라 하여 이를 요구하였고, 〈바리덕이〉 무가에서는 바리덕이가 옥황상제의 손녀와 결연하여 열두 아들을 낳는다. 또한, 바리덕이가 새영꾼에게 나무를 하러 가라고 한 사이에 도망치는 모습은 〈삼두구미본풀이〉에서 셋째딸이 삼두구미가 집을 비운 사이 지혜를 발휘하는 모습과도 유사하다. 셋째딸과 바리덕이는 신이한 존재의 부인이 되고, 가족의 목숨을 구하려 한 공통점도 찾아볼 수 있다.

　특수신본풀이와 〈바리덕이〉 무가는 구체적인 서사를 공유하고 있고, 작품의 구연 상황에서는 죽음 의례라는 동일성을 지니고 있다. 특수신의 죽음은 이승과 저승의 분리를 보여주며, 특수신이 이승으로 다시 나아가는 모습은 이러한 분리가 단절되지 않았음을 뜻한다. 이러한 서사는 〈바리덕이〉 무가에서도 확인할 수 있었고, 이를 통해 죽음의 세계를 인식하는 방법을 알 수 있었다. 명계여행은 죽음의 이야기로 보이나 다시 삶의 이야기로 환원되며, 결국은 삶과 죽음이 뒤엉켜 있음을 환기시킨다.

3. 특수신본풀이와 이난나 신화·길가메쉬 서사시

특수신본풀이의 고대 서사시적 요소를 구체적으로 살펴보기 위한 비교에 적절한 대상을 이난나 신화·길가메쉬 서사시라 생각한다. 특수신본풀이와 〈바리덕이〉 무가, 이난나 신화의 연관성을 먼저 지적하고 다음으로 〈허궁애기본풀이〉는 이난나 신화와 〈세민황제본풀이〉와 〈삼두구미본풀이〉는 길가메쉬 서사시와 비교하여 보도록 하겠다.[80]

인간의 죽음은 살아 있는 자에게 감당하기 힘든 슬픔이다. 망자와 가까운 관계일수록 살아 있었던 존재가 사라져 버렸다고 유에서 무로 인식하기는 어렵다. 이러한 바람은 영과 육의 분리를 가져와 육은 비록 이승에 있지만 영은 이승이 아닌 다른 곳으로 이동한다는 생각을 만들어낸다. 우리가 볼 수는 없지만 다른 곳으로 이동하여 이승과 같은 삶을 그곳에서 영위한다고 생각하는 것이다. 죽음은 끝이 아니라 단지 공간을 이동할 뿐이며 인간의 눈으로 확인할 수 없는 저곳에서 새로운 형태로 살아있다고 인식하는 것이다.

수메르인들이 '위대한 하계'라고 부른 죽음의 땅을 바빌로니아인들은 '돌아오지 않는 땅'이라고 불렀는데 '불귀不歸의 땅'은 죽음의 영토를 지칭하는 가장 오래 된 말의 하나다.[81] 수메르의 여신 이난나Inanna가 지하계에 내려온 선례를 구체적으로 살펴보기 위하여 먼저 '이난나의 저승 여행' 신화의 내용을 제시하고자 한다.

> '하늘의 여주' 이난나는 하늘과 땅을 버리고 저승으로 내려가겠다고 결심을 했다. 일곱 개의 도시에 있는 자신의 신전들을 버리고 사제권과 주권의 상징인 왕관, 가발, 목걸이, 잣대와 측량줄, 제위복 등을 걸치고 저승 여행을 떠난다. 그런데 뒤따라온 시종 닌슈부르에게 만일

---

80 2017년 8월 2일 칠머리당 영등굿 전수관에서 '제주신화의 시·공간, 허웅아기본·세민황제본'(김헌선) 이라는 제목으로 강의한 발표문의 6쪽을 참고하였다.
81 金烈圭, 『韓國神話와 巫俗研究』, 一潮閣, 1977, 229쪽.

자신이 저승에서 다시 올라오지 않으면 엔릴과 난나와 엔키에게 달려가 그녀를 구해달라고 요청할 것을 당부했다. 이난나는 저승 입구에 당도하여 저승으로 들어갔으나 일곱 개 저승 대문을 하나씩 지나갈 때마다 그녀의 몸에 입고 걸쳤던 각가지 장식들을 빼앗겼다. 끝내 벌 거숭이가 된 이난나는 저승신들 앞에 웅크리고 앉았다. 저승의 여주 에레쉬키갈라는 그녀를 보자마자 벌떡 일어났으며 그 순간 이난나는 에레쉬키갈라의 의자에 주저앉는다. 아눈나키 큰 신들이 이를 지켜보며 이난나를 저주하여 그녀는 두들겨 맞은 고깃덩어리처럼 변하여 담에 걸렸다. 3일이 지나도 이난나가 저승에서 올라올 기미가 보이지 않자 그녀의 시종 닌슈부르는 엔릴과 난나에게 가서 그녀를 구해 달라고 했다. 그러나 도움을 받지 못했다. 엔키에게 달려가 애원하자 엔키는 기꺼이 도와주겠다고 하고, 그의 손톱 밑에서 때를 꺼내어 '곡(哭)꾼' 두 명을 만들어 그들에게 '생명초'와 '생명수'를 들려 저승으로 보낸다. 신음을 하며 누워 있던 에레쉬키갈라의 호의를 얻은 두 곡(哭)꾼은 담벼락에 걸린 두들겨 맞은 고깃덩어리를 내려 달라고 하여 그 위에 생명초와 생명수를 뿌렸다. 이난나는 일어났다. 그녀가 저승을 떠나 올라오려고 할 그 때 아눈나키 큰 신들은 그녀를 막으며 그녀가 저승에 내려온 이상 온전히 살아 올라갈 수는 없으니 그녀를 대신할 누구를 붙잡아 오라고 저승 사자들을 그녀와 동반시켜 보낸다. 그들은 세상에 올라와 그녀가 돌아오지 않아 슬퍼하는 닌슈부르와 그녀의 두 시종을 만난다. 저승 사자들이 그들을 붙잡아 가려고 하였으나 이난나는 반대하였다. 그들은 그녀의 남편인 '양치기' 두무지가 사는 곳으로 갔다. 그는 화려한 옷을 입고 즐기고 있었다. 화가 난 이난나는 그를 붙잡아 가라고 그들에게 말했다. 저승 사자들에게 붙잡힌 두무지는 이난나의 오빠 태양 신 우투에게 살려 달라고 애원했다. 그러자 우투는 두무지의 손과 발을 도마뱀의 것으로 바꿔 주어 도망치게 하였다. 그래서 두무지는 양조장으로 도망을 갔다. 그런데 파리가 그가 숨은 곳을 그의 누이 '포도주 여신' 게쉬틴안나에게 알려 주어 두무지를 찾게 했다. 또한 파리는 이난나에게도 두무지가 숨은 곳을 알려 주어 그는 붙잡히게 되었다. 이난나는 두무지와 게쉬틴안나에게 각각 반 년씩 저승에 가 있을 것이라며 그들의 운명을 결정해 주었다.[82]

---

82 조철수, 『수메르 신화(神話)』 I, 서해문집, 1996, 105~106쪽.

이난나의 저승 여행은 특수신본풀이와 유사한 서사를 갖추고 있다. 앞에서 〈바리덕이〉 무가를 살펴보았는데 특수신본풀이, 이난나 신화와 더불어 비교한 후 구체적으로 이난나 신화·길가메쉬 서사시와 특수신본풀이를 비교하고자 한다. 〈바리덕이〉 무가를 이난나 신화와 비교의 대상으로 삼는 이유는 〈바리덕이〉 무가 속에서 고대 서사시의 면모를 살펴볼 수 있으며 특수신본풀이의 서사와 관련하여 유사성을 앞에서 거론하였기 때문에 이에 대한 명확한 의미를 제시하기 위해서이다.

〈바리덕이〉 무가와 이난나 신화는 특수신본풀이에서 특수신이 이승과 명계를 넘나드는 여정과 관련하여 비교할 수 있다. 바리덕이는 부모님의 목숨을 구하기 위해 생명수를 찾아 저승 여행을 떠나고, 이난나 신화에서는 이난나가 지하세계를 정복하기 위한 목적으로 저승 여행을 떠난다. 이 신화들은 명계冥界 여행을 떠나는 목적, 생명수가 존재하는 곳, 죽음을 맞는 자, 저승에서 행하는 일, 이승과 저승의 교체 등에서 서로 차이점을 살펴볼 수 있다. 이러한 사항을 표로 간략히 비교해보면 다음과 같다.

특수신본풀이, 〈바리덕이〉 무가, 이난나 신화

차이점 \ 신화	특수신본풀이				〈바리덕이〉 무가	이난나 신화
	원천강	세민황제	허궁애기	삼두구미		
여행을 떠나는 목적	부모 찾기	부채 갚기	자녀 돌봄	부인 찾기	생명수 찾기	지하세계 정복
구체적인 명계	원천강	저승	저승	땅속 (무덤)	옥황	이승
죽음을 맞는 자	(부모)	자신	자신	자신	자신	자신
명계에서 행하는 일	원천강 세계보기	잘못 깨닫기	아이들 그리워함	가루가 됨	결혼하여 아이를 낳음 (생명 얻음)	저승 여주의 옥좌에 앉음 (죽음 맞음)
이승과 저승의 교체	원천강 세계를 알림	저승의 깨달음 (적선)	이승과 저승 단절	죽음이 두루 퍼짐	꽃과 약수 구하여 이승으로 옴	두무지와 게쉬틴안나를 저승에 보냄

특수신본풀이, 〈바리덕이〉 무가, 이난나 신화는 죽음과 근접한 명계가 드러나고, 이로 인해 죽음이 발생한다. 〈원천강본풀이〉인 경우는 원천강의 부모가 자식을 강님들에 버려두고 원천강의 세계에 있다는 것은 오늘이의 부모가 죽음을 맞이했다는 것으로 받아들일 수 있다. 〈원천강본풀이〉는 오늘이가 자신의 존재 근원을 찾아 떠나는 이야기인데 오늘이의 존재 근원이 죽음을 맞이했으며 그러한 세계로 오늘이가 방문한다는 것은 〈원천강본풀이〉 역시 죽음에 대한 근원적 물음을 던지고 있는 것이다. 〈삼두구미본풀이〉의 삼두구미는 가루가 되나 그 존재가 소멸된 것을 의미하지는 않는다. 다만 삼두구미의 존재가 무덤을 지키는 터신으로 인지되기에 죽음과 밀접한 연결을 맺고, 삼두구미가 가루가 되어 퍼졌다는 것은 죽음이 두루 퍼졌다는 것으로 인식된다.

죽음과 관련하여 위의 신화를 비교하여 보면 죽음의 의미는 다시금 생명력을 강조함을 알 수 있다. 특수신본풀이와 〈바리덕이〉 무가에서는 죽음을 당하는 자들이 다시 살아나고, 이난나 신화에서는 생명력이 땅속에서 죽은 듯이 자라고 있다가 땅 밖으로 소생하는 생명력을 상징한다. 그렇기에 죽음은 삶과의 단절을 의미하는 것이 아니라 생명과 연결되는 죽음을 뜻한다. 이난나는 사랑의 여신이자 다산의 여신이다. 그러한 여신이 저승으로 간다는 것은 생명력의 소멸이 아니라 땅속에 생명력을 불어넣기 위한 것으로 이해해야 한다. 결국 죽음과 생명은 맞닿아 있다는 것을 이들 신화를 통하여 알 수 있다.

특수신본풀이, 〈바리덕이〉 무가, 이난나 신화에서 신들이 명계에서 하는 일은 뚜렷하다. 명계에서 행한 행동으로 인해 이승에 영향을 끼치게 된다. 오늘이는 원천강의 세계를 알게 되어 이를 이승에서 전파하게 되고, 세민황제는 자신의 잘못을 깨달아 이승에서 그 잘못을 바로 잡으려 하고, 허궁애기는 이승에서 계속하여 아이들을 돌보려 하다가 이승과 저승의 세계가 단절되게 만들고, 삼두구미는 자신의 시체가 가루가 됨으로써 죽음이 세상에 퍼지게 된다. 바리덕이의 목적은 처음부터 부모의 목숨을 구하기 위한 생명수를 찾는 데에 있다. 이난나는 생명수를 자신이 가지고 있음에도 불구하고 지하세계를 정복하기 위하여 저승 여행을 떠난다. 이난나가 저승 문지기에게 하늘의 큰 황소 장례식에 애도를 표하러 들어가겠다고 하나 이것은 저승에 들어가기 위한 구실이었을 뿐, 실제적인 목적이 아니다. 저승에 들어간 후에 이난나의 행위를 보면 장례식과 어떠한 관련도 맺고 있지 않기 때문이다. 저승에서 행하는 일을 보아도 바리덕이는 생명을 잉태하는 행위를 하나 이난나는 에레쉬키갈라가 벌거벗은 그녀를 향해 달려 들 때에도 거부하는 행위를 보인다. 바리덕이에게 중요한 것은 생명이고, 이난나에게 중요한 것은 생명보다는 저승의 옥좌이다.

이난나 신화는 이난나의 저승 여행을 통해 삶이 무엇이고, 죽음이 무엇인지에 대한 해답을 마련한다. 이난나가 죽음을 맞기 위하여 자신이 가지고 있던 것을 모두 내려놓는다. 죽음은 천상의 여신이라는 권능마저도 내려놓고 진정한 자아와 만나게 하는 것이다.

특수신본풀이, 〈바리덕이〉 무가, 이난나 신화 사이에는 공통점이 내재한다. 명계로 여행을 떠난다는 점, 명계에서 행한 일로 인해 이승에 영향을 끼친다는 점이 그것이다. 무엇보다 가장 큰 공통점은 이들 신화들이 인간이 거부하고 부정하고 싶어 하는 것이 무엇인지 말하고 있다는 것이다. 인간은 살면서 굶주리지 않고 따뜻하기를 원하고 죽음에 당도해서는 다시 살아나기를 희망한다.

〈원천강본풀이〉, 〈허궁애기본풀이〉, 〈바리덕이〉 무가, 이난나 신화는 여성의 명계 여행의 특징을 가지고 있으면서 방향성에 있어서 차이점들이 보인다. 오늘이는 자신의 존재가 무엇인지 그 근원을 알기 위해 자식이 부모를 찾아가는 형태를 띠고, 허궁애기는 모성의 근원이 되는 자식들에게 어머니인 허궁애기가 찾아가는 형태를 띤다. 바리덕이는 부모의 생명을 구하려 하였고, 이난나는 죽음의 세계인 저승까지도 제압하려 하였다. 이들은 삶의 영역에서 죽음의 영역을, 죽음의 영역에서 삶의 영역을 지향했던 것이다.

〈바리덕이〉 무가와 이난나 신화 속에서 등장하는 저승에서의 삶은 꽃이 피고 열매가 결실을 맺기까지 인고의 시간을 말한다. 혹한 바람이 몰아치고 식물들이 죽어 있는 것처럼 보이나 땅속에서 양분을 비축하여 결실을 맺을 준비를 하는 것이다. 바리덕이가 아이들을 낳는 것이나 이난나가 저승에 잡혀 있는 것에 대한 의미 탐색은 그들이 가지고 이승으로 나온 것을 보면 짐작할 수 있다. 바리덕이가 꽃과 약수를 가지고 이승으로 돌아오기 위해서 명계에 있는 것과 이난나가 포도가 익어 결실을 맺게 되면 포도주를 만들기 위해 저승에 있는 것과 동일한 것이다. 이는 포도주의 여신이 포도주가 만들어질 때까지 저승에 있는 것으로 파악된다.[83]

이러한 삶의 주기는 〈허궁애기본풀이〉에서 허궁애기가 낮이 되면 저승으로 가게 되고, 밤이 되면 아이들을 찾아오는 것과 비교할 수 있다. 특히 허궁애기는 베 짜는 솜씨를 인정받아 저승으로 잡혀가게 되는데 이러한 베짜기는 풍요와 관련된다.

> 王旣定六部, 中分爲二, 使王女二人, 各率部內女子, 分朋造黨, 自秋七月旣望, 每日早集大(大, 恐六之誤)部之庭, 績麻, 乙夜而罷, 至八月十五日, 考其功之多小, 負者置酒食, 以謝勝者, 於是, 歌舞百戱, 皆作謂之嘉俳,[84]
>
> -『삼국사기』 권1 신라본기, 〈유리이사금(儒理尼師今)〉 9년 조

'가배'는 왕녀 두 사람이 여인들을 두 편으로 나누어 길쌈을 하고 마지막 날인 8월 15일에 승부를 가려 진 쪽에서 이긴 쪽에게 술과 음식을 마련하여 베풀게 한 것이다. 8월 15일은 대보름이기도 하지만 한 해의 농사가 마무리되는 추수기이다. 이때에 기원하는 것은 풍요일 것이다. 대보름달처럼 농사가 풍성하기를 이러한 길쌈행위를 통해 기원하는 것은 베짜기 역시 이러한 달과 풍요의 행위와 밀접하게 연관되어 있다는 것이다. 길쌈을 하는 기간 동안 길쌈을 하는 행위는 한 줄씩 우주의 시간을 짜는 행위로 인식할 수 있으며 죽음과 탄생의 순환 관계를 회복함으로써 다산과 풍요를 기원하는 것이다.[85]

『삼국유사』 연오랑 세오녀 조에도 이러한 인식을 볼 수 있다. 세오녀가 짠 비단이 해와 달의 상태를 조화롭게 회복시키는 기능을 하고 있다.[86] 이를 회복시키기 위하여

---

83 조철수, 위의 책, 1996, 107~108쪽.
84 김부식, 이병도 역, 『삼국사기』 상, 을유문화사, 2004, 40쪽.
85 길태숙, 「〈베틀노래〉의 의미 체계 : 달 여성 직조 죽음의 상징」, 『국제어문』 40, 국제어문학연구회, 2007, 205쪽.

세오녀가 짠 비단을 바치고 제사를 지낸다. 달이 여성과 연관되어 있음을 확인할 수 있다.[87] 이러한 관련성은 전북지역의 '콩쥐팥쥐' 설화에 삼을 삼는 이야기가 포함되어 있는데[88] 강을생본 〈허궁애기본풀이〉에서 비단을 짜는 콩대기가 허궁애기로 그려진다. 이는 베짜기가 여인네의 일상적 행위가 아니라 고대적 원시성을 함축하고 있으며 그러한 특성을 바탕으로 신화적 속성을 가진 민담의 영향을 받아 본풀이가 형성되고 있음을 알 수 있다.

이난나 여신은 하늘의 여왕으로 금성의 순환적 주기를 내포하고 있으며,[89] 그녀의 남편이 매년 지하세계를 내려갔다가 다시 올라온다는 것은 죽음과 재생에 연관된다.[90] 또한 그녀가 뿔 달린 머리 장식물을 쓰고 있으며 뱀 지팡이를 쥐고 있다는 것은 달의 이미지와 밀접하게 연관된다.[91] 뿔은 초승달을 상징하고, 뱀의 허물벗기는 재생과 관련되어 있기 때문이다.[92] 이난나는 인간의 죽음과 신들의 영원을 반복할 수 있게 만든 장본인이다.[93]

〈바리덕이〉 무가는 박봉춘본 〈원천강본풀이〉와 일정한 연관성을 살펴볼 수 있다. 바리덕이와 오늘이는 부모에게 버려지는 상황에 처한다. 그녀들이 명계여행을 떠나는 이유는 둘 다 자신의 소임을 일깨우는데 있다. 바리덕이는 생명수를 가져와 부모를 살리는 행위를 함으로써 자신의 소임을 깨닫게 된다. 오늘이 역시 부모를 찾는 과정

---

86 東海濱, 有延烏郎, 細烏女, 夫婦而居. 一日延烏歸海採藻, 忽有一巖, 負歸日本. 國人見之曰, 此非常人也. 乃入爲王. 細烏怪, 夫不來, 歸尋之, 見夫脫鞋, 亦上其巖, 巖亦負歸如前. 其國人驚訝, 奉獻於王, 夫婦相會, 立爲貴妃.
是時, 新羅日月無光, 日者奏云, 日月之精, 降在我國, 今去日本, 故致斯怪. 王遣使來(求)二人, 延烏曰, 我到此國, 天使然也, 今何歸乎. 雖然朕之妃, 有所織細綃, 以此祭天可矣. 仍賜其綃, 使人來奏, 依其言而祭之, 然後日月如舊. 藏其於御庫爲國寶, 名其庫爲貴妃庫, 祭天所名迎日縣, 又都祈野.
일연, 김원중 옮김, 『삼국유사』, 민음사, 2014, 654~655쪽.

87 길태숙, 앞의 논문, 2007, 206쪽.
88 권순긍, 「〈콩쥐팥쥐전〉의 형성과정 재고찰」, 『古小說 硏究』 34, 2012, 259~260쪽.
89 조철수, 앞의 책, 1996, 106쪽.
90 위의 책, 107쪽.
91 장영란, 『위대한 어머니 여신 : 사라진 여신들의 역사』, 살림출판사, 2003, 28쪽.
92 위의 책, 28쪽.
93 조철수, 『고대 메소포타미아에 새겨진 한국신화의 비밀』, 김영사, 2003, 325쪽.

에서 만나는 존재들과 원천강을 둘러보는 것을 통해 자신이 이러한 세계를 알려야 하는 소임을 깨닫게 된다. 〈바리덕이〉 무가에서는 바리덕이가 부모를 살림으로써 자신의 신직을 알게 되고, 〈원천강본풀이〉에서는 오늘이가 부모가 살고 있는 세계를 찾는 고생을 통하여 자신의 소명을 알게 되는 데에서 공통점을 찾을 수 있다.

길가메쉬 서사시는 〈세민황제본풀이〉, 〈삼두구미본풀이〉와 공통점을 가지고 있다. 먼저 〈세민황제본풀이〉와 비교해 보고자 한다. 중국 당나라 2대 황제인 세민황제처럼 길가메쉬는 우르크의 왕이었다. 길가메쉬는 반신半神이었으며 세상 최고의 남자였으나 초야권을 행사한 폭군이었으며 황소마냥 힘을 과시하며 백성들을 괴롭혔다.[94] 길가메쉬는 영생을 찾기 위한 여행길에서 씨두리를 만난다. 이러한 상황 역시 〈세민황제본풀이〉에서 세민황제가 매일장상 부부를 만나는 것과 유사하다. 씨두리는 술을 팔며 여인숙을 지키고, 매일장상 부부는 술을 팔고 신을 삼아 판다.

씨두리는 바다 먼 곳까지 볼 수 있는 존재인데,[95] 매일장상 역시 자신이 만나고 있는 사람들만을 생각하는 것이 아니라 '세상에 모든 불쌍한 사람들을 구제'하려는 세상을 넓게 보는 이다. 길가메쉬는 우트나피쉬팀을 만나 영생의 비밀인 잠을 참아야 한다는 것을 알려주고 길가메쉬는 잠을 참지 못한다.[96] 잠은 죽음에 비유될 수 있으며 잠에 빠졌다는 것은 결국 죽음을 피할 수 없다는 것을 말한다. 세민황제가 죽음을 피할 수 없어 저승으로 떨어진 상황과 유사하다. 우트나피쉬팀의 아내가 남편에게 불로초를 길가메쉬에게 선물하라고 하여 길가메쉬는 그것을 얻게 되나 결국 뱀에게 강탈당한다.[97] 길가메쉬가 불로초를 얻는 것은 세민황제가 저승에서 이승으로 나온 것과 동일하고 길가메쉬가 뱀에게 불로초를 뺏기는 것은 세민황제가 이승에서 살아갈 수 있는 기한이 십 년으로 정해져 있는 것과 유사한 상황이다. 뱀이 불로초를 지닌다는 것은 뱀의 영생을 보여주고, 이 뱀의 지팡이를 이난나가 쥐고 있는 것을 보면 이난나

---

94 김산해, 『최초의 신화 길가메쉬 서사시』, 휴머니스트, 2005, 68~75・267・333쪽.
95 위의 책, 272쪽.
96 위의 책, 370쪽.
97 위의 책, 370~371쪽.

의 영생을 알 수 있으며 이는 허궁애기의 이미지와 연결된다고 앞에서 언급하였다. 허궁애기는 이승에서는 죽음을 맞았다고 받아들이나 이승과 저승을 하나의 세계로 생각한다면 저승에서 탄생하여 영원을 취하기 때문이다.

길가메쉬 서사시는 〈삼두구미본풀이〉와도 유사성을 찾을 수 있다. 길가메쉬가 삼목산을 여행할 때의 행위와 〈삼두구미본풀이〉 셋째딸의 행위와 유사성을 찾을 수 있다. 길가메쉬가 삼목을 벌채하기 위해 산에 들어간다.[98] 길가메쉬와 후와와가 맞서는 모습이 셋째딸이 삼두구미를 제치하려는 모습과 유사하다. 후와와의 형상에서 삼두구미의 형상을 연상할 수 있는데 구체적인 부분을 지적하자면 다음과 같다.

> 그는 용사(勇士)이며 그의 이빨은 용(龍)의 이빨입니다.
> 그의 얼굴은 사자(獅子) 얼굴이며[99]
>
> (후와와는) 큰 발톱이 있는 다리를 내딛었다.[100]

후와와의 형상은 용의 이빨이며 사자의 얼굴, 큰 발톱이 있는 다리와 머리가 세 개이고, 꼬리가 아홉이면서 무속에서 용으로 파악되는 삼두구미의 구체적 모습과 닮아 있다.

뿐만 아니라 수메르어로 '저승'과 '산'은 같은 단어 쿠르kur여서 '산'과 '저승'을 동일한 범주 안에서 이해할 수 있다.[101] 한국어에서도 '산'을 가리킬 때 산山, 산塋이라는 의미로 사용한다.

셋째딸은 삼두구미에게 믿음을 주기 위하여 자신의 배에 다리를 불태워 감아두어 삼두구미를 속임으로써 믿음을 얻고 이를 통하여 삼두구미를 제치할 수 있게 되는데

---

98 조철수, 앞의 책, 1996, 218쪽.
99 위의 책, 223쪽.
100 위의 책, 225쪽.
101 조철수, 『메소포타미아와 히브리 신화』, 도서출판 길, 2000, 58쪽.

길가메쉬 역시 훔와와를 속인다.

> 입맞추는 척하면서 주먹으로 그의 뺨을 때렸다.[102]

또한 길가메쉬가 훔와와를 불태우는 부분과 셋째딸이 삼두구미를 불태우는 부분은 동일한 범주에서 이해될 수 있는 부분이다.

> 주문(呪文)과 맹세로 시신(屍身)을 태웠다.
> 기침과 가래로 그의 가슴이 약해졌고
> 그의 입은 침과 거품으로 찼다.[103]

길가메쉬가 명계여행을 끝내고 통영술通靈術을 지니게 되는 것, 우주목으로 만들어진 북과 북채는 시베리아 샤머니즘과 유사성을 가지고 있다. 북과 북채가 말과 채찍으로, 혹은 배船와 로櫓로 비유가 가능하고 이는 우주여행을 가능케 하는 것이다.[104] 길가메쉬가 생명을 찾아 떠나는 명계여행은 죽음의 땅 너머에서 생명의 풀을 얻어 오는 시베리아 샤머니즘의 무당의 탐색담과 닮아 있는 것이다.[105]

이러한 생명의 풀을 얻어 오는 행위와 바리덕이가 약수를 얻어 와서 죽음을 부정케 여겨 정화시키는 행위를 연결시킬 수 있다.[106] 원천강은 사계절이 함께 있는 신비한 곳으로 우주가 구분되어 있으면서도 하나임을 알려 주는 것과 동일한 범주에서 살펴볼 수 있다.[107] 이렇게 동일하게 살펴볼 수 있는 이유는 특수신본풀이의 세계가 이승과 저승을 하나의 세계로 사유하기 때문이다.

---

102 조철수, 앞의 책, 1996, 227쪽.
103 위의 책, 203쪽.
104 金烈圭, 앞의 책, 1977, 233쪽.
105 위의 책, 234쪽.
106 조철수, 앞의 책, 1996, 300쪽.
107 허남춘, 「제주 정체성 정립과 구비철학의 재발견」, 『제주성찰과 미래전략』, 제주연구원, 2018, 26~27쪽.

특수신본풀이의 각편들 사이에서 공통점을 쉽게 찾을 수 없었던 것과는 달리 이난나 신화·길가메쉬 서사시와의 비교를 통하여 공통점을 몇 가지 찾을 수 있었다. 예를 들어 '이난나의 저승 여행', '두무지의 죽음' 이야기와 조술생본 〈원천강본풀이〉에서 원천강이 남편의 숨은 곳을 알려주어 남편을 대신 저승으로 보냈다는 데에서 공통점을 찾을 수 있다. '길가메쉬의 삼목산 여행'에서는 산속으로 나무를 벌채하러 갔다가 산지기에게 자기 누이와 여동생을 주고 그 대신 속임수로 산지기의 무서운 힘을 받아 그를 때려눕히는 이야기와 〈삼두구미본풀이〉에서 벌채하던 노인에게 삼두구미가 혼사를 주선하여 셋째딸이 삼두구미를 때려눕힌 이야기에서 공통점을 찾을 수 있다.

특수신본풀이와 동일하게 살펴볼 수 있는 이야기는 〈바리덕이〉 무가와 이난나 신화·길가메쉬 서사시 이외에 다른 신화에서도 찾아볼 수 있다.[108] 라마야나에서 라바나가 계절이 마음에 들지 않는다면서 계절을 마음대로 바꾸는 모습은 〈원천강본풀이〉의 원천강의 세계와 유사하고, 원숭이족 하누카의 등장은 〈세민황제본풀이〉와 유사성을 발견할 수 있고, 둔두비의 형상은 삼두구미의 형상과 닮아 있고, 라마가 '지혜'라는 무기를 불러낸 것은 〈삼두구미본풀이〉 셋째딸의 지혜를 연상케 한다. 뿐만 아니라 라바나가 뱀들을 발사하고 라마가 독수리를 발사하는 부분은 삼두구미와 셋째딸의 대결을 연상케 하고 라마가 초승달 모양의 무기로 라바나의 머리를 자르는 것은 〈허궁애기본풀이〉에서 밤이 되어 달이 뜨면 나타나는 허궁애기의 이미지와 겹친다. 특수신본풀이가 가지고 있는 의미를 알기 위해서는 제주도의 공간적 제한과 현대라는 시간적 제한을 벗어나야 겹겹이 쌓여 있는 본풀이의 의미를 파악할 수 있으리라 생각한다.

라마야나 이외에 만주 샤먼 신가인 〈니샨 샤먼전〉 역시 특수신본풀이와 유사한 점을 찾을 수 있다. 〈니샨 샤먼전〉을 보면 니샨이 저승 여행을 하여 죽은 영혼을 되살리어 오는 내용이 담겨 있다.[109] 샤먼은 노래를 부르고 의식을 주재할 때에 샤먼 자신의 권능에 의거하여 이러한 제의를 주재한다. 〈원천강본풀이〉의 오늘이가 문지기를

108　R.K. 나라얀 편저, 김석희 옮김, 『라마야나』, 아시아, 2012, 147~264쪽.
109　成百仁 譯, 『滿文 니샨 巫人傳』, 제이앤씨, 2008, 133~179쪽.

만나 냉정한 거절을 당하는 모습이나 세민황제가 활인공덕을 실천하기 위해 베푸는 모습은 니샨의 모습에서도 보인다.[110] 세민황제의 활인공덕이 굿에서 구체적인 의미를 갖는 것은 인정을 거는 것이기에 이와 같이 파악할 수 있다. 활인공덕은 구체적인 제의와 관련지어 보면 인정 걸기이고, 이러한 활인공덕 제의의 성격을 띠는 것을 찾아보자면 심방들의 당주제이다.[111] 심방들이 당주제를 베푸는 가장 큰 이유는 자신의 신앙민들에게 베풀기 위해서이다. 심방의 운명을 일컬어 '화령공덕活人功德'을 타고 났다고 이야기 한다.[112] 활인공덕은 무속에서 중시되는 덕목이다. 굿이 있을 때는 신앙민들이 심방을 찾고, 당주제는 심방이 신앙민들을 찾아오게 하여 일방적인 관계가 아니라 양방적인 관계를 유지하게 만든다. 이러한 모습은 〈원천강본풀이〉의 오늘이가 다른 존재들과 관계 맺는 모습과도 유사하다.

〈삼두구미본풀이〉의 셋째딸은 삼두구미를 제치하는 과정에서 심방의 존재로 명확하게 읽힌다. 셋째딸이 버드나무 가지, 달걀, 무쇠를 통해 귀신을 내쫓는 모습은 심방이 신물을 들고 액을 퇴치하거나 막는 행위와 일치한다.[113] 셋째딸은 니샨 사먼의 모습과도 유사하다. 니샨 사먼이 저승을 가서 부잣집아들을 살려오는 것과[114] 셋째딸이

---

110 "hutu esukiyeme hendume ainaha niyalma gelhun akū ere furdan be dosiki sembi, be ilmun han i hese be alifi ere furdan be tuwakiyambi, hūdun turgun be ula serede nišan saman hendume mini beye weihun gurun i nišan saman inu, bucehe gurun de monggoldai nakcu be baihanambi sehede juwe hutu esukiyeme tuttu oci furdan dosire kooli gebu, basan be werifi dosimbumbi sehede nišan saman gebu afahari ilan dalhan misun, ilan sefere hoošan be bufi teni duleme genehebi"
"鬼神 꾸짖으며 말하기를 어떤 사람 敢히 이 關口를 들어가고자 하는가. 우리(는) 閻羅王의 命을 받고 이 關口를 지킨다. 速히 緣故를 傳하라. 하니 니샨 巫堂 말하기를, 나의 몸 生國의 니샨 巫堂이다. 死國에 몽골다이 낙추를 찾으러간다. 하자 두 鬼神 꾸짖기를, 그러하면 關口 들어가는 慣例 이름, 工錢을 남기고 들어가게 한다. 하자 니샨 巫堂 이름 簽子, 세 덩이 醬, 세 뭉치 종이를 주고 이내 지나갔다." 成百仁 譯, 위의 책, 81~82쪽.
111 2018년 11월 5일(음력 9월 28일) 김순아 심방 자택에서 행해진 당주제를 살펴보면 자신의 조상 생일이라고 하며 김순아 심방과 김영철 심방이 단골들을 위해 음식을 베풀고, 산을 받고 액을 막아주는 모습을 볼 수 있었다.
112 김성례, 『한국 무교의 문화인류학』, 소나무, 2018, 6쪽.
113 김헌선이 2017년 8월 2일 칠머리당 영등굿 전수관에서 '제주신화의 시공간, 허웅애기본・세민황제본' 강의에서 〈삼두구미본풀이〉에서 보이는 막내딸의 모습은 심방의 모습과 일치한다고 밝혔다.

삼두구미의 집에 가서 언니들의 뼈를 가져와 장례를 치르는 모습을 관련지을 수 있다. 샤먼의 본질이라 할 수 있는 것은 산 자와 죽은 자를 연결하는 것이고 이러한 속성은 특수신의 속성과 연관된다. 언니들의 장례를 치르는 셋째딸의 모습에서 이러한 성격을 찾을 수 있다.

구술문화oral culture는 고도의 인간적이고 예술적 가치를 지닌 아름답고 강력한 언어적 연행으로 형성된다.[115] 이러한 구술문화를 전제로 하는 이유는 특수신본풀이에 얽힌 복합적 층위를 이해하기 위해서이다.

구술문화는 구술 상황을 고려하여야 한다. 시대의 변화에 따라 신앙민들이 이해할 수 없는 부분이 있다면 이러한 부분은 적극적으로 변화되기 마련이다. 이러한 상황을 고려하여서 이야기의 변형이 오거나 복합적인 요소를 두루 갖추게 된다.

'샤먼'이라는 용어는 퉁구스 언어에서 유래된 것으로,[116] 샤먼의 영혼은 몸을 이탈해 천상계와 지하계인 명계를 떠돌아다닌다고 전해진다.[117] 성무제에서 타민족의 명계여행을 하는 여성신의 내력을 볼 수 있다.[118] 이와 유사한 모습을 〈바리덕이〉 무가에서도 볼 수 있는데 무쇠 주령, 무쇠 장구, 무쇠신 등을 증거로 살펴 볼 수 있다.[119]

제주도 무속에서 신의 뜻을 아는 길은 무구인 멩두에 의해서다. 샤먼의 접신 체험은 구체적으로 육신 해체, 천상계로 상승하여 신들과 대화 나누기, 지하계로 하강하여 영신들과 대화를 나누기 등인데[120] 이를 위해 북과 방울을 사용하거나 상징적인 죽음을 맞았다가 재생한다.[121] 제주도 심방들은 멩두를 적극적으로 활용한다. 신굿을 할

---

114 "sergudai fiyanggo geren juse i emgi aisin menggun gašiha maktame efime bisire namšan emu amba gasha uthai wasime genefi šoforome jarafi den mukdefi gamaha"
"서르구다이 피양고 여러 아이들과 함께 金銀 背式骨 던지며 놀고 있는 바로 그때 한 큰 새 즉시 내려가서 움켜잡고 높이 날아올라 가져갔다."
成百仁 譯, 앞의 책, 2008, 90쪽.
115 월터 J. 옹, 이기우·임명진 옮김, 『구술문화와 문자문화』, 文藝出版社, 1995. 27쪽.
116 피어스 비텝스키, 앞의 책, 2005, 34쪽.
117 위의 책, 10쪽.
118 김헌선, 앞의 책, 2011, 73쪽.
119 위의 책, 82쪽.
120 미르치아 엘리아데, 이윤기 역, 『샤마니즘 : 고대적 접신술』, 까치, 1992, 51쪽.

때 심방이 숨겨둔 무구를 찾는 과정이 '고분멩두'인데 이러한 과정이 반드시 포함되는 이유도 멩두의 중요성에서 기인한다. 이를 찾기 전에 무구의 내력을 읊게 되는데 무구가 신성한 내력을 지니고 있다는 것을 신앙민에게 공표하는 계기가 되기도 한다. 더욱이 이러한 고분멩두는 멩두가 나타나기 이전의 상황을 역설적으로 보여준다. 체계적인 일반신이 제장에 들어서기 이전 혼란한 상황을 제의에서 보여주고 있으며 이러한 상황 맥락이 특수신본풀이의 맥락과 유사하다.

특수신본풀이 내부에서 특수신본풀이의 문맥들을 궁구하여 보면 고대서사시적 요소를 가지고 있다. 〈원천강본풀이〉의 백씨부인만 보더라도 박이왕의 어머니이다. 박이왕은 대별왕과 소별왕의 어머니로[122] 〈원천강본풀이〉 역시 창세 신화의 맥락에서 읽힐 여지가 있는 것이다. 〈삼두구미본풀이〉에 등장하는 버드나무는 창세 신화에서 그 의미를 찾을 수 있다. 박봉춘본 〈천지왕본풀이〉에서 천지왕이 수명장자에게 흉험을 줄 때 내려앉은 나무로,[123] 천상의 존재가 강림하는 곳으로 천상의 존재가 지상으로 내려오는 통로이자, 신성성을 상징하는 나무이다. 다만 이러한 특성을 작품 자체에서 온전히 유지하고 있는 것이 아니라 시대의 흐름에 따른 풍화작용을 거쳐 많은 부분이 유실되어 버렸다.

---

121 피어스 비텝스키, 앞의 책, 2005, 53쪽.
122 천지왕이라하신양반금세상에강림하사
바지왕과배필을무어서잇다가
赤松智城・秋葉隆, 「초감제」, 앞의 책, 1991, 233쪽.
하늘차지천쥬왕(天主王), 땅차지박에왕(伏羲王)
赤松智城・秋葉隆, 같은 글, 237쪽.
천지왕(天地王)과 박이왕(伏羲王), 지부왕(地府王), 사천왕(四天王), 대별왕, 소별왕
赤松智城・秋葉隆, 같은 글, 237~240쪽.
박이왕은 '바지왕', '박에왕'으로 초감제에서 불리며 한자를 고려할 때 복희왕으로까지 해석할 수 있는 인물이다. 인류의 시조인 복희씨의 창조 중에 팔괘를 만든 것을 대표로 꼽는데 '원천강'이라는 역서가 팔괘의 원리를 사용하는 것이고, 박이왕의 어머니 백씨부인이 오늘이를 원천강으로 보내게 한 인물이기에 관련지어 살펴보아야 한다.
123 천주왕의괫심히생각하야,인간에나려와서
수명장자문박개청버드낭가지에안잔
일만군사를거나리고숭험을주되
赤松智城・秋葉隆, 「천지왕본푸리」, 위의 책, 1991, 288쪽.

제1부　06

특수신본풀이의 순환적 세계관

　특수신본풀이의 네 유형에서 특수신은 공통적으로 이곳과 저곳을 오고 간다. 특수신본풀이의 인물과 공간의 관계를 파악함으로써 특수신본풀이의 성격과 그 의미를 파악할 수 있다. 특수신본풀이에 내재한 인간의 사유체계를 고려하며 제주의 신앙체계와 철학에 대해 의문을 던져 보는 시도가 가능할 것이라 기대된다. 글이 없던 시절에는 구비철학과 구비문학이 맞닿아 있었다.[1] 구비철학의 원초형태를 신화 속에서 찾을 수 있을 것이고 신화는 철학·종교·문학·역사가 나뉘지 않던 시기의 복합체이다.[2] 불교, 유교 등의 사상들을 근원하여 위로 올라가 보면 신화적인 것을 상정하여 볼 수 있다. 신화 속에 들어 있는 숭배 의식이나 세계관을 살펴볼 수 있는 것이다. 특수신본풀이 속에서 신화의 세계가 지니는 구비철학적 의미를 인물과 공간의 관계를 통하여 파악해 보고자 한다.

1　조동일, 『철학사와 문학사 둘인가 하나인가』, 지식산업사, 2000, 65쪽.
2　위의 책, 65쪽.

1. 나와 너의 경계 넘어서기

특수신본풀이의 서사는 인물 간의 관계 맺기를 통한 공간 이동으로 정리할 수 있다. 이곳과 저곳을 오고 가며 그러한 여정 속에서 인물들은 묻고 답하며 이러한 길을 찾아간다. 이렇게 묻고 답하면서 관계를 맺는 방법을 제주도 무속에서도 찾을 수 있다. 특수신본풀이가 구연되는 무속의 현장은 찾기 어렵게 되어 버렸지만 특수신본풀이의 특성은 제의의 과정에 반영되어 있다.

제주도 일반신본풀이에서 '~국'이라는 이름을 흔하게 발견할 수 있다. 인물과 공간을 동시에 지칭하는 인물의 작명인데 본풀이의 주인공보다는 주인공의 부모 세대의 작명이 그러하다. 이렇게 인물과 공간을 동시에 제시하는 것의 의미에 대한 해명을 특수신본풀이의 실마리로 삼고자 한다.

본풀이 주인공의 부모 세대는 인물과 공간이 연합되어 하나로 융합된 시대의 인물이다. 일반신본풀이에서는 작명으로만 남아 있을 뿐이고, 특수신본풀이에서는 직접적인 인물이 오고 감을 통해서 인물과 공간이 연결되어 있음을 말해주고 있다.

인물과 인물이 관계를 맺는 것에 대해서 제의 속에서 찾아볼 수 있다. 심방이 무업을 시작할 때 행해지는 고분멩두를 예로 들고자 한다.[3] 고분멩두는 신굿에서 행해지는데 심방사회의 단면을 제의 안에 품고 있는 제차이며 특수신의 성격을 엿볼 수 있는 제차라 생각한다. 제주도 심방은 멩두를 조상으로 모시고 굿이 있을 때마다 멩두 조상에 대한 제의를 빼놓지 않을 만큼 중요하게 여긴다.[4] 고분멩두의 제의에서 본주심방[5]과 수심방[6]은 신굿을 할 때에 굿에 필요한 연물, 기메 등이 무엇인지 묻고 답하는 과정을 시작으로 쒜놀림굿에서 본주의 멩두가 앞설 때까지 산 받기를 지속하는 과

---

3 강소전은 고분멩두의 제의의 절차를 '무구 분실 → 가짜 무구 마련 모의 → 무구 찾기 → 쒜놀림굿으로 구성되었다고 보았다.
　강소전, 「제주도 심방의 멩두 연구 : 기원, 전승, 의례를 중심으로」, 제주대학교 박사학위논문, 2012, 145쪽.
4 국립문화재연구소, 『인간과 신령을 잇는 상징 : 巫具』, 민속원, 2008, 485쪽.
5 본주심방은 굿을 의뢰한 심방을 일컫는다.
6 수심방은 제차를 담당하는 심방을 일컫는다.

정을 행한다.

고분멩두에서 묻고 답하는 과정은 신비스럽고 준엄하기 보다는 웃음이 가득하다.[7] 수심방이 굿에 쓰이는 연물이 무엇인지 하나씩 물으면 소미들과 본주심방이 함께 답을 한다. 수심방은 그 답을 한 소미들과 본주심방에게 가서 때리는 시늉을 하고 이를 보는 이들은 웃음을 짓게 된다.

이렇게 웃음을 바탕에 두게 된 원인은 제주의 무구들이 주변에 있는 도구를 활용하기 때문이라 생각한다.[8] 국그릇, 밥주발 등을 연물로 사용하기도 하는데 이런 것들에 대해 묻는 질문에 준엄하고 신성하게 이를 대답한다면 신앙민들은 이러한 상황을 납득하기 어려울 것이다. 그렇기에 이 제의는 본주심방도 질문에 대답을 하지만 본주심방 혼자서 대답을 하는 것이 아니라 소미들과 함께 대답을 찾아가는 과정으로 구성되고, 이에 대한 웃음을 공유함으로써 신앙민들과도 관계를 맺게 된다.

고분멩두에서 눈에 보이는 것을 계속 묻는다는 것은 특수신본풀이의 체계와 연관된다. 밥그릇은 일상 생활에서는 밥그릇이지만 무속 제의에서는 신을 청하는 소리를 내는 무구로 역할이 뒤바뀐다. 눈에 보이는 것을 질문을 통하여 반성적으로 탐색하는 기회로 삼을 수 있고, 이러한 질문에 대한 답을 마련하는 과정에서 일상적인 인식의 틀을 넘게 된다. 나와 타자의 소통을 통하여 나와 타자의 단절이 허물어진다. 이러한 행위는 일반적인 인식체계를 넘어서는 비상식을 추구하는 몸짓으로 해석될 여지가 있다. 일반신본풀이에는 이 세상이 어떻게 생겨났는지에 대한 명확한 답이 있다. 특수신본풀이에는 그러한 답을 찾기 어렵다. 특수신이 질문하고 그 답을 마련하는 과정을 통하여 이곳에서 저곳으로 나아가고, 일상의 세계에서 신성의 세계로 나아간다. 이러한 특성은 일반신본풀이의 굳어진 체계와 다르게 굳어지기 이전의 미확정적 사유를 상징한다.

고분멩두는 '곱다'를 구부러진 상태로 보아 심방의 무업이 구부러져 정상적이지 않음을 뜻하는 용어로 이해할 수 있다.[9] 여기에 한 가지 의미를 덧보태고자 한다. 쉐놀

---

7 이는 2016년 5월 18일에 행해진 김영철 심방 신굿에서 행해진 고분멩두에 해당하는 의견이다.
8 국립문화재연구소, 앞의 책, 2008, 486쪽.

림굿에서 심방들의 멩두를 전대에 담고 이를 당주전에서 던질 때 가장 중요한 것이 본주의 멩두가 앞서야 한다. 앞서지 않을 경우에는 수차례를 반복하더라도 본주의 멩두가 앞설 때까지 이 과정을 반복한다. 고분질침을 '고분연질'이라고도 한다.[10] 무업의 길을 나설 때, 신굿에서만큼은 다른 멩두들이 도와주어 즉 심방의 조상들이 도와주어 본주의 멩두를 앞서게 하는 것이다. 이러한 것은 '곱다'가 단지 구부러진 것의 의미가 아니라 '숨다'라는 의미로 쓰인 것이 아닌가 생각해 본다. 숨어 있는 멩두를 앞으로 내세운다고 이해되기 때문이다. 앞에 드러나지 않아 보이지 않던 것을 앞으로 내세워 보이게 만드는 것이다. 심방들의 조상이 서로 도와 본주심방의 멩두를 제일 앞서게 하여 무업에 나서는 데에 앞설 수 있도록 드러내 주는 것이다.

뿐만 아니라 '곱'이 배가 되다는 의미로 쓰여 혼자가 아니라 이렇게 여럿이 어울려 함께 무업의 길을 나아갈 때 배가 된다는 의미까지 담겨 있으리라 생각한다. 굿은 혼자서 행할 수 있는 것이 아니라 심방 서로 간의 도움을 바탕으로 행해지는 의례이기 때문이다.

이러한 고분멩두의 묻고 답하고 함께 어울려 웃는 과정을 통하여 심방과 심방의 관계가 맺어지고 심방과 신앙민들의 관계가 맺어진다. 심방과 심방의 관계, 심방과 신앙민의 관계는 불가분의 관계이고 특수신의 속성 안에서 이러한 관계의 융합이 나타난다. 굿은 혼자서 진행할 수 없다. 최소한 연물을 다룰 수 있는 소미가 필요하다. 소미가 부족할 경우에 1인이 2개의 연물을 다루기도 하지만 소미 2~3명과 심방의 호흡이 맞아야 한다. 이러한 연물이 맞지 않을 때, 심방이 연물석을 향해 잘못을 지적하는 경우를 종종 볼 수 있다.[11] 연물은 심방들의 오금을 때려주어 굿의 진행을 돕는다고

---

9   강소전, 앞의 논문, 2012, 144쪽.
10 2016년 5월 18일 고분질침의 수심방인 고순안 심방은 '고분연질'이라 제차명을 언급하였다.
11 니샨 무인전에서도 이러한 모습을 찾을 수 있었다.
    "saman sa dahalame yemcen forici gemu mudande acanarakū ojoro jakade, nišan saman hendume ere gese teksin akū oci absi hanilambi serede"
    "巫堂들 딸아 男手鼓 치니 모두 소리에 맞지 않게 되는 故로, 니샨 巫堂 말하기를 이 같이 고르지 못하면 어데에 맞추는가 하니"

한다.[12] 젯북제맞이에서 연물석에 돌레떡을 바치는 것은 신화적 해석으로 어머니와 자식이 만나는 부분으로 이해할 수 있으나[13] 실질적인 의미에 있어서는 그만큼 연물이 중요하다는 것을 보여주는 것이라 할 수 있다. 신앙민은 굿을 의뢰하는 이들이기에 심방에게는 소중하다. 이들이 서로 돈독한 관계를 맺을 수 있는 방법은 함께 웃고 즐기는 가운데 하나 되는 경험을 하여 보는 것이다. 이럴 때 비로소 분리된 나와 너의 경계를 넘어서 화합할 수 있다.

특수신본풀이의 특징 중 하나는 원조자의 도움으로 과제를 해결하고 삶을 죽음으로, 죽음을 다시 삶으로 환치시켜 놓는다는 것이다. 원조자가 있다는 것은 자기 자신의 힘만으로는 이룩할 수 없다는 것을 말한다. 원조자는 할 수 없는 것이라 여겨지는 것을 도와주어 할 수 있는 것으로 바꾸어주는 역할을 한다. 알지 못하는 세계로 나아가고자 할 때 다른 존재의 도움을 받아 그것이 가능해지는 것이다. 다른 존재에게 도움을 주고받는 과정을 묻고 답하기에 주목하여 파악해보고자 한다.

묻고 답하기에 주목하는 이유는 대화라는 행위는 순환의 원리를 환기시키기 때문이다. 대화는 외면적으로 표출되는 발화가 없더라도 내면적으로는 묻고 대답하는 과정을 순환적으로 되풀이한다.[14] 일반신본풀이는 정해진 체계 안에서 움직이지만 특수신본풀이는 정해진 답이 없다. 질문을 통해서 계속해서 자문자답하게 만든다. 이는 특수신본풀이의 살아 있는 생명성을 보여주며, 굳어진 체계와 다르게 굳어지기 이전의 미확정성과 상호관련을 맺는다.

무속에서 죽음과 관련된 굿을 보면 신에 대해 한 방향으로 의존, 순종, 봉헌하는 태도가 두드러지게 나타나기보다는 인간과 신의 극적이고 직접적인 소통이 이루어진다.[15] 산 사람과 죽은 사람의 의사소통을 통하여 문제를 해결하여 간다.

成百仁 譯, 『滿文 니샨 巫人傳』, 제이앤씨, 2008, 65쪽.
12 2019년 3월 15일 함덕 어촌계 김영철 심방과의 면담에서 굿이 가장 힘들 때는 연물이 안 맞을 때이고, 연물만 잘 맞으면 굿을 수월히 할 수 있다는 내용을 듣게 되었다.
13 강정식, 『제주굿 이해의 길잡이』, 민속원, 2015a, 75쪽.
14 김종택 외, 『화법의 이론과 실제』, 정림사, 1999, 24쪽.
15 이용범, 「불교와 무속의 상관성 검토 : 수륙재와 무속 죽음 관련 굿의 비교를 중심으로」, 『한국무속학』

특수신본풀이에 등장하는 질문들은 궁극적으로 상대방을 전제하여 상대와 나의 관계를 맺기 위한 것이다. 이는 상대방과 내가 함께 있다는 것이 전제되어 있는 것이며 그러한 것의 전제가 함의하고 있는 것은 서로 다른 것이 함께 있을 수 있다는 것이다. 즉 상극이 상생하고 있음을 보여준다. 묻는 과정에서도, 답을 하는 과정에서도 이러한 전제가 함의되어 있고 이는 순환적 관계를 보여준다. 신화에서는 여러 가지 질문에 대한 답이 들어 있다.[16] 특히 창세 신화의 맥락 속에는 다양한 인생의 본질을 발견할 수 있는 답들이 들어 있는데 특수신본풀이에서는 이러한 세상의 원리에 대한 의문들이 제시된다.

〈원천강본풀이〉인 경우 이러한 현상이 두드러짐을 볼 수 있다. 〈원천강본풀이〉에 등장하는 야광주와 연꽃을 묻고 답하기와 연결시키면 야광주와 연꽃의 의미가 드러난다. 야광주는 어두운 데서 빛을 내는 구슬인데 여기서는 빛의 의미뿐만 아니라 여의주의 의미로 사용된 것이다. 여의주를 가지면 자신이 원하는 것을 마음대로 이룰 수 있다. 여의주는 민담의 흔한 소재이며 이것이 무슨 역할을 하는지에 대해서는 이미 널리 알려져 있다. 〈원천강본풀이〉에 등장하는 꽃은 그 의미를 알기가 어려워 단순히 아름다움이나 완성의 의미로 이해한다. 먼저 원천강에서 부모가 오늘이에게 한 말은 다음과 같다.

> 너도그야광주들과련화를갖으면신녀가되리라[17]

이를 통해 오늘이가 신녀가 되는 조건에 야광주와 연화가 필요하다는 것을 알 수 있다. 야광주와 연화와의 관련성은 〈원천강본풀이〉의 첫 부분에서부터 살펴볼 수 있다.[18] 야광주와 연화는 이미 오늘이와 연관성을 맺고 있는 것들이다. 오늘이는 야광주

36, 한국무속학회, 2018, 345쪽.
16   김헌선, 「구비문학과 철학의 상관성」, 『口碑文學硏究』 13, 한국구비문학회, 2001, 68쪽.
17   赤松智城・秋葉隆, 「원텬강본푸리」, 『朝鮮巫俗의 硏究』 上, 1991, 298쪽.
18   "옥갓튼계집애가적막한드를에웨로히낫타나니 …(중략)… 엇떤학죠가날너와서 한날애를깔우고한날애

를 물고 자라나고, 씨앗이 땅에서 뿌리를 내리고 새싹이 솟아나듯이 오늘이 역시 들에서 솟아난다고 표현된다. 오늘이는 원천강을 다녀온 뒤에 천하대사에게 야광주를 받고, 연꽃나무에게서 꽃을 받는다. 오늘이가 야광주를 소유한다는 것은 오늘이의 마음대로 할 수 있는 것을 의미한다. 오늘이가 꽃을 소유한다는 것은 오늘이가 스스로 꽃으로 화할 수는 없지만 꽃과 같은 상징으로 읽힐 수 있는 소지가 있다. 야광주와 연화는 오늘이의 존재 변환과 함께 그 의미가 드러난다.

질문을 기준으로 오늘이의 존재 변환에 대하여 말할 수 있다. 오늘이가 길을 떠나기 전과 후에 달라진 것이 명확하게 보인다. 오늘이가 길을 떠나기 전에는 사람들이 질문을 하고 사람들이 답을 하나 오늘이가 길을 떠난 후에는 오늘이가 묻기 시작한다. 길을 떠나기 전 오늘이는 두 번의 질문을 받는다. 첫 번째 질문은 사람들이 그 답을 알지 못하여 오늘이에게 묻는 것이고, 두 번째 질문은 백씨부인이 그 답을 알고 오늘이에게 묻는 것이다. 다음은 사람들이 묻는 첫 번째 질문이다.

성이무엇이며일음이무엇이냐[19]

오늘이가 이러한 질문에 답하지 못하자 사람들은 이름이 없었던 오늘이에게 이름을 지어준다. 백씨부인이 오늘이에게 물은 질문은 다음과 같다.

너의부모국을아느냐[20]

백씨부인은 부모국을 모른다는 오늘이에게 부모국이 원천강이라 일러준다. 두 번의 질문 모두 질문한 사람이 자기가 그 질문에 대한 답을 마련한다. 오늘이가 길을 떠나

를덥허주며야광주를물녀주며,"
赤松智城·秋葉隆, 위의 글, 1991, 292쪽.
19 위의 글, 292쪽.
20 위의 글, 292쪽.

고 난 뒤에는 오늘이가 답을 마련하는 상황으로 바뀌게 된다. 오늘이는 원천강을 가기 전에는 답을 모르기에 이것을 알고 나서 대답을 하여준다. 오늘이의 존재가 질문에 답을 하지 못하는 존재에서 답을 마련하는 존재로 바뀌게 된다.

이러한 존재의 전환은 오늘이가 가지게 되는 야광주, 연화와 연결 지을 수 있다. 야광주는 자신이 마음대로 할 수 있는 신물이기에 이러한 신물을 가지게 되면 여러 질문에 대한 답을 마련하기 쉬워진다. 꽃은 어떠한 씨앗이 심겨져 널리 퍼트리기 위한 번식 기관이라는 기본적인 의미를 갖는다. 오늘이가 꽃에 비유된다면 오늘이가 알고 있는 것을 세상에 널리 퍼트릴 수 있는 존재가 된다.

오늘이는 원천강을 등사함으로써 과거, 현재, 미래에 대해 아는 것을 다른 사람에게까지 알린다. 이러한 원천강을 알 수 있는 다른 사람은 흔히 동네에서 '아는 어른'이라고 불리는 정시들이 해당된다고 할 수 있다. 원천강은 정시들이 보는 책이기에 이를 손에 쥐게 되는 정시들이 원천강의 세계를 알게 된다. 그렇게 되면 정시들도 이제는 오늘이와 같이 답을 마련할 수 있는 존재가 된다. 오늘이는 자신의 여정을 통해 답을 마련할 수 없는 존재에서 답을 마련할 수 있는 깨달은 자로 존재의 전환을 이루게 된다. 이러한 존재의 전환이 사람들이 미래를 궁금해 할 때 이에 대한 답을 마련할 수 있는 원천강을 세상에 알리는 존재로 거듭나는 계기가 된다.

〈원천강본풀이〉의 질문들은 하나의 점과 같다. 이 점을 오늘이의 이동을 통하여 이어가며 이 점이 가지고 있는 의미들을 밝혀 나간다. 이는 원천강의 공간 성격과도 일치한다. 우리가 분절하여 놓은 시간들은 원천강 안에서 함께 존재한다. 오늘이는 이 나뉜 점을 하나씩 이어가며 그것이 결국은 하나임을 원천강이라는 세계를 통해 깨닫게 된다.

매일이와 장상이는 서로 만나지 못하고 자신이 맡은 바 일을 자신의 자리에서 할 뿐이다. 오늘이가 이들을 연결시켜 주어 이들은 하나가 된다. 서로 알지 못하는 저쪽 편에 있는 개인들을 하나로 만들어준 것이다. 오늘이는 꽃 한 송이만 피우던 연꽃나무를 만발하게 개화시키고, 땅에서 구르고 있던 존재를 하늘로 향할 수 있도록 돕는다. 불가능한 일들이 관계 맺기에 의한 점선을 이음으로써 가능하게 된다.

〈원천강본풀이〉에서는 공간이 강조되어 나타난다. 시간도 공간에 들어 있고, 부모를 뜻하는 말 역시 부모국이라 하여 공간을 뜻하는 의미와 중첩하여 쓰인다.

인간에게 죽음은 삶의 이쪽 공간에서 죽음의 저쪽 공간으로 옮겨가는 것이다. 〈세민황제본풀이〉에서 죽은 세민황제가 천지소를 거쳐 이승으로 나오자 다시 삶이 시작되는 것을 보면 알 수 있다. 〈세민황제본풀이〉에 등장하는 세민황제인 경우는 황제라는 신분으로 인해 평범한 사람들의 이야기라는 것을 이해하기 어려울 수도 있다. 많은 황제 중에 세상 사람이라는 뜻을 가진 '세민'이라는 이름의 황제를 선택한 것은 우연이 아닐 수 있다.

이러한 묻고 답하기는 〈세민황제본풀이〉에서도 중요한 분기점이 된다. 세민황제가 저승왕에게 돈이 어디 있어 갚겠냐고 묻자[21] 저승왕은 이승의 매일장상의 돈을 빌리라고 한다. 세민황제는 이어서 자신의 저승궤에 나록 짚 한 묶음 밖에 없는 이유를 저승왕에게 묻는다.[22] 세민황제는 어떤 것이 활인지덕인지 저승왕에게 묻고[23] 저승왕은 배고픈 사람 밥 주고, 옷 없는 사람 옷 주고, 가난한 사람에게 돈 주고 하는 것이 활인지덕이라고 이야기해 준다.

세민황제가 저승에서 이승으로 가게 될 때에도 이러한 묻기의 방식은 계속된다. 세민황제는 검천낭에게 길을 묻고 이승으로 가게 된다.[24] 이승에 와서 매일장상을 보고 술값을 묻고,[25] 돈을 빌려주고 안 갚는 경우를 묻는다.[26] 이를 통해 세민황제는 적선이

---

21 돈이야어데잇서갑으겟슴니가
　　赤松智城・秋葉隆,「세민황뎨본푸리」, 위의 책, 301쪽.
22 저승왕에게물어,어찌하야저의저승궤에는
　　나록집한뭇밧게업소잇가하니
　　위의 글, 302쪽.
23 그러면엇썬것이활인지덕이오이가
　　위의 글, 302쪽.
24 검천체사가잇슴에,길을물은직
　　위의 글, 302쪽.
25 술갑을물은즉
　　한잔에두푼식육푼만냅시요하다
　　그는무삼연고이뇨하니
　　赤松智城・秋葉隆, 위의 글, 303쪽.
26 세민황뎨가말하되모른사람에게

무엇인지 활인지덕이 무엇인지 깨닫게 된다.

매일장상이 칭찬받기를 즐거워하지 않고 오히려 부끄러워한다고 하자 세민황제가 이상하게 여겨 이를 묻는다.

> 그것은웬일인고, 너의일삼든
> 만인적선활인지도가장하지아니한가
> 너의덕분으로내까지라도
> 오늘에더욱이선한맘을먹어서, 선한일을하야
> 저승왕에게칭찬을밧게되지아니하얏는가하니[27]
> …(중략)…
> 아직도밥업시굼는사람, 옷업시떨니는사람
> 온갓불상한사람이세상에가득하니
> 엇찌만인적선을하고
> 활인지덕을닥것다고하겟습니가[28]

〈세민황제본풀이〉에서 세민황제는 이미 활인지덕이 무엇인지 저승왕에게 들어서 알고 있다. 해답을 듣고 나서 세민황제는 저승에서 이승으로 가게 되어 매일장상이 행하는 적선을 보게 되고 이에 감동하게 된다. 저승왕이 해답을 말했지만 세민황제는 그것이 무엇을 의미하는지 정확히 깨닫지 못하고 이승으로 돌아온다. 매일장상의 적선을 보고 나서야 그것이 무엇인지 알게 된다.

세민황제가 이승으로 가게 될 때, 거친 곳을 '턴디소天地沼갓혼데'라고 한다. 저승과 이승의 통로가 하늘과 땅이 함께 있는 곳이다. 이 천지는 세민황제의 신분과 신과 술

돈을주엇다가안갖어다주면어쩌리요
위의 글, 304쪽.
27 위의 글, 308쪽.
28 위의 글, 308쪽.

을 파는 매일장상의 신분의 차이에 비유할 수 있을 것이다.

〈세민황제본풀이〉에서 세민황제는 죽어서 사흘 만에 저승을 가고 사흘 만에 이승에서 깨어난다. 사람이 죽고 나서 소상과 대상을 치를 때에 저승에서의 하루를 이승에서의 일 년이라고 관념하여 제의를 지낸다. 〈세민황제본풀이〉에서는 그러한 시간 개념이 도입되지 않는다. 천 년 죄가 끝나고 도움의 주역으로 호인대사가 등장한다. 이는 세민황제가 이승의 죄를 벗고 이승에서 거듭나기 위하여 매일장상과 주고받은 말과 정확히 일치한다. 〈세민황제본풀이〉에서 서유기의 이야기를 액자구성처럼 품을 수 있었던 것은 이러한 묻고 답하기를 통한 관계 맺기에 기인한다고 말할 수 있다.

〈허궁애기본풀이〉에서 질문이 나와 있는 부분을 정리해 보면 다음과 같다.[29]

① 저싱 염여왕이선
"어떠난, 너, 밥도 아니먹어지곡 성을 못올람시닌?
무신 수심기가 시닌?" / ᄒ난.
"굿도 말곡 이르도 맙서.
어린 애기도
ᄒ슬 난 애기,
두슬 난 애기,
세슬 난 애기에, 부모 초상 백발노장도 모사 있고,
아기덜, 하간 생각을 ᄒ는게
수심이 되곡, 근심이 됩네다."
"기영 ᄒ거든에
낮이랑 저싱에 들어오곡
밤이랑 인간에 나강그네
경, 부모덜 공경ᄒ고

---

29 진성기, 「허궁애기본풀이」, 『제주도 무가본풀이사전』, 민속원, 2002, 621~623쪽

애기덜 그늘루라."

② "어떵ᄒ난 야네들은
　　어멍 웃인 애기라도
　　유리 닮지 아녀게
　　ᄋᆢᆼ 머리영 옷이영
　　곱게 ᄒ여졈쑤광?
　　할망네라 ᄋᆢᆼ ᄒ여집네깡?" / ᄒ난
　　흑곰 욱은 애긴 윰이 샀단
　　"무사 우리 어멍 웃손? 우리 어멍 싯수다."
　　"어디 시니?"
　　"밤인 오랑
　　우리 옷ᄒ여 주곡
　　밥ᄒ여 주곡. 머리 빗져 주어두엉
　　낮인 갑네다."

③ "게난, 느네 어멍 밤인 오느냐?"

④ "어떵ᄒ영
　　할망ᄀ라 ᄀᆯ읍네까?"

⑤ "어떵ᄒ영 아이가집네까?"

⑥ 체ᄉ님은 나오란
　　"이디 허궁애기가 어디 싯수가?"

⑦ "게엔, 어떵ᄒ민

그년 잡아가질 수가 십네까?"

"지붕 상므르로 강 혼이나 빵 갑서."

①은 허궁애기가 눈물로 저승 생활을 하고 있자 이를 알게 된 저승왕이 허궁애기의 문제를 해결하여 준다. 이로 인해 허궁애기는 저승과 이승을 오갈 수 있게 된다. ②는 큰 아이가 말실수를 하게 되어, 이로 인해 ③의 구체적인 내용을 확인하게 되고, ④를 통해 허궁애기를 할머니가 만날 수 있는 방안을 모색하고, ⑤에서 허궁애기가 이승에 남을 방도를 마련하게 된다. ⑥에서 차사가 와서 허궁애기가 있는 곳을 묻고 ⑦에서 어떻게 잡아갈 수 있는지 방법이 마련된다.

허궁애기와 관련된 질문 속에 가장 많이 등장하는 단어가 '어떵ᄒ난', '어떵ᄒ영', '어떵ᄒ민' 등이다. ①에서 저승 염라대왕이 허궁애기가 울고 있는 이유를 묻는다. 허궁애기가 아이를 생각하는 간절한 마음이 저승 염라대왕에게까지 대화를 통해 전해지는 것이다. ②는 허궁애기가 이승에 가서 자신의 아이들이 밥을 못 챙겨 먹었을까, 옷이나 제대로 마련하였을까 하는 걱정에서 밥과 옷을 마련하여 두는 것이다. ④와 ⑤는 구체적으로 허궁애기가 이승에 남게 하기 위한 방법과 관련된 것인데 이 방법과 관련된 해결책이 결과적으로 허궁애기를 이승에 영원히 오지 못하게 만든다. 이는 허궁애기와 허궁애기의 아이들에게는 비극이나, 인간 질서의 측면에서는 오히려 질서가 바로 잡히게 되는 것이다. 죽은 사람이 이승에 오거나, 살아 있는 사람이 저승으로 가버리게 되면 삶과 죽음의 경계가 허물어져 오히려 혼란스러운 세상이 되기 때문이다.

허궁애기의 죽음을 막기 위해 집안을 방비하는 부분을 살펴보고자 한다. 이러한 집안의 방비는 인간이 발붙이고 있는 땅을 기준으로 하여 이루어진다.

뒷녁날은 문을 잡아ᄋ진다.

큰딸애긴 구들 썰언 불 살르고

마리 썰언 불 살르고

> 정지 썰언 불 살르고
>
> 씨어멍은 뱃겼들로
>
> 통쇠 체완 걸어두고,
>
> 먼 정에 가시 비여단 쌓고³⁰

　방, 마루, 부엌에 불을 지피고, 바깥을 방비하기 위해 자물쇠를 채우고, 오지 못하도록 길에 가시나무를 쌓는다. 차사가 허궁애기의 혼을 가져갈 수 있었던 곳은 집에서 가장 땅과 거리가 먼 용마루이다. 용마루는 바람이 거센 지역에서는 이러한 바람을 피하기 위하여 구멍을 뚫어 놓는다. 집에 붙어 있지만 지상에서 가장 멀리 존재하고 막힌 곳이 아닌 열린 곳을 차사가 이용하였다.

　〈허궁애기본풀이〉에서 할머니와 아이가 실로 팔을 묶는 이야기가 나온다. 아이가 일을 보러 간다고 하고 참실을 당기자 할머니가 허궁애기에게 와서 저승에 가지 말라고 권한다. 실과 관련된 이야기는 지하국대적제치설화에서도 볼 수 있다. 자신과 동침하던 존재를 알기 위해 실을 묶고 그 실을 따라가 정체를 알게 되는 것이다. 실은 자신과 다른 존재를 연결하였던 것인데 이를 통해 정체를 확인함으로써 서로의 연을 끊게 만드는 계기가 되는 것이다.

　〈삼두구미본풀이〉에서 질문이 나와 있는 부분을 정리해 보면 다음과 같다.³¹

> ① "어떵흔 사름이
>
> 　허락도 엇이 낭글 ᄒᆞ느냐?"
>
> ② "정ᄒᆞ염건, 내 중매를
>
> 　ᄒᆞ여줄커매

30　진성기, 위의 책, 622쪽.
31　위의 책, 646~649쪽.

　　　　똘을 부제칩데레 프는 게
　　　　어떵ᄒ우껜?"

③ "나 다릴 어떵ᄒ였느냐?"

④ "이 망홀 년,
　　　누겔 쐬기젠 ᄒ느냐?"

⑤ "게난 우리 성님은
　　　어디 싯수꽝?" ᄒ난,
　　　이 때사 삼두구민
　　　"어지럽다, 준소리 말라."
　　　훈두와을 ᄒ였습네다.

⑥ "게난, 어떵ᄒ 일이우꽈?"
　　　말을 글읍서 보져.
　　　ᄀ즛는 말이사 아니들읍네까?"

⑦ "게난 영감님이
　　　제일 좋은 일이 이거우꽝?"

⑧ "게멘 제일 궂어ᄒ는 건
　　　뭣이우꽈?" ᄒ난

⑨ "무사 그건 궂어ᄒ 염쑤꽝?"

⑩ "나 다린 어떵 ᄒ였느냐?" ᄒ연.

⑪ "게난, 영감님 일름은 무엇입니까?"

⑫ "경ᄒ민 무사
　　독새기광 버드낭광
　　무쇳덩인 궂어집네까?"

⑬ "또시 궂인 것 엇습네까?"

⑭ "영감님, 이거 미싱거우꽝?"

⑮ "예? 이거 무신 말이우꽈?
　　나 이 걸로
　　영감님 말씸이 춤이멍
　　그짓이멍을 알아볼쿠다."

　질문을 던지는 사람은 둘이다. 삼두구미가 영감을 속이고 첫째딸을 자신의 집으로 데려와 다리를 먹으라고 할 때에 질문을 한다. 첫째딸은 삼두구미에게 다리를 먹었다고 거짓말을 한다. 셋째딸은 자신의 언니가 어디 있는지 묻자 삼두구미가 대답을 해주지 않고 결국은 스스로 언니가 어디 있는지 그곳을 알아낸다. 그러기 위한 단계로 끊임없이 삼두구미에게 싫어하는 품목을 묻는다.

　〈삼두구미본풀이〉의 묻고 답하기는 속고 속이기를 기반으로 서로 묻고 답한다. 삼두구미가 셋째딸을 데려올 때에 이미 삼두구미는 거짓말을 하였다. 이를 안 셋째딸은 삼두구미를 속이기 위해 계속하여 묻는다.

　셋째딸이 삼두구미를 처음으로 속인 것은 삼두구미의 다리를 먹었다는 것이다. 셋째딸은 나무꾼의 딸이다. 나무꾼은 나무를 베고 그것을 이용하여 생계를 이어가는 직업이다. 셋째딸은 나무를 이용하여 불을 피울 수 있었고, 삼두구미의 다리를 불살라 삼두구미를 속일 수 있었다.

〈삼두구미본풀이〉에서 삼두구미가 나무꾼과 만나는 부분을 이렇게 표현하였다.

> ᄒᆞ로는 삼두구미가
> 신산고질 도올르고 보니[32]

'도'라는 표현은 신을 가리킬 때 나타나는 말이다.[33] '백줏도', '산신또' 등의 표현에서 볼 수 있듯이 신을 가리킬 때에 '도'라는 표현을 사용한다. 여기서 '도올르고'가 신을 가리킬 때의 표현과 연관 지을 수 있는지 검토해 보는 것이 필요하다. 삼두구미가 신적인 존재라면 셋째딸은 신을 제거한 인간으로 신보다 우위를 점할 수 있기 때문이다.

특수신본풀이의 묻고 답하기는 두 가지 차원으로 정리된다. 첫째는 알지 못하는 것을 물은 뒤, 스스로 답을 찾아내는 것이다. 스스로 답을 찾아내는 것은 자신의 변화를 동반하여야 한다. 변화가 먼저 일어나야 그 답을 찾을 수 있는 것이다. 둘째는 알지 못하는 것을 물은 뒤, 다른 사람이 그 답을 알려주는 것이다. 이는 답을 알고 나서 변화가 일어나는 것이다. 두 가지 경우 모두 변화를 동반하는 공통성을 가지고 있기에 이러한 질문을 중심으로 사건이 크게 대별된다.

첫 번째의 경우는 자신이 알지 못하는 것을 묻고 그것을 자신이 스스로 답을 찾기 위해서는 자신이 먼저 변화해야 한다. 특수신본풀이 안에서는 그러한 변화가 이동을 통해 이루어진다. 두 번째의 경우는 알지 못하는 것을 묻고 그것을 타인이 답을 알려주는 경우에는 그로 인해 문제가 해결된다. 특히 첫 번째의 경우 물음 전 후를 비교하여 볼 때 인물이 얼마나 변화했는지 알 수 있는 기준이 되고 이동의 의미가 무엇인

---

32 진성기, 위의 책, 646쪽.
33 서대석, 『무가문학의 세계』, 집문당, 2011, 310쪽.

지를 밝힐 수 있게 된다.

2. 이곳과 저곳의 경계 넘어서기

인물은 이승과 신이한 공간을 오고 가는 여정 속에서 자신과 다른 존재와의 관계를 맺고, 또한 이러한 관계 맺기는 인물의 '드리'로서의 속성을 드러내주는 것이다. 인물과 공간의 특성이 어떠한지 정리하여 보고자 한다.

경계를 넘어서는 것은 신앙민들에게 두려운 일이다. 이를 방증하는 것으로 다양한 문전제의 양상과 철갈이 등을 들 수 있다. 이 공간에서 다른 공간으로 이동할 때, 문전을 넘어야 하기에 큰일을 치르기 전이나 길을 떠날 때, 문전에 다음 사진과 같이 간단히 문전상을 차려 문전신에 대한 제의를 행한다. 다음은 문전제 상차림과 철갈이 의례의 조왕 비념 사진이다.

문전제 상차림

철갈이 의례의 조왕 비념

계절이 바뀔 때에도, 철갈이라는 정기의례를 행하여 경계를 넘기 전에 신에게 묻는 의식을 행한다. 농사를 짓는 집인 경우에는 어떤 작물을 심는 것이 좋은지 몇 월에 파종하는 것이 좋은지를 심방에게 묻는다. 다음은 철갈이 의례에서 조왕비념을 행하는 사진이다.

〈원천강본풀이〉와 〈삼두구미본풀이〉에 드러난 공간을 중심으로 인물의 목적, 목적하는 공간에 속한 의미, 그 공간에서 인물의 행위를 중심으로 아래와 같이 정리해 보았다.

〈원천강본풀이〉와 〈삼두구미본풀이〉의 공간

	〈원천강본풀이〉	〈삼두구미본풀이〉
공간	원천강	삼두구미의 집
목적	가족(부모)	가족(언니)
공간에 속한 것	과거·현재·미래 공유	혼이 살아 있음

〈원천강본풀이〉의 오늘이가 왜 그러한 행동을 하였는지 〈삼두구미본풀이〉의 셋째 딸이 왜 그러한 행동을 하였는지 둘을 묶어 보면 알 수 있다. 오늘이는 빈 들에서 출발하여 원천강이라는 곳으로 가게 된다. 셋째딸은 자신의 집에서 출발하여 삼두구미의 집으로 가게 된다. 두 인물의 목적은 가족이라는 동일한 목적을 가지고 있다. 오늘이는 부모를 찾고, 셋째딸은 언니를 편안히 감장시켜 떠도는 혼을 사후세계로 보내기 위해 삼두구미를 제치하고자 한다.

원천강은 봄, 여름, 가을, 겨울이 존재하는 곳으로 모든 시간이 있다. 그렇기에 과거, 현재, 미래가 함께 공존한다. 삼두구미의 집에서 언니의 육신은 죽었지만 아직 혼은 살아 있다. 〈원천강본풀이〉와 〈삼두구미본풀이〉에서 말하고자 하는 것은 우리가 간과하고 있는 진실이다. 우리는 시간을 분절하고, 육신의 죽음을 죽음이라 인식한다. 우리 눈에는 보이지 않으나 시간은 분절되어 있지 않으며, 사람의 육신은 죽더라도 혼은 살아 있다. 이러한 의미를 특수신본풀이의 명계에서 알려주는 것이다.

〈세민황제본풀이〉와 〈허궁애기본풀이〉도 묶어서 살펴보는 것이 가능하다. 〈세민황제본풀이〉와 〈허궁애기본풀이〉의 공간을 살펴보면 다음과 같다.

〈세민황제본풀이〉와 〈허궁애기본풀이〉의 공간

	〈세민황제본풀이〉	〈허궁애기본풀이〉
공간	저승	저승
목적	세민황제의 잘못 깨달음	이승과 저승의 단절
공간에 속한 것	적선	허궁애기의 죽음

〈세민황제본풀이〉와 〈허궁애기본풀이〉는 저승의 법도와 관련하여 공통분모를 찾을 수 있다. 세민황제는 이승에서 막대한 권력과 부를 가진 자여서 돈 없는 사람들에게 돈을 주고 밥을 못 먹는 이들에게 밥을 줄 수 있는 이다. 그럼에도 불구하고 그가 이승에서 한 행위는 포악한 행위를 일삼았던 자이다. 허궁애기는 아이들의 어머니여서 이승을 찾아가서 돌아오지 않으려고 하는 이다. 이승에서 잘못한 일을 저승의 세계를 통해 바로 잡으려는 것이다. 세민황제에게 달려오는 저승의 사람들을 통해 저승왕의 꾸짖음을 통해 세민황제는 자신의 잘못을 깨닫는다. 허궁애기는 죽은 이로써 저승으로 돌아와야 하는 존재이나 이를 어기려 한다. 삶과 죽음은 구분되어 있기에 허궁애기를 저승으로 돌아오게 하여야 이러한 삶과 죽음의 질서를 유지할 수 있다.

공간과 관련하여 오인숙본 〈허궁애기본풀이〉와 조술생본 〈원천강본풀이〉에서 동일하게 사용된 독의 공간을 생각해 보아야 한다. 조술생본에서 원천강의 남편이 독에 숨었는데 허궁애기 역시 저승으로 가기 전 독 안에 숨는다.[34] 원천강의 남편과 허궁애기 모두 독에 있다가 죽음을 맞게 되기에 독은 죽음과 근접해 있는 공간이라 할 수 있다. 이승에서의 삶의 연장을 위해 독 안에 유폐되나 결국 좌절되는 것이다. 이러한

---

34 안고팡에 들어가고 지새독 속에 놓안/두깨를 덕껏고나
    윤정귀, 「〈허웅애기본풀이〉 연구」, 경기대학교 석사학위논문, 2013, 69쪽.

독의 세계는 〈삼두구미본풀이〉의 삼두구미의 집에 언니들의 시신이 있기에 삼두구미의 집 역시 이러한 독의 세계와 유사한 공간으로 받아들일 여지가 있다.

특수신본풀이는 창세 신화적 의미를 담고 있다. 창세 신화에서 일월 조정 화소는 기후를 조절하여 풍요를 기원하는 중요한 측면과 함께 혼란한 세상에 질서를 바로 잡아 살기 좋은 인간 세상을 만들기 위한 노력으로 이해할 수 있다.[35] 특수신본풀이에서 세민황제의 적선, 허궁애기의 죽음은 혼란한 세상을 바로 잡고 살기 좋은 세상을 만들기 위한 방편이다. 신직이 명확한 오늘이나 무덤신인 삼두구미 역시 시간의 온전한 의미와 죽음의 의미를 우리에게 환기시킨다.

특수신본풀이의 인물들은 자신이 해결하기 어려운 난제를 만난다. 오늘이는 자신이 알지 못하였던 부모의 존재를 알게 되고 부모가 원천강에 있다는 사실을 알게 되어 원천강으로 떠나게 된다. 세민황제는 자신이 이승에서 괴롭혔던 인간들에게 빚을 갚고 싶었으나 저승 돈이 없어 갚지 못해 매일장상의 창고에 있는 저승돈을 빌려 쓰게 된다. 허궁애기는 자신이 죽음을 맞아 이승에 남겨진 아이들과 이별을 하게 되자 아이들을 만나기 위해서 이승에서 밤을 보내고 저승에서 낮을 보낸다. 셋째딸은 자신이 삼두구미로 인해 목숨이 위태로운 것을 알고 삼두구미를 처단하여 언니들의 시신을 매장할 수 있게 된다.

제의는 단절되어 있는 인간과 신의 세계를 연결시킨다. 이 연결의 통로에는 심방이 있어 신을 인간의 세계로 강림시켜 신과 인간을 매개하는 역할을 한다. 제의의 과정을 살펴보면 심방이라는 매개자를 통해 신과 인간의 만남이 이루어진다는 것을 알 수 있다. 심방이라는 매개자를 제거해 버리면 신과 인간은 소통할 수 없게 된다.

특수신본풀이 유형별로 이러한 매개의 역할을 살펴보면 다음과 같다. 〈원천강본풀이〉에서 오늘이는 정시들이 미래를 점칠 수 있는 책을 등사한다. 원천강은 사람이 태어난 사주팔자를 통해 앞으로 그 사람에게 일어날 일을 점치는 것이다. 이러한 것이 가능한 이유는 오늘이가 사계절이 있는 원천강을 다녀온 것인데 사계절이 있다는 것

---

[35] 徐大錫,「創世始祖 神話의 意味와 變異」,『口碑文學』4, 韓國精神文化研究院 語文學硏究室, 1980, 18쪽.

은 모든 시간이 있다는 것이고, 그것은 과거, 현재, 미래가 함께 존재하는 공간이라고 말할 수 있다. 그렇기에 오늘이는 사람이 가지고 태어난 사주팔자인 과거를 통해 앞으로 일어날 일인 미래를 예측하는 존재로 거듭날 수 있다.

〈세민황제본풀이〉의 세민황제와 〈허궁애기본풀이〉의 허궁애기는 이승과 저승을 오가며 삶과 죽음을 연결하여 삶과 죽음을 하나의 순환 고리로 만드는 존재들이다. 사람이 죽었다는 것은 공간적으로 이야기하면 이승에서 저승으로 갔다는 것이고 이승과 저승은 오고 갈 수 없는 공간이다. 단절된 공간인 이승과 저승을 오고 감으로써 이를 순환체계로 만들어 죽음에 대한 새로운 의미를 부여한다.

세민황제의 육신적 환생은 정신적 깨달음을 조건으로 한 환생이었다. 세민황제는 매일장상을 보고 자신의 잘못을 깨달아 포악한 군주에서 적선을 베푸는 군주로 정신적으로 다시 태어난다.

허궁애기는 하루를 기준으로 하여 이승에 반을 걸치어 놓고, 저승에 반을 걸치어 살아가는 것이 가능하다는 것을 보여준다. 이러한 삶은 하루 중에 낮에는 모습을 감추고, 밤에는 모습을 드러내는 달과 유사한 모습으로 파악할 수 있다. 달이 차고 기우는 것은 여성과 연관될 때 생명의 탄생과 순환에 비유할 수 있다. 허궁애기는 이승으로 다시 옴으로써 재생을 이야기하는 동시에 저승으로 다시 가게 되면서 죽음을 말한다. 이러한 반복은 재생에 초점을 맞춘다면 무한한 생명력을 잉태하는 것이다.

특수신은 이곳과 저곳의 매개자 역할을 한다. 특수신이 보여주는 '드리'로서의 특징은 한국인의 죽음에 대한 모습과 유사한 성격을 지닌다. 한국인은 죽음에 대해 단절보다는 연결을 중요시한다.[36]

특수신본풀이의 작품이 지향하는 바는 연결의 회복이다. 공간과 시간 속으로 흩어져서 연관성을 잃어버린 것처럼 보이는 너와 나, 이곳과 저곳의 연관성을 회복시켜 상호관계를 맺어줄 때에 균형을 다시 찾을 수 있다.[37] 죽음으로 삶을 살아가는 것이

---

[36] 김석수, 「철학적 관점에서 본 한국인의 죽음관」, 『한국인의 죽음과 삶』, 철학과 현실사, 2001, 131쪽.
[37] 나카자와 신이치, 『신화, 인류 최고의 철학』, 도서출판 동아시아, 2008, 30쪽.

신화에서 볼 수 있는 흔한 주제이며 단절된 시간 사이를 죽음이라는 다리를 놓고[38] 죽음에 이어지는 삶을 제시함으로써 이를 연결하였다고 할 수 있다.

우리는 죽음에 대해서 알기 어렵다. 우리가 아는 것은 삶에 국한되어 있을 뿐이다. 죽음을 맞이한 순간 현실세계와 단절이 이루어진다고 생각한다. 신화 속에서 죽음을 어떻게 파악하였는지를 통하여 죽음에 대해 짐작해 볼 뿐이다. 신화의 밑바탕에 깔려 있는 죽음에 대한 인식은 삶의 인식과 동일하다.

바꿔 말하면 사후세계를 유지하는 질서와 현실세계를 유지하는 질서를 같은 것으로 보고 사후세계와 현실세계에서 같은 행위, 같은 일이 발생하는 같은 성격의 공간 개념으로 인지한다.[39] 이렇게 삶과 죽음을 같은 질서로 파악하는 것은 이 둘의 세계가 각기 형성된 독립된 세계가 아니라 연결된 세계라는 인식하에서이다.

이승의 공간에서 저승의 공간으로 이동하는 것이 인간의 죽음이다. 현실세계에서 이러한 죽음은 왕래할 수 있는 성질의 것이 아니라 한 방향으로만 전개된다. 신화에서는 이러한 공간이 연결되기에 이러한 연결성을 더욱 중시한다.[40]

이승의 공간에서 저승의 세계를 거쳐 다시 이승의 공간으로 돌아오게 될 경우에 이러한 경험을 한 이는 신이 된다. 부모를 살리기 위해 생명수를 찾아 떠나는 바리덕이처럼 이승의 문제를 해결하기 위해 인간 이상의 경험을 하게 된다. 이러한 경험은 인간의 존재에서 신성한 존재로의 변환을 가져다준다. 이러한 이야기들은 신화로 분류할 수 있다.

무속 제의에서 인간이 바라는 것은 신과 같은 영원한 삶일 것이다. 신앙민들은 이러한 영원한 삶이 이루어지지 못함을 알기에 영생 대신 부유함과 건강을 바란다. 사람의 육신은 죽지만 인간의 영혼은 죽지 않는다는 사고가 이러한 영원을 추구하게 만든다. 이러한 영과 육은 분화되지 않은 채 한데 엉켜 있고, 그것이 고정되어 있는 것

---

38 강유리, 「죽음을 다룬 무속신화의 시간과 공간 구조 연구」, 서강대학교 국어국문학과 박사학위논문, 2002, 95쪽.
39 박선경, 「한국인의 사후세계관」, 『한국인의 죽음과 삶』, 철학과 현실사, 2001, 187쪽.
40 김석수, 앞의 논문, 2001, 131쪽.

이 아니라 다른 상태로 변하면서 교체된다.[41] 이러한 신화적 사고 속에 우리의 일상적 감정이 드러나고 치유되는 것이 바로 굿이다.[42]

특수신본풀이 속에 드러나는 일상적인 삶의 모습은 다른 무가에서도 보이는 형태이다. 무가의 윤리관이 인간 삶에 근거하여 현실에 도움이 되는 것을 긍정하는 현실적인 관념이기 때문이다.[43]

3. 분리와 화합의 원리

모든 구비문학은 구비철학적 요소를 가지고 있다.[44] 특수신본풀이는 공간의 영역을 이승과 이승이 아닌 곳으로 구분하여 놓고 이들의 관계에 대하여 말하고 있다.[45] 특수신본풀이에서 공통적으로 수평적 세계관의 모습을 찾아볼 수 있다는 말은 '드리'의 중요성을 눈여겨본다면 이해하기 쉽다. 다른 세계를 여행할 때 수평적 공간이동의 모습은 '질침', '길닦기'에서 '드리'를 놓는 것과 유사하게 살펴볼 수 있다.[46]

〈원천강본풀이〉에서 오늘이가 인간(장상, 매일), 식물(연꽃나무), 동물(큰 뱀), 신녀들을 만난다. 이들은 우주에 살고 있는 여러 존재를 표상하며 오늘이가 이들을 만나면서 세상의 모든 것들이 자기 존재에 대한 고민을 가지고 고독에 신음한다는 사실을 알게 되어 오늘이와 여러 존재들의 만남이 그들 모두의 근원적 고독을 해소할 수 있는 실마리가 된다.[47]

---

41 金泰坤, 『韓國巫俗研究』, 集文堂, 1981, 482~489쪽.
42 신동흔, 「서사무가 속의 울음에 깃든 공감과 치유의 미학:특히 〈도랑선비 청정각시〉를 중심으로」, 『한국무속학』 32, 한국무속학회, 2016; 최원오, 「한국 무속신화에서의 '웃음'의 기능과 위상 : 〈이공본풀이〉의 '웃음웃을꽃' 신화소를 중심으로」, 『겨레어문학』 53, 겨레어문학회, 2014.
43 서대석, 앞의 책, 2011, 379쪽.
44 조동일, 「구비문학과 구비철학」, 『口碑文學研究』 23, 한국구비문학회, 2006, 186쪽.
45 조동일은 이러한 예를 아래의 논문에서 〈천지왕본풀이〉를 사례로 논증하였다.
    위의 책, 189쪽.
46 권태효, 「무속신화에 나타난 이계여행의 양상과 의미」, 『한국 구전신화의 세계』, 지식산업사, 2005, 238쪽.

오늘이는 '오늘', 즉 지금 여기를 뜻한다. 오늘이는 길에서 여러 층위의 존재들과 만나 교감을 나눈다. 길에서 만난 존재라 하면 길은 이곳에서 저곳으로 떠나는 의미를 가지고 있고 이것이 인생과 동일하다. 오늘이는 존재의 근원을 찾기 위해 길을 떠나는 것이다. 이 인생의 과정에서 벽을 허무는 존재의 문을 오늘이가 연 것이다.[48]

이러한 행위는 원천강을 둘러싸고 있는 벽을 통해 형상화되어 오늘이가 그 문을 두드리는 것으로 구체화된다. 문을 열고 들어가서 오늘이가 한 것은 부모를 만나고 원천강 내부를 본 것이 전부이다. 그렇게 애타는 부모를 만나고 다시 돌아온 길을 떠나는 것이다.

문제를 하나씩 더해 갔던 그 길에서 존재의 근원이 무엇인지 그 내부를 들여다보고 해답을 찾을 수 있다. 상극은 분리되어 있으나 서로 맞닿아 있다. 남과 여가 만나고, 꽃을 피우기 위해서 이미 피어 있는 꽃을 꺾어 타인에게 주어야 다른 가지에 꽃을 만발하게 피울 수 있고, 자기가 가장 아끼는 것을 남에게 내어줄 수 있어야 천상적인 존재로 거듭날 수 있다.

이타성利他性은 인간이 살아가며 이 세상의 원리를 알기 위해 반드시 필요한 것이다. 자신이 혼자 열심히 살아간다고 이 우주를 온전하게 알 수 있는 것이 아니다. 왜냐하면 이 세상을 구성하는 원리는 인간과 다른 존재들까지 서로 연결된 채 이타성에 의존하여 세상이 구성되기 때문이다. 상극에 있는 것들의 만남이 바로 상생이며 우주를 살아가는 원리인 것이다. 원천강을 다녀오고 난 뒤의 오늘이의 행적은 보통 사람들이 행하는 기준으로 볼 때는 이해하기 어렵다. 원천강에 도달해서 부모와 함께 살며 행복을 누리는 것이 아니라 부모와 헤어져 길을 떠난다. 오늘이는 여러 의문만 가득 안은 채 원천강을 향해 가게 된다. 오늘이가 다시 세상을 향해 나아갈 때에 자신의 부모가 자신을 늘 지켜보고 걱정한다는 사실을 알게 된다.

또한 자신이 이제 다른 존재들에게 해답을 줄 수 있게 된다. 이러한 경험을 한 뒤

---

47 신동흔, 『살아있는 한국 신화』, 한겨레출판, 2014, 70쪽.
48 위의 책, 73쪽.

에 오늘이가 할 수 있는 일은 자신이 알게 된 것을 세상에 알리는 것이다. 이야기 속에서 이는 원천강을 등사하는 것으로 나타난다. 원천강의 세계를 사람들에게 보여줌으로써 사람들도 존재의 근원을 깨닫고 상생하는 방법을 터득할 수 있게 된다.

특수신본풀이는 분리와 화합의 서사시이다. 공간으로 나누어진 존재들이 서로 갈등하는 이유는 이곳과 저곳이 갈라져 있어 분리된 공간이기 때문이다. 이러한 공간을 오고 간다는 것은 궁극적으로 하나의 작용을 한다는 것이다.[49] 이러한 작용은 화합하는 모습을 나타내며 이질적인 성질을 유지한 채 서로 영향 관계에 있다는 것이다.

신화는 시간·공간적 제약이 존재하지 않는다. 그렇기에 신화 속에 담긴 우주와 인간의 의미를 자유로운 시·공간 안에서 만날 수 있다.[50] 신화의 최대 과제는 삶과 죽음의 영역에 대한 소통과 단절에 관한 것이다.[51] 삶의 공간과 죽음의 공간을 중개하는 것은 아주 어려운 일이다. 그렇기에 심방이라는 특수성을 가진 이들이 제의를 통하여 이 문을 열어 이를 중개한다. 특수신본풀이는 본풀이 속에서 이러한 소통을 가능하게 한다.

신화를 살필 때에 문학과 철학의 관점으로 동시에 볼 수 있다는 견해가 이미 학계에 보고되었다. 조동일은 문학을 형상화된 체험으로 이야기할 수 있고, 철학을 개념화된 논리라고 이야기할 수 있다고 주장하였다.[52] 이러한 주장은 말하기와 글쓰기가 분화되지 않은 채 한꺼번에 존재해 오다가, 고대에 들어서서 철학과 문학이 상대적으로 나뉜 사실을 짐작해 본다면 어렵지 않게 상상할 수 있다.[53]

특수신본풀이는 고대적 서사시의 성격을 배경으로 고대적 서사시의 요소들이 굴절, 전환, 파편화된 경향을 보여준다. 그러한 경향성의 가장 극단에 있는 것이 〈세민황제본풀이〉다.

〈세민황제본풀이〉를 제외한 3편의 특수신본풀이에서 사건을 일으키는 시작과 결말

---

49 김헌선, 앞의 논문, 2001, 75쪽.
50 나카자와 신이치, 앞의 책, 2008, 20~21쪽.
51 위의 책, 156쪽.
52 조동일, 앞의 책, 2000, 11쪽.
53 위의 책, 16쪽.

에 공통적으로 보이는 결핍의 요소가 있다. 가족의 상실이 결정적인 요소로 작용한다. 〈원천강본풀이〉에서는 오늘이의 부모가 사라진다. 〈삼두구미본풀이〉에서는 삼두구미의 아내가 죽는다. 〈허궁애기본풀이〉에서는 어린아이들의 어머니인 허궁애기가 이승을 떠난다.

박봉춘본 〈원천강본풀이〉에서 오늘이는 의지할 데 없는 고아로 등장한다. 부모가 벼슬을 살기 위해 오늘이를 강림들에 버리고 원천강으로 가 버린다. 이를 알게 된 오늘이는 이러한 부재를 알게 되고 이를 확인하기 위하여 길을 떠난다.

〈삼두구미본풀이〉에서 나무꾼과 삼두구미 모두 부인이 없는 상황이지만 나무꾼에게는 세 딸이 있고 삼두구미에게 자식은 없다. 삼두구미가 나무꾼의 딸들을 차례대로 자신의 가족으로 편입시키기 위해 노력하나 결국 본인이 제치된다.

〈세민황제본풀이〉는 세민황제의 죽음으로 이야기가 시작된다. 기이한 것은 세민황제의 죽음을 맞았을 때나 세민황제가 다시 살아 돌아왔을 때 주변 사람들의 이야기가 빠졌다는 것이다. 이들을 대신하여 매일장상이 등장한다. 황제라는 신분 자체가 나라를 기준으로 하기에 그 나라의 서민이 가족을 대신하여 등장하는 것이다. 결국 이 역시도 넓은 의미의 가족 상실로 볼 수 있다.

〈허궁애기본풀이〉는 더욱 구체적으로 상실된 가족의 이야기가 그려진다. 주 인물인 허궁애기는 아이들의 어머니이기에 아이들을 걱정하여 이승으로 돌아가고 싶어하고 이러한 염원이 밤에 이승으로 이동하는 것을 가능하게 한다. 아이들은 할머니의 조언으로 어머니가 가지 못하도록 붙잡고 허궁애기는 이를 받아들여 저승으로 돌아가지 않으려 한다. 이러한 시도는 결국 아이들에게 어머니의 영원한 부재상황을 가져다준다.

〈허궁애기본풀이〉는 죽음의 유래라는 근원적 이야기에 모성애가 덧씌워져 있다. 이승과 저승을 오가면서 그 연결고리가 되었던 것은 바로 허궁애기의 모성애이다. 또한 〈허궁애기본풀이〉는 상생相生에 관한 이야기이다. 어머니와 아이가 함께 살 수 있는 방법은 어머니가 낮에는 저승에서 밤에는 이승에 와서 있는 것이다. 지속적인 이승에 거주하라는 권유에 허궁애기는 아이와 함께 이승에 있기를 택한다. 이는 죽음을 맞았으면서도 저승과 이승의 어느 한 군데에 소속되지 않는 모순적 상황을 가져온다.

이러한 결과로 인하여 이승과 저승이 나누어지고 죽은 사람은 저승으로 살아 있는 사람은 이승에 소속된다.

〈허궁애기본풀이〉를 통해 현실에 남아 있는 사람들의 바람을 읽을 수 있다. 아이를 두고 먼저 가 버린 젊은 사람이 특히 아이들의 어머니가 되는 존재가 사라져 버린 것을 받아들이기 어려운 것이다. 이승의 세계에서 맞는 죽음과 저승의 세계에서 일어나는 탄생이 동시적이라는 것을 거부하고 이에 대한 유예기간을 두며 슬픔을 희석시키려 하는 것이다.

시왕맞이를 할 때 저승길로 가는 길을 치우고 닦는 질침의 제차를 보면 저승에서의 하루는 이승에서의 일 년이라고 하여 삼 년이 지나야 저승에 도착한다고 생각하였다. 〈허궁애기본풀이〉는 아직 저승에 도달하지 않았다고 생각하는 남겨진 사람들에게 이제는 저승과 이승이 나뉘어서 더 이상 이승에 올 수 없다고 거듭 이야기한다.

이러한 관점에서 〈차사본풀이〉도 같은 맥락으로 살펴볼 수 있다. 〈차사본풀이〉는 생사와 관련된 문제이다. 그러므로 생사와 밀접한 관련 세계가 본풀이의 속에서 드러난다. 수평적 도보를 통하여 도달하는 세계에 인간 세계 문제를 해결하는 어떤 것이 있고 이를 위하여 인간의 능력이 강조된다. 〈차사본풀이〉는 이승과 저승이 연결된 세계일 수밖에 없다. 이승의 문제를 저승의 것을 통해 해결하기 위해서는 이승에 다시 돌아와야 한다. 그런데 이 〈차사본풀이〉의 강림이가 저승에서 이승으로 돌아오고 난 후, 문제를 해결하고 나서 다시 저승으로 가는 것으로 끝을 맺는다. 인간차사인 강림이가 영특하여 저승차사로 염라대왕이 데려가기 때문이다. 그렇기에 강림이는 귀환 후 다시 저승으로 가게 되어 저승에서 귀착하게 된다. 여기에서 〈허궁애기본풀이〉와 동일한 맥락을 찾을 수 있다.

〈원천강본풀이〉 속에서 보편 신화가 가지고 있는 순환적 시간관념을 살펴볼 수 있다. 오이디푸스 이야기 속 스핑크스의 몸을 보면 여인의 얼굴은 봄을, 인간의 몸통은 여름을, 독수리의 날개는 가을을, 뱀의 꼬리는 겨울을 상징한다. 사계절이 스핑크스의 몸속에 모두 들어가 있다. 야광주를 포기하니 용이 될 수 있었고, 처음 핀 꽃을 다른 사람에게 주어 버리니 다른 가지에서 꽃이 피어난다. 이는 자신이 가지고 있는 것을 다른 사람에게 주어 버림으로써 서로 도움을 주고받을 수 있는 관계 맺기가 가능하다는 것을 보여주는 것인데 이러한 것은 원천강의 세계를 바탕으로 한다. 봄, 여름, 가을, 겨울이 모두 함께 있고, 너와 내가 구별되지 않는 그러한 세계가 바로 원천강의 세계이다. 오늘이가 찾아간 원천강에 사계절이 있듯이 스핑크스의 몸속에 사계절이 들어 가 있고 이는 모두 공존한다는 것이다. 나와 구분하는 것도, 사계절을 구분하는 것도 불필요하다는 것이다.

특수신본풀이에는 이곳과 저곳이 나타난다. 신성한 공간에서 신성한 존재를 만나고 돌아오는 공간의 이동이 사건을 전환시키는 계기가 된다. 특수신본풀이에 등장하는 인물들은 공간을 매개하는 역할을 한다. 네 계절이 하나의 공간에 수렴되는 원천강의 세계처럼 특수신본풀이의 세계는 이곳과 저곳이 하나의 공간으로 수렴된다.

허궁애기와 세민황제는 이승과 저승을 오간다. 허궁애기는 이승에 남겨온 아이들을 돌보기 위하여 이승과 저승의 오고 감을 하루를 기준으로 하여 낮에는 저승의 일을 돌보고 밤에는 이승의 아이들을 돌볼 수 있도록 허락받는다. 하루를 기준으로 하여 오고 갈 수 있다는 것은 이승과 저승이 동일한 시간관념을 토대로 움직인다는 것이다. 현재의 이승과 저승에 대한 시간관념은 이승에서의 일 년을 저승의 하루로 파악하며 서로 다른 시간관념에 의해서 움직인다고 이해한다. 〈허궁애기본풀이〉의 시기는 이승과 저승의 시간관념이 동일하여 이승과 저승이 연결되어 있다.

특수신본풀이의 공간은 이승과 신이한 세계로 나눌 수 있다. 이러한 공간은 서로 다른 성격을 가지고 있고 인물들은 이들의 경계면에 존재한다. 공간이 존재하고 있는 모습을 보면 다음과 같다.

특수신의 존재를 통해 보여주는 것은 이곳과 저곳이 아주 밀접하게 맞닿아 존재하고 있으며 이러한 경계선에 특수신이 존재한다는 것이다. 이러한 경계선은 이승이라기도 어렵고 명계라기도 어려우나 이러한 세계가 분절되어 있고 상호존재하고 있음을 보여준다.

제주도 무가의 의미에 대한 고찰은 다양한 방향으로 이루어지고 있다. 태극무늬를 통한 생극론을 공간에 적용시켜 보려는 것이다. 생극의 이치라 하면 하나 안에서 둘로 갈라지고 둘로 갈라진 것이 또한 하나로 파악할 수 있으며 음과 양으로 서로 맞서나 충돌하지 않고 상생하는 관계를 가진다는 것이다.[54] 이러한 상생은 이승과 신이한 공간이 분리되어 있으나 함께 맞닿아 있다는 것을 깨달아야 한다. 분절되어 있고 삶 너머의 공간을 인간은 알 수 없으나 특수신본풀이의 인물들을 통해 이러한 공간을 맞닿게 연결시키고 있다.

〈원천강본풀이〉의 구체적인 부분을 살펴보면 이러한 상생의 원리가 공간과 존재를 연결시킴을 알 수 있다.

　　나는겨울에는움이쑤리에들고
　　정월이나면몸중에들엇다
　　이월이되면가지에가고,삼월이나면꼿이되는대
　　상가지에만피고,달은가지에는아니피니
　　이팔자를물어줍소[55]

'움'이라는 것이 겨울부터 식물에 있다가 온 세상으로 뻗어나가는 것인데 가장 중요한 것이 상가지에 꽃을 다른 사람에게 주어야 한다는 것이다. 자기 혼자서는 수많은 봉우리가 움트고 있으나 스스로 꽃을 피우지 못하나 오히려 타인에게 그것을 바침으로써 꽃을 피울 수 있는 것이다. 이러한 꽃을 받은 이는 꽃을 받음으로써 또 다시 만인에게 원천강을 등사함으로써

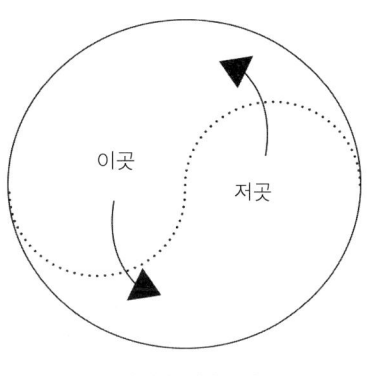

특수신본풀이의 공간

54　조동일, 『한국문학통사』 1, 지식산업사, 2013, 46쪽.
55　赤松智城·秋葉隆, 「원텬강본푸리」, 앞의 책, 1991, 294쪽.

자신의 소임을 꽃피우게 된다.

이것은 〈세민황제본풀이〉의 적선과도 연관 지을 수 있다. 매일장상이 이승에서 자신의 재산을 누군가에게 주어 버리는 것은 저승의 공간에서 보면 자신의 곳간에 재물을 쌓는 행위가 된다. 반대로 이승에서 받기만 한다면 저승에서는 곳간에 아무 것도 쌓이지 않는 신세가 되는 것이다. 이러한 상극의 공간을 통한 상생의 삶을 매일장상의 덕을 통해 보여주고 있다.

앞에서 〈허궁애기본풀이〉에서 허궁애기가 이승과 저승을 오가는 모습과 달의 이미지가 유사하다는 것을 살펴보았다. 낮에는 달이 보이지 않는 것 같으나 보이지 않을 뿐이지 존재하고 있음을 알 수 있다. 달이 매일 밤마다 솟아오르는 것은 끊임없는 재생再生을 의미하는데 재생의 전제에는 끊임없는 죽음이 있어야 하는 것이다. 허궁애기의 이승행과 저승행은 생과 사를 오고 가는 모습을 보여주는 것이다.

〈삼두구미본풀이〉에서 삼두구미가 가루로 세상에 흩날려지는 것은 단지 삼두구미의 죽음을 뜻하는 것이 아니라 세상 미물부터 인간에까지 모든 것에 죽음이 존재한다는 것을 의미한다. 그러한 죽음을 없애고 싶지만 죽음이 잠시 보이지 않을 뿐 그러한 죽음은 우리 곁에 항상 존재한다는 것이다. 우리가 살아 있다는 것 자체가 죽음의 증거물인 것이고, 우리의 삶 속에 삶과 죽음이 맞닿아 있는 것이다.

이러한 생극론은 너와 나의 경계를 허무는 관계를 맺음으로써 가능하다. 박봉춘본 〈원천강본풀이〉에서 오늘이는 연꽃나무, 매일·장상, 이무기의 질문을 받고 그에 대한 답을 준다. 이러한 주고받음은 말로써 질문과 답을 주고받는 것뿐만 아니라 행동을 포함한다. 오늘이는 연꽃나무가 준 꽃을 받고, 매일과 장상에게 서로의 인연을 찾게 해주고, 이무기에게 야광주를 받는다. 이를 통해 연꽃나무는 다른 가지에도 꽃을 피울 수 있게 되고, 매일과 장상은 고립된 생활에서 벗어나 관계 맺기를 할 수 있게 되고, 이무기는 승천하는 용이 될 수 있었다.

이러한 관계 맺기는 원천강의 세계에서도 동일하게 확인할 수 있다. 오늘이는 부모와 멀리 떨어져 있다고 생각하였으나 부모는 오늘이를 지켜보며 보호하고 있었고, 봄·여름·가을·겨울로 분절되어 있다고 생각하는 사계절은 원천강의 세계 안에서 하나로 존재한다. 결국 모두 분리되어 있는 듯 보이나 연결된 상태로 존재한다. 이러한 관계 맺기는 다른 특수신본풀이에서도 동일하게 살펴볼 수 있다. 조술생본 〈원천강본풀이〉에서 원천강의 남편은 자신의 아내에게 원천강을 보며 살라고 한다. 남편이 원천강을 주고 아내가 그것을 받음으로써 '원천강'이라는 점을 보아주는 사람이 탄생하게 된다.

박봉춘본 〈세민황제본풀이〉에서 활인活人의 구체적 모습이 무엇인지 나타난다. 돈이 없고 밥이 없는 사람에게 그것들을 주는 것은 사람을 살리는 것이고 이를 통해 그 사람과 내가 주고받는 관계 속에서 연결점을 갖게 된다. 이러한 주고받음은 나와 타인을 구별하는 테두리를 없애 나와 다른 사람을 하나로 연결 짓는다. 제의 속 석살림의 역할 중 하나가 이러한 연결이다. 신과 인간을 어우러지게 만드는 것이다.

강을생본 〈허궁애기본풀이〉의 결말에 드러난 모습은 죽음의 탄생이 있기 위한 주고받음이 있다. 허궁애기의 혼을 차사에게 주어버리면서 영과 혼이 분리된 죽음이 탄생하게 된다. 이러한 죽음의 탄생은 앞의 관계 맺기와 거리가 있어 보이나 실상은 그렇지 않다. 삶이 존재하기 위해서는 그 안에 죽음을 품고 있어야 한다. 삶과 죽음은 분리되어 있는 것이 아니기 때문이다. 그렇다면 삶이 탄생하기 위해서는 죽음이 탄생되어야 하고 그러한 죽음이 탄생되기 위해서 허궁애기는 혼을 차사에게 주어 버려야 한다.

이춘자본 〈삼두구미본풀이〉 역시 삼두구미의 죽음과 관련하여 삶의 측면에서 살펴볼 수 있다. 셋째딸이 삼두구미를 제치하고 가루를 흩날리는 것은 지하세계의 죽음과 관련된 귀신을 없애 버렸다고 보기보다는 그러한 죽음을 세상에 퍼트렸다고 볼 수도 있다. 죽음을 잉태한 삶이 세상에 퍼지게 되는 것이다.

특수신본풀이에 드러난 관계 맺기는 공존할 수 없는 것들이 공존하고 있음을 일깨워 준다. 정확히 이야기하자면 사물을 분리하는 사고 체계에 익숙해져 공존하고 있는 것을 개개의 것으로 나누어 파악하기에 사물의 공존 형태를 파악하지 못하는 것이다. 이러한 이야기에 적합한 존재는 인간도 아니고 신도 아닌 중간적 성격을 지닌 인물이라 할 수 있다. 오늘이, 세민황제, 허궁애기, 삼두구미와 같은 매개자적 속성을 지닌 인물이 적합하다고 말할 수 있다.

4. 결론

제주도 본풀이의 연구사에서 특수신본풀이는 본풀이의 이름도 성격도 명확히 규정되지 않은 채 '특수본풀이'라는 이름으로 잠칭暫稱되어 왔던 문제점이 있는 유형이었다. 특수신본풀이의 유형이 명확하게 조사되고 연구되었음에도 불구하고 '특수'라는 개념과 '특수신본풀이'라는 유형을 그간에 관점이나 연구자의 착안에 대한 미숙함으로 말미암아 이를 온전하게 연구사에 편입하지 못한 한계가 있었다.

그렇기 때문에 특수신본풀이의 개념과 정의를 연구자의 착안으로 제대로 구명하고, 특수신본풀이의 성격과 의미를 새롭게 논의하였다. 특수신본풀이 자료의 성격과 의의, 특수신본풀이와 관련 민담과의 소재 공유, 의례적인 특성과 의의, 경계와 관계의 소통에 의한 순환적 세계관 등을 관련 지어 특수신본풀이를 정의하고 재규정하려고 노력하였으며, 이에 일정한 성과를 얻게 되었다.

네 가지 밝혀야 할 문제를 설정하고 해결하니 제주도 특수신본풀이의 성격과 위상이 비로소 명확하게 드러나게 되었다. 특수신본풀이는 유형적으로 명확하게 존재하고 제주도굿에서 섬겨지는 특정한 자료이지만 이에 대해 원론적으로 다시 논의가 필요한 자료이다.

특수신본풀이의 핵심적인 서사 내용은 일반신본풀이의 성격과 다르다. 특수신본풀이의 핵심 서사는 민담과 일정하게 소재적으로 공유되고 있는데 공유의 양상이 양방향성을 띤다. 특수신본풀이의 자료가 민담의 소재를 원용하기도 하고, 민담의 소재가 특수신본풀이를 혁신하는데 활용되기도 한다. 중요한 것은 민담과 공유되는 소재는 본풀이 안에서 다시 거듭나게 되어 역동적인 세계관을 구축하여 신화의 세계와 민담의 세계를 나누고 있다는 것이다. 민담과 성격이 다른 본풀이의 독자적인 세계관이 특수신본풀이 안에서 구현되고 있음을 확인하였다. 이것이 바로 특수신본풀이의 성격을 드러내게 되어 본풀이로서의 의미를 부여한다.

특수신본풀이는 의례의 기반인 당클에서 섬겨질 수 없는 특성을 많이 가진다. 무속 고유의 성격을 가지고 있는 것들이었으나 이들이 다른 외래종교의 세계관에 의해서 침

탈되거나 물러나면서 일정한 제차를 차지하지 못하고 그들에게 자리를 내주면서 이를 온전하게 보존하려는 노력이 일부 제차에 흔적으로만 남게 된 것이다. 이러한 흐름에 따라 본풀이의 서사는 삽화적으로 전개되고, 파편형의 자료로 남게 되었다. 사당클 어디에도 이 신들의 본풀이를 구현할 수 없었다고 하는 점을 통해 이를 알 수 있다.

그러함에도 이들의 신격을 구현하는 것은 중요하다. 특수신이 경계면에 존재하며 이질적인 공간인 이곳과 저곳, 이승과 저승, 현실계와 이계를 오간다. 이러한 경계면은 불분명하고 모호한 채로 순환적 세계관을 구현한다. 여기에서 이들 신격의 의의를 말할 수 있다. 특수신본풀이의 성격은 서로 연결되면서 동시에 분리되는 모호함의 세계관과 동일시된다. 특수신본풀이에서 드러내고 있는 이러한 경계면이 원초적인 의미와 맞닿아 있기에 이러한 세계관을 살펴보는 것이다.

이 책에서 특수신본풀이의 자료에 주목한 것은 이러한 설정이나 설계와 무관하지 않다. 일단 자료의 성격과 의미에 주목하면서 이에 대한 정의를 새롭게 하고자 하였다. 특수신본풀이에 속하는 네 유형의 자료는 특수신이 자신이 있는 '이곳'과 자신이 알지 못하는 '저곳'을 오가는 여정을 공통적으로 담고 있다. '이곳'에서 '저곳'으로 옮겨감으로써 '저곳'이 다시 '이곳'이 된다. 이러한 특징은 특수신이 이곳과 저곳을 매개하는 역할을 하여 분리된 이곳과 저곳이 화합할 수 있음을 보여준다.

신화를 더 이상 믿지 않는 현대인들에게 신화가 필요한 것은 현재를 살아가는 지혜가 신화에 담겨 있어 삶의 방향을 제시해주기 때문이다. 나와 타인으로 단절된 현대사회에 대한 대안이 신화에 담겨 있어 단절의 고리를 끊게 만들어준다. 나와 타인은 서로 분리되어 있으나 함께 살아가며 공존한다. 인간들 뿐 아니라 미물에서부터 저승에 있는 영혼까지를 포괄하는 존재들과, 이승의 공간 뿐 아니라 저승 세계와 인간이 모르는 미지의 세계를 포괄하는 공간들은 단절되지 않은 채 우리 삶에 영향을 끼친다.

네 유형의 특수신본풀이는 무속에 흔적만 남기고 현장에서 그 자취가 사라지고 있다. 현재까지 유사한 서사가 불리고 있으나 본래적 자취를 찾기 어렵다. 〈허궁애기본풀이〉의 민요들만 보더라도 이러한 사실을 알 수 있다.

다행히 현장에서 완전히 사라지기 전에 채록된 몇몇의 특수신본풀이를 통해 특수신본풀이가 제주도 본풀이와 일정한 관련성을 맺고 있으며 그 유사성을 이난나 신화·길가메쉬 서사시까지 거슬러 올라갈 수 있음을 알 수 있었다.

특수신본풀이는 제주도 본풀이의 혼재된 양상을 파악할 수 있는 자료이다. 〈허궁애기본풀이〉만 보더라도 콩대기팥대기 이야기와 여러 본풀이가 섞여 있는 것을 볼 수 있다. 본풀이들 간의 상용구들이나 중요 화소를 중심으로 연결시켜 보면 서사무가의 혼재양상을 파악할 수 있다. 심방들이 본풀이의 구연에서 필요한 대목들이 있어 본풀이를 확장하는 시기에 이러한 혼재양상이 두드러지고 이를 통해 구연 시간 역시 연장된다. 특수신본풀이에서 특이한 점은 본풀이 안에서 드러나는 혼재양상이 신화의 경계를 넘어 민담에 이르기까지 확대되고 있는 양상이다. 이는 특수신본풀이가 신성성의 경계면과 일상성의 경계면을 넘나드는 특징을 가지고 있으며 분리와 화합의 메시지로 일상적인 화소를 신화적인 것으로 바꾸어 놓는 특징으로 인한 것이다.

특수신본풀이에 드러난 관계 맺기에 대한 고찰은 자아와 타자가 단절되어 서로 영향력을 끼치지 않는다는 현대인들의 잘못된 생각을 알게 한다. 자아와 타자가 서로 연결되어 있음을 깨닫는 계기가 되리라 생각한다. 묻고 답하는 과정을 통하여 '이곳'에서 '저곳'으로 나아가 '저곳'이 '이곳'이 되는 것은 결국 정해진 것이 없다는 것이다. 정해진 것이 없기에 질문을 통해 계속 해답을 추구하며 이곳과 저곳을 탐색한다. 이러한 미확정성은 존재와 존재의 관계에서 역시 동일하게 작용한다.

현대인들은 시간은 쪼개져 있지 않으나 시간이 쪼개져 있다고 사유하고, 분·초 단위로 시간을 나눈다. 공간을 안과 밖으로 나누고, 그 안에 다시 벽을 세워 구분한다. 시간은 쪼갤 수 없는 것이고, 벽을 세운 공간은 하나의 땅을 의지하고 있다는 사실을 간과하며 삶을 영위한다. 이러한 삶의 양식이 인간관계에도 영향을 끼쳐 나와 나 이외의 타자로 구분하여 사람과 사람 사이의 벽을 만든다.

특수신본풀이는 분리되어 있는 이질적인 공간마저도 소통한다고 말한다. 이러한 소통과 상호관련성은 살아 있는 생명을 잉태하는 근원적인 힘이다. 상극상생의 양쪽 사이에 걸쳐 유동하며 끊임없이 새로운 해답을 만들어 낸다.

특수신본풀이를 살피면서 미처 제시하지 못한 과제들이 남아 있다. 특수신본풀이인

〈원천강본풀이〉와 〈삼두구미본풀이〉의 순환적 세계관을 드러내기 위해서는 함경도 망묵굿과의 연관성을 제시하여야 한다. 함경도 망묵굿은 삶에서 죽음으로 나아가는 길을 공간적으로 전환시키며 이러한 전환에 대한 논리적 해명을 본풀이에서 행하고 있다. 예를 들면 함경도 망묵굿에서 산천도량과 〈삼두구미본풀이〉와 관련성을 밝히는 것이 특수신본풀이의 제의적 성격을 밝힐 수 있는 또 하나의 실마리가 된다. 산천도량에서 대맹이의 주검을 불에 태우는 것과 삼두구미를 화장시키는 모습은 유사성을 띠고 있다. 또한 함경도 망묵굿에는 여러 본풀이들이 남아 있고, 〈차사본풀이〉와 유사한 본풀이가 짐가제굿에서 불리기에 함경도 망묵굿과 특수신본풀이의 관련성에 대한 해명은 필수적이라 생각한다. 뿐만 아니라 인정과 관련하여 돈전풀이와 〈세민황제본풀이〉를 묶을 수 있고, 여인의 죽음과 관련하여 허궁애기, 바리덕이, 청정각시를 묶어 살필 수 있다. 이 책에서는 이러한 해명을 모두 하지 못하였으나 다음 과제로 남기고자 한다.

이 글에서는 특수신본풀이의 네 유형을 대상으로 하여 특수신본풀이의 성격을 해명하였다. 특수신본풀이와 관련하여 풀어야 할 문제는 산적하였다. 제주도에서 신화로 존재하고, 육지부에서는 민담으로 공존하고 있는 사례가 특수신본풀이인 〈동방세기본풀이〉다. 전국에 퍼져 있는 동방삭 설화가 제주도에서는 〈차사본풀이〉와 결합되어 신화로 전승된다. 〈동방세기본풀이〉는 육지부에서는 동방삭 전승이라 하여 민담으로 불리고, 제주도에서는 〈차사본풀이〉에 수용되어 신화로 전승된다. 민담의 구체적 신화화 사례라 할 수 있다. '사만이'는 수명연장의 문제를 이승 사람의 바람대로 해결하였고, '동방삭'은 그렇지 못하였다. 〈사만이본풀이〉에 드러난 삼차사는 자신의 임무를 완수하지 못하였고, 〈동방세기본풀이〉에 등장한 강림 차사는 자신의 임무를 완수하였다.

차사는 저승의 세계에 속하는 저승의 존재다. 사만이는 정명을 늘려 삼천년을 부여받았고, 동방삭은 삼천년을 살고 저승세계로 귀속하였다. 민간의 설화문학을 차용하여 본풀이에서 적극 활용한 사례이다. 대체로 〈차사본풀이〉의 후반부에 불리거나 〈멩감본풀이〉에 이어 구연되기도 한다. 〈동방세기본풀이〉처럼 〈차사본풀이〉에 연이어 구연하는 특수신본풀이의 사례를 볼 수 있었다. 오인숙 심방과 고순안 심방이 〈허궁애기본풀이〉를 〈차사본풀이〉의 확장된 영역에서 받아들이고 있었다. 〈동방세기본풀이〉를 통하여 특수신본풀이의 변화과정을 파악할 수 있는데 이 책에서 모두 다루지 못하였다.

또한 박봉춘본 〈군웅본풀이〉에 작제건 설화와 유사한 내용이 담겨 있다.[56] 작제건 설화 속의 등장인물과 〈군웅본풀이〉의 등장인물이 동일하다. 〈동방세기본풀이〉, 〈군웅본풀이〉는 특수신본풀이에 속하나 이 책에서 모두 다루지 못하였다. 〈군웅본풀이〉는 쉽게 정의내리기 어렵다. 역사가 오래되어 지금 현재적 관점에서 군웅은 조상신으로 여겨지고 있다. 더 근원을 궁구하면 조상신이 아니라 건국신화까지 그 뿌리가 이어진다는 것을 알 수 있다. 이러한 건국신화는 이전의 신화를 적극 반영하여 차용한 것이다. 신화의 신성성을 건국 시조에 차용하여 건국의 정당성을 확보하고자 한 것이기 때문이다. 그렇기에 역사적 문면과 함께 통시적 시각으로 이 본풀이를 바라보아야 본풀이의 정체가 명확히 드러난다. 이들 작품들을 통하여 신화, 전설, 민담이 분리되기 이전의 원형질을 갖춘 이야기가 무엇인지 궁구해낼 수 있으리라 생각한다.

또한 〈영감본풀이〉에서 영감신은 이질적인 요소를 동시에 지니고 있는 신격이다. 인간의 부와 가난, 질병과 회복을 동시에 가져다주는 속성을 영감신이 지니고 있다. 이러한 특성은 특수신본풀이의 분리와 화합의 역동성 속에서 해명될 수 있는 과제다. 영감신이 이질적인 속성을 모두 갖춘 하나의 신격으로 이해되는 것은 특수신이 이질적인 경계면에 위치하는 것과 동일한 양상으로 파악할 수 있다. 이 책에서는 특수신본풀이를 제주도 본풀이의 범주에서 소외시키거나 제외시키면 안 되는 이유를 네 유형을 대상으로 하여 보여주었을 뿐이다.

앞으로 특수신본풀이와 관련하여 더욱 많은 해명이 필요하다. 이 글이 출발점이 되어 특수신본풀이에 대한 관심을 고양시켜 특수신본풀이의 역동적인 생명성이 발견되길 기대한다.

---

56 현용준,『제주도 신화의 수수께끼』, 집문당, 2005, 227쪽.

제2부

원천강본풀이의 제문제

특수신본풀이의
세계

제2부 07

〈원천강본풀이〉의 시간과 존재

1. 서론

〈원천강본풀이〉는 완전히 해석되지 않은 텍스트이다. 〈원천강본풀이〉라고 하여 박봉춘본과 조술생본이 전하는데 이들의 서사가 상이하다. 선행 연구는 박봉춘본을 중심으로 '원천강'의 의미가 무엇인지에 초점이 맞추어져 있다. 장주근은 '원천강'은 『원천강화주역袁天綱畵周易』이라는 역서이자, 당대唐代 복자卜者의[1] 이름이라 하였다.[2] 권복순과 신동흔은 원천강의 의미가 존재의 원천이기에 한자를 '原天綱', '源天綱'으로 쓰

---

1   袁天綱(547年—634年), 俗作"袁天罡", 益州成都(今四川成都)人, 隋末唐初玄學家, 天文學家。傳說他善"風鑒", 即憑風聲風向, 可斷吉凶, 累驗不爽。又精通面相, 六壬及五行等。隋時為資官令, 唐武德年間為蜀郡火井縣縣令。 貞觀六年, 唐太宗聽聞其名聲, 詔入朝收納為智囊。 貞觀八年(634年), 在其請求下, 唐太宗復任他為火井縣縣令, 以讓他返回家鄉, 同年四月, 袁天綱逝世。
    百度百科, 袁天罡 항목, 2019년 5월 25일 접속, https://baike.baidu.com.
2   장주근, 『한국민속론고(설화편)』, 민속원, 2013, 573쪽.
    "원천강은 오행상서(五行相書)들을 저술한 당대(唐代)의 복자(卜者)인데, 여기서는 도해역서(圖解易書)인 원천강화주역(袁天綱畵周易)을 말하는 듯하고, 신의 나라의 이름으로도 나타난다."

고 이러한 의미로 이해하여야 한다고 하였다.³ 김혜정은 박봉춘본의 원천강은 '공간과 책'을 의미하고, 조술생본의 원천강은 '사람 이름 혹은 직업'을 의미한다고 하였다.⁴ 선행 연구들을 종합할 때 원천강은 실존하는 책과 인물의 의미로 파악할 수 있다.

신동흔과 조홍윤은 〈원천강본풀이〉를 해석함에 있어 시간, 존재와 관련시켰다. 신동흔은 원천강의 공간을 존재의 근원과 관련시켰고,⁵ 조홍윤은 오늘이를 시간을 주재하는 신으로 파악하였다.⁶ 유정월은 〈원천강본풀이〉에서 팔자를 묻는 것을 지적하였다. 이 책에서는 이러한 논의들을 종합하여 구체화시키고자 하였다. 원천강이 존재의 근원인 이유를 서사의 흐름에서 찾아내고, 오늘이가 팔자를 알아보아 준다는 것의 의미를 강대원 심방을 통하여 확인하고자 하였다.

박봉춘본 〈원천강본풀이〉에서는 오늘이가 원천강을 다녀옴으로써 존재의 탄생이 어떻게 이루에 대하여 다루고 있다. 박봉춘본 〈원천강본풀이〉를 중심으로 시간이 무엇인지 묻고 답함으로써 존재의 탄생이 어떻게 이루어질 수 있는지 다루고자 한다.

이를 구체적으로 밝히기 위하여 원천강의 의미와 〈원천강본풀이〉가 담고 있는 존재의 발견과 탄생에 대하여 다루고자 한다.

2. '원천강'의 의미

〈원천강본풀이〉는 제주도 서사무가이다. 본풀이는 채록되어 남아 있으나 의례의

---

3 권복순, 「〈원천강본풀이〉의 본디 모습 연구」, 『배달말』 56, 배달말학회, 2015, 174쪽; 이수자, 「무속신화 〈원천강본풀이〉의 신화적 의미와 위상」, 『南道民俗學의 進展』, 태학사, 1998, 800쪽; 신동흔, 『살아있는 한국 신화』, 한겨레출판, 2014, 60쪽.
4 김혜정, 「제주도 특수본풀이 〈원천강본풀이〉 연구 : '神名'에 대한 再考를 중심으로」, 『한국무속학』 20, 한국무속학회, 2010.
5 신동흔, 앞의 책, 2014, 60쪽.
6 조홍윤, 「〈원천강본풀이〉의 서사에 나타난 '시간'의 의미 연구」, 『남도민속연구』 23, 남도민속학회, 2011, 414~415쪽.

현장에서 불리지는 않는다. 이 때문에 〈원천강본풀이〉의 오늘이를 설화 속 인물로 파악하여야 한다는 견해가 있다. 구복여행담이라 불리는 민담류와 서사의 줄거리가 유사하기 때문이다. 박봉춘본 오늘이와 조술생본 원천강이라는 인물이 추구하는 궁극적 의미와 설화에 등장하는 인물이 추구하는 '복'의 의미는 상이하다.

그렇기에 이 책에서는 원천강이 복자가 지은 책을 뜻하며, 신화적 가상 공간을 뜻한다는 입장에서 원천강의 의미를 이해하고자 한다. 원천강은 제주도 본풀이의 서두 부분에서 책자로 등장하여 시주를 받으러 온 이의 역량을 알아볼 수 있는 기준으로 작용한다. 신화적 가상 공간이라 함은 제주도 특수신본풀이의 성격으로 이질적인 공간을 오감으로써 분리와 통합을 지칭하는 공간을 의미한다.[7]

박봉춘본과 조술생본 〈원천강본풀이〉 모두 서사의 핵심이 원천강의 내력이다. 두 텍스트의 기본적인 서사는 상이하나 본풀이의 핵심이 되는 '원천강'의 의미의 지향은 동일하기에 조술생본과 박봉춘본을 함께 다루고자 한다.

1) 서명書名 '원천강'

〈원천강본풀이〉라는 이름으로 1930년대 박봉춘본이 채록되었고 1960년대 조술생본이 채록되었다. 박봉춘본 〈원천강본풀이〉는 오늘이가 부모를 만나고 돌아와 절을 다니며 원천강을 등사한다는 내용이다. 조술생본 〈원천강본풀이〉는 한 여인이 자신의 말실수로 남편을 잃게 되어 '원천강'이라는 역서를 보는 복자卜者가 된다는 내용이다.

박봉춘본에서 오늘이의 행적은 원천강 등사로 수렴된다. 아카마쓰의 기록에서 '절마다 뎅기며, 원턴강을 등사하게 하얏다'의 주석을 보면, '원천강의 사주역을 그리게 하였다는 의미일 것이다袁天綱の畵周易を寫させた意であらう'라고 하였다.[8] 원천강은 사주역

---

[7] 고은영, 「제주도 특수신본풀이의 성격과 의미 : '이곳과 저곳의 경계 넘어서기'를 중심으로」, 제주대학교 박사학위논문, 2019.

[8] 아키바 다카시·아카마쓰 지죠, 『韓國 近代 民俗·人類學資料大系 朝鮮巫俗の 研究』, 民俗苑, 2008, 541쪽.

을 기록한 책자이자 오늘이가 보게 된 신이하고 영원한 공간을 일컫는다. 이 공간이 사주역을 담고 있는 책자로 변환된 것이다. 당오백 절오백의 전통에서 이러한 도교와 무속의 복합적인 면모는 소중하다.

박봉춘본과 조술생본의 연결고리는 '원천강'이다. 이 책이 박봉춘본과 조술생본의 연결 관계를 밝히는 실마리가 된다. 텍스트에 드러난 '원천강'의 의미를 파악하고 박봉춘본과 조술생본의 관련성을 정리해 보고자 한다.

'원천강'은 제주도 일반신본풀이에 등장한다.[9] 심방들은 '원천강'을 역술서의 하나로 인식하여 본풀이의 구비 공식구로 활용한다. '원천강'은 사주명리학과 서양 점성학의 내용을 정리한 책이다. 강대원 심방이 함덕신굿에서 추물공연을 구연할 때, '원천강'과 유사한 내용을 구연하였다.[10] 실제로 추물공연의 비념 대목은 『원천강오성삼명지남袁天綱五星三命指南』과 유사하다. 이 저작은 중요한 것으로 당사주명리학의 근저를 활용한 것이다. 강대원 심방이 구연한 부분을 보면 다음과 같다.[11]

> 모른 거 제게제게 하나하나 께독 시기멍, 께독 시기멍, 앞질을 밝혀 줍서 예 모든 소원 시겨 주고 가며 **겁쌀 젯살 천쌀 지쌀 연쌀 월쌀 망신 장성 반한 역마 육해 화게 인쌀** 모략 선전 게움 투기 받을 일, 나게 맙서 일스오칠구 궂인 운을 들게 맙서.(강조와 밑줄은 필자)

'겁쌀, 젯살, 천쌀, 지쌀, 연쌀, 월쌀, 망신, 장성, 반한, 역마, 육해, 화게, 인쌀'이라

---

9 "아이고 주접, 선성님아, 경 말앙, 단수육갑(單數六甲) 오용팔괄(五行八卦ㄹ) 짚어 봅서."
"소면헐 듯 헙네다." 짚언 보난, "어명허난 당신임네
부족헌 게 엇곡 귀헌 게 엇이, 잘 살아도 아기 엇언, 호호 탄복 허염수까?"
"경 허민 원청강(袁天綱)이나 앗안 옵데가? 화주역(四周易)이나 갖언 옵데가?
허남춘 외, 『이용옥 심방 본풀이』, 제주대학교 탐라문화연구소, 2009, 108쪽.
"우리덜 부베간, 원천강 ᄉ주팔저 고남이나 헤여봅서.
[말 아기 엇엉 무우유화 허렌 헌 팔저꽈?" 원천강 ᄉ주팔저, [음영] 보아간다. 단수육갑을 지퍼간다.
허남춘 외, 『서순실 심방 본풀이』, 경인문화사, 2015, 168쪽.
10 강대원 심방은 24살에 무업을 시작하여 현재까지 활발한 무업을 행하는 동복리 매인심방이다.
11 함덕신굿은 2016년 5월 6일부터 5월 19일까지 김영철 심방 자택에서 행한 김영철 심방 초역례 굿을 말한다.

는 부분에 주목하여야 한다. 『원천강오성삼명지남袁天綱五星三命指南』 제7권 시단류詩斷類에 이와 유사한 내용이 있다.[12] 시단류는 명리를 볼 때 살殺과 관련된 것들을 간추려 200여 수의 시로 결과를 정리한 것이다. 시단류의 구체적인 내용을 지적하자면 '정역마定驛馬, 정마전육해定馬前六害, 정화개定華蓋, 정겁살定劫殺, 정재살定災殺, 정천살定天殺, 정지살定地殺, 정년살定年殺, 정월살定月殺, 정망신定亡身, 정장성定將星, 정반안定攀鞍, 정장생定長生, 정목욕定沐浴, 정관대定冠帶, 정임관제왕定臨官帝王, 정쇠병사定衰病死, 정묘고定墓庫, 정포절定胞絶, 정태양定胎養' 등의 제목 아래 여러 가지를 유형화하여 시결로 만들었다.[13]

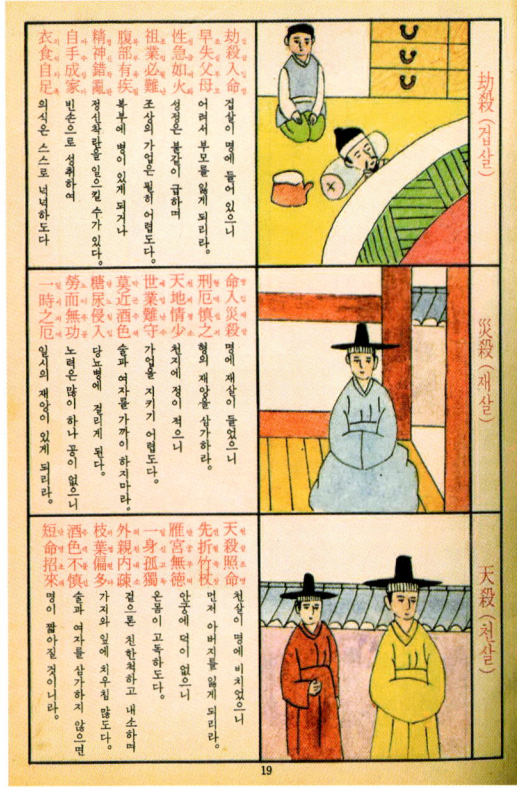

강대원 심방 소장 『易學全書』

---

12 한국학 디지털 아카이브 원천강오성삼명지남 v1[袁天綱五星三命指南 v1]
http://yoksa.aks.ac.kr/search/Search.jsp?fn=&search_word=&searchtype=0&mode=all&mType=0&searchText=&startdate=&enddate=&sobj=0&keywordtext=%EC%9B%90%EC%B2%9C%EA%B0%95&sopt=

13 "역마살은 한 곳에 머물러 살지 못하고 명운이 활동성과 이동성을 가지고 있는 기운, 겁살은 빼앗기고 강탈당하는 기운, 지살은 땅에 관련된 재앙으로 한곳에 오래 머물지 못하여 객지 생활을 하게 되는 기운 등이다. 이러한 살들은 흉신으로 작용하면 망신살이 부끄러운 모습을 드러내는 것이지만 요새는 연예인 등 인기를 기반으로 하는 직업으로 흥할 수 있다. 지살은 흉신으로 작용할 때에는 객지에서 고생한다라고 해석하지만, 길신으로 작용할 때에는 고향을 떠나 자수성가 할 운으로 해석한다. 겁살이 흉신으로 작용할 때에는 재산이나 아내를 빼앗기거나 송사 등에 휘말리기 쉬우나 길신으로 작용할 때에는 경쟁자의 도움으로 전화위복이 될 수 있다고 한다."
고봉거사, 『원천강』, 퍼플, 2017, 160~189쪽.

강대원 심방에게 비념에 담긴 말명의 의미를 물었다.[14] 강대원 심방은 『易學全書』이라는 책자를 보여주며 여기에 있는 말이라 하였다.[15] 주역의 원리를 자신의 말명에 반영하고 있음을 확인할 수 있었다. 책의 부분을 살펴보면 다음과 같다.

원천강오성삼명지남의 시단류와 동일한 내용이 강대원 심방 소장본 『易學全書』에 담겨 있음을 확인할 수 있었다. 『易學全書』 십이살론十二殺論에 겁살, 재살, 천살, 지살, 연살, 월살, 망신살, 장성, 반안살, 역마살, 육해살, 화개살과 관련된 내용이 담겨 있었다.

또한 원천강오성삼명지남에 손가락을 이용해 점을 치는 '장결掌訣'에 대한 내용이 들어 있는데 이와 유사한 내용을 강대원 심방에게 확인할 수 있었다. 강대원 심방이 점을 칠 때 손가락을 사용하거나 쌀을 집어 점사를 보는데 아래의 사진들이 유사한 내용을 담고 있었다.

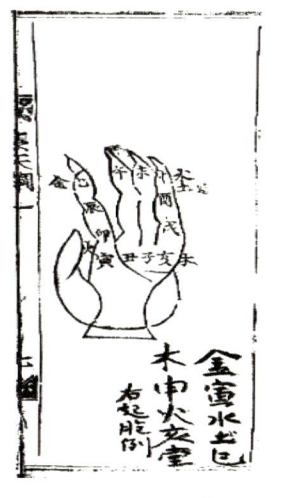

원천강오성삼명지남[16]

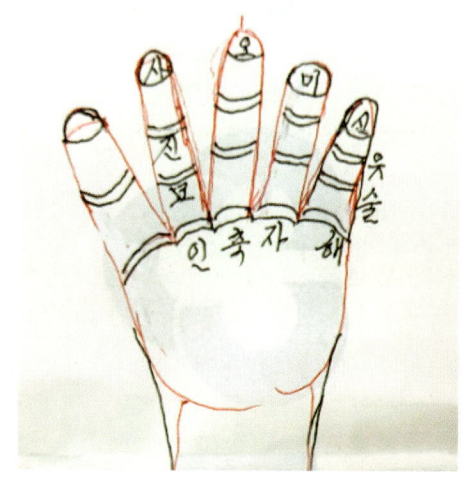

강대원심방 소장

---

14 2020년 11월 6일 강대원 심방 자택에서 면담을 진행하였다.
15 동아도서 편집부, 『易學全書』, 동아도서, 1985, 13쪽.
16 한국학 디지털 아카이브 원천강오성삼명지남 v1[袁天綱五星三命指南 v1]
    http://yoksa.aks.ac.kr/jsp/aa/VolumeList.jsp?mode=&page=1&fcs=&fcsd=&cf=&cd=&gb=&aa10up=kh2_je_a_vsu_30440_000&keywords=%EC%9B%90%EC%B2%9C%EA%B0%95+%E8%A2%81%E5%A4%A9%E7%B6%B1&rowcount=10&listsort=%EC%84%9C%EB%AA%85

강대원 심방과의 면담을 통하여 원천강을 이용해 현재까지 점을 치고 있음을 확인할 수 있었다. 〈원천강본풀이〉의 '원천강'이라는 책은 점을 치는데 사용하는 책이며 제주도 무속과 무관하지 않다.

박봉춘본과 조술생본의 공통점은 주인공이 여자이며 '원천강'이라는 책이 등장한다는 것이다. 오늘이는 원천강을 다녀온 뒤에 등사를 하고, 원천강이란 여인네는 원천강을 보는 이가 된다. 원천강이라는 책이 만들어지기까지의 과정이 박봉춘본에 담겨 있고, 이러한 책의 활용이 조술생본에 담겨 있다.

박봉춘본에서 '원천강'은 공간이자 책을 의미한다. 강림들에서 솟아난 오늘이가 여러 존재들의 도움을 받아 원천강에 도착하고, 부모를 만나 원천강을 돌아본다.[17] '인간에 강림하야 절마다 뎅기며, 원턴강을 등사하게 하얏다'는 내용으로 미루어 보아 원천

---

17 박봉춘본 〈원천강본풀이〉
① 오늘이가 강림들에서 솟아나 학으로부터 보호를 받고 자란다.
② 오늘이가 박이왕의 어머니인 백씨부인을 만나 원천강에 가면 부모를 만날 수 있다는 이야기를 듣는다.
③ 오늘이는 장상이에게 원천강 가는 길을 묻고, 장상이는 오늘이에게 자신이 글만 읽는 이유를 물어 달라고 부탁한다.
④ 오늘이는 연꽃나무에게 원천강 가는 길을 묻고, 연꽃나무는 오늘이에게 자신이 상가지에만 꽃이 피는 이유를 물어 달라고 부탁한다.
⑤ 오늘이는 천하대사(天下大蛇)에게 원천강 가는 길을 묻고, 천하대사는 오늘이에게 자신이 용이 되지 못하는 이유를 물어 달라고 부탁한다.
⑥ 오늘이는 천하대사의 등에 타서 청수바다를 건넌다.
⑦ 오늘이가 매일이에게 원천강 가는 길을 묻고, 매일이는 오늘이에게 자신이 글만 읽는 이유를 물어 달라고 부탁한다.
⑧ 오늘이는 울고 있는 하늘옥황 시녀궁녀들을 만나 바가지의 구멍을 막아 그들의 벌역(罰役)을 끝낸다.
⑨ 오늘이가 시녀궁녀의 도움으로 원천강 입구에 다다라 부모를 만나게 되고, 부모가 항상 자신을 보호하고 있었다는 사실을 알게 된다.
⑩ 오늘이가 춘하추동이 모두 모여 있는 원천강을 둘러본다.
⑪ 오늘이는 자신이 부탁받은 물음들을 부모에게 묻고 답을 얻는다.
⑫ 오늘이는 원천강을 나와 매일과 장상을 부부의 연을 맺게 한다.
⑬ 오늘이는 천하대사를 만나 야광주를 버리게 하여 용이 되게 한다.
⑭ 오늘이는 연꽃나무가 건넨 꽃을 받고, 연꽃나무의 다른 가지에 고운 꽃이 피는 것을 본다.
⑮ 오늘이는 백씨부인을 만나 야광주를 선물하고 자신은 옥황의 신녀가 된다.
⑯ 오늘이는 인간에 강림하여 절마다 다니며 원천강을 등사한다.
赤松智城・秋葉隆, 沈雨晟 옮김, 『朝鮮巫俗의 研究』, 東文選, 1991, 292~299쪽.

강은 원천강이라는 공간에 담긴 이치를 담은 책으로 이해할 수 있다.[18] 오늘이가 절마다 다니며 원천강의 비결을 알리는 것이다.

조술생본 〈원천강본풀이〉는 남편을 잃은 여인네가 복자ト者가 되는 기구한 사연을 담은 이야기이다.[19] 조술생본에서 특이한 점은 남편의 이야기가 중심이 됨에도 불구하고 남편은 이름조차 드러나지 않는다. 원천강이 되기도 전에 원천강은 '원천강'이라 불리고, 그녀의 남편 역시 남편의 이름이 아니라 '원천강의 남편'으로 불린다. 결국 원천강 남편의 서사를 제시하는 이유가 원천강의 탄생과 연관된다. 원천강이 되기 위한 사연을 말하기 위하여 남편의 이야기가 필요한 것이다.

> 원천강의 남펜네가
>
> 왕이 되젠 ᄒ난 …(중략)… 원천강 남펜넨
>
> 영ᄒ 스실을
>
> 미리 알고,
>
> 원천강고라.
>
> "아무날 아무시에
>
> 누게가 날 춫앙 오고대라
>
> "몰르키엥"만 배기라."
>
> ᄒ여 두언.

---

18 이리한 오늘이는 인간에 강림하야 절마다 뎅기며, 원텬강을 등사하게 하얏다.
　赤松智城・秋葉隆, 沈雨晟 옮김, 위의 책, 299쪽.
19 조술생본 〈원천강본풀이〉
　① 원천강의 남편이 왕이 될까 두려워 그를 죽이기 위하여 나라에서 사령을 보낸다.
　② 원천강 남편은 원천강에게 자신을 찾는 사령이 오면 모른다는 말을 하라고 시킨다.
　③ 원천강 남편은 장독 속에 들어가 공부를 한다.
　④ 원천강은 어린 아이를 업은 여자를 보낸 나라의 꾀에 넘어간다.
　⑤ 원천강은 남편에게 나오라고 하고 남편은 잡혀 간다.
　⑥ 원천강은 남편의 원망을 듣고, 원천강 남편은 원천강이나 보고 살라고 원천강에게 말을 한다.
　⑦ 원천강의 부인은 이후부터 원천강이라고 불린다.
　진성기, 「원천강본」, 『제주도무가본풀이사전』, 민속원, 2002, 613~614쪽.

> 이녁은 장판뒤에 간
>
> 장황굽을 파고
>
> 그디 지새독을 싱거서
>
> 그쏘곱에 들어앚안[20]

조술생본에서 원천강 남편의 존재가 의미하는 바를 명확히 알아야 한다. 원천강의 남편은 하늘의 때를 아는 이로 미리 일어날 일을 예측할 수 있는 이이다. 하늘의 뜻을 품은 채 지하세계로 들어가 때를 기다리는 모습은 천天, 지地, 인人의 합일에 도달하고자 노력하는 인간의 모습이다. 그는 자신의 운명을 알고, 그 운명을 둘러싼 세세한 일까지 알고 있는 이이다.

> 원천강 남펜은 잽혀 가멍.
>
> 원천강ᄀ라 ᄒ는 말이.
>
> 너 이년이
>
> 즘즘만 해시민
>
> 사흘 후젠
>
> 하늘에 올라강
>
> 왕이 되영 펜안이 살곡.[21]

'원천강의 남펜네가 왕이 되젠 ᄒ난'에서 말하는 왕은 지상의 왕이 아니다. 하늘에 올라가서 왕이 되는 것이다. 아기장수 설화와 줄거리는 유사하나 그 의미가 유사하지 않다. 아기장수 설화의 바탕에는 지상에서 민중을 구원하는 장수의 출현이 담겨 있는 반면, 조술생본에서는 천상에서의 왕이 되는 내용이 담겨 있다. 줄거리만 유사할 뿐,

---

20   진성기, 「원천강본」, 위의 책, 613쪽.
21   위의 책, 614쪽.

이야기 속에서 지향하는 바가 다르다.

원천강의 남편은 원천강에게 '원천강이나 봥 살라'고 한다. '원천강'이라는 책이 원천강의 남편에게서 원천강으로 전해진다. 원천강은 '원천강'을 보며 산다고 하여 '원천강'이라는 이름으로 불린다.

박봉춘본과 조술생본은 서로 다른 서사를 가지고 있지만, '원천강'이라는 책을 기준으로 하면 '원천강'이라는 책의 탄생에서부터 활용까지의 연결고리로 파악할 수 있다. '원천강'이 책을 뜻한다면 '원천강'이라는 책 속에 담겨 있는 의미가 무엇인지 살펴보아야 〈원천강본풀이〉를 해석할 수 있다. 이에 대한 내용은 박봉춘본에서 구체적으로 담고 있기에 박봉춘본을 중심으로 살피고자 한다.

2) 시간의 합일

원천강은 사계절이 담겨 있는 곳이다. 인간은 시간이 정해져 있고 사계절이 분절된다고 생각한다. 과거, 현재, 미래가 나뉘어 있고 한 해가 봄, 여름, 가을, 겨울로 구분된다고 생각한다. 시간이 흘러가는 것이고, 한번 가버린 시간은 다시 돌아오지 않는다고 생각한다. 봄이 지나고 내년에 다시 봄이 돌아와도 내년에 맞는 봄은 올해의 봄과는 다른 시간으로 파악한다. 이러한 시간관을 깨트리는 것이 신화이다. 신화 속에서의 반복은 영원을 뜻한다. 박봉춘본은 이러한 신화적 시간관이 드러난다. 오늘이의 눈을 통하여 시간이 무엇인지 말하여 준다.[22]

　　이리하야 구경이나 하라고 허니
　　만리장성 둘러싸흔 곳에

22　원천강이라는 공간이 드러내는 것이 시간의 합일이며, 존재의 근원이라는 것은 이미 조홍윤, 신동흔, 유정월 등의 연구에서 제시되었다. 이 책에서는 시간의 합일이 가지는 의미가 존재와 연관된다는 것을 중심으로 다루고자 하였다.

곳곳마다 문을 열어 보앗다
보니 춘하추동 사시절이 모다 잇는 것이엇다[23]

'원천강'에서 사계절은 공존한다. 순차적으로 흐르지도 않고, 사라져 버리지도 않는다. 오늘이는 원천강에서 시간이 봄, 여름, 가을, 겨울로 나뉘지 않는다는 사실을 깨닫게 된다. 인용문을 보면 '곳곳마다 문을 열어 보앗'더니 '춘하추동 사시절이 모두 잇'다고 하였다. 우리가 인지하는 시간의 개념과 다른 세계가 열린 것이다.

새롭게 정의된 시간 앞에서 오늘이라는 이름이 무엇을 뜻하는지 생각하게 된다. '오늘'은 인물인 동시에 '오늘'이라는 시간을 함의한다고 읽어야 원천강의 의미를 해석할 수 있다.

'오늘'이라는 시간은 모순을 내포한다. 오늘이라는 현재의 시간 속에 지나간 오늘과 미래의 오늘이 함께 담긴다. 오늘은 지금 지나가고 있는 이날을 말하며, 지금은 말하는 바로 이때를 말한다. 지금이라는 것은 우리가 지금이라고 말하는 순간 우리가 인지하는 시간으로 구분한다면 아주 작은 차이의 모순을 내재하게 된다. 지금이라고 말하는 순간 이때는 이미 지나가 버린다. 지금이라는 말은 연속된 시간의 선상에서 한 점을 차지하지만 그 지점을 미세하게 들여다보고 있으면 지금이라는 말 역시 과거, 현재, 미래가 공존한다. 지금을 현재라고 말하면서 그 안에 과거와 미래가 포함되어 있다는 사실을 간과한다. 예를 들어 우리가 '지금'이라고 발화하면 발화된 '지금'은 과거가 되어 버리고, 지정하지 않은 미래의 시간이 지금이 된다. '지금'이라는 단어를 발화하는 하나의 예만 보더라도 미래가 끊임없이 현재로 변환되면서 과거로 환치되고 있음을 알 수 있다. 우리는 오늘이 무엇인지, 지금이 무엇인지에 대한 고찰 없이 지금이라는 한 지점을 정하여 그것을 기준으로 시간을 정의 내린다. 다만 그 기준점 자체가 모순이라는 사실을 간과한다.

이 모순을 극복하는 방법은 시간의 정체가 하나라는 것을 인정하는 데에서 비롯된

---

23 赤松智城・秋葉隆, 沈雨晟 옮김, 앞의 책, 1991, 298쪽.

다. 과거, 현재, 미래의 경계와 봄, 여름, 가을, 겨울의 경계를 허물어 버리는 것이다. 시간을 하나로 인정하면 모순은 해결된다. 사람들은 오늘이를 보고 오늘 솟아났으니 이름을 오늘이로 짓는다. 정확히 이야기하자면 오늘이가 솟아난 것은 지금이 아니다. 과거, 현재, 미래를 포용하는 한 점에서 오늘이가 탄생한 것이다.

우리는 경계가 존재하지 않는 시간을 분절하여 파악한다. 오늘이가 여는 원천강의 문처럼 계절이라는 문, 과거·미래·현재라는 문으로 시간을 나누어 파악한다. 하나의 전체를 보지 않고 '봄'이라고 하여 '문'을 만들고 그 문을 통하여 시간의 단면을 본다. 봄과 여름의 경계는 존재하지 않는데 인간이 자신이 만든 '봄'이라는 문을 닫고, '여름'이라는 문을 열기까지를 경계로 삼아 봄과 여름을 구분하고, 다른 계절들을 다시 구분한다.

〈원천강본풀이〉에서 시간을 상징하는 인물들은 오늘이 이외에도 장상과 매일이 있다. 장상은 영원을 뜻하고, 매일은 장상에 비하여 짧은 하루의 시간을 뜻한다. 이들이 부부의 연을 맺기 전 그들의 행위를 살펴보면 매우 유사하다는 것을 알 수 있다. 오늘이가 장상과 매일을 찾았을 때를 보면 다음과 같다.

장상	매일
나는장상이라고하는사람인대,**옥황의분부가 여기안저언제든지글만넑어야한담니다** 그런데당신은무슨일로이곳에오섯슴니가 부모국이원텬강이라하니 그곳으로가는길임니다.오늘이가대답하니 그청의동자가친절헌말로 **오늘은날이다-점울엇스니 올나와서이곳에유숙하얏다가** 밤새거든써납시요.올나가서치사하고[24]	**매일이는거번의청의동자모양으로 별층당우에안저,글울넑고잇더라** 인사를 맛치고,부모국원텬강의 길인도를청하니,쾌로히승락하고 원텬강에가서,**자긔의항상 글만넑고잇는팔자를무러다달나하고** 오늘이에게부탁하다 그곳에서**일야를유숙하고작별할때**[25]

---

24 위의 책, 293쪽.
25 위의 책, 295쪽.

오늘이가 장상과 매일을 찾아갔을 때, 왜 글을 읽는지 언제까지 글을 읽어야 하는지 모른 채 그들은 글만 읽고 있었다. 장상과 매일이라는 이름이 의미하는 바는 긴 시간인 영원과 짧은 시간인 매일이다.

장상과 매일, 둘은 만나게 되어 함께하게 된다. 오늘이가 원천강의 세계를 보고 나서 그들에게 준 답이 서로를 만나게 해 주는 것이다. 영원 속에서 매일을 매일 속에서 영원을, 이렇게 둘이 하나가 되었을 때, 하루가 영원에 속하며 영원 역시 하루와 관련 있다는 것을 알 수 있다. 그들에게 주어진 존재의 의미를 알게 되어 글만 읽는 반복되는 무의미한 세계 속에서 벗어난다. 삶의 의미를 찾고 새로운 존재로 변화하기 시작하는 것이다. 이에 대해서는 '3. 존재의 발견과 탄생'에서 후술하고자 한다.

'오늘'이라는 인물이 지나온 장소, 만나는 존재들이 의미하는 것은 우리의 삶 그 자체이다. 식물이 싹을 틔우듯 식물이 '오늘'이라는 시간을 거치며 시간이 그 존재에 머물러 있고, 동물 역시 마찬가지로 '오늘'이라는 시간을 거치며 나이를 먹는다. 오늘이가 원천강을 다녀오고 나서 이들에게 다시 돌아오는 것처럼 오늘은 과거, 현재, 미래가 하나라고 이야기한다.

오늘이가 도착한 '원천강'은 오늘이의 여정이 가지고 있는 의미를 환기한다. 오늘이의 부모는 오늘이 하는 일을 다 보고 있었다고 오늘이에게 말하고, 오늘이에게 원천강을 구경하라고 한다.

> 항상 너의 하는 일을 다 보고 잇섯스며
> 너를 보호하고 잇섯다[26]

오늘이의 부모는 오늘이에게 '항상 너희 하는 일을 다 보고 있었으며 너를 보호하고 있었다'고 말한다. 원천강을 지키라고 명을 받은 부모가 오늘이를 항상 보고 있고, 보호하고 있었다면 원천강의 세계와 오늘이의 세계는 단절되지 않은 세계이다. 이에

---

26 위의 책, 298쪽.

대한 구체적 근거가 원천강에 대한 설명에 드러나 있다. '만리장성 둘러 쌓은 곳에 곳곳마다 문을 열어보앗'더니 '춘하추동 사시절이 모두 있'었다. 결국 원천강은 시간을 담고 있는 공간이다. 시간이 홀로 독립적으로 존재하는 것이 아니라 공간에 의해 둘러싸여 담겨 있다. 원천강이라는 공간 안에 들어 있는 것이 시간이고, 천신만고 끝에 부모를 찾아온 오늘이에게 보라고 한 것이 바로 시간이다.

원천강은 시간의 본원적 의미에 대하여 생각할 수 있는 공간이며 이러한 속성은 오늘이의 존재 근원과 결부된다. 오늘이는 부모나 다른 존재와 분리된 존재가 아니라 서로의 관계 맺기를 통하여 자신의 존재 근원을 알게 되며 자신이 무엇을 해야 할지 깨닫는 존재이다. 부모와 '오늘'이는 별개의 존재이나 부모가 '오늘'이를 탄생하게 하였다. 오늘이의 탄생은 오늘이의 부모에 의해서 가능하다. 씨앗과 열매의 비유를 부모와 자녀에 빗대어 이야기하자면 부모가 자녀에게 씨앗을 나누어 준 것은 분명하나 '오늘'이라는 열매는 오늘이의 부모와는 상관이 있으나 서로 다른 존재이다. 오늘이의 안에는 오늘이 부모라는 씨앗이 있고 오늘이의 부모에게는 다시 오늘이 부모의 부모가 전해 준 씨앗이 있어서 이들의 만남은 '오늘' 바로 이 순간 만나고 있으나 몇 대에 몇 대를 걸친 시간이 만나고 있는 것이다. 그리고 이 시간을 통하여 점유하고 있는 순간을 특정하게 '오늘'이라고 말한다.

'오늘'이 상징하는 바는 원천강처럼 사계절이 함께 있으며 '오늘'이 안에 부모의 과거가 있듯이 여러 시대가 함께 있다는 것이다. 함께 있다는 것은 결국 시간이 흐른다는 말을 부정하는 것이다. 시간이 흐르는 것이 아니라 이들은 하나이기에 과거, 현재, 미래가 함께 있을 수 있고 봄, 여름, 가을, 겨울이 함께 있을 수 있다. 시간을 우리가 쪼개어 원천강에 문들을 만들었으나 그 문 너머에는 결국 하나로 통하는 시간의 본원이 있는 것이다.

다음 장에서 오늘이와 오늘이가 만난 존재들에 대하여 다룬다. 사람들은 강림들에서 솟아난 '오늘'이를 오늘 태어났으니 '오늘'이라 하여 이름을 붙였다. '오늘'이라는 이름이 생겼으나 오늘이는 자신이 누구인지 알지 못한다. '오늘'이라는 존재가 발견되고 그 의미를 밝히게 되어 존재의 의의를 찾게 되는 여정을 살펴보도록 하자.

3. 존재의 발견과 탄생

이번 장에서는 다른 존재와 관계 맺기를 통한 존재의 탄생에 대해 다루고자 한다. 사람들은 강림들에서 솟아난 '오늘'이를 '오늘'이라고 이름 붙인다. 낳은 날이 오늘이기에 '오늘'이라고 이름 붙였으나 '오늘'이 무엇인지 '오늘'이도 사람들도 알지 못한다. '오늘'이 무엇인지 궁구하기 위한 시작점은 박이왕의 어머니이다. 〈천지왕본풀이〉에 등장하는 대별왕, 소별왕의 어머니인 박이왕은 저승과 이승을 다스리는 이들을 통합할 수 있는 통로이다. 저승과 이승이 분리되기 이전의 시대를 일컫는 것이다. 박이왕의 어머니가 '오늘'이에게 '원천강'에 있는 부모를 만나라 하여 여정의 출발점을 마련한다.

오늘이 자신은 자신이 누구인지도 모르는 상태에서 사람들이 부여해 준 이름을 가지고, 자신이 누구인지 알기 위해 길을 떠난다. 길을 떠난다는 것은 현재와 다른 변화를 위한 노력이다. 자신의 부모가 누구인지 모르는 상태를 역동적으로 극복하고자 또한 이를 통하여 자신을 알고자 길을 떠난다. '오늘'이는 자신이 있는 곳에서 벗어나 새로운 방향으로 나아가며 다른 존재들을 만난다. 오늘이와 만나는 존재들 역시 자신의 존재 의미를 찾아 다시 거듭나는 존재들이다. 이들은 인간에 국한되지 않으며, 동물과 식물을 포함한다. 이들 나름대로 자신의 삶을 열심히 살아나가며 자신이 누구인지 자신이 왜 이러한 일을 하는지 스스로 질문하고 답하는 이들이다. 이들이 품고 있는 삶에 대한 질문의 답을 오늘이가 그들에게 전해주었고, 그들은 이를 통하여 자신의 존재 의미를 알게 된다.

1) 시간과 존재의 만남

오늘이가 적막한 들에 나타나 사람들에 의하여 발견된다. 사람들은 오늘이가 누구인지 몰라 오늘이에게 물으나 오늘이는 아무 것도 알지 못한다는 답을 한다.

옥갓튼계집애가적막한드를에웨로히낫타나니

그를발견한차세상사람들이

어는어쎠한아해냐뭇더라

나는강님드를에서소사낫슴니다

성이무엇이며일음이무엇이냐

나는성명도몰으고아모것도몰음니다

그리하니엇찌하야우금까지살어왓느냐

내가강님드를에소사날째부터

엇썬학조가날너와서

한날애를깔어주고한날애를덥허주며

야광주를물녀주며,그리저리살녀주니

오날까지무사히살어왓슴니다

년령은얼마이냐,나희도몰음니다

이러하니사람사람들이,너는나혼날을몰으니

오날을나혼날로하야**일음을오날이라고하라**

여러백성들에게일음을지여어더[27](강조와 밑줄은 필자)

   사람들은 '적막한 들에 외로히 나타난 옥같은 계집애'를 '발견'하여 4가지 질문을 던진다. '어는 어떠한 아해냐?', '성이 무엇이며 일음이 무엇이냐?', '그리하니 어찌하여 지금까지 살아왔느냐?', '연령은 얼마이냐?' 이 4가지 질문에 대한 답을 오늘이는 제대로 하지 못한다. 어떻게 살아왔느냐에 대한 질문에만 '어떤 학조鶴鳥'의 도움에 의하여 무사히 살아왔다고 답을 한다. 오늘이는 학조가 물려주는 야광주를 통하여 살아나가고, 본풀이의 결말에 이르러서는 그 야광주를 가진 신녀神女가 된다. 그 학조가 왜 자신을 도와주었는지, 자신이 어떻게 하여 이러한 도움을 받게 되었는지 오늘이는

---

27 위의 책, 292쪽.

알지 못한다.

사람들에 의해 발견되고 이름이 주어진 오늘이는 관계에 의해 드디어 사람들의 세계에 진입한다. 이름을 얻게 되고, 서로 대화로 관계를 맺는다. 이 관계를 통하여 자신에 대하여 알게 되는 것은 자신이 아무 것도 모른다는 것이다.

'오늘'이라는 시간에 의한 인식 역시 오늘이의 존재와 같다. 사람들은 '오늘'을 매일 맞지만 그 오늘이 어떻게 주어지는지 그리고 무엇인지 알지 못한다. 자신이 '오늘'이지만 오늘이 무엇인지, 자신이 누구인지 오늘이는 원천강을 다녀오기 전까지 아무런 답을 내지 못한다.

이렇게 '모른다'라는 것을 인지하고, 자신이 누구인지 알기 위해 부모의 존재를 찾아 떠나는 오늘이의 출발점은 백씨부인이다. 백씨부인이 오늘이에게 원천강의 존재를 이야기해 준다. 박이왕의 어머니는 천지왕이 수명장자를 징치하기 위해 지상에 내려왔을 때 천지왕에게 밥을 대접하고, 자신의 딸을 천지왕과 배필을 맺게 하여 박이왕이 대별왕과 소별왕을 낳을 수 있도록 마련해 준 이이다.[28] 백씨부인을 통하여 드러내고자 한 것은 이승과 저승이 나뉘지 않은 모태의 세계가 있듯이 '시간' 역시 나뉘지 않은 근원 세계가 있음을 오늘이에게 일러주는 것이다. 우리의 삶이라는 것은 '오늘'을 살며 이승에서 저승을 향해 달려가는 형국이기에 이승과 저승을 차지한 소별왕과 대별왕을 낳은 어머니의 어머니이기에 오늘을 알기 위해 어떻게 행하여야 하는지 '오늘'이에게 일러 줄 수 있다. 신기한 것은 어디를 가야 원천강을 갈 수 있는지 직접 말하여 주는 것이 아니라 바로 다음 단계만을 이야기해 준다는 것이다.

오늘이는 여정을 떠나 장상과 매일을 처음 만나고 연꽃나무, 대사, 시녀궁녀 등을 차례대로 만난다. 처음 만나는 이인 장상長常은 '오늘'이라는 시간이 길고도 무한하다는 의미를 함축한다. 지금 현재의 '삶'을 살면서 '죽음'이라는 것은 영원 너머의 것으로 인지하며 살기 마련이다. 그러한 시간은 인간뿐 아니라 연꽃나무, 대사大蛇에게도 동일한 시간이며 이들 역시 자신의 삶을 위하여 최선을 다하며 살아간다. '삶'이라는

---

28 위의 책, 288~289쪽.

것은 인간 유한의 것이 아니며 시간이라는 것 역시 인간 고유의 것이 아니다. 오늘이는 장상, 연꽃나무, 대사, 매일, 시녀궁녀 등을 만나고 원천강에 도달한다.

오늘이는 자신의 존재에 대해 물음을 던지고 그것을 해결하고자 노력한다. 오늘이에게 원천강 가는 길을 일러준 존재들을 만나는 동안 '오늘'이는 현재에 머물러 있다. 의미가 없는 행위를 거듭하여 어제와 같은 오늘을, 오늘과 같은 내일을 반복하고 있기 때문이다.

2) 존재의 탄생

박봉춘본 〈원천강본풀이〉와 조술생본 〈원천강본풀이〉에는 존재의 탄생이 담겨 있다. 박봉춘본에서 오늘이, 장상, 매일, 연꽃나무, 이무기는 자신들이 추구하는 삶으로 나아가는 존재이다. 조술생본에서는 남편을 잃은 원천강이 평범한 아낙의 삶에서 원천강의 삶으로 변화가 드러난다.

박봉춘본에 등장하는 이들은 자신이 추구하는 바를 이룬다. 자신이 추구하는 바를 이루지 못하거나 자신이 어떠한 것을 추구해야 하는지 알지 못하는 상태에서 그것을 알고 이루는 존재로 변화한다. 박봉춘본에서는 자신이 누구인지 모르는 오늘이가 원천강의 세계를 등사하는 구도자로서 자신이 누구인지 무엇을 해야 하는지 아는 오늘이로 변화한다. 매일과 장상은 글 읽는 일을 반복하며 글을 언제까지 읽어야 하는지 알지 못하는 상황에서 '오늘'을 통하여 서로의 짝을 만나게 되어 자신의 의미를 알게 된다. 연꽃나무는 열심히 꽃을 피우기 위해 노력해도 한 송이 꽃만 피우던 나무에서 오늘이에게 꽃을 줌으로써 꽃을 가득 피우는 나무가 된다. 야광주를 세 개나 물고 있는 이무기는 용이 된 이들보다 더 많이 야광주를 가졌음에도 자신이 바라는 용이 되지 못하다가 야광주 두 개를 오늘이에게 줌으로써 용이 된다.

조술생본에서 등장하는 원천강은 자신이 추구하는 바가 아니었으나 원치 않게 새로운 존재로 변화된 삶을 살게 된다. 남편이 있는 곳을 발설하게 되어 평범한 아낙에서 남편을 잃은 원천강으로 살게 된다.

이러한 변화는 새로운 존재들의 만남으로써 가능해진다. 박봉춘본에서는 자신의 노력만으로 되는 것이 아니라 오늘이가 원천강에서 가져온 답을 다른 이들에게 전해줌으로써 가능하게 된다. 조술생본에서는 원천강이 잘못 알게 된 정보로 인하여 남편을 숨겨 주고 보호해주는 존재에서 남편의 위치를 직접 알려 남편에게 해를 끼치는 존재가 된다. 박봉춘본에서는 자신이 의도하며 자신이 추구하는 삶으로의 변화가, 조술생본에서는 자신이 의도하지 않는 삶으로의 변화가 드러난다.

박봉춘본의 존재들과 조술생본의 원천강 모두 '원천강'을 계기로 자신의 삶이 달라진다. 박봉춘본에서는 원천강에서 답을 가져와 그것을 행함으로써 변화가 이루어지고, 조술생본에서는 남편이 원천강이라는 책을 자신의 아내에게 줌으로써 변화가 이루어진다.

박봉춘본 〈원천강본풀이〉에서 오늘을 어떻게 살아야 하는지 궁금증을 갖던 존재들이 원천강을 다녀온 '오늘'이를 만나 삶의 해답을 얻는다. 해답을 통하여 자신이 추구하는 바대로 자신의 삶을 살게 된다. 오늘을 잘 살기 위해서 매일과 장상이는 결혼을 하고, 연꽃나무는 연꽃나무의 꽃을 함께 나누어야 한다는 것을 깨닫게 되고, 대사는 소중한 것을 독점하는 것이 아니라 나누며 살아가야 자신이 원하는 삶을 살아갈 수 있다는 것을 깨닫는다.

'오늘'이를 만난 존재들에게 '오늘'이는 원천강을 찾아 헤매는 구도자이자, 시간의 존재로 읽힌다. 인물로 현현된 '오늘'이는 삶의 의미를 깨닫게 하는 존재이다. 오늘이를 비롯하여 오늘이가 만나는 존재들은 현재의 삶을 '오늘'이라고 규정하고 삶을 살아가나 오늘이가 '어떠한 아해인지' 모르는 것처럼 오늘의 의미를 알지 못한다.

박봉춘본 〈원천강본풀이〉에서 오늘이 무엇인지 말한다. 장상과 매일이라는 길지만 짧은 시간에 '오늘'이 깃들어 있다. 사람이 아닌 식물인 연꽃나무, 동물인 대사大蛇에게도 오늘은 깃들어 있다. 그들은 치열하게 '오늘'을 살아내고 있으나 '오늘'이 누구인지 모르는 것처럼 자신이 누구인지 어떻게 살아야 하는지 알지 못한다. '오늘'이 어떠한 의미를 지니는지 모르는 채 다만 열심히 하루를 살아간다.

'오늘'이가 원천강을 다녀옴으로써 '오늘'이라는 총체성을 깨닫게 된다. 시간은 과거와 현재, 미래가 함께 공존하며 자신 역시 오늘을 매개로 한 과거의 삶과 미래를 추구하는 삶의 방향이 오늘로 전환되며 자신을 만들어 간다는 것을 깨닫는다.

오늘이를 통하여 자아의 탄생 과정을 보여준다. 자아가 형성되는 것은 자신이 누구인지 모른다에서 출발하여 자신이 누구인지 알아가는 하나의 과정이며 계속되어 변화하는 과정이다. 오늘이라는 자아는 오늘이라는 주어진 시간 속에서 여러 장소와 관계를 거치며 변화하며 이 변화를 포함하는 것이 자아이다. 오늘이라는 시간 속에 오늘이의 시간이, 연꽃나무의 시간이, 이무기의 시간이 모두 포함된다. 시간과 장소를 공유하며 자신의 것을 내어줌으로써 서로 관계를 맺고 이를 통하여 변화한다. 연꽃나무와 이무기가 오늘이에게 꽃과 야광주를 주자 오늘이는 옥황의 신녀가 된다. 연꽃나무는 꽃을 많이 피우는 나무가 되고, 이무기는 용이 된다. 자신의 것을 내어주어 자신이 원하는 존재로 거듭난다.

4. 결론

'오늘'이라는 시간은 하나인 연속된 선상의 점에 불과하다. 이 점을 구분하고 나누었을 때, 우주 안에 우리가 포함되어 있으면서 우주와 우리를 구분하는 우를 범한다. 우주 속에 장소들이 한 점을 차지하고 있듯이 전체의 시간 속에 '오늘'이 존재한다.

이 글에서 논한 것의 요점을 간추리고 앞으로 해야 할 연구 과제를 제시하는 것으로 결론을 맺고자 한다. 이 글에서는 원천강의 어의와 세계관적 설정에 집중하였다. 원천강은 책자의 의미를 가지고 있으며, 특정한 신화적 설정 속에서 특정한 공간과 인물로 나타난다. 원천강이라는 책은 신화 속에서만 존재하는 것이 아니라 현재까지도 사주를 알아맞히고자 하는 본풀이의 맥락에서 구비적 관용구로 쓰이고 있으며, 이를 인용하여 점을 치는 것을 볼 수 있었다.

원천강은 본디 『원천강오성삼명지남』으로 세종시대에 간행하고, 음양과와 관상감의 취재 형태로 행해진 것이다. 이러한 영향을 받아 속화되어 무속에 습합 되었을 가능성이 있다. 제주도의 〈원천강본풀이〉 역시 이러한 배경과 무관하지 않다. 두 가지의 본풀이 모두 〈원천강〉의 저서와 깊은 연관성을 가지고 있기 때문이다.

지금까지 박봉춘본 〈원천강본풀이〉와 조술생본 〈원천강본풀이〉를 토대로 '원천강'의 의미가 무엇이고, 〈원천강본풀이〉를 어떻게 해석할 수 있는지 살펴보았다. '원천강'이라는 인물과 책은 '원천강'이라는 빙산의 일부에 지나지 않는다. 원천강은 시간의 본원, 존재, 우리의 삶이 무엇인지에 대하여 묻고 있으며 〈원천강본풀이〉는 이러한 의미를 신화적으로 나타낸 것이다. 구비문학 연구의 폭을 확대하여 보편적 진리를 추구하는 방향으로 나아갈 수 있으리라 생각한다.[29] 아직 방대한 의미를 오롯이 파악하지 못하여 주장과 근거가 치밀하지 못하나 추후 연구를 통하여 하나씩 보완해 가고자 한다.

---

[29] 허남춘, 「제주 서사무가에 담긴 과학과 철학적 사유 일고찰」, 『국어국문학』 148, 국어국문학회, 2008, 106쪽.

제2부 08

〈원천강본풀이〉의 교육적 접근

1. 서론

〈원천강본풀이〉는 알지 못하여도 '오늘이'라는 이름은 연구자들에게나 대중들에게 낯설지 않다. 〈원천강본풀이〉는 제주도 서사무가로 박봉춘이라는 무속인이 구술한 것이 채록되어 현재까지 전한다. 〈원천강본풀이〉와 관련한 제의적 맥락이 전혀 전해지지 않고 있어 무가로서의 온전한 양상이 밝혀지지 못하였다. 이러한 상황 속에서 〈원천강본풀이〉에 대한 연구는 지속되고 있다.[1]

---

1 강권용, 「제주도 특수본풀이 연구 : 〈원천강본풀이〉, 〈세민황제본풀이〉, 〈허궁애기본풀이〉를 중심으로」, 경기대학교 석사학위논문, 2001; 고은영, 「제주도 특수신본풀이의 성격과 의미 : '이곳과 저곳의 경계 넘어서기'를 중심으로」, 제주대학교 박사학위논문, 2019; 고은임, 「〈원천강본풀이〉 연구 : '오늘이' 여정의 의미와 신화적 사유」, 『冠嶽語文研究』 35, 서울대학교 국어국문학과, 2010, 201~220쪽; 권복순, 「〈원천강본풀이〉의 본디 모습 연구」, 『배달말』 56, 배달말학회, 2015, 167~194쪽; 김혜정, 「제주도 특수본풀이 〈원천강본풀이〉 연구 : '神名'에 대한 再考를 중심으로」, 『한국무속학』 20, 한국무속학회, 2010, 251~277쪽; 신동흔, 『살아있는 한국 신화』, 한겨레출판, 2014, 60쪽; 이수자 외, 『南道民俗學의 進展』, 태학사, 1998; 장주근, 『한국민속론고(설화편)』, 민속원, 2013, 573쪽.

〈원천강본풀이〉의 해석이 진행형임에도 불구하고,[2] 〈원천강본풀이〉에 대한 2차 저작은 쏟아지고 있다.[3] 동화책과 뮤지컬로서의 '오늘이'가 우리에게 더욱 친숙하다. 국어 정규 교육과정에서도 〈원천강본풀이〉가 일찍부터 텍스트로 들어와 있다. 2007년 개정 교육과정에 의한 초등학교 3학년 읽기 교과서에 '오늘이'라는 이름으로 〈원천강본풀이〉가 수록되었다. 2007년에 개정된 교육과정을 바탕으로 교과서를 만드는 과정에서 제석본풀이, 바리공주, 원천강본풀이 등의 무가가 교과서에 실리게 되었고,[4] 2015 개정 교육과정이 적용되고 있는 시점에서 〈원천강본풀이〉가 천재교육과 비상교육, 2종의 교과서에 실리게 되었다. 2015 개정 교육과정의 특징 중 하나는 기초교육과 학문 간 융합 교육의 필요성에 따라 교육내용의 적정성을 중시한다는 것이다. 이러한 상황에서 서사무가가 교과서에 실린다는 것은 긍정적인 방향으로 파악한다. 다만, 〈원천강본풀이〉에 담겨 있는 내용을 적절하게 감상할 수 있는 내용을 교과서가 담고 있는지, 완전히 해석되지 않은 텍스트를 다루면서 잘못 다루어지거나 방향을 수정할 필요는 없는지 이 책에서 살펴보고자 한다. 2종의 교과서 중에 비교적 채택 비중이 높고 본문이 원문과 거리가 있는 천재교육(노미숙 외)을 중심으로 본론에서 구체적으로 살펴보도록 하겠다.

2. 교과서 수록 내용에 대한 비판적 견해

〈원천강본풀이〉는 서사무가이나 이러한 장르에 국한 받지 않은 채 다방면으로 주목받고 있는 텍스트이다. 제주도 서사무가라는 장르의 특징 때문에 학계에서는 〈원천

---

[2] 고은영, 「〈원천강본풀이〉의 시간과 존재」, 『2020 탐라신화의 동아시아적 위상과 과제』, 제주대학교 탐라문화연구원·한국무속학회 공동 주관 학술대회 발표문, 2020, 150쪽.
[3] 강문종, 「제주신화의 문화콘텐츠 활용 가능성」, 『영주어문』 32, 영주어문학회, 2016, 55~75쪽.
[4] 김권호, 「교과서 수록본 '오늘이'에 대한 비판적 검토」, 『우리말교육현장연구』 10, 우리말교육현장학회, 2012, 61쪽.

강본풀이〉에 대한 지속적 연구가 이루어지고 있기는 하나 합의된 결론을 내리지 못한 상황이다. 제의적 맥락의 소실, 본풀이 내부에 적재된 시대의 적층성에 대한 모순, 역사적 사실과 본풀이의 관련 여부 등 해결해야 할 문제가 다양하다. 이렇게 논의가 진행 중인 〈원천강본풀이〉가 중학교 교과서에 본격적으로 실리게 되었다. 교과서에서 신중하게 다루어야 하는 부분이 있는지 간략히 짚어보고자 한다.

1) 교과서 본문과 주석

천재교육 교과서에 실려 있는 〈원천강본풀이〉는 지은이 미상으로 되어 있으나 이에 대한 원문은 박봉춘본이 구연한 〈원천강본풀이〉이다. 김춘옥이 옮긴 오늘이를 교과서 선택 학습에 본문과 학습 활동을 함께 실었다.[5] 미래교육은 신동흔이 옮긴 오늘이를 본문으로 사용하여 교과서에 싣고 있다. 천재교육에 실린 오늘이의 본문 텍스트 내용이 원문과 거리가 있어 미래교육은 참고로 표로 제시하고, 천재교육을 중심으로 다루고자 한다. 먼저 원문 〈원천강본풀이〉의 서사단락을 제시하고자 한다.

〈박봉춘 본〉[6]
① 오늘이가 강림들에서 솟아나서 학으로부터 보호를 받고 자란다.
② 박이왕의 어머니 백씨부인이 오늘이에게 원천강에 가면 부모를 만날 수 있다고 이야기한다.
③ 오늘이는 장상이에게 원천강 가는 길을 묻고, 장상이는 오늘이에게 자신이 글만 읽는 이유를 물어 달라고 부탁한다.
④ 오늘이가 연꽃나무에게 원천강 가는 길을 묻고, 연꽃나무는 오늘이에게 자신이 상가지에만 꽃이 피는 이유를 물어 달라고 부탁한다.

---

5   김춘옥 옮김,『우리 신화 이야기』, 밝은미래, 2013, 48~55쪽.
6   赤松智城・秋葉隆, 沈雨晟 옮김,『朝鮮巫俗의 研究』, 東文選, 1991, 292~299쪽.

⑤ 오늘이가 천하대사(天下大蛇)에게 원천강 가는 길을 묻고, 천하대사는 오늘이에게 자신이 용이 되지 못하는 이유를 물어 달라고 부탁한 후, 오늘이를 등에 태워서 청수바다를 건네준다.
⑥ 오늘이가 매일이에게 원천강 가는 길을 묻자 매일이는 오늘이에게 자신이 글만 읽는 이유를 물어 달라고 부탁한다.
⑦ 오늘이가 바가지의 구멍을 막아 하늘옥황 시녀궁녀들의 벌역(罰役)을 끝내준다.
⑧ 오늘이가 시녀궁녀의 도움으로 원천강 입구에 다다르고, 부모를 만나게 되어 부모가 항상 자신을 보호하고 있었다는 사실을 알게 된다.
⑨ 오늘이가 춘하추동이 모두 모여 있는 원천강을 둘러본다.
⑩ 오늘이가 자신이 부탁 받은 물음들을 부모에게 묻자 부모는 매일이와 장상이가 부부가 되어야 하고, 연꽃나무는 상가지의 꽃을 따서 처음 보는 사람에게 주어 버려야 하고 대사는 야광주를 하나만 물어야 한다는 답을 준다.
⑪ 오늘이가 원천강을 나와, 매일과 장상을 부부의 연을 맺게 하고, 천하대사를 야광주를 버리게 하여 용이 되게 하고, 연꽃나무의 꽃을 자신에게 주어 연꽃나무의 다른 가지에서도 고운 꽃이 피게 한다.
⑫ 오늘이가 백씨부인을 만나 야광주를 선물하고 옥황의 신녀가 된다.
⑬ 오늘이가 옥황의 신녀가 되어 인간에 강림하여 절마다 다니며 원천강을 등사한다.

원문과 교과서 수록본 비교

원문	천재교육	미래교육
① 학	△	O
② 백씨부인	O	O
③ 장상	O	O
④ 연꽃나무	O	O
⑤ 천하대사	O	O
⑥ 매일	O	O
⑦ 하늘옥황 시녀궁녀	O	O

⑧ 원천강 입구	△	○
⑨ 원천강 둘러봄	△	○
⑩ 부모에게 질문	○	○
⑪ 문제 해결	○	○
⑫ 백씨부인	X	○
⑬ 신녀 되어 등사	△(하늘 선녀 되어 원천강 돌봄)	△(원천강을 돌보며 사계절의 소식 전함)

첫째, 교과서 본문과 〈원천강본풀이〉의 시작 부분이 상이하다. 교과서 오늘이에는 소녀의 탄생이 드러나 있지 않고, 〈원천강본풀이〉에는 소녀의 탄생이 드러난다. 교과서 본문과 〈원천강본풀이〉의 원문을 순서대로 제시해 보고자 한다.

강림 들판에 이름도 성도 없는 소녀가 홀로 살고 있었어요. 어느 날 이곳을 지나가던 사람들이 소녀를 발견하고는 물었지요.
"저런, 지금까지 여기서 어떻게 혼자 살았니?"
"예, 학이 날아와서 먹을 것을 주고, 날개로 품어 주었어요."
"그럼 오늘을 낳은 날로 하고, 네 이름을 오늘이라고 하자."[7]

옥갓튼계집애가적막한드를에웨로히낫타나니
그를발견한차세상사람들이
어는어써한아해냐뭇더라
나는강님드를에서소사낫슴니다
성이무엇이며일음이무엇이냐
나는성명도몰으고아모것도몰음니다
그리하니엇찌하야우금까지살어왓느냐

---

7 노미숙 외, 『중학교』 1-2, 천재교육, 2015, 200쪽.

내가강님드를에소사날째부터

엇썬학조가날너와서

한날애를쌀어주고한날애를덥허주며

야광주를물녀주며,그리저리살녀주니

오날까지무사히살어왓슴니다

년령은얼마이냐,나희도몰음니다

이러저러사람사람들이,너는나혼날을몰으니

오날을나혼날로하야일음을오날이라고하라[8]

  교과서 본문에 누락된 내용이 많다. 문제는 이 누락된 내용이 〈원천강본풀이〉를 이해하기 위한 초석에 해당된다는 것이다. 교과서 본문은 이름도 성도 없는 소녀가 강림 들판에 살고 있었고, 학이 도움을 주며 살아왔고, 사람들이 이름을 오늘이로 지었다고 간략하게 제시되어 있다.

  〈원천강본풀이〉의 원문은 적막한 들이 배경이다. 적막은 고요하고 쓸쓸하여 외로움을 나타내는 배경인데 교과서 본문에 이러한 배경이 제시되어 있지 않기에 독자들은 이러한 상황을 인식할 수 없다. 교과서 본문에서는 학이 날아와 오늘이를 날개로 품어주고 먹을 것을 주었다고만 제시되었다. 원문에서는 이러한 내용과 함께 학이 야광주를 오늘이에게 물려주었다는 내용이 등장한다. 오늘이라는 소녀가 동물과 교감하며 신이한 능력에 의하여 길러졌다는 내용이 배제되어 있는 것이다. 가장 중요한 것은 소녀 자신이 소녀를 어떻게 인식하는지에 대한 자기 인식이 교과서 본문에는 제시되어 있지 않다. 〈원천강본풀이〉는 오늘이의 여정을 통하여 자아가 거듭나는 구조를 갖추고 있다. 여기에서 중요한 출발점은 자신이 누구인지 알지 못한다는 무지無知의 지知다. 그런데 이러한 내용들을 교과서 본문에서 찾을 수 없어 〈원천강본풀이〉에 대한 감상을 저해하는 요소로 작용한다. 다음은 마지막 부분을 살펴보도록 하겠다.

---

8 赤松智城・秋葉隆, 앞의 책, 1991, 292쪽.

둘째, 교과서 본문 '오늘이'와 〈원천강본풀이〉의 원문에서 마지막 부분이 상이하다. '오늘이'에는 오늘이가 하늘에서 원천강을 돌보며 세상에 봄, 여름, 가을, 겨울을 전한다고 하였고, 〈원천강본풀이〉에는 오늘이가 절마다 다니며 원천강을 등사한다고 하였다. 교과서 본문과 〈원천강본풀이〉의 원문을 순서대로 제시해 보고자 한다.

그 후, 오늘이는 하늘나라 선녀가 되어 하늘에서 원천강을 돌보며 세상에 봄, 여름, 가을, 겨울을 전한답니다. 그리고 지금도 세상을 돌아다니며 어려움을 겪는 사람들을 달래 주고 있답니다.[9]

오날이는백씨부인을맛나서
야광주하나를선사하야,감사의뜻을표한후
옥황의신녀로화하얏다
이리한오날이는인간에강림하야
절마다덴기며,원텬강을등사하게하얏다[10]

교과서 본문의 마지막 부분은 〈원천강본풀이〉의 원문을 재해석하고 있다. 새로운 창작을 위한 의도적인 왜곡이 아니라면 교과서 본문에 제시된 결말은 다시 생각해 보아야 한다. 오히려 이 부분을 열린 부분으로 제시한다면 학습자의 다양한 생각을 이끄는 것이 가능하다. 마지막 부분을 커다란 네모로 처리하여 결말을 학생들이 만들어 보게 하는 것이다.

교과서 본문의 마지막 부분은 본문을 분절하여 마지막 부분의 인과관계만 따진다면 문제가 없다. 다만 앞의 내용들과 연관시키면 마지막 부분의 문제점을 알 수 있다. 교과서 본문에서 오늘이가 하늘에서 원천강을 돌본다고 하였는데 원문에서는 원천강의

---

9   노미숙 외, 앞의 책, 2015, 204쪽.
10 赤松智城・秋葉隆, 앞의 책, 1991, 299쪽.

세계가 하늘인지 아니면 다른 세계인지에 대하여 제시되지 않았다. 뒤에 이어지는 주석의 문제와 연관하였을 때도 이 부분은 해결해야 할 필요가 있다.

오늘이가 결론 부분에서 원천강에 있게 되는지, 아니면 원천강을 떠났는지는 중요한 문제이다. 오늘이가 부모와 독립한 상황에서 자신의 뿌리를 알게 되고, 새로운 존재로 태어나는지 아니면 부모의 세계 속에 포함되어 살게 되는지의 차이이기 때문이다. 교과서의 내용을 그대로 받아들인다면 오늘이는 부모를 찾아 그 세계에 속한 사람이 된다.

'세상에 봄, 여름, 가을, 겨울을 전한답니다.'라는 부분은 원천강의 세계와 대치되는 부분이다. 오늘이가 원천강에 도착하여 문을 열었을 때 봄, 여름, 가을, 겨울이 있었고 그 안을 들어가 보았더니 즉, 원천강의 내부로 진입하였을 때 그 세계가 모두 하나가 됨을 오늘이는 깨닫게 된다. 사계절이 구분되지 않는다는 것을 깨닫고 나서 다시 사계절을 전한다는 것은 〈원천강본풀이〉의 다양한 해석을 가로막는 역할을 한다.

셋째, 주석의 문제이다. 원천강에 대한 설명을 시간과 계절을 관장하는 저승세계로 제시하고 있다. 앞의 둘째에서도 언급하였듯이 원천강은 하늘의 세계라 하였고, 저승 세계라 하였다. 그렇다면 하늘에 저승 세계가 있으며 이러한 시간을 관장하는 곳이 바로 하늘이라는 결론을 내리게 된다. 원문에서 전혀 제시되지 않은 내용을 토대로 확대 재생산하고 있는 부분이라 생각한다.

본문에서 '袁天綱'이라는 한자를 그대로 사용하고 있는 것 역시 문제가 된다. 원천강袁天綱이라는 한자를 사용한다면 이러한 한자가 우리가 이 텍스트를 읽으며 떠올리는 의미인 원천강原泉綱 혹은 원천강原川綱과는 다른 한자임을 알려 주어야 한다. '袁天綱'에 대한 주석은 고려대 한국어대사전을 기준으로 하면 '일이 확실하고 의심이 없음을 이르는 말. 중국 당나라 때에 있었던 점쟁이의 이름에서 유래되었다.'라고 제시되어 있다. 그렇다면 시간과 계절을 관장하는 저승 세계라는 주석에 대하여 다시 생각해 보아야 한다. '저승 세계'라는 단어는 교과서 본문에서도 〈원천강본풀이〉 원문에서도 등장하지 않는다. 교과서에 실린 본문을 학습자들이 읽는다면 원문에 제시되어 있지 않고, 근거 역시 알지 못한 채로 원천강을 저승 세계에 속하였다고 알게 된다.

원천강이 저승 세계라면 결국 교과서에 수록된 '오늘이'는 부모를 잃은 고아가 부모를 찾으러 갔다가 죽음을 맞는 이야기이다.

교과서에 실린 본문과 주석 내용만으로도 교과서 수록 '오늘이'가 〈원천강본풀이〉 원문의 뜻을 담고 있지 못함을 알 수 있었다. 원문을 그대로 살릴 이유는 없다. 의도된 목적을 가지고 본문을 변형하였다면 그만한 이유가 있어야 한다. '오늘이'는 청소년에게 적합한 제재이다. 자아에 대하여 궁금증을 가지고 있는 청소년들이 문학작품을 통하여 자아를 성찰하고 자신의 존재가 무엇을 의미하는지 생각해 볼 수 있기 때문이다. 원문을 변형함으로써 이러한 해석의 기회를 가로막을 수 있다. 옮긴이의 해석에 의존한 부분을 그대로 교과서에 반영할 이유는 없다고 생각한다. 다음은 본문과 관련된 활동을 살펴보도록 하겠다.

2) 학습 활동

〈원천강본풀이〉는 교과서에 '오늘이'로 수록되었다. 이와 관련된 학습 활동을 살펴보도록 하겠다. 4가지의 활동으로 구성되어 있다. 구성 요소 정리, 친구들과 요약하기의 방법 이야기하기, 인물이 겪은 사건 순서대로 정리하기, 정리한 내용을 토대로 발표하기이다.[11]

오늘이가 수록된 4단원인 생활 속의 글과 표현 단원은 요약하기와 관련된 학습목표를 성취하는 단원이다. '읽기 목적이나 글의 특성을 고려하여 글 내용을 요약할 수 있다'가 오늘이를 통하여 학습하여야 할 목표이다. 오늘이를 학습하기 위한 여러 학습목표 중에 부적합한 성취 기준이라 생각한다. 오늘이는 학습자들이 이미 동화책이나 창작 뮤지컬 등을 통해서 대체적인 줄거리를 아는 텍스트이다. 줄거리는 어느 정도 알고 있다는 것이다.

교과서에 제시된 오늘이의 글의 특성이 무엇인지 제시되어야 한다고 생각한다. 교

---

11 노미숙 외, 앞의 책, 2015, 204~205쪽.

과서 본문에 제주도 서사무가와 관련된 배경지식을 설명하는 주석을 달아야 한다. '제주도'라는 것은 굳이 설명할 이유가 없을 터이고, 서사무가가 이야기, 노래, 극이 종합적으로 어우러진 종합 장르라는 것만 이해하여도 오늘이에 대한 새로운 시각을 제시할 수 있을 것이라 생각한다.

'오늘이'라는 이 제재가 요약하기의 학습 활동과 적합한지 다시 생각해 보아야 한다. 4가지 활동 중 첫 번째 활동인 구성 요소 정리 항목에는 인물, 사건, 배경이라는 소항목이 있다. 오늘이에 등장하는 존재들은 '인물'이라는 단어에 적합하지 않다. 인간을 대표하는 말로서의 인물이라는 단어도 부적합하고, 인간과 물건을 두루 통칭하는 단어로도 부적합하다. 살아 있지만 물건이 아니면서 그렇다고 사람이 아닌 존재들이 대부분이다. 매일이와 장상이를 제외하고 인물이라고 칭할 수 있는 존재가 많지 않다. 용으로 된 이무기, 신녀神女가 된 오늘이, 이승과는 다른 세계에 살고 있는 오늘이의 부모, 옥황 신녀들, 연꽃나무 등 인물이라는 단어에 적합하지 않은 많은 존재들이 등장하는데 인물로 국한하여 이들을 파악한다면 오늘이라는 작품의 일부분만을 파악하는 것이 된다.

두 번째 활동은 친구들과 요약하기의 방법 이야기하기이다. 요약하기의 방법을 이야기하기보다는 이 텍스트에 대한 감상을 나누는 활동이 더욱 적합하리라 생각한다. 마지막 결말을 바꾸어 쓰는 활동이라든지, 원천강이 어떠한 세계인지 이야기하여 보는 활동, 여러 존재들의 질문에 대한 답을 스스로 만들어 보는 활동, 원천강을 가기 전의 오늘이와 갔다 온 뒤의 오늘이가 어떻게 다른지 이야기해보는 활동 등으로 구성할 수 있다.

세 번째 활동은 인물이 겪은 사건을 순서대로 정리하는 활동이다. '오늘이'는 흥미로운 서사를 갖춘 텍스트로, 오늘이의 여정에 따라 내용 정리가 쉬운 편이다. 그렇기에 2007 교육과정 초등학교 3학년 부분에서 수록될 수 있었다. 이러한 내용의 난이도를 갖춘 '오늘이'를 학습할 때 다시 내용을 묻는다면 중학생의 수준을 오히려 낮추는 내용으로 채워지기 쉽다.

네 번째 활동은 세 번째 활동을 정리하여 친구들 앞에서 발표하는 활동이다. 이러한 내용은 답이 정해져 있기 때문에 발표의 흥미를 유발하기 어렵고, 발표를 하더라도 새로운 내용이 나오기 어렵다. 발표하기와 관련되어 공적인 말하기 등을 학습하는 용도가 아니라면 불필요한 학습활동이라 생각한다.

결국 오늘이와 관련된 학습은 위의 네 가지 활동보다는 새로운 활동으로 채워나가야 한다고 생각한다. 본문에 주어진 내용의 중심 내용을 정리하는 것보다는 텍스트의 의미가 현대에 전해주는 메시지가 무엇인지에 대하여 적극적으로 사고하고 자신의 확장적 사고를 기르는 것이다. '오늘이'는 문학 텍스트로서 읽히기에 적합한 자료이다. 또한 학습자들에게 자신의 존재가 무엇이고 나는 누구인지에 대한 자아 성찰과 관련된 활동을 하기에 적절한 제재라 생각한다. 이와 관련하여 제시할 수 있는 학습 활동에 대해서는 3장 대안적 방안에서 살펴보도록 하겠다.

3. 대안적 방안

1) 〈원천강본풀이〉의 학습 목표

교과서에 오늘이를 수록한다면 초등학교에서 수록된 내용과 달리 〈원천강본풀이〉의 원문과 유사한 텍스트를 제재로 삼아야 한다고 생각한다. 이러한 내용을 모두 싣기 부적합하다면 최소한의 장르에 대한 배경 지식, 원문의 일부분을 제시하는 방법을 활용할 수 있으리라 생각한다. 〈원천강본풀이〉가 앞으로 교과서에 수록된다면 덧붙여야 할 내용을 간단히 정리해 보고자 한다.

첫째, '오늘이' 즉, 〈원천강본풀이〉의 글의 특성이 무엇인지 알려주어야 한다. 요약하기 단원이라는 학습 목표를 고려한다면 더더욱 글의 특성을 알려 주어야 한다. 요약하기의 성취 기준이 글의 특성을 고려하여 요약하여야 하기 때문이다. 요약하기와 관련되지 않는 학습목표를 삼더라도 글의 특성을 알려 주는 것이 학습자들에게 도움이 되리라 생각한다.

이를 위해 오늘이의 본문을 제시하기 전이나 본문이 제시된 교과서 여백 부분을 활용하여 '알아두기' 항목을 신설해야 한다. 표준국어대사전에 제시된 서사무가敍事巫歌에 대한 어의적 의미만이라도 제시하여야 한다. 무당이 부르는 이야기 형식의 노래라는 것을 인식하고 있어야 오늘이와 관련된 이야기가 재미있는 동화나 창작 뮤지컬 너머의 신화적 맥락을 가지고 있는 이야기임을 인식할 수 있다.

2장에서는 오늘이가 요약하기라는 학습 목표에 적합한 텍스트가 아니며 문학 텍스트에 적합한 제재라고 하였다. 그렇다면 어떠한 방향이 적합한지 어떠한 성취 기준이 적절한지 중학교 문학 영역의 성취 기준을 제시하고 이에 대한 간략한 활동을 소개함으로써 오늘이의 문학적 텍스트로서의 가능성을 살펴보고자 한다. 먼저 중학교 문학 영역 성취기준을 살펴보면 다음과 같다.[12]

중학교 문학 영역 성취 기준

> [9국05-01] 문학은 심미적 체험을 바탕으로 한 다양한 소통 활동임을 알고 문학 활동을 한다.
> [9국05-02] 비유와 상징의 표현 효과를 바탕으로 작품을 수용하고 생산한다.
> [9국05-03] 갈등의 진행과 해결 과정에 유의하며 작품을 감상한다.
> [9국05-04] 작품에서 보는 이나 말하는 이의 관점에 주목하여 작품을 수용한다.
> [9국05-05] 작품이 창작된 사회·문화적 배경을 바탕으로 작품을 이해한다.
> [9국05-06] 과거의 삶이 반영된 작품을 오늘날의 삶에 비추어 감상한다.
> [9국05-07] 근거의 차이에 따른 다양한 해석을 비교하며 작품을 감상한다.
> [9국05-08] 재구성된 작품을 원작과 비교하고, 변화 양상을 파악하며 감상한다.
> [9국05-09] 자신의 가치 있는 경험을 개성적인 발상과 표현으로 형상화한다.
> [9국05-10] 인간의 성장을 다룬 작품을 읽으며 삶을 성찰하는 태도를 지닌다.

중학교 국어과 문학 영역 10가지 성취기준에 대체로 부합한 작품이 〈원천강본풀이〉인 이유를 하나씩 짚어보고자 한다. [9국05-01]과 관련하여 문학작품에는 심미적 인식이 형상화되어 있는데 이러한 인식은 단순히 이해하는 것이 아니라 자신의 삶 속에서 심미적 경험을 다양하게 확충하여 표현하여야 한다. 즉, 문학의 아름다움을 느

---

12 교육부,『교육부 고시 제2015-74호 국어과 교육과정』, 53쪽.

끼고 그것을 자신의 삶에서 재생산 하여야 한다는 것이다. 〈원천강본풀이〉는 학생들에게 익숙한 텍스트이다. 알기 쉽고 재미있는 내용을 담고 있기에 줄거리 파악이 쉽다. 어렸을 때 축적한 이러한 경험을 토대로 자신의 삶에서 다시 읽기가 가능한 작품인 것이다.

[9국05-02]와 관련하여 〈원천강본풀이〉에 등장하는 존재들이 상징하는 바가 무엇인지, 원천강의 의미가 무엇인지 파악한다면 비유와 상징의 표현 효과를 바탕으로 작품을 수용할 수 있다. [9국05-03]과 관련하여서는 오늘이가 부모 잃은 고아의 존재에서 부모를 만나기 위한 여정, 그 여정을 해결하는 과정에서 만난 존재들의 문제 등에 유의하여 작품을 감상할 수 있다.

[9국05-04]와 관련하여 〈원천강본풀이〉는 3인칭 시점으로 쓰여 있다. 인물과 거리를 두고 읽으면서 상징적 의미를 깨닫고, 그 의미가 자신에게도 동일하게 적용된다는 것을 깨달으며 다양한 의미를 확산시킬 수 있다.

[9국05-05]는 사회·문화적 배경이 자신이 존재하는 사회를 넘어서서 신화 속 세계의 배경을 짐작해 볼 수 있다. 신화는 신의 이야기를 다루면서 인간에게 전해주는 메시지가 있다. 그 메시지 안에 신의 세계와 인간의 세계가 다르지 않으며 인간의 세계를 관통하는 심미안이 필요하다는 것을 깨우쳐 준다.

[9국05-06]과 관련하여 자신이 결말을 다시 써 볼 수 있다. 오늘이가 아니라 자신이 그러한 상황에 처하여 있을 때, 어떻게 문제를 해결할 수 있는지, 〈원천강본풀이〉를 현대 상황에 적용한다면 어떻게 결말이 달라질 수 있는지 파악할 수 있다.

[9국05-07]과 관련하여서는 문학 작품을 해석할 때 작품에 주어진 정보를 세밀하게 읽는 활동과 다양한 관점에서 읽는 활동을 혼용할 수 있다. 자신이 작품을 꼼꼼하게 읽고 자신의 의견을 다른 사람들의 의견과 비교하여 봄으로써 이러한 활동이 가능하다.

[9국05-08] 재구성된 작품을 원작과 비교하고, 변화 양상을 파악하며 감상한다. 이 부분은 서사무가가 종합 장르라는 성격을 지녔기에 서사무가를 극으로 재생산시켜 보는 것이다. 전체가 어렵다면 모둠별로 부분을 쪼개거나 질문과 답을 주고 받는 과정을 극으로 간단히 만들어 볼 수 있다.

[9국05-09]과 관련하여 책을 읽으면서 원천강을 다녀오는 간접적 경험이 학습자의 창의성을 자극하여 새로운 발상과 표현으로 이끌 수 있다. 이는 오늘이가 원천강을 다녀 오고 나서 얼마나 달라졌는지 결국 여행이라는 것은 어떠한 의미를 가지고 있는지 살펴볼 수 있다. 원천강을 다녀오고 난 뒤 신녀가 된 첫날의 일기를 써 보는 활동을 할 수 있다.

[9국05-10]과 관련하여 오늘이가 원천강을 다녀오기 전과 후를 비교해 보고, 자신의 삶을 돌아보는 활동을 행할 수 있다. 〈원천강본풀이〉와 가장 적합한 성취 기준이라 생각한다. 부모 없이 홀로 생활하던 오늘이가 여러 고난 끝에 부모를 만나고, 그리고 다시 새로운 존재로 거듭나는 과정을 통하여 자신의 삶을 뒤돌아 볼 수 있기 때문이다.

이렇게 10가지의 성취 기준에 적합하게 〈원천강본풀이〉를 학습할 수 있다. 2015 개정 교육과정에서는 학습량의 최적화를 위하여 많은 텍스트가 빠지게 되었고, 학습량이 줄어들게 되었다. 이러한 상황 속에서 〈원천강본풀이〉를 다양하게 활용할 수 있으리라 생각한다. 문학 영역에 국한되는 것이 아니라 다른 영역에 대한 학습 역시 〈원천강본풀이〉를 통하여 가능하다.

이러한 가능성에 대하여는 이미 선행 연구에서 제시되고 있다. 〈원천강본풀이〉는 오늘이가 부탁받은 일과 이것을 해결하는 방안과 과정이 이야기로 형상화되어 있다.[13]

모든 영역에 대한 가능성을 제시하기 어렵기 때문에 국어과에서 추구하는 역량을 제시하고, 그 역량을 도달하기 위한 가능성만 대략적으로 제시하여 보았다. 역량을 구체적으로 성취하기 위한 기준이 성취기준이기에 다른 영역과 관련하여 모든 사항을 열거하는 것보다는 앞에서 문학 영역을 다루고 다른 영역에 한하여서는 핵심 역량을 중심으로 다루어 〈원천강본풀이〉가 국어과에서 다양한 제재로 쓰일 수 있음을 제시하고자 하였다.

국어에서 추구하는 핵심 역량은 여섯 가지이다. 비판적·창의적 사고 역량, 자료·

13　강문종, 「2015 개정 국어과 교육과정 중학교 1학년 교과서의 고전서사 수용 양상 연구」, 『영주어문』 42, 영주어문학회, 2019, 96쪽.

정보 활용 역량, 의사소통 역량, 공동체·대인 관계 역량, 문화 향유 역량, 자기 성찰 계발 역량이다. 4단원에서 주로 다루고 있는 역량은 자료·정보 활용 역량, 의사소통 역량, 공동체·대인 관계 역량이다. 6가지 역량이 〈원천강본풀이〉에서 두루 다루어질 수 있는 측면이 있음에도 불구하고 4단원에서 제시된 역량 중 일부인 자료·정보 활용 역량에 국한하여 '오늘이'를 활용한 것은 문제라 생각한다.

비판적·창의적 사고 역량과 관련하여 오늘이의 삶이 어떻게 가능하였는지, 다른 존재들은 질문을 의탁하고 어떠한 노력을 하였는지 생각해 볼 수 있다. 창의적 사고 역량과 관련하여서는 〈원천강본풀이〉의 작품 배경인 신화적 세계에 대하여 생각하고 그 상징을 파헤치는 활동을 제시할 수 있다.

자료·정보 활용 역량과 관련하여서는 오늘이의 여정을 채워보는 활동을 할 수 있다. 오늘이의 여정을 강림 들에서 원천강으로 일방적으로 가는 것이 아니라 강림 들에서 원천강을 가서 다시 돌아오는 원형圓形 회귀의 구조로 정리할 수 있다. 이러한 오늘이의 이동 양상은 출발점과 도착점이 동일하고, 문제 해결을 위하여 원천강을 다녀오게 되는 것이다. 오늘이의 귀환을 통하여 오늘이는 동일한 장소에서 새로운 인물로 거듭나게 되는 것이다.

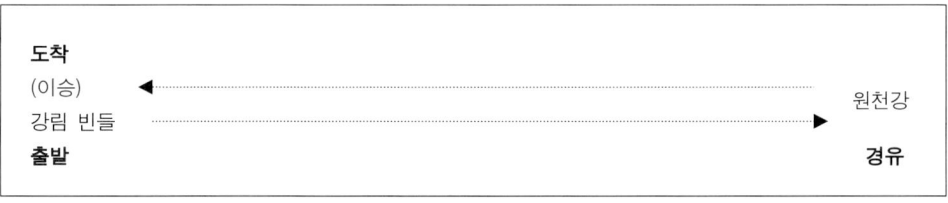

오늘이의 이동 양상

의사소통 역량과 관련하여서는 오늘이가 존재들과 대화하는 좋은 예를 보여준다. 인간과 인간의 대화뿐 아니라 다른 존재들과 서로 소통할 수 있다는 것을 작품 속에서 보여주고 있기에 이를 학습자들이 자신의 삶에 활용하여 다른 존재들과 질문을 던져볼 수 있다.

공동체·대인 관계 역량은 〈원천강본풀이〉의 나와 너의 관계 맺기 활동을 통하여 나의 자리가 나만의 자리가 아니라 사회 속에서 여러 관계의 거미줄로 자리매김한다는 것을 깨달을 수 있다.

문화 향유 역량은 오래전부터 전해 내려오는 이야기를 통하여 신화를 향유하고 즐기는 문화적 맥락과 연관하여 살필 수 있다.

자기 성찰 계발 역량은 다음 절인 '2) 학습 활동'에서 구체적으로 제시하고자 한다.

〈원천강본풀이〉에 대한 성취기준과 다양한 역량에 대하여 언급한 것은 〈원천강본풀이〉가 요약하기의 단원에 들어갈 이유가 없음을 입증하기 위해서이다. '오늘이'라는 제재는 국어과의 여러 영역에 걸쳐 학습할 수 있는 제재이며 문학 영역에서 다루어지기에 적합한 텍스트라 여긴다. 다음 절에서 〈원천강본풀이〉를 학습자들에게 가르치기 위하여 구체적으로 어떠한 학습 활동이 가능한지 살펴보도록 하겠다.

2) 학습 활동

앞 절에서는 〈원천강본풀이〉와 관련된 학습활동을 성취기준과 핵심 역량을 중심으로 살펴보았다. 이번 절에서는 오늘이와 관련된 학습 활동을 구체적으로 세 가지 제시해 보려고 한다. 비판적·창의적 사고 역량과 의사소통 역량을 중심으로 학습 활동을 제시해 보았다. 이는 요약하기와는 다른 학습활동을 제시하는 하나의 예일 뿐이다. 여기서 말하고자 하는 바는 〈원천강본풀이〉라는 텍스트를 통하여 많은 학습 활동을 제시할 수 있다는 것이다.

첫째, 나를 돌아보는 활동이다. 매일, 장상, 연꽃나무, 이무기는 무엇이 되기 위해 자신이 끊임없이 노력한다. 자기가 열심히 하는 일의 궁극적인 목적이 무엇인지 찾으려 노력하고, 자신의 목표를 이루기 위하여 답을 마련하고자 한다. 매일이와 장상이는 자신의 주어진 글 읽기 임무에 대하여 궁극적인 목적이 무엇인지 질문한다. 연꽃나무는 자신이 피울 수 있는 꽃을 피우고자 열심히 노력한다. 이무기는 용이 되기 위한 자신의 목표를 달성하기 위하여 여의주를 세 개나 모은다. 여기에 등장하는 존재들이 갖는 의문을 자신에게 적용시켜 보는 것이다. 나는 무엇을 하고 있는지, 무엇을 위하여 노력하고 있는지, 궁극적인 삶의 목적이 무엇인지 여러 존재들을 통하여 돌아볼 수 있는 활동을 마련하는 것이다. 구체적으로 이러한 활동을 하기 위해서는 오늘이에게 부탁하는 질문들을 자신의 질문으로 재구성해 보는 활동을 하는 것이다.

둘째, 나와 너의 관계에 대한 활동이다. 오늘이는 원천강 가는 길을 알지 못한다. 오늘이는 여러 존재들의 도움을 통하여 원천강에 한 발씩 가까워지는 존재이다. 오늘이가 원천강에 가는 것을 돕기 위하여 여러 존재들은 가는 길을 오늘이에게 일러준다. 매일, 장상, 연꽃나무, 이무기라는 다양한 존재와 오늘이는 서로 묻고 답하며 관계를 형성한다. 매일과 장상처럼 사람, 연꽃나무라는 식물, 이무기라는 동물 등 살아있다는 것을 인간으로만 한정하지 않고 존재라는 범위를 넓힌다. 나를 둘러싼 주위의 생명들이 다양하게 존재한다는 것을 깨달을 수 있는 텍스트이다. 이러한 존재들과 서로 질문을 주고 받으며 관계를 맺는다. 주변의 존재로 눈을 돌려 생명의 다양성 속에 자신의 자리가 어디인지 자리매김해보는 활동이 적절하다.

셋째, 존재가 무엇인지에 대한 정의를 내려보는 활동이다. '나는 누구인가?'에 대한 답 마련하기이다. 오늘이는 강림 들에서 홀로 솟아난다. 오늘이에게 부모라는 존재가 있어 부모가 낳기는 하였지만 오늘이라는 개별로 분리되어 새로운 하나의 존재로 다시 태어난다. 오늘이는 자신의 존재가 무엇인지 인지 못하고 자신의 뿌리를 찾아나선다. 오늘이가 원천강을 가는 이유는 부모를 만나기 위해서이지, 원천강의 신비를 밝히기 위해서가 아니다. 오늘이는 자신의 존재 근원에 대하여 의문을 가지고 있고, 원천강의 세계는 자신의 질문과 다른 존재들의 질문을 해소할 수 있는 공간이다. 교과서 본문 결말 부분에 제시된 내용처럼 오늘이가 원천강에 머무르는 것으로 끝나는 것이 아니라 다시 제자리로 돌아와야 한다는 이유가 여기에 있다. 자신의 제자리로 돌아오지만 자기는 이전의 자신과 같지만 다른 존재로 거듭나는 것이다. 오늘이가 원천강에 가는 과정과 원천강에서 돌아오는 과정이 정확히 대칭되게 이야기가 설정된 것이 이러한 원리에 의해서이다.

이러한 세 가지 활동은 국어과에서 가능한 활동일 뿐 아니라 도덕과에서도 학습 가능하다. 2015 개정 교육과정에서는 학문 간 융합을 통한 통합적 기능의 신장을 추구한다. 〈원천강본풀이〉가 이에 대한 대안으로 가능하리라 생각한다. 〈원천강본풀이〉는 구체적인 국어과의 활동, 도덕과와의 연관을 제외하고 장르 간 연합이 가능하다. 서사무가는 이야기, 노래, 극이 어우러진 종합 장르이다. 〈원천강본풀이〉가 제의적 맥락이 소실된 부분이 오히려 학습자들의 창의성을 극대화할 수 있는 장점으로 작용할 수 있다. 서정, 서사, 극을 각 단원에서 집중적으로 다루지 못할 경우 종합 장르인 서사무가를 통하여 여러 장르를 학습할 수 있다. 서정 문학의 압축성과 운율성, 서사 문학의 인물, 사건, 배경의 특징, 오늘이와 여러 존재들과의 질문과 답을 통한 희곡 문학의 특징 등을 한 작품 안에서 아우를 수 있다.

4. 결론

〈원천강본풀이〉의 이야기는 신비롭고 흥미진진하나 이 이야기에 대한 접근은 다소 조심스럽다. 〈원천강본풀이〉에 대한 해석이 분분하여 공론을 이루지 못하고 있기 때문이다. 그렇기에 〈원천강본풀이〉는 원문에 대한 연구 보다 2차 저작에 대한 관심이 높아졌고, 2차 저작에 대한 해석 역시 2차 저작을 읽는 이들에게 맡겨지게 되어 버렸다.

이 책에서는 원문의 해석에 대한 목마름을 다소나마 해소하고자 간략한 방안들을 제시하여 보았다. 교과서에 수록된 작품이 학습자에게 적절한 제재인지에 대한 검토부터 시작하여 학습 활동을 다양하게 구성할 수 있는지, 다른 교과와 연계할 가능성은 없는지에 대하여 다루고자 하였다.

온라인 등교라는 말이 낯설지 않은 시대이다. 자기주도적 학습이 되어 있는 경우와 그렇지 않은 학력 격차가 점점 커지고 있다. 이러한 시기일수록 하나의 제재를 통하여 여러 가지 학습을 동시에 할 수 있는 방법에 대한 고민이 필요하다. 하나의 제재를 다양하게 활용할 수 있다면, 그 제재가 정말 재미있고 깨달음을 주는 교훈적인 내용이라면 이렇게 학습량의 최적화를 외치는 시기에 적합한 학습 제재라 생각한다. 여러 대안이 있겠지만 이 책에서는 〈원천강본풀이〉를 하나의 대안이라 생각하여 이에 대하여 개괄적인 논의를 하여 보았다. 〈원천강본풀이〉를 학습 제재로서 더욱 적극적으로 활용하여 국어 교육에 적용한다면 존재의 근원에 대한 궁금증과 문학의 아름다움을 함께 얻을 수 있는 기회가 되리라 생각한다.

제2부 09

조술생본 〈원천강본풀이〉의 성격

1. 들어가는 말

〈원천강본풀이〉는 제주도 신화로 조술생본과 박봉춘본 두 편이 전한다. 조술생본과 관련 있는 이야기는 육지부에서 아기장수 유형의 전설로 전한다. 박봉춘본과 관련 있는 이야기는 육지부에서 구복여행 유형의 민담으로 전한다. 〈원천강본풀이〉라는 동일한 이름으로 서사가 상이한 신화 두 편이 제주도에서 전해지고 있다. 기존 연구의 흐름을 살펴보면 조술생본 〈원천강본풀이〉는 비교적 조명받지 못하고 있고, 박봉춘본 〈원천강본풀이〉가 중심이 되어 연구가 진행되고 있다. 〈원천강본풀이〉의 텍스트 해석에서 원천강의 의미를 밝히는 것이 선행되어야 하는데 이를 위해 조술생본 〈원천강본풀이〉가 균형 있게 다루어져야 하고, 조술생본과 관련된 연구의 축적이 필요하다.[1]

---

[1] 김혜정과 고은영의 논의에서 조술생본이 언급되었으나 김혜정의 논의에서는 조술생본에서 제시하는 원천강의 의미만을 제시하고 조술생본 텍스트 해석은 제시되지 않았고, 고은영의 논의에서는 조술생본

이 책에서는 조술생본 〈원천강본풀이〉의 성격을 구명하고자 한다. 조술생본은 조술생이라는 심방에 의해 구연된 제주도 신화이다. 1960년대 제주도에서 진성기에 의해 채록이 이루어졌기에 비교적 근래의 자료를 토대로 신화가 어떠한 속성을 지니고 있는지 살필 수 있는 자료라 생각한다. 1960년대 제주도는 민속 신앙이 풍성하게 향유되던 시기이다. 제주도는 사면이 바다로 둘러싸인 지형으로 외부와의 교류가 제한적이었기에 육지부와 비교하였을 때 근대화의 변화 속도가 더딘 측면이 있다. 1960년대 채록된 조술생본은 신화의 여러 탄생 원리 중 한 방면을 고찰하기에 적합하다고 생각한다.

설화라는 큰 틀에서 신화, 민담, 전설의 갈래 특성이 무엇인지, 이들의 상호 관련성은 어떠한지에 대한 연구 성과가 있었다.[2] 이 책에서는 전설의 신화적 성격을 밝히는 연구의 성과를 활용하여 구비문학이 지닌 적층성과 유동성으로 인한 복합적 요소가 어떻게 본풀이에서 작용하고 있는지 살피고 이러한 요소의 방향성을 가늠하고자 한다. 이를 위해 신화 속에 담긴 전설적 성격을 먼저 고찰하고 이 안에서 다시 신화적 성격이 무엇인지 고찰하고자 한다. 이러한 과정을 통하여 신화, 전설, 민담의 밀접한 상호 관계를 파악하고자 한다.

조술생본 〈원천강본풀이〉의 서사를 먼저 밝히고 이 안에서 전설적 요소와 신화적

을 다루기는 하였으나 박봉춘본을 중심으로 서술하였다. 이 책에서는 조술생본 텍스트 해석을 중심으로 다루고자 한다.
김혜정, 「제주도 특수본풀이 〈원천강본풀이〉 연구 : '神名'에 대한 再考를 중심으로」, 『한국무속학』 20, 한국무속학회, 2010, 271~273쪽; 고은영, 「제주도 특수신본풀이의 성격과 의미 : '이곳과 저곳의 경계 넘어서기'를 중심으로」, 제주대학교 박사학위논문, 2019, 22~24쪽.

[2] 조동일은 자아와 세계의 관계를 통하여 신화, 전설, 민담의 갈래를 나누었고, 천혜숙은 전설로 전래되는 텍스트를 대상으로 신화적 성격을 연구하였다. 현승환은 내 복에 산다계 설화를 통하여 신화, 전설, 민담이 유사한 서사를 공유하고 있음을 지적하였고, 박계옥은 한국 홍수설화에서 신화적 성격을 밝혀내었다.
현승환, 「〈내 복에 산다〉계 설화 연구」, 제주대학교 박사학위논문, 1993, 1~206쪽; 박계옥, 「한국 홍수설화의 신화적 성격과 홍수 모티프의 서사적 계승 연구」, 조선대학교 박사학위논문, 2005, 1~212쪽; 조동일, 「자아와 세계의 관계에 대한 전설적 설문」, 『어문학』 27, 한국어문학회, 1972, 193~201쪽; 천혜숙, 「전설의 신화적 성격에 관한 연구」, 계명대학교 박사학위논문, 1987, 133~151쪽.

요소가 무엇인지 구분하여, 조술생본이 나타나게 된 원리를 정리하여 보고자 한다. 조술생본이 탄생하게 된 배경과 원리를 밝혀냄으로써 신화의 탄생과 소멸을 이끄는 요소가 무엇인지 살피고자 한다. 이 책에서 주요하게 다루는 텍스트는 조술생본 하나의 작품만을 대상으로 하는 것이기에 시대와 지역을 초월하여 적용할 수는 없으나 신화의 역동성을 파악하는 실마리는 될 수 있으리라 생각한다.

2. 전설적 속성

이 장에서 조술생본 〈원천강본풀이〉와 서사를 공유하는 아기장수 전설과의 비교를 통하여 조술생본의 전설적 속성을 살피고자 한다. 조술생본 〈원천강본풀이〉는 조술생 심방이 본풀이로 구연한 것을 진성기가 채록한 것으로, 『무가본풀이사전』에 〈허궁애기본풀이〉, 〈세민황제본풀이〉, 〈삼두구미본풀이〉 등과 함께 실려 있다. 〈원천강본풀이〉의 서사를 먼저 살펴보고자 한다.

〈조술생 본[3]〉
① 원천강의 남편이 왕이 되려고 하자 나라에서 그를 죽이기 위해 사령을 보낸다.
② 원천강 남편은 원천강에게 나라에서 자신을 찾으면 모르겠다고 말하라고 시키고, 땅을 파고 장독을 넣어, 그 속에서 공부를 한다.
③ 사령이 원천강 남편을 찾지 못하자 나라에서 꾀를 내어 어린아이를 업은 여자를 원천강에게 보내 남편을 찾으러 왔다고 한다.
④ 원천강은 남편이 있는 곳을 발설하고 남편은 잡혀간다.
⑤ 원천강 남편은 사흘만 기다리면 왕이 될 것인데 원천강이 입을 잘못 놀려 이를 그르쳤다고 비난한다.

---

3 진성기, 「원천강본」, 『제주도무가본풀이사전』, 민속원, 2002, 613~614쪽.

⑥ 원천강 남편은 자신의 부인에게 원천강이나 보고 살라고 하고 이후부터 부인은 원천강이라 불린다.

〈원천강본풀이〉라 하면 원천강이라는 신의 근본 내력을 푸는 이야기로 인식되기 쉽다. 다만, 여기서는 '원천강'의 존재가 신으로 현현되는 것이 아니라 책을 지칭하는 동시에 '원천강'이라는 역서易書를 보는 직업을 가진 사람을 칭한다. 원천강의 의미를 역사적으로 살핀다면 오행상서五行相書를 저술한 당대의 복자卜者이자, 도해역서圖解易書인 원천강화주역袁天綱畵周易을 말한다.⁴ 원천강이 이중적 의미를 지니기에 〈원천강본풀이〉의 의미 역시 '원천강'이라는 책의 내력을 말함과 동시에 '원천강'이라고 불리는 사람의 내력을 말함으로 파악할 수 있다.

'원천강'이라는 책에는 일월日月의 운행과 사람의 운명 사이의 관계가 담겨 있고, 이를 이용하여 점을 치는 사람을 '원천강'이라 부른다. '원천강'이란 직업을 가진 이에게 사람들이 기대하는 것은 현재의 시점에서 사주팔자를 토대로 미래를 예견하고 과거를 해석해 주는 것이다. '원천강'이라는 책은 역학의 원리를 담고 있고 '원천강'이라 불리는 역술인은 이러한 원리를 자신의 입을 통하여 다른 사람에게 전달하여 준다. 조술생본에서 원천강이 하늘의 왕이 될 남편이 숨은 곳이 어디인지 비밀을 누설한 것은 원천강이라는 역술인이 행하는 일과 유사하다.

조술생본은 결말을 제외하면 전국 광포 전설인 아기장수 전설과 유사한 서사를 갖추고 있다. 아기장수 전설을 조희웅이 분류한 이야기 구성의 모티프와 순서를 기준으로 유형을 분류하면 두 가지 유형으로 나눌 수 있다.⁵ 날개 달린 아기장수가 태어나서 부모에 의하여 죽임을 당하고 용마가 익사하는 첫 번째 유형과 큰일을 도모하기 위하여 아기장수가 다른 곳으로 가서 후일을 도모하는 과정에서 어머니의 사소한 실수나 잘못으로 실패하게 되는 두 번째 유형이다.⁶ 아기장수 전설의 유형인 날개형과 곡물

---

4   장주근, 「설화편」, 『한국민속논고』, 계몽사, 1986; 김혜정, 앞의 논문, 2010, 253쪽.
5   조희웅, 『한국 설화의 유형적 연구』, 한국연구원, 1983, 3쪽.

형7 중 조술생본은 곡물형과 일치한다. 이에 대한 구체적인 내용은 3장에서 다루고자 한다. 제주에 와서 변이된 유형인 아기장수 설화에서 아기장수는 큰일을 도모하지도 않고, 부모에 의해 날개가 거세되어 목숨을 잃지 않기에,8 조술생본의 서사와는 거리가 있다.

제주라는 지역의 공통성을 고려하여 조술생본과 제주로 들어와서 변이된 아기장수 전설과의 관련성을 먼저 살피고자 한다. 조술생본 대부분의 서사가 아기장수 전설과 일치하는데 이는 육지부 아기장수 전설이 장수의 현실적인 죽음과 이상적인 용마의 출현으로 끝맺음으로써 민중의 가슴 속에 아기장수를 살아 있게 하는 반면, 제주의 경우는 장수의 죽음 대신 날개를 제거함으로써 평범한 일상인으로 살아 있게 한다.9 제주에서 변이를 일으키지 않고 주인공의 비극적 죽음으로 끝이 나는 경우에는 전설적 요소가 가미된다. 이러한 요소들이 조술생본에서 재탄생된다. 다음은 육지부의 아기장수 전설, 제주에서 변형된 아기장수 전설, 조술생본을 비교한 것이다.

---

6 천혜숙, 「아기장수 전설의 형성과 의미」, 『한국학논집』 13, 계명대학교 한국학연구원, 1986, 135~136쪽.
7 아기장수 전설의 두 가지 유형을 김영희는 날개형, 곡물형으로 지칭하였다. 이 책에서도 이를 따라 첫 번째 유형은 날개형으로, 두 번째 유형은 곡물형으로 제시하고자 한다.
　김영희, 「아기장수 이야기의 신화적 주제 탐색」, 『구비문학연구』 10, 한국구비문학회, 2000, 53~86쪽.
8 육지부의 아기장수 전설에서는 날개 가진 '아기'를 전부 거부하였고, 제주의 경우는 '날개'만을 거부하였다고 하여 제주에서 전래되는 아기장수 전설의 특징을 말하였다.
　현길언, 『제주도의 장수설화』, 홍성사, 1981, 136쪽.
　제주에 들어와 변이된 아기장수 전설의 간단한 서사단락을 제시하면 다음과 같다.
　① 홍업선(洪業善)은 약 3백년 전, 신엄리(神嚴里)에서 태어난 비범한 사람이었다.
　② 홍업선은 아버지가 짚신을 삼으면 그것을 팔아 왔다.
　③ 홍업선이 짚신을 팔아서 돌아오는 시간이 너무 이르다는 것을 아버지가 눈치를 채서 홍업선에게 새 짚신을 신긴다.
　④ 홍업선은 새짚신에 흙을 묻히지 않고, 짚신을 팔고 집으로 돌아온다.
　⑤ 아버지는 홍업선에게 독한 술을 먹여 홍업선을 잠재운다.
　⑥ 아버지는 홍업선의 겨드랑이 날개를 확인하고 역적으로 몰릴 것을 두려워하여 날개를 자른다.
　⑦ 홍업선은 날개가 잘린 후 기운이 없어 보였으나 힘은 보통 사람에 비하면 장사였다.
　⑧ 홍업선의 묘는 현재 제주시 외도리(外都里) 위쪽 사만이라는 곳에 있고, 매년 묘제를 지낸다.
　현용준, 『제주도전설』, 서문당, 2002, 121~123쪽.
9 현길언, 「전설의 변이와 그 의미」, 『한국언어문학』 17·18, 한국언어문학회, 1979, 302쪽.

아기장수 전설과 〈원천강본풀이〉의 비교

	육지부 아기장수	제주형 아기장수	조술생본 〈원천강본풀이〉		
주인공	아기장수	아기장수	원천강의 남편	→	원천강
주인공의 죽음	죽음	생존	죽음	→	생존
현실세계 관련	현실에 속하지 않는 용마	현실에 속하는 삶	원천강	→	원천강

조술생본의 주인공을 누구로 파악하느냐에 따라 육지부의 아기장수 전설과 제주의 아기장수 전설과의 관련성은 달라진다. 주인공을 원천강의 남편으로 파악한다면 원천강의 남편이 잡혀가기에 육지부의 전설과 유사하다고 이야기할 수 있고, 주인공을 원천강으로 파악한다면 제주의 전설과 유사하다고 이야기할 수 있다. 다만, 원천강으로 주인공을 파악할 경우, 아기장수 전설의 서사와 밀접하게 관련된다고 이야기하기 어렵다. 아기장수 전설과 유사한 서사는 원천강 남편의 삶이기에 원천강을 초점으로 한다면 이야기가 달라지기 때문이다.

조술생본과 아기장수 전설은 원천강의 탄생과 아기장수의 죽음이라는 상이한 결말을 다룬다. 조술생본을 원천강 남편이 주인공이 아니라 원천강이라고 여긴다면 조술생본의 결말은 아기장수 전설의 결말과 달리 원천강의 탄생이다. 원천강의 남편을 기준으로 살펴본다면 원천강 남편의 죽음과 아기장수의 죽음이 닮아있다. 조술생본은 원천강에 대한 내력담인 〈원천강본풀이〉로 불리었고, 원천강의 탄생을 다루고 있기에 아기장수 전설과 다르다고 말할 수 있다. 아기장수 전설과 조술생본에 대한 비교를 토대로 아기장수 전설과의 차이점을 통하여 조술생본이 말하고자 하는 바를 밝힌다면 〈원천강본풀이〉의 이해를 돕는 데 유용하리라 생각한다.

조술생본 원천강과 원천강의 남편을 모두 고려하여 서사를 파악한다면 육지부의 아기장수 전설과 제주의 아기장수 전설의 요소를 동시에 조술생본에서 발견할 수 있다. 이는 서사의 주도권이 원천강의 남편에서 원천강으로 변화되었기에 가능하다. 현실에 융합하기 위하여 날개를 제거하거나 죽음을 맞는 등의 방식을 조술생본에서 적극적으로 수용하였다. 민중의 마음에 희망이나 아쉬움으로 결말을 맺는 것이 아니라 원천강이라는 인물을 앞으로 드러내어 원천강에게 남편이 현실에서 죽어야만 하는 위대함을 전이시킨 것이다. 현실세계에서 인정될 수 없는 용마라는 영원성을 원천강이라는 책에 의탁한다는 비틀기를 통하여 조술생본에서 두 요소가 복합적으로 작용하는 것이 가능하게 되었다.

아기장수 전설을 신화적 전설이라고 한다면,[10] 조술생본 〈원천강본풀이〉는 '신화적 전설'의 성격을 지닌 신화라 할 수 있다. 이는 3장 신화적 성격에서 구체적으로 논하고자 한다.

3. 전설 속의 신화적 속성

아기장수 전설은 『어유야담』, 『계서잡록』 등의 야담집에 실려 있고, 『삼국사기』, 『삼국유사』에서도 이와 유사한 모티프를 찾아볼 수 있을 정도로 연원이 오래되었고, 대중적으로 널리 퍼져 있는 이야기이다. 전국적인 광포 전설이며 비교적 이야기의 변형이 없는 유형이 존재한다. 곡물유형의 간략한 서사는 '비정상적인 아이의 탄생 – 뛰어난 지혜 – 콩·팥 등을 가지고 바위 안 등과 같은 장소로 이동 – 어머니의 비밀 누설 – 장수의 죽음'이다. 아이가 어머니에게 콩을 볶아 달라는 이야기는 제주도 서사무가 〈이공본풀이〉에서도 찾아볼 수 있다.[11] 콩과 팥의 의미는 씨를 땅에 뿌려 새로운 생명이 열리는 가능성을 의미한다. 사람에게 이러한 의미가 전이되어 새로운 시대로의 희망을 의미한다.

아기장수 전설이 전해지는 지역이 광범위하고 구비전승의 기간이 장구하기에 이 이야기 속에는 전승하는 집단내의 삶과 의식에 유효한 것을 포함하게 되어 인간 존재의

---

10 천혜숙, 앞의 논문, 1997, 1~174쪽.
11 할락궁이는 자신의 아버지를 찾아가겠다고 하여 원강아미에게 콩을 볶아 달라고 하고 그것을 가지고 자신의 아버지를 찾아 길을 떠난다.

보편성, 전승 집단의 본질적인 삶에 관한 문제를 환기하게 된다.[12] 아기장수 전설에서는 아기장수의 죽음을 인정하는 방향성과 죽음에 대한 반발로 인한 내포적 변화의 방향성 사이에 긴장감이 생긴다. 이 긴장감을 조술생본에서는 새로운 인물에게 전이시켜 변화의 지향성을 현실에 발현시킨 것이다. 조술생본과 아기장수 전설의 결말의 차이점으로 인하여 조술생본은 전설의 맥락 속에서 신화의 성격을 되살려 신화로 거듭난다.

전설 속 인물을 신화에 등장시켜 이야기를 다채롭게 꾸미는 경우로 김통정을 예로 들 수 있다. 제주에서는 김통정과 관련된 역사적 이야기가 당신본풀이에 포함되어 전승된다. 애월, 성산, 안덕의 당신본풀이에 김통정의 내용이 포함되는데 신기한 것은 신화 속에서 김통정에 대한 인식이 상이하다는 것이다.[13] 구체적으로 〈고내본향당본풀이〉, 〈장수당본풀이〉, 〈광정당본풀이〉, 〈금덕리당본풀이〉, 〈삼달본향당본풀이〉 등이다.[14] 애월읍 〈고내본향당본풀이〉에서는 표면적으로는 부정적으로 그려지나 이면적으로는 긍정적으로 그려지고 성산읍 〈장수당본풀이〉에서는 김통정이 당신으로 좌정하여 긍정적으로 그려지고, 안덕면 〈광정당본풀이〉에서는 토착 당신이 김통정을 징치하는 것으로 제시되어 김통정에 대하여 부정적으로 그려진다.[15] 김통정에 대한 인식이 본풀이마다 다른 것은 하나의 본풀이가 다른 지역으로 전이되어 퍼진 것이 아니라 지역에 따라 이야기가 자생하거나 변형한 것으로 이해할 수 있다. 이러한 예들은 다른 설화에서도 볼 수 있다.

신화, 전설, 민담이 서사를 공유하면서 재생산되고 있는 것이다. 한학자漢學者인 오문복이 구연한 설화중에 본풀이와 관련된 설화들이 있다. 조상신본풀이와 관련되는 '원당할망', '솥할망', '항하르방' 이야기가 있고, 당신본풀이와 관련되는 '양남택과 구

---

12 김영희, 앞의 논문, 2000, 54~55쪽.
13 권태효, 「제주도 김통정이야기의 당신화 및 전설로의 변용양상」, 『구비문학연구』 8, 한국구비문학회, 1999, 161쪽.
14 진성기, 앞의 책, 2002.
15 권태효, 앞의 책, 1999, 175쪽.

렁팟 당신'이 있다.¹⁶ 양남택은 표선면 성읍2리를 설촌한 사람이자 본향당을 설립한 사람이기도 한데 그의 이야기와 당신본풀이의 이야기가 하나의 이야기로 전해지는 것이다. 신화이면서도 민간이 의례의 공간이 아닌 곳에서 구연함으로써 이야기 문학으로 향유하고, 전설이나 민담의 이야기를 신화에서도 반영한다는 가정이 가능하다. 본풀이에 집중하고 신앙민들에게 흥미로운 요소를 제공하기 위하여 본풀이 안에서 흥행에 성공한 이야기를 받아들이는 것이다.

조술생본이 아기장수 전설과 근본적으로 다른 이유는 원천강의 남편을 지칭하는 말을 보면 알 수 있다. 아기장수 전설과 〈원천강본풀이〉를 비교해 보면 주인공은 원천강의 남편이 되어야 한다. 원천강의 남편은 이름조차 부여받지 못한다. 〈원천강본풀이〉는 원천강을 위하여 만들어진 본풀이이기 때문에 원천강의 남편이라 불리는 것이다. 서사가 유사하지만 지향하는 바가 다르다.

〈원천강본풀이〉는 원천강의 근본 내력을 풀어내는 데에 목적이 있다. 심방의 본풀이인 〈초공본풀이〉가 육지부 제석본풀이의 적극적 해석을 통하여 제주의 새로운 본풀이로 변화되어 심방들의 본풀이인 〈초공본풀이〉가 생겨났듯이,¹⁷ 〈원천강본풀이〉도 원천강을 보는 역술인의 근본 내력을 풀어내고자 하는 의도에서 발생한 것이다.

다만, 심방과 역술인이 동일한 것이 아니라 심방 일을 하면서 원천강을 보는 이들도 있으나 그렇지 않은 이들도 있기에 본풀이가 필요한 수요가 많지 않은 환경에 처하게 된다. 제주도 본풀이에 아직도 원천강화주역을 가지고 있느냐는 구비 상용구가 남아 있는 것으로 예전 심방들이 원천강을 활용하였다는 사정을 간접적으로 짐작할 수 있다.¹⁸ 심방 일을 하면서 원천강을 활용하는 이도 현재까지 존재한다.¹⁹ 심방의 일

---

16 김영돈, 현용준, 현길언, 『제주설화집성(1)』, 제주대학교 탐라문화연구소, 1985, 734~759쪽.
17 서대석, 『한국무가의 연구 : 서사무가 제석본풀이 연구』, 문학사상출판부, 1980.
18 "경 허민 원청강(袁天綱)이나 앗안 옵데가? 화주역(四周易)이나 갖언 옵데가?"
    허남춘 외, 『이용옥 심방 본풀이』, 제주대학교 탐라문화연구소, 2009, 108쪽.
    "우리덜 부베간, 원천강 수주팔저 고남이나 헤여봅서."
    허남춘 외, 『서순실 심방 본풀이』, 경인문화사, 2015, 168쪽.
19 강대원 심방은 1945년생으로 박인주 심방에 이어 동복 본향당을 매고 있는 심방이다.

과 역술인의 일을 동시에 하는 경우, 역술인들의 본풀이를 적극적으로 만들어 활용하고자 한 것이다. 이는 조술생 심방이 이야기를 많이 알고 있으며 민담을 활용하여 당신본풀이와 조상신본풀이를 구연한 것을 근거로 추정하여 볼 수 있다.

조술생본 〈원천강본풀이〉와 유사한 서사를 갖춘 것은 아기장수의 두 가지 유형 중 어머니의 잘못으로 실패한 아기장수 유형인 곡물형에 속하며 '신이한 아이의 탄생 – 다른 곳으로 가서 도모 – 어머니의 발설 – 죽음'의 내용을 갖추고 있다.[20] 여기서 중요한 부분은 다른 곳에 가서 비밀히 일을 도모하는 것이다.

신앙민들에게 잘 알려진 이야기를 통하여 새로운 신화를 만들어내는 것이다. 아기장수 전설은 신화적 속성을 내재한 이야기라 이러한 변모가 용이하다. 천혜숙이 작성한 박혁거세와 아기장수 전설의 도표에서[21] 조술생본 〈원천강본풀이〉를 더해보면 다음과 같다. 아래의 표는 박혁거세 신화, 아기장수 전설, 원천강본풀이를 비교한 표이다.

박혁거세 신화, 아기장수 전설, 원천강본풀이 비교

박혁거세 신화	아기장수 전설	원천강본풀이	
		원천강의 남편	원천강
ㄱ. 새 통치자 물색	ㄱ. ∅	ㄱ. ∅	ㄱ. 남편이 자신의 아내 지목
ㄴ. 신이한 출생	ㄴ. 신이한 출생	ㄴ. ∅	ㄴ. 비밀을 발설함
ㄷ. 백마승천	ㄷ. 아이 모살	ㄷ. 남편 끌려감(죽음)	ㄷ. 원천강 책을 얻게 됨
ㄹ. 새 왕으로 옹립(알영과 혼인)	ㄹ. 용마익사	ㄹ-ㅁ-ㅂ ∅	ㄹ. 원천강이 됨(남편과 이별)
ㅁ. 왕업	ㅁ-ㅂ ∅		ㅁ-ㅂ
ㅂ. 승천			

---

20 아기장수 전설 중 배열 순서와 주요한 모티프가 일치하는 유형은 날개달린 아기장수와 용마 유형인 날개형과 어머니의 잘못으로 실패한 아기장수 유형인 곡물형으로 나눌 수 있다.
천혜숙, 앞의 논문, 1986, 134~135쪽.
21 위의 논문, 138쪽.

조술생본 〈원천강본풀이〉는 원천강의 남편을 기준으로 하였을 때, 아기장수 전설과의 공통점을 많이 찾아볼 수 없으나 원천강이라는 인물을 기준으로 한다면 신화적 요소가 되살아나고 있음을 알 수 있다. 조술생이라는 심방이 적극적인 방법으로 이야기에 개입하여 신화를 재탄생시키고 있는 것이다.

이러한 변이가 〈원천강본풀이〉에서 가능했던 것은 아기장수 전설의 주인공이 성인이 되지 못한 '아기'라는 미숙함을 '성인'이라는 완성됨으로 인물이 바뀌면서 이루어진다. 아기장수 전설에서는 미성숙한 아기가 성숙으로 가기 위해 혹은 왕업을 도모하기 위해 다른 곳으로 가서 일을 도모한다. 미성숙에서 성숙으로 들어가기 위한 입사의례를 진행하는 것이다. 〈원천강본풀이〉에서는 이러한 과정이 무의미하다. 이미 성인이 된 원천강의 남편은 땅속으로 들어가서 공부를 하는데 공부를 하는 목적이 명확히 제시되어 있지 않다. 시간을 기다리기 위한 행위인지, 왕업을 도모하기 위한 행위인지 모호하다. 원천강 남편이 공부를 하며 시간을 기다리는 행위는 원천강이 남편이 있는 곳을 발설함으로써 결실을 맺지 못한다. 원천강 남편은 자신의 부인을 힐난하면서도 그녀에게 책을 전하게 되는데 그것이 원천강이다.

원천강을 중심으로 〈원천강본풀이〉와 박혁거세 신화를 비교하면 오히려 유사점이 많아진다. 결국 조술생본은 아기장수에 내재한 신화적 맥락을 원천강이라는 인물을 중심으로 다시 재구하였다는 것을 알 수 있다. 원천강이 자신의 남편이 숨겨진 곳을 발설하게 되는 것부터 본격적인 이야기가 시작되는 것이다. 원천강의 남편이 아내를 지목하여 원천강을 보며 살라고 하는 것은 '원천강'이라는 책이 세상에 드러남과 동시에 부인이 '원천강'이라는 직업을 갖게 되는 것이다. 원천강은 평범한 아낙의 삶에서 자신의 실수로 인하여 원천강이라는 직업을 가진 새로운 삶을 살게 된다.

이러한 재구성의 바탕에는 심리적 유사성도 작용한다. 아낙으로서 남편을 잃은 비운은 원천강이 되어 팔자를 그르친 비운과 맞닿아 있다. 남편을 잃은 여인네가 느끼는 삶의 막막함을 '원천강'이라는 직업을 갖게 해 주는 것으로 극복하려 하였으나, 그 역시 팔자가 그르쳐지는 일인 것이다. 이러한 중첩적인 비운은 신앙민들에게 안타까움을 자아내며 기억에 각인시키는 효과가 있다. 다음 장에서 조술생본이 나타나고 사라지게 된 원인을 짚어보고자 한다.

4. 신화의 탄생과 소멸

조술생은 1910년생으로 한경면 조수리 심방이다. 〈당목잇당본풀이〉, 〈소록밭당본풀이〉, 〈일곱ᄃ릇당본풀이〉와[22] 〈세민황제본풀이〉, 〈동방세기본풀이〉, 〈원천강본풀이〉, 〈영감본풀이〉 등을 구연하였다.[23] 〈세민황제본풀이〉, 〈동방세기본풀이〉는 세민황제와 동방삭이라는 역사적 인물이 등장한다. 〈영감본풀이〉에서는 제주의 지명을 구체적으로 제시하며 본풀이를 풍부하게 만들었다. 〈영감본풀이〉의 한 대목을 보면 다음과 같다.

    제주와당 근당ᄒ민 / 성산봉에 놀단 조상.
    대정이라 삼방산에, / 물장오리, 태역장올서 놀단 조상
    웃바매기, 알바매기, / 돈지오름에 놀단 조상.
    높은 오름 ᄃ랑쉬에, / 도들봉에 놀단 조상.
    서무봉에 왠당봉에, / 배리봉에 놀단 조상.
    갯ᄀᆞ으로 ᄂᆞᆯᆞᄉᆞ민, / 쇠섬 진질짝 놀단 조상.
    성산포구에 놀단 조상. / 종달리라 소끔밭서 놀단 조상.
    월정 어장판서 놀단 조상. / 짐녕, 한개에 놀단 조상.
    넙은코지서 놀단 조상. / 북촌이라 ᄃ리예에
    허뎅이 앞서 놀단 조상. / 서코지에, 세배코지에
    놀아오단 영감이여. / 지방여에, 물똥여에,

---

22 진성기, 앞의 책, 2002, 551~555쪽.
23 위의 책, 611~628쪽.

중두굴에, 큰바닥에 / 셋바닥에, 구한팡에

올연여에 놀단 조상. / 모살물깍에 한개코지

ㄴ리질서 놀단 영감. / 서창머리에 놀단 영감.

소여코지에 놀단 선앙. / 두리깨서 넙은코지서

놀아오단 신주선앙. / 신흥이라 마능캐에

소곰밭서 놀단 영감.[24]

영감이 제주바다를 통하여 들어오는 모습을 구체적인 제주 지명에 기대어 장황하게 늘어놓은 것을 볼 수 있다. 본풀이를 상황에 따라 때로는 길게 늘이기도 하고, 때로는 위와 같은 부분을 짧게 요약할 수 있는 형태로 만들어 놓은 것이다.

조술생본이 남긴 구연본을 토대로 조술생이라는 구연자의 특징을 파악할 수 있다. 조술생은 민담과 전설을 비롯한 여러 이야기들에 능숙하여 입담이 좋은 심방임을 알 수 있다. 비교적 늦게 들어온 전설, 민담들을 자신의 본풀이에 적극적으로 사용하여 이야기에 능숙한 구연자라 할 수 있다.

조술생본 〈원천강본풀이〉는 현장에서 더이상 전해지지는 않는다. 신화는 보편성을 전제로 하여야 하는데 조술생이라는 심방의 뛰어난 창작 능력으로 인하여 보편성보다는 독창성이 드러나게 되고, 이러한 독창성으로 인하여 본풀이가 널리 퍼지지 못한 것으로 보인다. 구비문학의 성격이 그러하듯 본풀이 역시 고정된 것이 아니라 새로 생성되기도 하고, 널리 퍼지기도 하며, 소멸하기도 한다. 이러한 본풀이의 성장과 쇠퇴는 여러 요소에 의하여 결정 된다. 본풀이의 독창성은 성장의 동력이라기보다는 오히려 쇠퇴의 동력으로 작용한다는 것을 조술생본을 통하여 알 수 있다. 본풀이에는 구비의 역사가 담기는데 보편성을 바탕으로 하지 않은 창작은 공동체험의 신화적 기록이라는 의미를 상실하기에 소멸의 길을 걷는다. 제주도에서 1960년대는 신앙에 대한 거대한 변화의 바람이 불기 직전의 시기이다. 이러한 시간의 흐름 속에서 본풀이

---

24 위의 책, 628쪽.

의 변모는 전승의 단절을 초래하였다. 뒤늦게 생긴 당들이 본풀이의 서사가 제대로 갖추어지지 않은 채 제일과 신명 정도만이 전해지게 된 것도 이러한 맥락으로 이해할 수 있다. 신앙이 변화되고 구비문학이 사라질 위기 앞에서 본풀이가 서사를 부풀려 성장의 길을 걷은 것이 아니라 반드시 필요한 요소만을 남겨 전승을 하게 된 것이다.

신화, 전설, 민담을 두루 포괄하는 설화 문학이라는 총칭은 설화 문학 안에 속하는 각 갈래가 각기 독특한 성격을 지니기도 하고, 서로의 성격을 공유하기도 하는 독특성에 기인한다. 명확하게 갈래가 구분되는 작품도 있지만 여러 갈래의 속성을 동시에 지니고 있는 작품들도 있다. 구비문학 안에서 시간이 지남에 따라 융합과정이 다양하게 일어나면서 수많은 이야기들이 만들어지고 사라진다. 제주도 본풀이가 현재까지 남을 수 있었던 이유는 근대화 과정에서 제주도가 소외되어 근대화가 더디 진행됨에 따라 의례 속에서 본풀이를 품을 수 있었기 때문이다. 현재의 시점에서 과거와 현재를 아울러 살펴보는 것은 미래의 방향성을 가늠할 수 있는 하나의 방편이다. 조술생본에서 신화와 전설의 접점을 찾아 분석하는 것은 앞으로 설화 문학이 나아갈 방향성의 실마리를 찾는 방법이라 생각한다.

다만, 아기장수 전설과 관련한 조술생본은 구비전승이 단절되었으나 현대인들에게 필요한 내용이 담겨 있기에 현 시점에서 충분히 환원될 수 있는 신화라 생각한다. 모든 것을 동일시하여 하나의 틀로 양식화해 버리는 현대인의 삶에 대한 반성이자[25] 이전의 신화 문화들이 창작되는 방법을 알 수 있는 작품이라 생각하기 때문이다. '원천강'이라는 인물이 아니라 시대에 맞는 인물로 환치되어 새롭게 태어날 수 있으리라 기대한다. 이는 아기장수 전설이 아이의 죽음에서 새로운 용마로 치환되던 것과 동일한 맥락에서 조술생본 역시 또 다른 어떤 것으로 변이될 수 있는 가능성을 품고 있기 때문이다.

아기장수 전설은 개인, 사회, 초자연의 세계를 연결하는 의미망 속에서 끊임없이 새로운 의미로 부여가 가능하다. 초자연적 세계를 '원천강'과 관련된 존재로 〈원천강본

---

[25] 강등학 외 8인, 『한국 구비문학의 이해』, 월인, 2000, 81쪽.

풀이〉에서 환치하고 있다. 아기장수 전설에서 등장한 장수들이 함께 살아가는 쪽으로 변모하는 것을 고려해 볼 수 있다. 제주도에 전래되는 삼성신화에는 바다를 건너 온 삼여신이 제주로 와서 삼을라와 함께 살림을 차리고, 당신본풀이에는 바다를 건너 온 신들이 제주에 정착하여 지역을 달리하기는 하나 토착신에 의하여 제주에서 쫓겨나지 않은 채 함께 살아간다. 원천강 남편은 사회적 충돌을 일으키는 인물이기에 제거되거나 변모하여야 하는 인물이나 아내가 원천강을 보며 사는 것은 사회적 충돌을 일으키지 않고 삼여신이나 당신들처럼 함께 살아갈 수 있다. 대립적 요소에 의한 긴장을 새로운 국면으로 극복하는 것이다.

조술생본과 아기장수 전설과의 관련성은 본풀이와 역사적 전개를 추정할 수 있는 하나의 근거가 된다.[26] 구비문학은 석비의 기록과 달리 구비전승 환경에 의해 다양하게 변주된다. 공동체의 규범이 기록되기도 하고, 공동체의 유대와 자긍심이 내면에 포함되기도 한다. 구비전승의 현장이 사라지는 지금, 예전 구비전승의 한 단면을 살펴보며 풍부한 이야기의 세계를 가늠해보고자 하였다.

5. 나오는 말

이 책에서는 조술생본 〈원천강본풀이〉를 제재로 하여 구비문학의 유동성을 살펴보았다. 구비문학의 한 갈래인 신화를 통하여 신화 속에 전설이 들어오고, 전설이 신화의 문맥 속에서 재탄생하는 과정을 고찰함으로써 끊임없이 새로운 구비문학이 탄생한다는 가능성을 살펴보고자 하였다.

제주도의 1960년대는 근대화와는 다소 거리가 있는 시기이다. 그때까지만 하여도 초가집이 있어 동네 사람들이 모여 지붕의 띠를 얹고, 자기 집을 자신이 짓는 이들도 많았다. 관혼상제는 혼자서 치르는 일이 아니라 동네 주민 모두의 일이라 생각하여

---

26 위의 책, 329쪽.

함께 행하며 왁자지껄한 대화를 나누던 구비문학이 살아 있던 시기였다. 동네 어귀에서 흙을 주무르며 아이들이 놀고, 할아버지 할머니가 옛날이야기를 들려주던 시대인 것이다.

현대화는 현대인들에게 편리함을 주고 구비문학의 유동성에 들어 있는 풍부한 창의성을 거세해 버렸다. '카공족'이라 하여 카페에서 공부하는 사람들이 생겼다. 사람들이 만나서 이야기하는 사랑방의 현대화된 모습이 카페인데 그 카페에 대화가 부재하여 조용하기에 공부가 잘된다는 것이다. 큰소리로 대화하고, 박수 치며 웃는 이들을 교양 없다고 보는 시선도 있다. 현대화라는 이름으로 흙을 빼앗아 가 버리고, 대화가 부재되었으며 만나지 않아도 더 이상 불편함을 느끼지 않게 되었다.

구비문학은 흙과 같다. 내가 전해 들은 구비문학 한 작품은 거대한 구비문학의 한 부분이어서 아주 작은 부분일지 모르지만 그 안의 의미는 지대하다. 21세기의 오염된 공기 속에서 흙향기를 맡기 쉽지 않다. 구비문학이 듣고 말하는 것이 아니라 책으로 읽는 것이 되어버리듯, 흙 역시 만지는 것이 아니라 보는 것이 되어 버렸다. 도로 사이 화단, 학교 운동장, 집으로 걸어가는 길 등 우리 주변을 둘러싼 공간에서 흙은 잔디로 덮여 파내면 안 되고, 만지면 안 된다. 비가 온 뒤면 길이 진흙탕으로 바뀌어 내가 걷는 자국마다 깊게 발자국이 패이고, 날이 좋으면 길목에 앉아 책에서 읽었던 것과 꿈에서 보았던 것을 그려 보고 흙을 모아 성을 쌓고, 나뭇가지를 하나 꽂아 기지라고 우기던 아이들은 사라졌다. 비가 와도 땅에 발자국이 나지 않고, 넘어져도 흙이 묻지 않는다.

'옛날 옛적에'로 시작되어 집집마다 향유되던 구비문학이 온몸으로 느끼던 흙이 사라져 버리듯 박제화되어 버렸다. '옛날 옛적에'로 시작을 하며 이야기를 들려주는 할아버지와 할머니들은 손주들과 따로 살며 영상 통화로 얼굴을 확인한다. 경로당의 상석은 이야기 잘하는 할아버지 대신 텔레비전이 차지하고 있다. 이야기할 때마다 이본이 발생하는 구비문학과 달리 본방송과 동일한 재방송을 반복하여 보는 현대인들에게 항상 새로운 것을 요구한다.

이러한 환경에서 상상력과 창의력이 중요하고 그것을 기르라고 한다. 새로운 것을 만들어 본 적도, 들어본 적도 없는데 시대는 계속하여 새것을 외친다. 옛것을 통하여 새로운 것을 향유하는 방식이 없을까 생각해 보았다. 이러한 시기에 조술생본 〈원천강본풀이〉를 통하여 구비문학 한 작품의 탄생과 쇠퇴를 돌아보는 것은 앞으로 구비문학이 나아가야 할 방향을 모색하는데 실마리가 되리라 생각한다.

일반신본풀이의 세계

제2부 10

〈초공본풀이〉의 서사적·제의적 의미

1. 서론

〈초공본풀이〉는 신뿌리인 무조신에 대한 내력담이다. 〈초공본풀이〉의 정체를 밝히기 위해서 주제론,[1] 작품 구조,[2] 굿의 제차와의 관련성,[3] 다른 작품과의 비교연구,[4] 여성 중심적 시각의 연구,[5] 신의 성격과 직능[6] 등 다양한 측면의 논의가 이루어졌다.

〈초공본풀이〉가 현장에서 구연하는 것에 집중하여 본풀이와 제의의 관련성을 실제 현장에 도입하여 분석하고자 하는 논의도 있었다.[7] 이들 논의를 통하여 〈초공본풀이〉

---

1 신연우, 「〈초공본풀이〉의 비속함과 성스러움」, 『고전문학연구』 제42집, 한국고전문학회, 2012.
2 신월균, 「〈초공본풀이〉의 構造 考察」, 『국어국문학』 100권, 국어국문학회, 1988; 최시한, 「'초공 본풀이'의 구조 분석」, 『배달말』 11권, 배달말학회, 1986.
3 이수자, 「제주도 무속과 신화 연구」, 이화여자대학교 박사학위논문, 1988.
4 강금숙, 「〈초공 본풀이〉와 〈불의 딸〉의 서사구조 연구」, 『이화어문집』 12권, 이화어문학회, 1992; 이경화, 「〈초공본풀이〉와 思松金의 인물관계와 의미」, 『한국무속학』 34, 한국무속학회, 2017.
5 진은진, 「여성탐색담의 서사적 전통 연구」, 경희대학교 박사학위논문, 2002.
6 서대석, 『한국무가의 연구』, 문학사상사, 1980.
7 김은희, 「제주도 본풀이와 놀이의 상관성」, 『탐라문화』 36, 탐라문화연구원, 2010; 문무병, 「제주도 무

가 보편성의 측면에서 가지고 있는 본풀이의 특성이 드러나게 되었다. 제주도 굿이 가지고 있는 특성이 '맞이 – 풀이 – 놀이'이며 이러한 특성 안에서 〈초공본풀이〉를 해석할 수 있다는 것이다.[8] 이러한 연구의 후속 작업으로 맞이 – 풀이 – 놀이가 무엇을 의미하는지, 본풀이는 어떠한 의미를 갖는지 더욱 구체적으로 연구되어야 하나 이에 대한 논의가 미비한 실정이다.

〈초공본풀이〉는 굿본을 담고 있는 본풀이로 현장에서 구연하고 있다. 그렇기에 본풀이를 중심으로 본풀이와 제의의 관련성을 찾기에 적합하다. 현장과의 긴밀성을 텍스트 안에서 찾기에 적합한 텍스트는 현장에서 채록한 자료라 생각한다. '제주도 동복 신굿'의 사례를 중심으로 〈초공본풀이〉의 서사적 의미와 제의적 의미를 살펴보고자 한다. '제주도 동복 신굿'을 중심 자료로 삼은 이유는 1980년대 굿의 형태를 살펴볼 수 있는 자료가 연구자들의 노고로 세상에 빛을 보게 되었기 때문이다.[9]

본풀이의 서사적·제의적 의미를 파악하기 위해서 가장 먼저 〈초공본풀이〉의 서사단락을 나누고 그 의미를 분석하였다. 그 후에 〈초공본풀이〉의 내용이 제의에 어떻게 반영되고 있는지를 알아보고자 하였다. 이를 통하여 〈초공본풀이〉와 의례와의 긴밀성을 살펴보고자 하였다.

2. 〈초공본풀이〉의 서사적 의미

다음은 동복 신굿에서 양창보 심방이 구연한 〈초공본풀이〉이다.[10] 서론에서 밝힌 것처럼 실제 연행 현장을 채록한 자료이기에 이를 바탕으로 분석하여 보고자 한다.

조신화와 신굿」, 『비교문화연구』 5, 서울대학교 비교문화연구소, 1999.
8   김헌선, 「제주도 굿의 구조와 원리」, 『한국무속학』 14, 한국무속학회, 2007.
9   제주도 동복신굿은 1984년 6월 15일부터 6월 24일까지 동복리에서 진행한 신굿으로 고광민이 국립무형유산원에 기증한 자료를 강소전, 강정식, 김승연, 류진옥이 채록하고 강정식·강소전이 해설 부분의 글을 작성하여 출판된 소중한 자료이다.
10 국립무형유산원, 『제주도 동복신굿 : 무가편 ②』, 2019, 204~230쪽.

〈초공본풀이〉

① 임정국 대감님과 김정국 부인님이 부부간 인연을 맺어 자식 없이 살아간다.
② 주자선생의 권유로 임정국 대감님과 김정국 부인님이 백일 불공을 드려 녹하단풍 아기씨를 얻게 된다.
③ 녹하단풍 아기씨가 15세가 되자 임정국 대감님과 김정국 부인님이 천하공사와 지하공사를 살러 가기 위해 딸을 궁에 가둔다.
④ 주자선생이 금정옥술발로 자물쇠를 열어 녹하단풍 아기씨에게 권제를 받고 상가마를 만지자 녹하단풍 아기씨가 임신을 한다.
⑤ 임정국 대감님과 김정국 부인님이 돌아와 임신 사실을 알고 녹하단풍 아기씨를 쫓아내자 녹하단풍 아기씨는 본메를 가지고 주자선생을 찾아간다.
⑥ 녹하단풍 아기씨는 나록을 까라는 과제를 해결하고 주자선생이 내어준 곱은연질을 받는다.
⑦ 녹하단풍 아기씨는 주자선생이 중이기에 홀로 젯부기 삼형제를 낳고 기른다.
⑧ 젯부기 삼형제가 과거를 보러 가는 도중에 삼천선비의 꾐에 빠져 곤란에 처하나 배좌수가 도움을 준다.
⑨ 젯부기 삼형제는 과거에 합격하나 젯부기 삼형제가 중이란 사실을 삼천선비가 발설하여 과거에 낙방한다.
⑩ 삼천선비가 연주문을 쏘아 맞추면 과거급제를 시켜주겠다고 제안하자, 젯부기 삼형제는 연주문을 맞추어 다시 과거를 하게 된다.
⑪ 젯부기 삼형제는 다시 삼천선비의 꾐에 빠져 과거를 못하게 되고 녹하단풍 아기씨를 구하기 위하여 주자선생을 찾아가 팔자를 그르친다.
⑫ 젯부기 삼형제는 본메를 가지고 녹하단풍 아기씨에게 가던 중에 너사무 너도령을 만나 의형제를 맺는다.
⑬ 젯부기 삼형제와 너사무 너도령이 유자나무와 팽나무를 베어 신전집을 지어 삼천전제석궁의 신들이 좌정할 곳을 마련한다.
⑭ 젯부기 삼형제와 너사무 너도령이 녹하단풍 아기씨를 위해 원불수륙을 밤낮으로 드려

녹하단풍 아기씨가 풀려 나와 삼천전제석궁에 좌정한다.
⑮ 젯부기 삼형제는 저승 삼시왕으로 좌정하여 시왕대번지 대명도를 마련한다.
⑯ 젯부기 삼형제는 유정승 집안에 팔자 전승 굿인 아기를 탄생시킨다.
⑰ 유정승 따님아기는 육간제비를 주워 앞을 보지 못하게 되고 67살이 되어 심방이 된다.
⑱ 유정승 따님아기는 자북장자 딸을 위하여 굿을 하고 자북장자 딸은 살아난다.

위의 서사단락을 보면 녹하단풍 아기씨 – 젯부기 삼형제 – 유정승 따님아기로 이야기가 전개된다. 녹하단풍 아기씨, 젯부기 삼형제, 유정승 따님아기의 이야기는 각각 다른 사건들을 다루고 있으나 고난을 겪고 나서 팔자를 그르치게 된다는 공통적인 결과를 담고 있다. 〈초공본풀이〉를 인물 중심으로 구분해보면 ②~⑥, ⑦~⑮, ⑯~⑱로 구분된다. ②~⑥은 녹하단풍 아기씨의 탄생과 고난, ⑦~⑮은 젯부기 삼형제의 탄생과 고난 ⑯~⑱은 유정승 따님아기의 심방으로서의 탄생과 고난이다.

녹하단풍 아기씨에서 젯부기 삼형제로 서사의 중심이 바뀌는 순간에 주자선생이 중요한 역할을 행한다. 주자선생은 ②, ④, ⑥, ⑪에 등장한다. ②는 녹하단풍 아기씨의 탄생, ④는 젯부기 삼형제의 임신, ⑥은 녹하단풍 아기씨가 팔자를 그르치는 것, ⑪은 젯부기 삼형제가 팔자를 그르치는 것과 관련되어 있다. 녹하단풍 아기씨, 젯부기 삼형제의 탄생과 팔자를 그르치는 데에 결정적인 역할을 행한 것이 주자선생이다.

주자선생은 녹하단풍 아기씨의 유폐幽閉를 두 차례에 걸쳐 풀려 주게 된다. 첫 번째는 녹하단풍 아기씨의 부모가 녹하단풍 아기씨를 궁 속에 가두어 두고 천하공사와 지하공사를 살러 갔을 때이고, 두 번째는 녹하단풍 아기씨가 삼천선비의 음모로 궁에 갇혀 있을 때이다. 첫 번째에 주자선생이 금정옥술발을 흔들어 녹하단풍 아기씨가 갇혀 있는 궁의 자물쇠를 연다. 두 번째에 주자선생이 젯부기 삼형제의 팔자를 그르치게 하여 젯부기 삼형제가 녹하단풍 아기씨를 궁에서 풀려나게 한다. 첫 번째는 주자선생의 직접적인 개입이, 두 번째는 주자선생의 간접적인 개입이 있었다.

황금산 도단땅 주자선생과 녹하단풍 아기씨가 부부의 인연을 맺는다. 녹하단풍 아기씨의 이름은 다른 이본을 살펴볼 필요가 있다. 중요한 부분임에도 불구하고 생략된 것으로 보이는 부분이 있기 때문이다.

"느진덕정하님아, 금마답을 나상 저 산 압을 바레여 보라. 때는 어느 때가 뒈였느냐?"

"나산 보난 저 산 이 산 줄줄마다 산천초목이 구시월(九十月) 단풍(丹楓)이 지었수다."

"이 아기씨 일름을 저 산 줄이 벋고 이 산 줄이 벋어 왕대월석 금하늘 노가단풍 ᄌᆞ지멩왕 아기씨엥 일름 지읍기 어찌ᄒᆞ겠느냐?"

"어서 걸랑 그리ᄒᆞ옵소서"[11]

동복 신굿의 양창보본에 없는 내용이 『제주도무속자료사전』의 안사인본에 들어 있다. 녹하단풍 아기씨의 이름이 '저 산 줄이 벋고 이 산 줄이 벋어 왕대월석 금하늘 노가단풍 ᄌᆞ지멩왕 아기씨'로 나타난다. 서순실 구연본에서도 이러한 표현을 볼 수 있다.[12]

녹하단풍 아기씨의 이름에서 중요한 것은 줄이 벋는다는 것과 왕대월석이라는 부분이다. 줄이 벋는다는 것은 주자선생이 살고 있는 곳이 도단땅이라는 것과 연관지어 볼 수 있고, 왕대월산은 황금산과 연관지어 볼 수 있다. '이 산 앞이 줄이 벋고 저 산 앞이 줄이 벋어'와 '도단道斷'은 서로 상반되는 의미인 단절과 연결의 의미로 이해할 수 있다. '황금黃金'과 '대월大月'은 동일하게 빛을 내는 존재로 인식할 수 있다. 녹하단풍 아기씨를 달과 연관시키는 이유는 주자선생이 달을 보고 녹하단풍 아기씨를 떠올리는 것과 녹하단풍 아기씨를 비유하는 부분을 다른 이본에서 찾아 보충해 보면 이를 알 수 있다.[13] 황금산 도단땅의 주자선생이 줄이 벋은 왕대월산 녹하단풍 아기씨를 만

---

11 현용준, 『제주도무속자료사전』, 신구문화사, 1980, 149쪽.
12 "이 아기 이름을 지읍겐, 이 산 앞은 발이 벋고 저 산 앞은 줄이 벋어, 왕대월산 금하늘, 노가단풍 ᄌᆞ지명왕아기씨로, 이름을 지왓구나에-."
    허남춘 외, 『서순실 심방 본풀이』, 제주대학교 탐라문화연구원, 2015, 97쪽.
13 "뒷이망엔달이그려잇고
    양단둑지엔금새별이박여두신
    월궁신녀(月宮神女)갓혼아기씨라"
    赤松智城·秋葉 隆, 『조선무속의 연구』 上, 동문선, 1991, 243쪽.

남으로써 새롭게 연결된 길이 열리는 것이다. 주자선생과 녹하단풍 아기씨의 만남의 의미는 원초적이라 할 수 있다. 주자선생은 일반적 스님의 모습을 하고 있다. 일반적인 스님이 주문으로 문을 열거나 상가마를 만진 것만으로 포태시킨다는 것은 상식적이지 않다. 여자를 포태시키는 것은 불교의 색채를 입기는 하였으나 불교 이전의 생산을 담당한 신격을 통한 생산의 소망을 표현한 것이다.[14]

주자선생은 절이 파락破落되고, 당이 떨어진 것을 보고 재미齋米를 받아 헌 절과 헌 당을 수리하고자 하였다. 이를 통하여 명이 없는 사람은 명을 주고, 복이 없는 사람은 복을 주어, 아기 없어 걱정 근심하는 사람은 생불生佛을 주고자 인간 세상으로 내려오는 인물이다.[15] 〈초공본풀이〉는 무조신의 근본 내력을 푸는 본풀이인데 여기에서 젯부기 삼형제 아버지가 스님으로 등장한 것은 유의하여야 할 부분이다. 심방들이 제의를 행할 때 스님의 복색을 하는 경우가 있다. 송낙을 쓰고, 군웅치메를 장삼처럼 두르고, 바랑을 사용하는데 이는 주자선생과의 관련성 안에서 이를 이해하여야 할 것이다. 신적 능력을 가지고 있으면서 현실에서 천대받는 스님의 면모는 굿을 주관하는 심방의 모습을 반영한다. '신의 아이'가 되어 신적 능력을 받아 인정을 받아 굿을 하나 심방이 된 것을 일컬어 팔자를 그르쳤다 하기에 사람들로 천대받는 삶으로 여긴다.[16]

젯부기 삼형제는 ⑧~⑪에서 삼천선비에 의해 곤란을 당한다. 삼형제가 신분과 수적으로 차이가 나는 이들에게 여러 번에 걸쳐 승리를 쟁취한다. 이들의 승리를 구체적으로 볼 수 있는 부분은 ⑩이다. 활쏘기의 제안은 서로의 힘을 겨루는데 있어 결정적인 시합이다. 삼형제가 삼천선비가 제안한 활쏘기를 행하자 삼천선비는 젯부기 삼형제의 뛰어남을 알고 젯부기 삼형제가 아닌 그들의 어머니를 잡아서 가둔다. 젯부기

14　신연우, 『제주도 서사무가 초공본풀이의 신화성과 문학성』, 민속원, 2017, 173쪽.
15　황금산(黃金山)에 도단땅 주접선성(朱子先生)님은 절간 법당 좌정허근, 절간 안네 슬펴보니, 절도 파락(破落)뒈고, 당도 떨어지엇구나. 인간에 도느려 권제 삼문, 받아다 헌 당도 수리ᄒ고, 헌 절도 수리ᄒ여, 멩 없는 사람, 멩을 주고, 복 없는 사람, 복을 주어, 아기 없어, 걱정 근심ᄒ은 사람, 셍불(生佛) 환셍꼿이나 체급시켜주저, 이어, 인간으로 내려산다.
국립무형유산원, 앞의 책, 2019, 206~207쪽.
16　신연우, 앞의 책, 2017, 174쪽.

삼형제가 삼천선비의 꾐에 여러 차례 빠지나 젯부기 삼형제는 이를 모두 해결한다.

젯부기 삼형제는 삼천선비의 이러한 행위에 대하여 복수를 한다. 젯부기 삼형제는 삼천선비를 대신하여 유정승 따님아기를 심방으로 만든다. 이러한 복수의 결과는 의례를 통하여 이들 모두가 다시 만나는 것이다. 젯부기 삼형제와 녹하단풍 아기씨는 시왕궁과 삼천전제석궁에 각각 모셔 있지만 굿을 할 때에는 함께 모셔지게 된다. 굿을 하지 않을 때에는 당주전에 멩두를 모심으로써 함께 하게 된다. 유정승 따님아기로 상징되는 심방이 자신의 집에 이들을 모신다. 굿을 할 때 심방이 멩두를 가지고 굿을 하기에 굿을 할 때마다 이러한 악연과 복수의 얽힘이 맞닥뜨려진다는 것을 알 수 있다. 삼천선비는 녹하단풍 아기씨를 가두고, 젯부기 삼형제는 유정승 따님아기를 심방으로 만든다. 녹하단풍 아기씨, 젯부기 삼형제, 유정승 따님아기는 상징성을 가지고 있어서 당주전, 멩두, 심방의 의미를 띤다. 굿을 하려면 심방이 당주전에서 자신이 굿을 한다고 고하고 멩두를 가져와야 한다. 이는 녹하단풍 아기씨, 젯부기 삼형제, 유정승 따님아기의 만남이다. 이렇게 얽히고설킨 전생의 인연들을 모두 풀어내는 것이 단골들의 응어리진 마음을 풀어내는 것 이외의 또 다른 풀어냄이라 할 수 있다.

이러한 신화에 근거하여 당주전에 멩두를 모신다. 다음은 김순아 심방의 당주와 오용부 심방의 당주 사진이다.

〈초공본풀이〉는 무조신과 심방의 내력을 함께 담아야 한다. 그렇기에 〈초공본풀이〉가 '녹하단풍 아기씨-젯부기 삼형제-유정승 따님아기'의 이야기까지 담아내는 것이다. 젯부기 삼형제가 녹하단풍 아기씨를 삼천전제석궁에 좌정하고 이제부터 효도하겠다고 다짐하나 저승 염라대왕이 저승 삼시왕으로 도오르라 명령하여 젯부기 삼형제는 저승 삼시왕에 좌정한다.[17] 젯부기 삼형제가 저승 삼시왕으로 좌정하고 나서

---

17 "설운 어머님아 어머님아 우리딜로 해 일생(一生)을 ᄆ창근 고셍고셍 허멍 살던 어머님 이제랑 어궁또에 좌정(坐定)해 오널지부떠는 효자 노릇 허쿠다." "설운 아기딜 착허다 착허다." 어궁또에 좌정허엿구나. "어머니 효자노릇 ᄒ쿠다." 허난에 옥항상제 저승 염라대왕이 분부롭서 "젯부기 삼형제는 인간 사름이 아니라 저승 삼시왕으로 도올르라-."
국립무형유산원, 앞의 책, 2019, 228쪽.

김순아 심방 당주

오용부 심방 당주를 지키는 심방들[18]

유정승 따님아기의 팔자를 그르치게 만든다. 유정승 따님아기를 심방으로 만든 이유를 여기에서는 삼천선비가 자신의 과거를 낙방시켰기 때문이라고 지적한다.[19] 유정승의 딸을 심방을 만들어 삼천선비에 대한 복수를 행하고자 한 것이다.

유정승 따님아기와 유사한 이야기가 있다. 『조선무속의 연구』下에 실려 있는 '공심'이다.[20] 내용은 왕녀인 공심이 정신병이 나게 되어 공심을 남산으로 보내게 된다.

---

18 오용부 심방이 굿을 하고 잠시 쉬는 동안에도 당주를 지켜야 한다고 하시면서 오용부 심방의 신어머니와 소미가 당주를 지키고 있다.
19 삼시왕은 인간드레 살펴 베려보난 술펴 보니 우리 과거낙방해 심술허고 개염헌 인간 시왕데반지로 다 목 비여 죽일 생각해여도 몱은 조상에 아덜이고 몱은 신전에 아덜이곡 부처님에 자손이 분명훈난 몱은 칼이라 허는 게 시왕데반지 데명도(大明刀)를 마련해연 그 데신에 양반이 집으로 팔제 전싱 궂일 아기나 탄생(誕生)을 시기저
위의 책, 229쪽.

공심은 남산신을 지극히 섬겨 정신병이 낫게 된다. 치유과정에서 자신이 깨달은 바를 알렸는데 이로부터 무속이 시작되었다는 것이다.

공심에 대한 연구는 이미 학계에서 진행 중이다.[21] 이 책에서는 유정승 따님아기의 이야기가 공심 무조권의 영향을 받은 이야기로 해석할 수 있으며 이러한 근거로 제차의 공선가선을 꼽을 수 있다는 것이다. 공선가선과 관련해서는 다음 장에서 논하고자 한다.

⑥, ⑭, ⑱은 다음 장에서 구체적으로 논의할 곱은멩두와 관련된 부분이다. ⑥은 녹하단풍 아기씨가 주자선생에게 곱은연질을 받는 것이다. 곱은연질이 무엇인지 본풀이 상에서는 정확히 드러나 있지 않으나 팔자를 그르치는 삶과 관련된다. ⑭는 젯부기 삼형제가 너사무 너도령을 만나고 형제가 되는 부분이다. 젯부기 삼형제와 너사무 너도령의 상징성을 고려하여 이 부분을 살펴보면 멩두와 연물이 어우러져 굿을 행하는 부분이라 이해할 수 있다. ⑱은 자북장자 딸을 살리기 위하여 유정승 따님아기가 굿을 하는 부분인데 이 부분에 뒤이어 굿을 이끌어가는 여러 연물들과 무구들에 대한 소개가 덧붙는다. ⑥, ⑭, ⑱은 다음 장에서 구체적으로 서술할 곱은멩두와 연관하여 살필 수 있다.

〈초공본풀이〉는 심방본풀이라고 불릴 만큼 심방 사이에서 중시되는 본풀이이다. 굿법이 마련되는 것이 여기에 포함되어 있기 때문이다. 심방은 인간이다. 인간이면서 신과 인간의 중개자 노릇을 하는 것이 유정승 따님아기이다. 유정승 따님아기와 관련된 이야기는 심방이 굿을 하게 된 근본을 푸는 것이기에 빠져서는 안 될 중요한 내용이다.

〈초공본풀이〉는 독립 제차로 구연하는 본풀이들 중에 가장 먼저 구연 된다.[22] 이는 굿을 주재하는 심방이 자신의 정체성을 명확히 하기 위해서 심방과 관련된 본풀이를

20　赤松智城・秋葉 隆, 『조선무속의 연구』 下, 동문선, 1991, 22~25쪽.
21　임니나, 「공심 무조권(巫祖圈)과 무조신(巫祖神)의 재해석」, 『한국고전연구』 27, 한국고전연구학회, 2013; 이경화, 「무조신화에 나타난 무조신의 형상과 신적 성격」, 고려대학교 석사학위논문, 2015.
22　강정식, 『제주굿 이해의 길잡이』, 민속원, 2015, 157쪽.

가장 먼저 푼다는 것으로 이해할 수 있다. 신자리에 앉아 있는 자신이 누구인지부터 신에게 고하고자 하는 것이다. 심방이 주재하여 본풀이 속에서 신과 인간의 경계를 해체하여 자신의 정체성을 밝히고자 하는 것이 〈초공본풀이〉의 역할인 것이다.

3. 〈초공본풀이〉의 제의적 의미

〈초공본풀이〉의 서사 속에서 다양한 제의적 의미를 해석할 수 있다. 여기에서는 앞에서 제시한 공선가선과 곱은멩두를 중심으로 〈초공본풀이〉의 제의적 의미를 서술하고자 한다. 〈초공본풀이〉에 담긴 무조신의 의미를 헤아려 공선가선 말명의 뜻과 곱은멩두의 제차를 어떻게 이해할 수 있는지 살펴보고자 한다.

1) 〈초공본풀이〉와 공선가선

초공본풀이는[23] 본풀이만 단독으로 구연하지 않고 일정한 제의의 절차 속에서 구연한다. 본풀이를 풀기 이전에 신을 부르고 굿을 시작하는 시기와 연유를 고하고 본을 푼다. 본을 풀고 나서도 신께 잔을 권하고 바람을 이야기하고 신이 내린 분부를 아뢰고 제차를 마치겠다고 하여야 초공본풀이의 제차가 끝이 난다. 〈초공본풀이〉가 실제 구연된 제차를 정리하여 보면 아래와 같다.

    초공본풀이(양창보 구연)
    신메와석살림 〉 말미 〉 공선가선 〉 날과국섬김 〉 연유닦음(+열명) 〉 신메움 〉 본풀이 〉 주잔권잔 〉 비념 〉 산받아분부 〉 제차넘김[24]

---

[23] 제차와 텍스트를 구별하고자 텍스트를 일컬을 때는 〈초공본풀이〉라고 하여 '〈 〉'를 사용하였고, 제차를 일컬을 때는 초공본풀이라 하여 '〈 〉'를 사용하지 않았다.

초공본풀이 제차 앞부분을 보면 '말미 〉 공선가선 〉 날과국섬김 〉 연유닦음 〉 신메움'이 신을 청하는 과정임을 알 수 있다. '말미'는 심방이 이제 본풀이에 해당하는 제의를 행한다고 말하고 '공선가선'은 '공신은 가신 공서~'로 시작되는 구비 공식구를 사용하여 짧게 행해지고 '날과국섬김'은 제의를 행하는 시간과 공간을 말하고 '연유닦음'은 이 굿을 하게 된 연유를 고하고 '신메움'은 신들의 이름을 부르는 제차이다. '본풀이'는 신의 근본 내력을 풀고 '비념'은 기원하는 바를 말하고, '주잔넘김'은 하위신들에게까지 잔을 올리고 '제차넘김'은 이제 다음 제차로 넘기겠다고 고하는 것이다. 본풀이를 제외한 제차는 모두 이전에 행하여진 것이기에 처음 초감제를 할 때처럼 길지 않고 짧게 구연한다.

초·이공맞이의 초감제 신도업 부분에 〈초공본풀이〉의 내용이 요약적으로 제시된다.[25] 초·이공맞이의 초감제에서 연유를 닦을 때 심방 조상들을 거느리며 〈초공본풀이〉의 내용을 요약적으로 제시하여 말명을 행하기도 한다.[26] 본풀이의 내용을 근거로 하여 맞이의 제차에서 변용됨을 알 수 있다.

이 책에서 살펴보고자 한 부분은 공선가선과 관련한 부분이다. 공선가선은 짧은 말명으로 구성되는데 초공본풀이의 제차에서 구연한 공선가선의 전체 부분을 제시하면 아래와 같다.

> 이~이~공선이라
> 공서는 공서는 가신 가신은 공서는 제주 남선
> 본입네다 인부역 서가여레(釋迦如來) 서준낭 서준공서
> 말은 여쭙긴 전은 전광 절수퍼 드립네다.[27]

---

24 국립무형유산원, 앞의 책, 2019, 192~245쪽.
25 국립무형유산원, 『제주도 동복신굿 : 무가편 ④』, 2019, 34~35쪽.
26 2016년 5월 6일부터 19일까지 행하여진 김영철 심방 초역례굿에서 고순안 심방이 5월 12일 초·이공맞이를 행하였다.
27 국립무형유산원, 『제주도 동복신굿 : 무가편 ②』, 194쪽.

공선가선의 사설은 굳어져 있다. 대체로 장구를 치면서 행하나 의례가 작은 규모인 경우에는 요령을 흔들며 행하기도 한다.[28] 사설의 뜻은 분명치 않으나 '공서'는 공신恭神으로 축원, 제의의 뜻이고 '가신'은 강신降神의 뜻이고 '전은'은 조운구調韻句, '절수 퍼'는 죄송하옵되의 뜻으로 『제주도무속자료사전』에서 제시하였다.[29] 풀리지 않는 사설의 의미를 다른 지역의 사설과 견주어 공선가선을 지역적 변이에 의한 결과물로 이해하고자 하면 사설의 의미를 하나씩 찾아나갈 수 있으리라 생각한다.[30]

    아왕임금아공심이제쥬요, 남서는본이로다 (통영)
    아왕임금은공심은절에주고, 남산은본이라 (순천)
    아왕임금은공심은절허지요, 남산은본이로다 (나주)
    아왕임금왕공심은절러지요, 남산은본이로다 (목포)
    아왕임근은공심은겨러지요, 남산은본이로다 (남원)
    나라로⋯나라로⋯ 공심은절이읍고 (경성)[31]

공선가선과 위의 내용을 견주어 보면 사설의 실마리를 찾을 수 있다. '공선'은 공심, '남선'은 남산, '제주'는 절에 주고의 변형으로 이해된다. 공선이 공심이라면 시대적 배경을 고려로 추정할 수 있고 다른 단어들을 고려시대로 대입하여 볼 수 있다. '가신'은 고려 시대에 권력자의 가문에 들어가 사적인 일을 돌보아 주는 계층을 일컫고, '낭'은 고려 시대 경적經籍과 축문祝文에 관한 일을 맡아 보던 비서성의 종육품 벼슬을 뜻한다.

생각해 보아야 할 것은 '공선'이 제주 지역에서 공심으로만 이해될 수 있는지이다. 공선가선은 큰굿이나 족은굿에 두루 사용되는 핵심 제차 중 하나이다. 또한 공시풀이

---

28 강정식, 앞의 책, 2015, 63~64쪽.
29 현용준, 앞의 책, 1980, 79쪽.
30 강정식, 앞의 책, 2015, 88쪽.
31 赤松智城·秋葉 隆, 『조선무속의 연구』 下, 13쪽.

의 '공시'와도 음상이 유사하여 이와의 관련성을 생각해 보아야 한다. 동일한 사설이 제주 지역에 들어와서 새로운 의미가 더하여진 것은 없는지 살펴보아야 하는 것이다.

공심은 유정승 따님아기와 동일하게 심방의 조상으로 일컬어진다. 공심이 심방의 조상이며 대표로서 상징성을 띤다면 공시풀이의 공시의 의미 역시 가늠할 수 있다. 공시풀이는 무조신, 무업과 관련된 조상이나 옛 선생들을 대접하는 성격을 띠는 제차이다.[32] '공시'란 심방의 조상을 의미하며 무조신인 공심에서 비롯된 것임을 알 수 있다.

공선가선의 말명은 곱은멩두에서도 등장한다. '어머니가 보낸 편지를 펴 보니' 아래와 같았다며 공선가선의 사설을 말한다.

> 공신 ᄒ고도 가신 ᄒ고도, 제주 남산은 본은 인부역이라.[33]

양창보 심방은 어머니가 쓴 글씨가 틀림없다고 하고 어머니에게 가서 싸우고 대들겠다고 했더니 김명선 심방이 가서 싸울 게 뭐가 있냐고 인간이 어머니가 계신 곳으로 다시 그 편지를 돌려보내면 된다고 하였다.[34] 심방이 굿을 시작할 때 공선가선을 행하는 것을 인간이 어머니가 계신 곳에 편지를 보낸다고 표현하였다. 젯부기 삼형제가 어머니에게 편지를 보내는 것이라는 틀을 공유하며 유정승 따님아기가 같은 형식을 빌어 신께 고하겠다고 말하는 것이다. 공선가선은 내가 있는 이곳에서 다른 곳으로 보내는 '편지'라는 상징적 표현처럼 이제 심방 자신이 신에게 고하겠다고 하는 공식구에 해당한다. 다음 절에서 〈초공본풀이〉와 곱은멩두의 관련성에 대하여 구체적

---

32 강소전, 「제주도 굿의 '공시풀이' 고찰: 이용옥 심방의 사례를 중심으로」, 『한국무속학』 14, 한국무속학회, 2007, 4쪽.
33 국립무형유산원, 『제주도 동복신굿: 무가편 ⑥』, 2019, 204쪽.
34 양창보: …… 어머님이 글씨는 분명ᄒ뒈 …… 우리 어멍도, 아이고 어멍안티 강 데들카부다 싸우카부다. 경 허 나, 요것도 맞인 짝이 셔야 좋긴 좋는 거로구나.
   김명선: 에에. 어멍, 어멍신디 가근에 싸웁곡 틀곡 헐 게 서게. 어멍신 드레 이 펜질 다시 보네염뎬 해염구나. 어인간이 해, 어인간이 어멍국에 서, 제처로 ᄀᆞᆯ읍센 햄젠 허 따시 펜지를 그레 돌려보네염저 ᄒ는구나.
   위의 책, 204~205쪽.

으로 논의하여 보겠다.

2) 〈초공본풀이〉와 곱은멩두

〈초공본풀이〉는 맞이-풀이-놀이의 틀 속에서 이해할 수 있다.[35] 맞이는 신을 맞기 전 과정이 포함되어 있고, 풀이는 신을 앞에 맞아 신과 심방이 함께 있는 과정이 포함되어 있고, 놀이는 신, 심방, 인간이 함께 어우러지는 과정이 포함되어 있다. 여기에서 풀이는 맞이와 놀이의 중간 단계로 이를 통해 신의 영역과 인간의 영역을 허무는 역할을 한다. 맞이, 풀이, 놀이는 담당하는 영역이 서로 다르나 분절적으로 완전히 나누어지는 것이 아니라 상호적인 영역에 걸쳐 있다. 맞이는 맞이만의 독립적인 성격을 띠는 것이 아니라 맞이 안에 풀이적 성격과 놀이적 성격이 겸비되어 있다. 풀이와 놀이 역시 동일하다. 이렇게 상호작용적인 요소들이 복합되어 굿의 각 영역을 형성하고 있다.

〈초공본풀이〉와 연결되는 맞이와 놀이를 예로 들어보자면 초공맞이와 곱은멩두를 들 수 있다. 초공맞이에서 질을 치는 과정 중에 〈초공본풀이〉의 대목을 구연하며 신을 맞기 위한 의례를 거행한다.[36] 곱은멩두는 시왕곱은연질 혹은 삼시왕연맞이에서 행해지는데 심방의 일을 하다가 저지른 잘못을 용서받고 곱은멩두라 하여 무구를 찾는 과정이 연행된다.[37] 곱은멩두는 〈초공본풀이〉의 대목을 해체하여 놀이적 성격을 띠며 행한다. 이 절에서는 〈초공본풀이〉와 곱은멩두의 관계를 구체적으로 해명해 보고자 한다.

⑥에서 주자선생이 녹하단풍 아기씨에게 곱은연질을 내어준다. 곱은질침을 '곱은연질'이라고도 한다.[38] 이는 본풀이와 제의를 연결하여 이해하여야 하는 부분이다. 곱은

---

35 김헌선, 앞의 논문, 2007 54쪽.
36 김헌선, 『한국무조신화연구 : 비교신화학의 자료적 가치와 의의』, 민속원, 2015, 194쪽.
37 위의 책, 196쪽.
38 2016년 5월 6일부터 19일까지 행하여진 김영철 심방 초역례굿에서 5월 18일 곱은질침의 수심방인 고

연질과 관련된 제의로 곱은멩두를 꼽을 수 있다. 곱은멩두는 입무의례入巫儀禮인 신굿을 행할 때 볼 수 있다.[39] 〈당주연맞이〉를 행할 때 본주심방의 무구인 멩두를 숨기고 문점을 하여 멩두를 찾는 의례이다.[40] 〈초공본풀이〉에서 녹하단풍 아기씨에 의해 당주가 설립되고 젯부기 삼형제가 삼멩두로 등장하여 무구가 마련되고 너사무 너도령이 연물의 신으로 젯부기 삼형제와 의형제를 맺어 의례에 사용되는 연물이 마련되는 과정이 담긴다. 〈초공본풀이〉의 내용을 곱은멩두에서 문답식으로 풀어내어 실물失物 상황을 가정하고 실물을 하나씩 찾아간다.

　심방이 무업을 시작할 때 행해지는 곱은멩두는 무구를 분실하고 무구를 찾아 쒜놀림굿을 하는 과정으로 구성된다.[41] 이를 앞의 〈초공본풀이〉와 연관시키면 ⑭, ⑱과 연관지을 수 있다. ⑭에서 젯부기 삼형제가 녹하단풍 아기씨를 살리기 위하여 '시왕곱은연질'을 행한다. 이를 통하여 어머니와 자식은 이별하게 된다. 어머니인 녹하단풍 아기씨는 삼천전제석궁에, 아들인 젯부기 삼형제는 시왕궁에 모셔지게 된다. 서로 나뉘어 있다가 굿을 할 때 비로소 만난다. 이러한 과정이 ⑱에서 유정승 따님아기가 자북장자 딸을 위하여 굿을 하는 것으로 반복된다. 멩두의 기원을 ⑮에서 젯부기 삼형제가 대명도를 마련한다는 내용으로 풀어내고 있다. 신칼로 여겨지는 멩도를 젯부기 삼형제가 마련한 것이다. 본풀이 속에서는 서로 나뉘어지고 굿을 할 때 만나는 것이나 실제 심방이 당주전을 마련하여 그 안에 멩두를 보관하는 것을 보면 이중적 의미로 해석할 수 있다. 굿을 하기 전에는 녹하단풍 아기씨로 표현되는 당주전에 멩두가 있으나 굿을 하기 위해서는 심방이 멩두를 가지고 당주전 밖으로 나온다. 그리고 삼천전제석궁과 시왕궁의 신들을 굿에서 함께 모시며 굿 판 안에서 만나게 한다.

　　순안 심방은 '곱은연질'이라 제차명을 언급하였다.
39　현용준, 『제주도 무속 연구』, 집문당, 1986, 112~114쪽.
40　김헌선, 앞의 책, 2015, 143쪽.
41　강소전은 곱은멩두의 제의 절차를 '무구 분실→가짜 무구 마련 모의→무구 찾기→쒜놀림굿으로 구성되었다고 보았다.
　　강소전, 「제주도 심방의 멩두 연구 : 기원, 전승, 의례를 중심으로」, 제주대학교 박사학위논문, 2012, 145쪽.

곱은멩두는 신굿에서 행해지는데 심방 사회의 단면을 제의 안에 품고 있는 제차이다. 제주도 심방은 멩두를 조상으로 모시고 굿이 있을 때마다 멩두 조상에 대한 제의를 빼놓지 않을 만큼 중요하게 여긴다.[42] 곱은멩두의 제의에서 본주심방과[43] 수심방은[44] 신굿을 할 때에 굿에 필요한 연물, 기메 등이 무엇인지 묻고 답하는 과정을 시작으로 쒜놀림굿에서 본주의 멩두가 앞설 때까지 산 받기를 지속하는 과정을 행한다. 〈초공본풀이〉의 주잔권잔 부분과 곱은멩두의 일부분을 구체적으로 살펴보면 다음과 같다.

천문선성(天文先生) 덕신이 상잔선성(床盞先生) 덕환이 요량선성(搖鈴先生) 홍저데 신칼선성 시왕데번지 주잔 잔 받읍서. 북선성 조막손이 데양선성 와렝이 장귀선성 멩철광데 설쒜선성 느저왕 주잔 잔 받읍서.[45]

심　방 : 젠디, 서문 벳끼 그 하르방 모냥으로, 에잇 데영은 개삼 ᄉ남으로 둘로 두드려야, 심방이 춤을 추거든 ᄒ는 거 뭣고? 개삼 ᄉ남으로. 아이고 거~, 튼네도 못허고 셍각도 못허는 게, 우으로 두드리는 거 미신 것고?

홍옥순 : 데영, 데영?

심　방 : 양?

홍옥순 : 북, 데영?

심　방 : 아, 데영. 아이고 저 어른은 알암구나게 어떵 어떵 허난 화북으로 이 홍덱이가 잘 알암신고게, 아이고 그거 그러고.[46]

42　국립문화재연구소, 『인간과 신령을 잇는 상징 : 巫具』, 민속원, 2008, 485쪽.
43　본주심방은 굿을 의뢰한 심방을 일컫는다.
44　수심방은 제차를 담당하는 심방을 일컫는다.
45　국립무형유산원, 『제주도 동복신굿 무가편 ②』, 230쪽.
46　국립무형유산원, 『제주도 동복신굿 무가편 ⑥』, 194쪽.

〈초공본풀이〉와 곱은멩두를 살펴보면 동일한 내용을 다르게 풀어내고 있음을 알 수 있다. 곱은멩두에서 심방들이 서로 문답을 하며 무구의 이름을 맞춘다. 이러한 문답은 의미를 가볍이 넘길 수 없다. 아래의 초감제 한 대목만 살펴 보아도 그러하다.

> 천지혼합으로제일임니다
> 엇떠한것이천지혼합임니까
> 하날과땅이맛붓튼것이혼합이요
> 혼합한후에개벽이제일임니다
> 엇떠한것이개벽이뇨
> 하날과땅이각각갈나서개벽임니다[47]

초감제에서 세상의 기원을 문답형태로 풀어내고 있다. 제의적 성격을 띤 문답은 신성유희이자 우주론 본질에 대한 물음이다.[48] 문답의 핵심은 그 대상을 아는 것이다. 문답의 소통 상황은 현실과는 다른 특수한 상황을 전제한다. 현실과 닮아 있으면서 현실과 대립하며 허구성을 지니기 때문이다.[49]

문답 상황 속에서 스스로를 되돌아 보거나 자신을 지향하는 성격으로 인하여 반성성反省性의 특성을 지닌다.[50] 제의적 문답에서 사물의 기원과 같은 심오한 지식이 내포되어 있다는[51] 주장은 반성성의 개념과 맥을 같이 한다. 눈에 보이는 것을 질문을 통하여 반성적으로 탐색하는 기회로 삼을 수 있고, 이러한 질문에 대한 답을 마련하는 과정에서 일상적인 인식의 틀을 넘게 된다. 나와 타자의 소통을 통하여 나와 타자의

---

47 赤松智城·秋葉 隆, 『조선무속의 연구』 上, 231쪽.
48 천혜숙, 「수수께끼의 역사와 놀이성격의 역사적 변모」, 『구비문학 연구』 5, 한국구비문학회, 1997, 333~334쪽.
49 김경섭, 「수수께끼를 둘러싼 제의성 再考」, 『실천민속학연구』 10, 실천민속학회, 2007, 250쪽.
50 김성례, 「무교신화와 의례의 신성성과 연행성」, 『종교신학연구』 10, 서강대학교 신학연구소, 1997, 110쪽.
51 요한 호이징하 저, 김윤수 역, 『호모 루덴스』, 까치, 1993, 167~168쪽.

단절이 허물어진다. 이러한 행위는 일반적인 인식체계를 넘어서는 비상식을 추구하는 몸짓으로 해석될 여지가 있다.

곱은멩두의 문답을 신성적 제의의 측면에서 살펴보아야 한다. 곱은멩두의 조작적 설정은 표면적 언술 행위보다 언술 상황에 초점이 있다. 모든 심방이 답을 알고 있는데 그 답을 모른다는 상황 속에서 문답이 진행된다. 모여 있는 심방들이 모두 무구의 이름을 알고 있지만 심방의 질문에 그 무구의 정확한 이름을 댐으로써 무구가 가지고 있는 의미가 재정립된다. 곱은질침에서 무복과 무구를 빼앗긴 심방이 잠자는 시늉을 하고 나서 다시 심방이 되는데 이는 잠 자기 전의 심방은 죽고 새로운 심방으로 재생한 것을 의미한다.[52] 이와 동일하게 곱은멩두에서 질문을 통하여 답을 마련하는 것은 이전까지 알고 있었던 것을 무지無知로 설정하고 새로운 앎으로 터득하는 것을 의미한다.

곱은멩두의 문답 과정은 평등한 관계를 담고 있다. 다수를 향하여 질문을 던지고 그에 대한 답을 공개적으로 말하게 함으로써 동일한 앎을 소유하게 된다. 곱은멩두에서 질문을 맞춘 사람을 향하여 욕을 하며 그 사람을 쫓는 상황은 웃음을 가져다준다. 심방이 질문을 했고, 거기에 대답을 마련하였는데 대답을 제대로 하였다고 욕을 하는 것은 답을 맞히어 칭찬을 받을 것이라는 기대에 반대되는 상황이다. 동일한 앎을 공유하여 전복된 상황에 모두 함께 웃는다는 것은 평등한 관계 속에서 동질감을 느끼게 한다. 묻고 답하며 함께 어울려 웃는 과정을 통하여 심방과 심방의 관계가 맺어지고 심방과 신앙민들의 관계가 맺어진다. 심방과 심방의 관계, 심방과 신앙민의 관계는 불가분의 관계이다.

곱은멩두에서 이러한 과정이 필요한 것은 멩두의 성격과 굿의 특성 때문이다. 굿은 혼자서 진행할 수 없다. 최소한 연물을 다룰 수 있는 소미가 필요하다. 소미가 부족할 경우에 1인이 2개의 연물을 다루기도 하지만 소미 2~3명과 심방의 호흡이 맞아야 한다. 이러한 연물이 맞지 않을 때, 심방이 연물석을 향해 잘못을 지적하는 경우를 종종

---

[52] 현용준, 앞의 책, 1986, 125쪽.

볼 수 있다. 제주도 심방들은 멩두로 얽혀 있다. 멩두를 물려받을 곳이 없을 때 부득이하게 조작멩두를 만드는 경우도 있으나 멩두는 대체로 이전 멩두를 본으로 삼아 만들거나 물려받는 경우가 많다. 멩두를 이렇게 물림한 경우 무구가 신성한 내력을 지니고 있다는 것을 신앙민에게 공표하는 계기가 되기도 한다. 멩두를 통하여 심방 사회가 복잡하게 얽히고, 단골판에 영향력을 끼치게 되는 것이다. 굿을 진행할 때에는 심방 혼자서 행할 수 없기에 서로 돕는 관계가 필요하다. 굿을 하기 위해 가장 먼저 동질 의식을 느끼는 것이 공동체 안에서 상부상조하는 원동력이 된다. 그 중심에 멩두가 있으며 그것의 중요성을 보여주는 본풀이가 바로 〈초공본풀이〉이다.

4. 결론

본풀이가 가지는 의미가 무엇인지 본풀이와 더불어 본풀이가 구연하는 굿의 체계 안에서 파악하여야 한다. 〈초공본풀이〉는 굿본이 담겨 있는 본풀이로 이러한 체계를 살펴보기에 적합하다. 본풀이를 이해하기 위해서는 개별 본풀이를 하나씩 살펴보는 것도 중요한 작업이나 굿의 체계 안에서 여러 본풀이의 의미를 밝힌다면 본풀이에 담겨 있는 의미들이 하나씩 밝혀지리라 기대된다. 본풀이의 특정 대목을 해체하여 맞이와 놀이가 이루어지는데 이 책에서는 〈초공본풀이〉의 서사적 의미가 곱은멩두에서 어떻게 이해될 수 있는지를 파악하였다.

〈초공본풀이〉를 통하여 초공본풀이의 서사적 의미와 제의적 의미를 짚어보고자 하였다. 본풀이에는 인간으로서의 주인공이 신으로 좌정하는 내력이 담겨 있다. 인간으로서 탄생하여 어떠한 고난을 당하고 그것을 극복하여 신직에 좌정할 수 있는지가 구체적으로 담겨 있다. 이를 구체적으로 공선가선과 곱은멩두에 연결시켜 〈초공본풀이〉의 의미를 해명하고자 하였다.

〈초공본풀이〉의 체계라 하면 '초공맞이 – 초공본풀이 – 곱은멩두'를 모두 연결하여 다루어야 하나 모두 다루지 못하였다. 초공, 이공, 삼공은 맞이 – 풀이 – 놀이의 체계 안에서 함께 다루어져야 이들의 의미가 비로소 드러나는데 모두 다루지 못하였다. 초공맞이가 대체로 이공맞이와 얼러서 행해지고 동복 신굿에서도 초·이공맞이라 하여 얼러서 행해졌다. 이러한 제차가 얼러져 행하는 이유를 밝히고 각 맞이의 특성을 변별하여 이를 반영하여야 하였으나 다루지 못하였다. 또한 〈초공본풀이〉를 신굿의 특별한 사례가 일반 사갓집굿에서는 어떻게 변용되는지 함께 다루어야 하나 이 또한 다루지 못하였다. 추후 과제로 남기고자 한다.

제2부 11

〈이공본풀이〉와 〈삼승할망본풀이〉의 모순된 서사의 문제

1. 서론

제주도 굿에서 구연되는 〈삼승할망본풀이〉와 〈이공본풀이〉를 살펴보면 두 본풀이의 서사가 충돌하는 부분이 있다. 〈삼승할망본풀이〉에서는 명진국할마님이 생불꽃으로 생명을 잉태시키고, 해산을 돕는다. 〈이공본풀이〉에서는 할락궁이가 생불꽃을 지키는 꽃감관으로 등장한다. 명진국할마님은 이승에서의 잉태를 맡고 있고, 할락궁이는 서천꽃밭에서 꽃감관의 역할을 맡아 서로의 역할이 분화되어 있는 것처럼 보이나, 〈삼승할망본풀이〉와 〈이공본풀이〉의 서사를 살펴보면 명진국할마님과 할락궁이의 역할이 뒤섞여 있는 것을 알 수 있다.

〈이공본풀이〉의 이본들을 살펴보면 처음, 중간 부분 서사의 내용은 유사하나, 마지막 부분 서사에 이르러서는 서로 상이한 특징을 보인다. 사라도령과 원강아미의 서사와 신직은 이본 간의 차이가 보이지 않는 반면, 할락궁이의 신직은 다소 다른 양상을 보인다. 이를 〈이공본풀이〉의 특성으로 들기도 한다.[1] 〈이공본풀이〉 이본들을 살펴보며 할락궁이의 신직이 혼란스러운 양상을 살펴보고, 그러한 양상을 보이는 이유가 무엇인지 불도맞이의 의례 속에서 찾아보고자 한다. 본풀이와 의례는 상호 작용하여 서로 간에 흔적을 남긴다. 불도맞이의 의례를 통하여 〈이공본풀이〉의 이본 속에서 다양하게 나타나는 할락궁이의 신직의 의미가 무엇인지 확인할 수 있으리라 기대한다.

2. 〈삼승할망본풀이〉에서 충돌하는 인물과 공간

인간 세계가 분화되고, 복잡해지면서 전승되는 신화 역시 이에 영향을 받아 저승과 이승이 구분되는 이분법적 세계관을 갖게 된다. 이를 반영한 본풀이가 〈삼승할망본풀이〉이다. 중세적 세계관을 반영한 것이 〈삼승할망본풀이〉라면, 고대적 세계관을 간직하고 있는 것이 〈이공본풀이〉라 할 수 있다. 〈삼승할망본풀이〉의 서사속에서 동이용궁할마님으로 상징되는 토착 세력과 명진국할마님으로 대표되는 외래 세력이 갈등하는 모습을 보여준다. 동이용궁할마님은 아이를 해산시키지 못하여 명진국할마님에게 삼승할망의 자리를 내어주게 된다. 〈삼승할망본풀이〉는 이러한 토착신과 외래신의 갈등을 통해 인간사회가 복잡해지고 있음을 증명하고 있는 본풀이다. 그렇기에 새로운 질서를 반영한 〈삼승할망본풀이〉가 형성되면서 기존의 세계관을 간직하고 있는 〈이공본풀이〉와 충돌 양상을 보일 수밖에 없다. 2장에서는 〈삼승할망본풀이〉와 〈이공본풀이〉의 관련성을 살펴보고, 〈이공본풀이〉의 이본에 드러난 할락궁이 신직의 혼란상을 살펴보고자 한다.

1) 〈삼승할망본풀이〉의 모순성

〈삼승할망본풀이〉와 〈이공본풀이〉의 관련성을 할락궁이의 신직을 중심으로 살펴보고자 한다. 먼저 〈삼승할망본풀이〉는 박봉춘본의 서사를 정리하겠다. 박봉춘본 〈삼

---

1 현용준, 『제주도 신화의 수수께끼』, 집문당, 2005, 62쪽.

승할망본풀이〉는 채록시기가 1930년대라는 점, 박봉춘 심방은 당대 도황수를 지닐 만큼 심방으로서 기량을 갖춘 이였기에 선본으로 삼고자 한다.

① 삼신하르방은 천왕보살, 삼신할망은 지왕보살, 삼신아방은 세계대왕, 삼신어멍은 명진국따님아기이다.
② 명진국따님아기가 7세가 되자 옥황에서 생불을 하라 명령을 한다.
③ 명진국따님아기는 인간 세상에 내려와 아기를 낳지 못하여 고통스러워 하는 산모를 도와 해복시킨다.
④ 명진국따님아기는 은가위로 베똥줄을 끊고, 참실로 묶고, 온수로 목욕하게 하고, 물로 씻기고 유모를 불러 젖먹이고 미역국을 끓여 산모를 먹인다.
⑤ 명진국따님아기는 삼 일 후에 산모를 쑥물로 목욕하게 하고, 태를 불태우고, 아기에게 봇데창옷을 입혀 7일 만에 구덕에 눕히고, 백일 만에 아이를 업힌다.
⑥ 구삼신할망이 와서 내가 생불하여 놓은 아기를 어떤 여자가 와서 생불을 하였느냐 하였냐며 명진국따님아기를 때린다.
⑦ 명진국따님아기가 옥황상제에게 호소하자 옥황상제는 역사와 차사들을 보내여 구삼승할망을 잡아온다.
⑧ 구삼승할망은 자신을 동이용궁동정국딸로 소개하고 한 살 때부터 아홉 살 때까지의 9가지 죄로 인해 무쇠철갑 속에 갇혀 바다에 버려진다.
⑨ 남해용궁의 신하 은박사가 구삼승할망을 발견하고 무쇠철갑을 여니 야광주를 문 아기가 살아 있어, 인간에 생불을 하라고 자신을 보내었다고 한다.
⑩ 옥황상제가 구삼승할망이 범인이 아님을 알고 명진국따님아기와 구삼승할망에게 꽃피우기 내기를 제안한다.
⑪ 구삼승할망의 꽃은 처음에는 성하다가 시들어 버리고, 명진국따님아기의 꽃은 처음에는 약하다가 다음에 번성하여 사만 오천육백 가지가 번성한다.
⑫ 구삼승할망은 염라국에 가서 죽은 어린아이를 차지하라 하고, 명진국따님아기는 인간에 생불하라고 한다.

⑬ 명진국따님아기는 극락세계 불법당에 올라가고, 명령을 받고 내려와 성을 두르고, 무쇠로 탑을 만들고, 옥으로 창을 만들어 문안에 단수육갑을 짚고, 문밖에 오행팔궤를 두르고, 천문과 지리에 통달하게 된다.
⑭ 명진국따님아기는 보살들을 거느려 극락지에 서천꽃밭을 만든다.
⑮ 명진국따님아기는 꽃씨가 없어서 옥황에서 꽃씨를 얻어 심어 동청목 푸른 꽃은 남종보살 생불 시키고, 서백금꽃은 여종보살 생불 시키고, 북하수검은꽃은 단명 생불을 하여 이 꽃을 빌려 불전에 명과 복을 빈다.
⑯ 천지중앙누런꽃은 만과 출신으로 그 꽃을 받아 생불한 인간은 출세를 한다.
⑰ 명진국따님아기가 집에 돌아가 버리면 꽃을 꺾는 이가 있어서 옥황께 꽃감관을 원하여 김정국 아들을 불러 꽃감관을 맡긴다.

①은 명진국따님아기의 내력이, ②~⑤는 명진국따님아기가 삼승할망이 되어 산모를 해복시키고, 해복시킨 후에 산모와 아기에게 처치할 방법이 구체적으로 나온다. ⑥~⑦에서 명진국따님아기와 구삼승할망의 갈등이 등장한다.
⑧~⑨는 구삼승할망의 내력과 구삼승할망이 축출되어 생불을 내리며 정착하기까지의 과정이 담겨 있다. 이 부분은 전형적인 당신본풀이의 서사 양상과 일치한다. 〈삼승할망본풀이〉라는 일반신본풀이의 틀 안에 당신본풀이의 서사가 담겨 있다. 더욱 흥미로운 것은 ⑩~⑫에서 명진국따님아기를 중심으로 한 서사와 구삼승할망을 중심으로 한 서사가 융합되어 서사가 진행된다. 당신본풀이가 앞서고, 일반신본풀이가 뒤따르는데 이러한 시간적 차이에 의하여 이들 서사가 틈이 생기는 것이 아니라 하나의 서사로 융합되어 〈삼승할망본풀이〉를 구성하고 있다. 이러한 서사의 융합은 공정하게 이루어지는 것이 아니라 명진국따님아기쪽으로 균형이 기울어진다. ⑩을 보면 옥황상제가 이 둘을 중재시키기 위하여 꽃피우기 내기를 제안한다. 옥황상제는 구삼승할망이 누구인지도 모르고, 명진국따님아기를 인간 생불을 하기 위해 내보낸 이이다. 그가 제안한 내기라면 당연히 승자는 명진국따님아기가 됨을 예측할 수 있다.
⑬~⑯은 구삼승할망을 저승세계로 몰아내고 난 후, 명진국따님아기가 자신의 세계

를 구축하는 모습이 나타난다. 구삼승할망이 내리는 생불의 방법에서 서천꽃밭을 신설하여 생불꽃을 이용하여 생불을 내리는 방법으로 패러다임이 전환한다.

⑰을 보면 신설된 서천꽃밭의 꽃감관으로 사라도령이 등장한다. 〈삼승할망본풀이〉에서 구삼승할망이라는 기존 세력을 저승으로 몰아내고, 명진국따님아기가 신설한 서천꽃밭에 등장한 인물이 〈이공본풀이〉의 김정국 아들 사라도령이다.

> 꽃이번성할대로,인간의생불을주시다가
> 집에도라가부리면,꽃을꺽거버리는자잇서서
> 옥황께꽃감관을원하니,지부왕을 불러서
> 적당한인간이잇느냐무르시니
> 금시상땅의김정국아들
> 동과남상주절수록드려나은인간이잇사온대
> 세상나온후에족음도줴지은일이없어서
> 행실이얌전하오니,적당한인물이웨다
> 즉시김정국아들을불러서,꽃감관을시컷심네다[2]

박봉춘본의 〈명진국생불할망본풀이〉의 결말을 보면 사라도령이 꽃감관이 되는 이유가 나타난다. 할마님이 집에 돌아가 버리면 꽃을 꺾는 자가 있어서 할마님이 옥황께 꽃감관을 요청한다. 지부왕이 사라도령을 추천하여 사라도령에게 꽃감관을 맡긴다. 여기에 대해서는 선행연구에서 이미 지적한 바가 있다.[3]

〈삼승할망본풀이〉와 〈이공본풀이〉는 '서천꽃밭'이라는 동일한 공간을 공유하고 있으나 각 본풀이에서 보여주는 서천꽃밭의 세계는 상이하다. 〈삼승할망본풀이〉에서는 구삼승할망으로 대표되는 세력을 축출하고나서 저승이라는 공간과 구별되는 극락의

---

2 赤松智城・秋葉隆, 沈雨晟 옮김, 『朝鮮巫俗의 研究』 上, 東文選, 1991, 313쪽.
3 류효철, 「서천꽃밭의 형상과 의미 연구」, 건국대학교 석사학위논문, 2003, 12쪽.

세계에 서천꽃밭을 신설한다. 〈이공본풀이〉의 서천꽃밭은 살아 있는 할락궁이가 갈 수 있는 공간이면서, 죽은 아이들이 꽃밭에 물을 주는, 이승도 저승도 아니면서 이승과 저승의 모호한 성격을 지니면서 신이한 곳으로 서천꽃밭이 그려진다. 〈삼승할망본풀이〉의 분절된 세계 안에서 〈이공본풀이〉의 할락궁이를 등장시킴으로써 미분화된 공간의 성격을 서천꽃밭에 덧씌우게 된다. 이로써 서천꽃밭은 모순된 성격을 지니게 된다. 〈이공본풀이〉에서 서천꽃밭이 어떻게 그려지고 있으며, 사라도령이 꽃감관이라면 할락궁이 역시 꽃감관의 역할을 맡는 것인지 아니면 다른 역할이 있는 것인지 〈이공본풀이〉의 이본을 통하여 살펴보자.

2) 할락궁이 신직의 혼란

〈이공본풀이〉는 꽃불휘라 불리는데 〈삼승할망본풀이〉는 생불꽃을 가져준다고 한다. 그렇다면 이들 본풀이들이 상충하는 부분이 어떤 부분인지 알아보자. 구비문학은 적층성을 토대로 하기에 서사 간의 충돌이 일어날 수 있다. 이러한 충돌에 집중하여 살펴본다면 서사가 어디에서 어디로 흘러갔는지 파악할 수 있고, 그 흐름을 짐작해 볼 수 있지 않을까 하여 이러한 부분을 정리하여 보고자 한다.

〈이공본풀이〉는 이본에 따라 할락궁이의 신직이 다르게 나타난다. 〈이공본풀이〉에서 본메를 가지고 아버지를 찾아가 친자를 확인하고 나서 후계자가 되는 것을 국조신화인 주몽·유리전승의 영향과 관련짓는다.[4] 이러한 영향 관계를 통해 살핀다면 할락궁이는 박봉춘본, 조흘대본, 고산옹본에서 제시한대로 꽃감관의 신직을 맡아야 한다.

〈이공본풀이〉의 이본을 비교하여 보면 중요한 화소들이 유사하게 다루어지나 결말에 이르러서 상이한 모습이 보인다. 할락궁이의 신직이 상이하게 나타나거나 명확한 신직이 나타나지 않는 이본도 있다. 할락궁이의 신직은 두 가지로 나타난다. 할락궁

4　강정식, 「제주 무가 이공본의 구비서사시적 성격」, 한국정신문화연구원 석사학위논문, 1987, 52쪽.

이가 사라도령의 직을 이어 받아 꽃감관이 되거나 악심꽃을 다루는 악심 체서 혹은 아미 체서가 되는 모습으로 나타난다. 할락궁이의 신직이 명확히 드러나는 이본들도 있으나 할락궁이가 원강아미를 살리고 서천꽃밭으로 돌아가는 내용으로 결말을 맺거나 원강아미가 살아나는 부분에서 결말을 맺는 이본도 있다.

먼저 할락궁이가 꽃감관이 되는 이본들은 박봉춘본, 조흘대본, 고산옹본이다. 박봉춘본은 할락궁이가 서천꽃밭의 꽃감관으로, 사라도령은 서천꽃밭대왕으로 좌정한다.[5] 조흘대본과[6] 고산옹본에서는[7] 할락궁이가 아버지의 자리를 이어받아 꽃감관으로 좌정한다.

꽃감관이라면 할락궁이를 낳기 전부터 사라도령이 맡고 있는 직책이다. 사라도령이 할락궁이에게 서천꽃밭의 꽃들을 주어 사용하게 하였다. 그 이유는 꽃감관이 되기 위함이 아니라 어머니인 원강아미의 원수를 갚기 위해서이다. 원수를 갚고 돌아온 다음에 아버지가 맡고 있는 꽃감관을 이어 받았다는 것은 서사의 흐름과도 맞지 않고, 공업담과 신직의 관련성도 긴밀하지 않다. 원강아미를 살리고 나서 서천꽃밭으로 함께 돌아와 원강아미는 저승 유모 어멍으로 좌정하게 된다. 그렇다면 할락궁이가 원강아미를 살렸다고 받아들이는 것이 맞는지 다시 한번 생각해 보아야 한다.

다음으로 할락궁이가 차사직을 맡는 이본들도 있다. 악심꽃을 다루는 신직을 부여받는 이본들은 서순실본과 김명선본이 있다. 서순실본은 할락궁이가 아미도령 처서로 좌정하고,[8] 김명선본은 할락궁이가 악심처서로 좌정한다.[9]

---

5   "나는사라서서천꽃밧대왕이되고너는꽃감관이되라헤야."
    赤松智城·秋葉隆, 『朝鮮巫俗의 硏究』 上, 민속원, 2008, 429쪽.
6   "한락둥인 아방물림 ㅎ연 꽃감관이 되난."
    진성기, 『제주도 무가본풀이 사전』, 민속원, 1991, 82쪽.
7   "할락궁이는 아방 앚아난 방석에 앚안, 꽃감관을 ᄒ고, 사라국 사라대왕은 저싱 아방이 되고, 원감암인 저싱 어멍이 되옵네다."
    진성기, 위의 책, 97쪽.
8   "신산만산 할락궁이 [음영] 아미도령 처서로, [소리] 들어사는구나에-."
    허남춘 외, 『서순실 심방 본풀이』, 제주대학교 탐라문화연구원, 2015, 147쪽.
9   "영 허여 법지법法之法도 마련허난 수리 악심처서惡心差使로 마련허여사난."
    국립무형유산원, 『제주도 동복신굿 : 무가편 ②』, 2019, 300쪽.

끝으로 할락궁이의 신직이 명확히 드러나지 않는 이본도 있다. 고대중본을 보면 할락궁이는 모자간에 영광스럽게 산다고만 되어 있고 할락궁이의 신직이 꽃감관으로도 악심 체서로도 등장하지 않는다.[10] 양창보본에도 '저싱 유모 어멍을 마련'하여서 아기들을 먹이고 키우고 한다고만 제시되어 있을 뿐, 명확한 신직명은 드러나지 않는다.[11] 고순안본,[12] 이용옥본,[13] 현금순본에서도[14] 서천꽃밭으로 가는 할락궁이의 모습만 드러나 있다. 안사인본에서는 할락궁이가 어머니를 살리는 부분에서 결말을 맺는다.[15]

이본을 통해 할락궁이의 신직이 꽃감관, 악심체서, 삼승할망을 따라다니는 체서로 드러남을 알 수 있다. 명확한 것은 할락궁이가 서천꽃밭에서 어떠한 역할을 맡았다는 것이다. 서천꽃밭은 이승의 세상과는 다른 신이한 세계를 의미한다.

할락궁이가 맡은 악심체서의 역할이 부분적인 것이 아니라 전체 이야기와 관련된다. 서천꽃밭에서 아버지를 만난 이후에 행적은 꽃감관의 역할보다는 악심체서의 면모로서 공업담에 근접해 있다. 할락궁이가 제인장자 일가 친척에게 사용한 웃음꽃은 싸움꽃으로 이어지고 악심꽃으로 일가친척을 몰살한다. 어머니에게 사용한 꽃은 살오를꽃, 피오를꽃, 도오를꽃 등으로 어머니를 살릴 목적으로 사용되었다. 문제는 어머니가 살아나고 나서 원강아미는 결국 서천꽃밭으로 간다. 그렇다면 이 꽃들이 이승에서의 삶을 연장하거나 재생하는데 사용한 것이 맞는지 다시 생각해 보아야 한다. 선행

---

10 "제인장제 말잣똘애기는 악삼싱 구삼싱으로 들어사고 사라도령은 꽃감관 살고 신산만산한락궁이는 어머님을 살리고 모자간에 영광스럽게 산다."
장주근, 『제주도 무속과 서사무가』, 도서출판 역락, 2001, 124쪽.
11 "서천꼿밧디 [맬] 들어가명 어머님 모상 간, 서천꼿밧이 가난-아이고 불쌍흔 아기덜 에미우리덜 온 아기덜, 저싱 유모 어멍을 마련헤여, 유모 어멍을 질네영 아기덜 멕이멍 키우멍 헙데다."
허남춘 외, 『양창보 심방 본풀이』, 제주대학교 탐라문화연구소, 2010, 152쪽.
12 "할락궁이는, 이거 제인장저 죽은똘허고, 서천꼿밧드레 도올릅데다에-."
허남춘 외, 『고순안 심방 본풀이』, 제주대학교 탐라문화연구소, 2013, 160쪽.
13 "어머님이랑, 경 말앙 저싱 유모(乳母) 몸으로 들어상, 서천꼿밧디 열다섯 십오 세 안네에 죽엉 간 아기덜, 잘 그늘롸주곡 어머님아, 저승서 이 아기덜, 보살피곡 헙센."
허남춘 외, 『이용옥 심방 〈본풀이〉』, 보고사, 2009, 187쪽.
14 姜晶植, 「濟州巫歌 이공본의 口碑敍事詩의 性格」, 韓國精神文化硏究院 韓國學大學院 碩士學位論文, 1987, 85쪽.
15 현용준, 『제주도무속자료사전』, 신구문화사, 1980, 131쪽.

연구에서처럼 할락궁이는 죽음과 근접하여 있으며 〈이공본풀이〉에서 수리멸망악심꽃의 근원을 풀어내는 신화의 성격을 충분히 갖추고 있다.[16] 할락궁이가 이본마다 서로 다른 신직을 맡고 있다면 할락궁이의 신직이 변화가 생겼다는 것이다.

3) 삼승할망과 할락궁이

〈삼승할망본풀이〉는 외래적인 신이 토착적인 신을 몰아낸 과정이 담긴 본풀이이다.[17] 토착적인 신은 삼승할망의 자리를 잃어서 새로운 신직을 받게 되는 것이다. 문제는 이러한 신직의 이동으로 인해 구삼승할망의 역할과 할락궁이의 역할이 충돌되었다는 것이다. 이 충돌에서 할락궁이의 역할이 다양하게 나타난 것으로 보인다. 사라도령과 신직이 겹치는 꽃감관으로, 구할망과 할락궁이의 신직이 겹치는 악심체서로 나뉘어진다. 삼승할망, 구할망, 할락궁이의 관계가 혼란스럽게 제시된 자료가 있다.

> 구할망(嫗姑)을 불러놓고,
> "당신도 늙은 몸에 자식하나 필요하지요. 내 자식 한라공이를 당신에게 줄 터이니 아미도령(娥美道令) 차사로 데리고 다니면서 제민공연(諸民供宴) 받으시오. 한라공아, 나와 삼승할망(産祖母)과 같이 살면서 할머니 시중을 잘 들고 제민공연 받을 때에는 너의 친조외조(親祖外祖) 상을 같이 받도록 하여라."[18]

여기서도 구할망과 삼승할망을 혼동하여 사용하고 있다. 구할망을 불러 놓고 삼승할망이라고 일컫기 때문이다. 이는 〈삼승할망본풀이〉가 고유신인 동해용왕 따님아기

---

16 이수자, 「무속신화 이공본풀이의 신화적 의미와 문화사적 위상 : 이공본풀이계 서사물의 변용과 의미」, 『제주도 연구』 10, 제주학회, 1993, 23~25쪽.
정진희, 「제주 무가 〈이공본풀이〉의 신화적 의미에 관한 일고찰」, 국문학연구 20, 국문학회, 2002, 187쪽.
17 김헌선, 「〈삼승할망본풀이〉의 여신투쟁이 지니는 신화적 의미」, 『민속학연구』 17, 국립민속박물관, 2005, 193쪽.
18 제주문화 편집부, 『風俗巫音』, 제주문화, 2002, 63쪽.

와 유입신인 명진국따님아기가 투쟁의 서사로 연결되어 한 편을 이루게 되었기 때문이다.[19] 구할망과 할락궁이의 신직이 겹치는 것을 더욱 적극적으로 해결하여 서사에 반영한 자료가 있다.

> 마련허여사난 어린 아이가 할마님 생불生佛을 주어 인간 탄생하여건 그 애기체서도 만흥곡 아기체서도 만흐디 앙하 열다섯 안네
> 서신국은 데별체서
> 홍진국은 아미체서
> 구천낭은 아이체서
> 완여,
> 다섯 설이 넘어상
> 열 설이 올라가민
> 서천국
> 시왕 수리 악심체서
> 어린 아기덜 체서差使가 다섯 가지 뒙네다.
> 으섯 가지 뒙네다.[20]

할락궁이의 신직은 악심체서이고, 구할망의 신직과도 겹치기에 이렇게 체서가 여러 가지로 나뉘게 된다. 차사를 여럿으로 나누어 분업을 담당하게 만든 것이다. 할락궁이는 열 살이 되면 맡게 되는 시왕 수리 악심차사의 역할을 맡는다. 이러한 차사가 '다섯', '여섯'으로 늘어나는 것으로 보아 혼란스런 신들의 역할을 본풀이에서 해결하고자 한 노력으로 보인다. 다만 이러한 과정에서 서천꽃밭의 성격이 변화되었음을 알

---

19 李炫靜, 「제주도 서사무가 〈할망본풀이〉의 형성원리 연구 : 〈할망본풀이〉와 〈일뤳당본풀이〉의 영향관계를 중심으로」, 제주대학교 석사학위논문, 2014, 44쪽.
20 국립무형유산원, 앞의 책, 2019, 300~301쪽.

수 있다. 서천꽃밧은 생불꽃을 키우는 공간이기도 하므로 저승과 이승의 중간세계이거나 저승과 천상계의 중간 영역에 해당하는 공간이라고 이해해야 마땅하다.[21] 구할망이 삼승할망에 의해 자리를 빼앗김으로써 구할망의 위치가 불명확해진다. 구할망은 저승세계에서 서천꽃밭을 담당하여야 하는데 이러한 역할을 하는 것은 할락궁이다. 이러한 서사의 이동을 반영하는 과정에서 불도맞이의 의례가 복합적으로 형성되었다고 생각한다.

삼승할망과 근접하여 있는 것은 구할망이다. 삼승할망의 생불꽃을 꺾어 버리는 것이 구할망이다. 삼승할망이 꽃을 가져오는 곳은 서천꽃밭인데 그 서천꽃밭을 지키고 있는 것은 사라도령이고 수레멜망악심꽃을 사용하는 것은 할락궁이이다. 서로 다른 양상으로 나타나지만 꽃의 근원은 같은 곳이고 삶을 빼앗는 죽음과 관련된 것을 구할망과 할락궁이 둘이서 동일하게 다루고 있는 것이다. 논리적으로 구별하자면 이승에 잉태된 삶과 관련된 죽음에 관해서는 구할망의 영역이고, 할락궁이는 서천꽃밭에서 관여하는 잠재적 죽음에 관해서 관여하는 것이다. 그러나 이 둘은 공간의 분화가 있을지언정 동일한 것이기에 이렇게 불도맞이가 복잡하여진 것이다.

> 어머니죽은신체이마에동백낭이나고
> 벳동에오동낭기나옴은무슨까닭입니까무르니
> 나이망에동백낭은열매여랑기름빠서
> 금시상녀자머리에바르고
> 설리죽은나베똥에오동낭은끈어다가
> 어멍죽은아덜방정때하렌나앗저하니
> 할락궁이탄복하고
> 어머님을따라서천꽃밧에가니
> 아방왕이깃득하다충찬하고

---

21 강정식, 『제주굿 이해의 길잡이』, 민속원, 2015, 136쪽.

나는사라서서천꽃밧대왕이되고(266)

너는꽃감관이되라헤야

생불꽃,환생꽃,유을꽃차지하며

십오세전에죽은혼은

이꽃밧으로올라가게함니다

아기못낫는사람,장명함을원하는사람

기도하는꽃임니다[22]

여기서 할락궁이의 신직은 삼승할망의 신직과 겹친다. 신화는 제의의 구술상관물이다. 이렇게 혼란스러운 서사의 결말 부분을 제의에서 어떻게 받아들이고 있는지 〈이공본풀이〉가 불리는 제의를 통하여 알아보고자 한다.

3. 중첩된 세계관의 제의적 반영 사례와 의미

〈삼승할망본풀이〉를 살펴보면 구삼승할망과 삼승할망의 갈등을 통하여 서사가 충돌되는 부분을 찾을 수 있었다. 〈삼승할망본풀이〉의 서천꽃밭은 〈이공본풀이〉의 김정국 아들인 사라도령을 꽃감관으로 등장시키면서 서천꽃밭의 성격이 각 본풀이에서 서로 다르게 나타나는 특징을 보여주었다. 〈이공본풀이〉의 이본들을 살펴보니 사라도령과 할락궁이의 신직이 충돌하는 모습을 살펴 볼 수 있었다. 〈삼승할망본풀이〉, 〈이공본풀이〉와 관련되는 제의가 불도맞이다. 본풀이는 제의의 상관물이다. 제의에서 이러한 서사한 변화가 어떻게 반영되었는지 살펴보고자 한다.

---

22 赤松智城・秋葉隆, 沈雨晟 옮김, 앞의 책, 1991, 266~267쪽.

1) 불도맞이의 사례

〈삼승할망본풀이〉와 〈이공본풀이〉가 연관되는 제의는 불도맞이를 들 수 있다. 서천꽃밭이라는 공간이 생불꽃을 키우는 곳이자 동시에 어린아이가 가는 저승이다.[23] 불도맞이는 15세 미만의 어린아이를 위한 복합적인 의례로 아이의 출생, 양육과 죽음과 관련된 의례를 담당한다.[24] 불도맞이의 한 예를 살펴보면 다음과 같다.

불도맞이[25]

초 감 제(9 : 20~11 : 50)

(배례)〉베포도업침 〉 날과국섬김 〉 연유닦음 〉 신도업 〉 새⾐림 〉 군문열림 〉 주잔넘김

석살림(11 : 55~12 : 20)

석시말미 〉 덕담 〉 담불 〉 서우제소리 〉 (푸다시) 〉 주잔넘김 〉 산받아분부 〉 제차넘김

추물공연(12 : 58~13 : 28)

말미 〉 공선가선 〉 날과국섬김 〉 연유닦음 〉 신메움 〉 공연 〉 주잔넘김 〉 산받아분부 〉 제차넘김

넉드림(13 : 35~14 : 00)

수룩침

(신메와석살림) 〉 날과국섬김 〉 연유닦음 〉 군문열림 〉 권제 〉 수룩 〉 젯북제맞이굿 〉 산받아분부 〉 제차넘김

---

23 문화재청 국립무형유산원, 『제주도 동복 신굿 해설편』, 2019, 34쪽.
24 강정식, 앞의 책, 2015, 125쪽.
25 2019년 11월 2일 위불암에서 서순실 심방이 수심방이 되어 행해진 불도맞이이다. 굿을 하게 된 연유는 본주가족이 합제를 하고 난 후부터 아이들이 자꾸 병치레를 하고, 본주 역시 맹장 수술이 끝난 후에도 염증이 자꾸 생기는 등 가족들의 건강이 좋지 않아 불도맞이를 행하게 되었다. 불도맞이는 흔히 접할 수 있는 제의이나, 그 의미가 복잡다단하여 심방마다 이에 대한 의례를 행하는 방법이 다양하다. 이 책에서는 불도맞이의 한 사례만을 대상으로 삼기에 부족한 부분이 많을 것으로 생각된다. 불도맞이를 다루기 위해서는 큰굿에서의 사례, 작은굿으로 할 때의 사례를 모두 포함하여 다루어야 하나, 여기에서는 단독 의례로 행해진 불도맞이를 예증삼았다.

질침(14 : 33~15 : 58)

네공전할마님질돌아봄 〉 할망질침(+마누라본풀이) 〉 삼승할망본풀이 〉 이공본풀이 〉 꽃탐 〉 할망ᄃ리 나숨 〉 송낙 메어듦 〉 제차넘김

질침에서 네공전할마님질을 돌아보고 나서 할망질을 친다. 할망질을 칠 때는 늘시리 글아 치우기, 들굽낭 작대기로 치우기, 은따비·놋따비로 치우기, 양쪽 발로 붊기, 좀삼태로 치우기, 홍미래깃대로 밀기, 쓸어올리기, 청이슬 ᄃ리 놓기, ᄆ른ᄃ리 놓기, 할마님노각성 ᄌ부연줄 놓기, 애손ᄃ리 등진ᄃ리 놓기, ᄌ부ᄃ리 고리안동벽 신동벽 걸렛배 바랑ᄃ리, 홍마음 홍걸레 ᄃ리를 놓는다. 이렇게 다리를 놓고 나서 〈마누라본풀이〉를 구연한다. 홍진국대별상 행차를 명진국따님아기가 맞닥뜨린다. 남자 가는 길에 여자가 보인다 하여 명진국따님아기를 모욕하고 집으로 돌아온 홍진국대별상은 곤란한 상황에 처하게 된다. 자신의 며느리가 아이를 낳지 못하는 상황에 처한다. 이 설정은 구삼승할망과 명진국따님아기의 갈등 양상에서 보이는 설정과 동일하다. 구삼승할망이 젖줄을 당겨 생명을 잉태시켰는데 해복하는 법을 몰라 임박사가 금바랑 옥바랑을 옥황을 향해 울리게 되고 이 상황을 해결할 명진국따님아기가 지상으로 내려오게 된다. 여기에서도 홍진국대별상 며느리의 해복을 돕는 것이 명진국따님아기이다. 은가위와 참실을 들고 해복을 시키고, 태어난 아기의 얼굴이 곰보가 되지 않도록 만들어준다.

할망질을 치고 나서 〈삼승할망본풀이〉를 구연한다. 사설을 정리하자면 아래와 같다.

동해용궁 ᄄᆞ님아긴 아방국은 동이요왕 어멍국은 서이요왕 금세상에 탄생을 허니 ᄒᆞ 설은 나난 어머님 젓가슴 뚜드린 줴, 두 설은 나난 아버지 삼각수를 거시린 줴, 세 설은 나난 기어뎅기멍 널어 놓은 날레 허튼 줴, 대ᄋᆞ섯 설 나가난 동네에 놀레 강 어룬 말 글민 겯 대답헌 줴, 너는 불효 ᄌᆞ식이 적실허다. 동이와당 쒜철이 아들 불러다근 무쒜 설캅을 짠 동해용궁 ᄄᆞ님 아기 들어 놓안, 임백나라 임박사 개문개철 허레, 상거심 초심 통쒜 종강, 저 바당드레 띠왓구나 임백나라 시절 임박사가 부베간 정 혜영 서른이 넘어도 아기 엇엇구나. 처녀 물가

에 가 벡일 불공 드리난 벡일제 뒈는 날 바당드레 보니 든 물 고개로 무쒜설캅이 올라 오랏구나. 주워단 임백나라 임박사 개문개철 허렌 썻이난 열언 보니 앞 이멍엔 햇님이여, 뒷 이멍엔 둘님이여 양단 어깨 금산새별 벳깃듯 헌 아기씨가 잇구나. 아기씬 누게꽈. 난 인간생불 할망 엇덴 헤연 오랏수다. 우리 두가시 아기 엇수덴 허낸 아방 몸에 힌 피를 네리웁고, 어멍 몸에 감은 피를 네리웁고, 은도리 방석 에미 젖줄을 둥견 아홉 열 덜은 뒈언 가난 어멍안티 올 때 애기 베우는 건 알아도 나는 거는 아니 베윙 오랏구나. 임박사 애기 못난 다 죽어간다. 동해용궁 뜨님 아긴 겁짐에 처녀 물가이 강 대성통곡 울어간다. 임박사는 각시 죽어 가난 진양도폭을 입고, 금바랑 옥바랑을 들러근 동악산은 서악산 남악산이로구나. 북안산에 올라 강 옥항드레 금바랑을 올린다. 옥항상제님은 고요한 인간에서 처량을 바랑소리가 올라오난 지부소천왕아 금세상에 처량한 바랑소리가 올라오람시니, 금세상을 들러보렌 허니 임박사 각시 아기 베엿인디 열 덜이 뒈도 애기 못 남수덴 허난, 멩진국이 뜨님 아기, 헌저 네려가건, 임박사 각시 애기 네와동 오렌 허난 춤실 은ᄀ새를 가져근 할마님이 네렷고나. 임박사 각시 애기 네와두언, 처녀 물가이 넘어가젠 허난 꼿거튼 아기씨가 대성통곡 울엄구나 무사 애기씬 이디 앚앙 울엄수가 어떵 허난 꼿거튼 아기씨가 지나가는디 늘팟내가 남신고 나는야 임박사 각시 애기 내와동 감수다 허난 와다닥 놀려 들어 허운대기 심엉 니 머리 나 머리, 심엇구나. 이 년 저 년 죽일 년 데동통편에 청댓섭에 목 걸령 죽일 년아. 나가 벤 애기 너가 네왓느냐. 니 머리 나 머리 하도 테작헤여 가난 오라 옥항에 가게. 옥항 상제님안티 가난 얼굴도 ᄀ뜨고 말도 ᄀ뜨고 은소반을 네여 놓앙 꼿씨를 드리치렌 허니 멩진국이 뜨님아기 꼿씨를 드리치난 불리는 딘 송에 나고, 송에 난 디 가지가 벗언 동은 모젓구나. 종지만썩 사발만썩 낭푼만썩, 버럭버럭 꼿을 피어 번성꼿 환싱꼿 곤 가지꼿이로구나, 생불꼿이로구나. 동더레 벋은 가지 ᄉ만 오천육벡 가지, 동청묵은 서벡금, 남적화는 북하수, 흔번을 보민 철년을 산 듯 흔번을 보민 말년을 산 듯, 동해용궁 뜨님아기 꼿씨 드리치난 불리 중에 불리 송이 중에 송, 꼿은 피난 검뉴울꼿이 뒈엿구나. 옥항상저님 꼿빈장을 네엿더니 멩진국이 뜨님아기랑 인간에 생불 할망으로 들어사라. 동해용궁 뜨님아기랑 저싱 할망으로 가렌 허난 용심이 낫구나 와다닥 늘려 들엉 멩진국 뜨님 아기 상가지 꼿을 오독독허게 꺼꺼가니, 야야 그 꼿은 무사 꺾엄디. 나도 저싱은 가민 언어 먹어사 될 거난, 생불을 주엉 나두민 석 덜 벡일 안네 피로 시처 물로 시처, 베 안네서 숨 놓게 허곡 베 베굿딘 낭 오민 초사흘 초일뤠 열 사흘 열일뤠 스무사흘 스무일뤠 밤 역시 낮 역시 우는 경징 경시 헤영 언어 먹켄 헤여 가난 아이고 기영 허지 말라. 동해용궁 뜨님 아기야 아기어멍 뚬 든 치메 저고리도 주마 걸렛베도 주마 지생기도 주마 오라 우리 하해허게. 오널랑 동해용궁 할마님이랑 멩진국 할마님 잔받읍서. 멩진국 할마님이랑 동해용궁 할마님 잔 받읍서. 오늘은 서로 화해 협센 영 헤영, 멩진국 할마님도 [신칼점] 오늘 [신칼점] 잘 받아근에 [신칼점] 뚤른 일 잘 풀령 [신칼점] 동해용궁 뜨님아기도 고맙수다. 하해 헤엿구나. 궂인 질 치단 보난 좋은 질이여. 좋은 질 치단 보난 궂인 질이로구나. [신칼점]

〈삼승할망본풀이〉에서 구삼승할망과 명진국따님아기를 화해시킨다. 서순실은 구삼 승할망질을 요왕질 치어 닦음이라고 하였다. 네공전할마님질, 삼승할망질, 구삼승할망질, 요왕질 등 이렇게 서로 다른 성격의 신들의 길을 〈삼승할망본풀이〉에서 합칠 수 있는 계기를 본풀이의 서사에서 제시하고 있는 것이다. 구삼승할망이 동해용궁 할마님이기에 할마님이 있는 저승세계를 요왕질로 형상화하였다. 홍진국대별상과 삼승할망이 오가는 다리가 서천강연ᄃᆞ리였듯이,[26] 구삼승할망에게로 향하는 길 역시 서천강 연ᄃᆞ리임을 확인할 수 있었다. 서로 다른 성격의 신들을 본풀이 속에서는 서로 갈등 관계에 놓여 있었으나, 제의를 진행하면서 둘 사이의 갈등을 풀어준다는 설정을 서순실 심방은 제의를 통해 풀어내고 있다.

구삼승할망은 명진국따님아기에 의하여 인간생불할망으로의 신직에서 쫓겨났지만 구삼승할망이 동해용궁따님아기이기에 공간적 해석을 적극적으로 하여 요왕질을 치고 닦는 것이다. 이러한 해석은 여러 불도맞이의 사례를 통하여 다시 확인해 보아야 한다.

명진국할마님이 서천꽃밭을 신설하고, 사라도령이 꽃감관이 되고, 할락궁이는 아미도령차사로 좌정한다. 사라도령이 꽃감관이 되는 이유가 〈삼승할망본풀이〉에서 드러나지 않지만 〈이공본풀이〉를 통해 살펴볼 수 있다. 김진국은 가난하나 정성이 백근을

---

26 김헌선, 앞의 논문, 2005, 201쪽.

채우기에 그의 아들이 꽃감관이 될 수 있는 자격을 획득할 수 있는 것이다.

〈삼승할망본풀이〉와 〈이공본풀이〉는 서천꽃밭이라는 공간을 공유함으로써 불도맞이의 제의 속에서도 서로 다른 성격의 중복되는 제의가 생기게 되었다. 본풀이 속에서 충돌되는 현상을 제의에서 그대로 안고 있음을 확인할 수 있다. 〈삼승할망본풀이〉 내부에서의 변화가 다른 본풀이에 영향을 미치고, 시간차를 두고 변화해 오면서 쌓이는 모순들이 본풀이 내부에서 또 하나의 융합과정을 거치는 것이다. 이러한 본풀이의 융합을 제의 속에서 다시 재해석함으로써 본풀이와 본풀이가 서로 영향을 주고 받고, 제의와 본풀이가 서로 영향을 끼치게 된다.

〈삼승할망본풀이〉에서 동이용궁 따님아기의 신직을 명진국할마님이 차지함으로써 본풀이의 서사간 충돌이 생겼고 이러한 충돌이 제의에도 반영되었다고 생각한다. 이렇게 충돌되는 부분을 본풀이 속에서 제의 속에서 절충하여 받아들이게 된다. 본풀이와 의례가 상호 영향을 주고받으며 함께 변화하는 모습이라 할 수 있다.

4. 결론

〈삼승할망본풀이〉에 대한 연구가 진척되고 있으나 의례와의 관련성에 대한 논의가 미흡한 실정이다. 불도맞이가 일상에서 흔하게 이루어지는 제의이기에 복합적 제의의 성격을 지니게 되고, 불도맞이와 다른 제의들을 얼러서 함께 행하기도 한다. 그렇기에 불도맞이만의 고유한 성격을 파악하기가 어렵다. 이 책은 불도맞이의 한 사례만을 가지고, 논의를 진행하였기에 앞으로 보충하여야 할 부분이 많다.

〈삼승할망본풀이〉의 서사의 변화에 대해서는 이미 논의가 이루어졌지만 그에 대한 후속 논의가 활발히 진행되고 있지 않다. 〈삼승할망본풀이〉의 서사 속에 시간의 단층들이 켜켜이 쌓이면서 만들어내는 모순들이 담겨 있기 때문이다. 2019년 11월에 행해진 서순실 심방의 불도맞이는 제의 속에서 본풀이 서사의 충돌을 적극적으로 해석하고 있기에 이를 예증삼아 〈삼승할망본풀이〉에 대한 논의를 구체화시켜 보았다.

심방들은 굿은 하루도 쉬지 않고 매일 이루어진다고 한다. 자주 행해지는 불도맞이 역시 시대적·사회적 변화에 따라 조금씩 변화하고 있으리라 생각한다. 한 가지 사례를 가지고 무리하게 논의를 전개한 이유는 기록을 남기기 위해서이다. 끊임없이 변하는 흐름 속에서 한두 가지 사례라 하더라도 하나의 징검다리가 되어 원형의 모습을 재구하는데, 본풀이의 성격을 규명하는데 조그마한 도움이 되었으면 하는 바람이다.
　〈삼승할망본풀이〉에서 충돌하는 서사에 대한 신화적 의미를 제시하고자 하였다. 시대의 흐름에 따라 본풀이 내부에서 변화된 서사들이 다시 융합되고, 그 융합된 내용을 토대로 다시 다른 본풀이들이 변화되고, 그 본풀이의 변화를 제의가 받아들이고 있다. 이는 본풀이가 제의 속에서 단순히 불리는 것이 아니라 긴밀하게 연관되어 있음을 보여준다.

제2부 12

〈삼공본풀이〉의 신직神職과 전상놀이

1. 서론

　제주도 굿에서 구연되는 〈삼공본풀이〉는 전상신의 내력을 풀이하는 신화이다. 〈삼공본풀이〉라 하기에 삼공신에 대한 내력이라고 이해하기 쉬우나 '삼공신'이라는 신명神名은 일반적으로 사용되지 않는다. 대신 전상신이라는 신명을 사용한다. 〈삼공본풀이〉 내에서 '전상'이라는 단어는 등장하지 않는다. 전상신에 대한 이해를 도모하기 위해서는 본풀이 외에 전상과 관련된 것들을 살펴보아야 한다. 〈삼공본풀이〉와 관련되는 제차는 삼공맞이이고, 삼공맞이에서 가문장아기의 부모로 분장하여 심방들이 가문장아기를 만나 개안開眼하게 되는 과정을 연극적으로 보여준다.[1] 결국 〈삼공본풀이〉를 이해하기 위해서 이와 관련되는 제차를 검토하여야 실마리를 풀 수 있다는 것이다. 전상놀이 속에서도 전상의 의미가 명확하게 드러나지 않고 사록을 쫓는다거나 사록을 내놀린다고 하여 사록이라는 단어가 등장한다. 사록이라는 의미 역시 전상놀이의

1　강정식, 『제주굿이해의 길잡이』, 민속원, 2015, 174쪽.

제차를 진행하는 과정에서 명확하게 개념화되지 않는다. 전상에 대한 명확한 정의를 내리기 어려우나 사록에 대한 의미를 찾아 전상에 대한 개념을 이해하는 발판을 마련하고자 한다.

전상놀이 속에서 나쁜 사록은 하사록이라 하여 몰아내고 좋은 사록은 상사록이라 하여 붙잡아두려고 한다. 눈에 보이지도 않고 양가적인 특성을 가진 '사록'을 심방들은 눈에 보이는 것처럼 대한다. 심방들의 구체적인 행위가 신앙민들에게 하사록이 다 쫓겨나고 상사록만 우리에게 남았다는 안도감을 준다. 〈삼공본풀이〉의 가믄장아기에게 나쁜 일은 생겨나지 않는다. 집에서 쫓겨나는 일이 있기는 하나 그것으로 인해 좌절하지 않는다. 자신의 행로를 개척하고 오히려 부모에게 도움을 주는 존재가 된다. 〈삼공본풀이〉만을 통해서 사록의 의미를 이해하기는 어렵다. 그렇기에 사록과 관련되된 다른 본풀이 속에서 의미를 보완해 보고자 한다. 〈지장본풀이〉는 서사의 전개과정이 〈삼공본풀이〉와 대조적이다. 두 본풀이를 함께 검토함으로써 사록의 의미를 파악하고자 한다. 〈삼공본풀이〉의 선금으로 상징되는 복록福祿과 〈지장본풀이〉의 새로 상징되는 사邪의 개념은 상반된 듯 보이면서 결국 하나로 통한다. 양 극단에 위치하여 우리 삶의 균형을 맞추어 준다.

〈삼공본풀이〉를 이해하는 방법은 여러 가지이다. 여기서는 〈삼공본풀이〉를 본풀이 자체 내에서 분석하기 보다는 작품 외부에서 관련양상을 살피고자 하였다. 여기에서 풀리지 않는 의문을 〈지장본풀이〉와 함께 논의하면서 사록의 의미를 파악하여 보충하였다. '사록'은 〈삼공본풀이〉를 이해하기 위해서 필요한 개념이라 생각하기 때문이다. 또한 실제 행하여진 전상놀이를 토대로 전상과 사록에 대한 개념에 접근해 보고자 하였다.

2. 〈삼공본풀이〉에 담긴 선금과 〈지장본풀이〉에 담긴 새의 의미

전상의 개념을 이해하기 위해 〈삼공본풀이〉와 〈지장본풀이〉를 함께 논의하고자 한다. 〈삼공본풀이〉는 전상신에 대한 내력담으로 가믄장아기가 가지고 있는 선금으로 상징되는 복록福祿에 대한 이야기이고, 〈지장본풀이〉는 지장아기씨가 기구한 팔자를 극복한 전새남굿을 하고 나서 새로 다시 태어나는 이야기가 주가 되어 사邪의 근원에 대해 이야기하고 있는 본풀이다. 서사의 내용상으로는 〈삼공본풀이〉와 대척되는 듯 보이나 다음 장에 서술할 삼공맞이와 관련시킨다면 서로 대척되는 내용이 아님을 알 수 있다. 먼저 〈삼공본풀이〉의 가믄장아기가 가지고 있는 선금의 의미와 〈지장본풀이〉의 지장아기씨가 새로 다시 태어났다고 하였는데 '새'가 상징하는 것이 무엇인지 본풀이의 서사단락을 토대로 살펴보도록 하자.

1) 〈삼공본풀이〉에 담긴 선금의 의미

〈삼공본풀이〉는 현재까지 보존되어 실제 의례의 현장에서 구연되고 있다. 제주굿은 복잡다단하여 그 의미를 파악하기 어려우나 '맞이-풀이-놀이'의 체계를 가지고 있다고 이야기된다.[2] 이러한 체계로 이해한다면 〈삼공본풀이〉는 삼공맞이-삼공본풀이-전상놀이의 체계로 이해할 수 있다. 순차적으로 진행되지는 않고 삼공본풀이를 구연하고 삼공맞이 안에서 전상놀이라 하여 삼공본풀이의 극화된 내용을 보여준다. 전상신의 근본 내력에 대한 본풀이를 토대로 삼공맞이에서 전상신을 맞아 인간과 전상신이 함께 어우러지는 놀이의 과정이 유기적으로 연결된다. 〈삼공본풀이〉와 전상놀이는 상관성이 긴밀하다.[3]

---

2   현용준, 『제주도 무당굿놀이 개관』, 문화재관리국, 1965; 김헌선, 「제주도 굿의 구조와 원리」, 『한국무속학』 14, 한국무속학회, 2007; 김은희, 「제주도 본풀이와 놀이의 상관성: 본풀이와 굿놀이의 연계양상과 유형을 중심으로」, 『탐라문화』 36, 제주대학교 탐라문화연구소, 2010.
3   김헌선, 위의 논문, 54쪽.
    김헌선은 본풀이, 맞이, 놀이를 아래와 같은 기준으로 분류하여 이해하고 〈삼공본풀이〉와 전상놀이는 '2.2 본풀이와 놀이가 연결되는 사례'로 분류하였다.
    1. 본풀이, 맞이, 놀이 등이 각기 존재하는 경우
    2. 본풀이, 맞이, 놀이 등이 서로 연계되어 있는 경우
      2.1. 본풀이와 맞이가 연결되는 사례

전상놀이는 〈삼공본풀이〉의 내용을 연극演劇의 형식으로 진행한다.[4] 심방들이 분장하여 극중에서 맡은 배역을 행한다. 가믄장아기의 부모들이 잔치에 와서 음식을 얻어 먹지 못한 것을 한탄하자 가믄장아기는 옛말이나 이야기해 보라고 제안한다. 가믄장아기가 집에서 부모에게 쫓겨난 뒤에 부모들이 어떻게 살았는지에 대해 가믄장아기에게 말을 한다. 그 이야기를 듣고 나서 가믄장아기가 장님이 된 부모에게 술을 권하고 눈을 뜬다. 이후에 나쁜 사록을 쫓아낸다고 하여 막대기를 들고 집안 구석구석을 돌아보며 나쁜 사록을 몰아낸다.[5]

사록에 대한 의미를 파악하기 위해 먼저 〈삼공본풀이〉에 대한 서사단락을 제시하고자 한다. 다른 이본들보다 『제주도무속자료사전』에 실린 안사인본의 서사가 충실하므로 이를 인용하고자 한다.

〈삼공본풀이 서사단락〉

① 강이영성이서불과 홍운소천궁에궁전궁납이 만나 부부가 되어 유태하여 첫 아기는 은장아기, 둘째 아기는 놋장아기, 셋째 아기는 가믄장아기로 이름 짓는다.
② 세 아기를 키우는 동안 부부는 부유하게 되어 딸아기들과 누구 덕에 먹고 사냐는 문답을 한다.
③ 큰아기와 둘째 딸아기는 하늘님, 지하님, 아버지, 어머니 덕이라 하고 가믄장아기는 자신의 배꼽 아래에 선금[入線] 덕이라 하자 불효막심하다 하여 가믄장아기가 집에서 쫓겨난다.

2.2. 본풀이와 놀이가 연결되는 사례
2.3. 맞이 속에 본풀이가 구연되는 사례
2.4. 맞이 속에 놀이가 연행되는 사례

4 문무병, 「제주도 굿의 연극성에 관한 연구」, 제주대학교 석사학위논문, 1984; 황루시, 「무당굿놀이 연구 : 제의적 요소를 중심으로 한 민속연희와의 비교고찰」, 이화여자대학교 박사학위논문, 1987.
5 이러한 전상놀이의 과정은 2016년 5월 6일부터 5월 19일까지 행해졌던 김영철 심방댁 큰굿의 한 제차로 행해진 전상놀이와 2018년 5월 18일 한국무속학회에서 행해진 "제주와 한국의 굿놀이"에서 칠머릿당보존회 팀이 시현한 전상놀이를 바탕으로 하였다.

④ 어머니가 큰딸과 작은딸에게 가믄장아기를 불러 오라 하나 거짓말로 가믄장아기를 속여 큰딸과 작은딸이 청지네와 용달버섯이 된다.
⑤ 가믄장아기가 집을 나가고 강이영성과 홍운소천은 맹인이 되어 거지로 얻어먹으러 다닌다.
⑥ 쫓겨난 가믄장아기는 작은 초막에서 하룻밤을 묵는데 큰마퉁이와 둘째마퉁이는 이를 두고 어머니, 아버지에게 욕을 하고 막내마퉁이는 하늘이 돕는 일이라 한다.
⑦ 마퉁이집에서 식사가 시작되자 큰마퉁이와 둘째마퉁이는 부모에게 안 좋은 부분을 드리고, 막내마퉁이는 좋은 부분을 드린다.
⑧ 가믄장아기가 밥을 지어 먹기를 권하나 막내마퉁이를 제외하고 먹기를 거부하다가 막내마퉁이가 먹는 것을 보고 큰마퉁이와 둘째마퉁이도 쌀밥을 먹는다.
⑨ 가믄장아기와 막내마퉁이는 부부가 된다.
⑩ 가믄장아기가 막내마퉁이 일하는 곳에 있는 금과 은을 가지고 와서 부유하게 살아간다.
⑪ 가믄장아기가 걸인잔치를 제안하여 부모를 만나고 부모는 눈을 뜨게 된다.[6]

위의 서사 단락을 보면 누구 덕에 먹고 사냐는 문답으로 인해 가믄장아기와 부모는 갈등하게 된다. 부모는 자신들의 덕이라는 답을 듣고 싶었으나 가믄장아기는 자신이 가지고 태어난 선금入線 때문이라고 한다. 자신이 가지고 있는 선금은 복록福祿을 상징하며 자신이 이를 가지고 태어났기에 잘 먹고 잘 산다고 대답한다. 부모는 불효하다 하여 가믄장아기를 쫓아내나 가믄장아기가 집을 나간 뒤부터 부모에게는 액운이 닥친다. 가믄장아기의 덕으로 부모가 먹고 살았던 것임이 입증된다. 가믄장아기가 집을 나간 뒤에도 가믄장아기가 가는 곳을 잘 살게 만든다. 작은 초막에 사는 막내마퉁이에게 황금의 가치를 인식하게 하여 부유하게 만든다. 가믄장아기가 황금덩어리를 찾아주는 것은 막내마퉁이의 내면에 감추어져 있던 능력을 구현하도록 도운 것이다.[7]

---

6 현용준, 앞의 책, 1965, 192~204쪽.
7 신연우, 「여성 담당층 관점에서의 〈초공·이공·삼공본풀이〉의 문학 – 사상의 의미망」, 『한국고전여

막내마퉁이가 가믄장아기를 만나지 않았다면 그는 금덩어리와 은덩어리를 옆에 둔 채 가난하게 마를 캐며 평생을 살아갈 것이다. 서사의 마지막에 가믄장아기는 걸인잔치를 열어 장님이 된 부모들을 개안시킨다. 선금으로 대표되는 복록福祿을 지닌 가믄장아기의 손길이 닿는 곳마다 생생한 생명력이 넘치는 곳이 된다. 황폐한 곳은 부유한 곳으로, 캄캄한 어둠의 세계에서 광명의 세계로 가믄장아기가 이끌게 된다. 가믄장아기 자신은 자신이 그러한 능력을 가지고 태어난 존재라는 것을 명확히 알고 있다. 이러한 이야기 전개의 유사성은 〈삼공본풀이〉와 '내 복에 산다'형 민담과의 관련성을 입증시켜준다.[8]

가믄장아기가 자신의 '베또롱 알 선그믓'으로 표현되는 자신의 복록을 가족들에게 나누어준다. 〈삼공본풀이〉의 가족들은 강이영성이서불, 홍운소천궁에궁전궁납, 은장아기, 놋장아기, 큰마퉁이, 작은마퉁이, 막내마퉁이, 마퉁이 형제들의 부모이다. 이들은 가믄장아기와 함께할 때에는 복록을 받고 멀어질 때에는 가난해지고 다른 생물로 바뀌는 등 상황이 나빠진다. 다만, 이런 상황의 악화는 죽음과는 다소 거리가 있다. 가믄장아기가 집에 있을 때 부모는 부유하게 살고, 가믄장아기가 집을 나가자 이들은 맹인이 된다. 가믄장아기가 집을 나갈 때 어머니가 은장아기, 놋장아기에게 물죰이라도 먹이기 위해 가믄장아기를 불러오라고 하나 이들은 거짓말로 가믄장아기를 속인다. 가믄장아기는 이들이 자신을 빨리 쫓아내기 위해 거짓말하는 것을 알고 청지네와 용달버섯으로 만들어 버린다. 막내마퉁이는 가믄장아기와 한 방에서 잠을 자고 부부가 된다. 가믄장아기가 막내마퉁이가 일하는 곳에 있는 금과 은으로 막내마퉁이를 부유하게 만든다. 금과 은은 원래 마퉁이가 가지고 있는 것이기는 하나 그 진가를 알아볼 수 있는 능력이 막내마퉁에게는 없다. 가믄장아기는 자신과 멀어진 부모를 찾기 위해 걸인잔치를 열어 부모를 만난다. 이러한 과정은 가믄장아기의 멀어짐과 가까워

성문학연구』 21, 2010, 243쪽

8 장주근, 『(풀어쓴) 한국의 신화』, 집문당, 1998; 황인덕, 「불전계 한국민담 연구」, 『어문연구』 17, 어문연구학회, 1988.

짐에 따라 아래의 표로 정리할 수 있다.

가믄장아기와 등장인물 간의 원근(遠近)에 따른 변화

등장인물 \ 원근	멀어짐		가까워짐
강이영성이서불 홍운소천궁에궁전궁납	가난 맹인	← →	부유 개안
은장아기 놋장아기	청지네 용달버섯	←	부유한 집의 큰딸과 작은딸
막내마퉁이	가난	→	부유

〈표 1〉은 가믄장아기를 기준으로 가족들이 멀어지고 가까워짐에 따라 가족들의 상황이 변한다는 것을 보여준다. 가믄장아기와 가족이 된 인물들이 가믄장아기의 곁에 서는 부유하고, 눈을 뜨는 등의 좋은 상황에 처하고 가믄장아기를 쫓아내고 나서는 가난해지고, 맹인이 되며 청지네·용달버섯으로 변하는 것을 알 수 있다.

전상놀이의 내용은 〈삼공본풀이〉 내용을 바탕으로 한 연극으로 전환된 모습이라 생각할 수 있다. 이는 신앙민들을 신의 세계에 동참시키는 역할을 한다. 본풀이의 가장 기본적인 사항은 신을 놀리는 것이고 이와 더불어 신을 출현시키고 의례의 정당성과 기구사항祈求事項을 성취하는 것을 보증하는 기능이 있다.[9] 〈삼공본풀이〉를 구연하게 되면 신이 제장에 모습을 드러낸다는 것이다.

전상놀이는 본풀이의 재현이 한 축을 담당한다. 놀이는 신인합일神人合一의 관계에서 형상화되고 흉내내기가 표현 수단이 된다.[10] 이에 대한 대본이 현실적인 생활체험이 침입된 본풀이다.[11] 본풀이의 내용이 극화된 것이라면 전상을 쫓는 장면에 대한

---

9 현용준, 『제주도 무속 연구』, 집문당, 1986, 278쪽.
10 조만간, 『제주도 「무당굿놀이」의 민속학적 접근 : 「본풀이」와 「맞이」·「놀이」의 관계를 중심으로』, 성균관대학교 석사학위논문, 1985, 48쪽.
11 문무병, 앞의 논문, 1984, 35쪽.

이해가 어렵게 된다. 〈삼공본풀이〉의 내용만을 토대로 살펴본다면 전상놀이의 마지막 부분에 나타나는 쫓는 행위는 복록을 쫓는 것으로 이해되기 때문이다. 이는 서사 내용의 대척점에 있는 〈지장본풀이〉와의 관련성을 해명함으로써 풀리게 된다.

2) 〈지장본풀이〉에 담긴 새의 의미

〈삼공본풀이〉의 서사만으로 이해할 수 없는 전상놀이의 행위를 이해하기 위해서 〈지장본풀이〉에 대한 논의를 보충하고자 한다. 〈지장본풀이〉는 새의 내력담이라 하여 지장신의 근본 내력을 푸는 본풀이다. 어찌 보면 〈삼공본풀이〉의 내용과 대척되는 듯 보인다. 상반되는 내용을 가진 두 본풀이를 통해 전상놀이에서 〈삼공본풀이〉만으로는 이해할 수 없는 행위를 이해하는 발판을 마련하고자 한다.

〈지장본풀이〉는 지장아기씨의 기구한 삶과 그 삶을 다 살아내고 전새남굿을 한 지장아기씨가 새로 탄생한다는 내용의 서사를 갖춘 본풀이다. 지장아기씨가 목도한 수많은 죽음이 전새남굿을 통해 해원된다. 지장아기씨가 정성껏 전새남굿을 하고 난 후에 탄생한 새는 지장아기씨의 정성이 담긴 새이다. 그러기에 자손들에게 열두 재화災禍를 주는 새이면서 동시에 지장아기씨처럼 정성껏 굿을 준비하여 마련한다면 쫓아낼 수 있는 새로운 존재로서의 새이다.[12] 새도림의 제차에 의하여 구축驅逐의 성격을 가지고 있음을 확인할 수 있다. 〈지장본풀이〉의 수많은 죽음과 새도림을 근거로 〈지장본풀이〉의 새는 '사邪'의 의미로 파악된다. 그렇다면 〈지장본풀이〉 서사내용이 사邪의 탄생에 초점이 맞추어져 있기에 〈삼공본풀이〉에 담긴 복록福祿과는 의미망이 차이가 있다. 이들의 관련성을 밝히기에 앞서 먼저 〈지장본풀이〉의 서사단락을 제시하여 검토하고자 한다. 〈지장본풀이〉 역시 앞에서와 같은 이유로 안사인본을 인용하고자 한다.

---

12 고은영, 「〈지장본풀이〉의 서사구조와 새ᄃ림 말명 삽입의 의미」, 『탐라문화』 53, 제주대학교 탐라문화연구원, 2016, 154쪽.

〈지장본풀이 서사단락〉

① 남산국과 여산국이 수룩을 드려 지장아기씨가 태어나고, 부모와 조부모 앞에서 어리광을 부린다.
② 지장아기씨의 부모, 조부모가 돌아가셔서 외삼촌댁의 수양딸로 가나 외삼촌댁의 구박을 받는다.
③ 하늘 부엉새의 도움을 받으며 구박을 견디고, 시집을 가서 아이를 낳는다.
④ 지장아기씨의 시부모, 남편, 아들이 죽고 나자 시누이가 지장아기씨에게 욕을 한다.
⑤ 대사에게 지장아기씨 자신의 사주팔자를 묻자, 대사는 지장아기씨에게 굿하기를 권하고 정성껏 굿을 준비하여 행한다.
⑥ 지장아기씨가 죽어서 새의 몸으로 환생한다.[13]

〈지장본풀이〉는 팔자 궂은 지장아기씨가 죽어 새가 된다는 내용을 담고 있다. 새의 내력담으로 '새'에 대한 의미는 서사의 내용을 근거로 사邪 또는 사기邪氣 정도로 이해할 수 있다. 〈지장본풀이〉 속에서 지장아기씨는 사기邪氣를 가지고 태어난 존재로 그녀에게 끊임없는 시련이 주어진다. 지장아기씨의 부모, 조부모가 돌아가시고 의지할 곳이 없어 외삼촌댁에 의지하려 하나 외삼촌댁에서 역시 환영받지 못한 채 구박을 받는다. 이는 지장아기씨의 존재에 대한 거부이기 이전에 죽음을 피하고 싶은 일반의 심리라 할 수 있다. 지장아기씨의 고난은 시집을 가서도 해소되지 않는다. 자신의 주변에 있는 가족들인 시부모, 남편, 아들이 모두 죽음을 맞이한다. 시누이가 지장아기씨에게 하는 욕은 외삼촌댁에서의 구박과 마찬가지로 죽음에서 멀어지기 위한 삶에 대한 외침이자 갈구이다. 지장아기씨가 자신에게 주어진 운명을 극복하고자 전새남굿을 행한다. 정성껏 준비하여 굿을 행하나 지장아기씨는 결국 새의 몸으로 태어난다.

〈지장본풀이〉에 등장하는 가족들의 삶과 죽음을 지장아기씨를 기준으로 살펴보자. 지장아기씨의 가족은 남산국, 여산국, 조부모, 외삼촌, 시부모, 남편, 아들, 시누이다.

---

13 현용준, 앞의 책, 1996, 288~295쪽.

지장아기씨가 태어난 후, 지장아기씨의 부모와 조부모가 죽는다. 외삼촌은 지장아기씨를 수양딸로 두기는 하나 구박하며 지장아기씨와 거리를 두고자 한다. 지장아기씨가 시집을 가자 지장아기씨와 가족이 되어 가까워진 시가媤家가 시누이를 제외하고 죽음을 맞는다. 시누이는 지장아기씨에게 욕을 하며 거리를 둔다. 이를 정리하자면 아래와 같다.

지장아기씨와 등장인물 간의 원근(遠近)에 따른 변화

등장인물 \ 원근	멀어짐		가까워짐
부모 · 조부모		← →	죽음
외삼촌, 시누이	삶	←	
시부모, 남편, 아들		→	죽음

〈표 2〉는 지장아기씨를 기준으로 가족들이 지장아기씨의 곁에서 죽음을 맞이한다는 사실을 보여준다. 가족들이 지장아기씨와 가까워지면 죽음을 맞이하고 지장아기씨와 거리를 두려고 노력하면 목숨을 구할 수 있다. 외삼촌, 시누이가 죽음을 맞이하지 않았던 이유를 외삼촌과 시누이가 지장아기씨를 대하는 태도에서 찾을 수 있다.

서사의 내용만으로는 보았을 때 서로 상반되는 본풀이라 할 수 있으나 본풀이들과 관련된 의례를 살펴보면 공통점이 보인다. 〈삼공본풀이〉와 〈지장본풀이〉의 관련된 의례를 비교하여 공통점을 찾고자 한다. 이러한 공통점이 사록의 의미를 파악할 수 있는 실마리라 생각한다.

3. 사록邪祿과 전상놀이

제주굿은 '풀이 – 맞이 – 놀이'의 체계를 가지고 있다고 한다.[14] 신을 청하고 신을 기쁘게 하기 위해 본풀이를 구연하고 신과 인간이 함께 어우러지는 놀이로 연결된다. 이 체계를 〈삼공본풀이〉에 적용시켜 관련된 제차祭次를 찾아본다면 '삼공본풀이 – 삼공맞이 – 전상놀이'의 틀로 이해할 수 있다. 삼공맞이에서 전상신을 맞이하고 전상신의 근본 내력을 풀고 나서 인간과 전상신이 함께 어우러지는 과정이 유기적으로 연결된다. 특히 〈삼공본풀이〉는 전상놀이와의 연계성이 밀접하여 이 부분에 초점을 두고 서술하고자 한다.

1) 사록의 의미

〈삼공본풀이〉와 〈지장본풀이〉는 특별한 연행방식을 따르고 있다.[15] 〈삼공본풀이〉는 본풀이의 마지막에 이르러 '놀레'라고 하여 본풀이의 내용을 다시 구연한다. 〈지장본풀이〉의 전체 서사는 만세받이의 형식으로 운율을 갖추어 본풀이를 구연하고 마지막에 이르러 새도림의 한 부분을 운율을 갖추어 구연한다. 새도림은 신이 오시는 제장을 정화하기 위한 목적으로 구연된다. 〈삼공본풀이〉의 말미에 구연되는 '놀레'의 목적은 분명해 보인다. 가믄장아기가 가지고 있는 복록福祿을 재확인하여 기억하고 오래 간직하기 위한 열망에서이다. 〈지장본풀이〉의 서사 말미에 불려지는 새도림도 새로 상징되는 사악한 기운을 제장에서 구축驅逐하기 위함이다. 의아한 것은 〈삼공본풀이〉의 서사가 중심이 되는 전상놀이에서 심방이 막대기를 들고 쫓아내는 행위이다. 이 행위는 일시적인 것이 아니라 오래 지속되며 이 과정에서 신앙민들과 심방 사이의 긴장이 깨지며 웃음이 유발된다.

전상놀이를 전상신을 맞아 사악邪惡을 구축驅逐하는 연극적 의례라 정의 내린다.[16]

---

14 현용준, 앞의 책, 1965; 김헌선, 앞의 책, 2007; 김은희, 앞의 논문, 2010.
15 강정식, 앞의 책, 2015, 173쪽.
    본문에서 〈삼공본풀이〉에 한정하여 서술하고 있기에 원문을 밝힌다.
    "〈삼공본풀이〉는 특별한 연행 방식을 따르고 있으니 보충이 필요하다."
16 장주근, 『제주도무속과 서사무가』, 민속원, 2013, 105쪽.

전상놀이에서 쫓는 대상을 일컬어 나쁜 사록을 내쫓는다고 한다. 이는 새도림에서 사기邪氣를 쫓아 제장의 부정을 정화하려고 하는 구축驅逐 행위와 유사한 점을 가지고 있다. 서사는 상반되나 관련 의례의 행위는 유사한 것이다. 전상놀이에서 심방은 '전상이여 만상이여, 스록이여'[17]라고 사설을 반복하며 집안 곳곳을 막대기로 두들긴다. 신앙민들도 막대기로 두들기며 나쁜 사록을 몰아내야 한다고 거듭 말한다. 사록에 대해서 현용준은 '되어가는 일을 그르치게 하는 사기邪氣'라고 제시하고 있다.[18] 이러한 뜻으로 이해하면 다음과 같은 사설은 이해하기 어렵다.

> 청스록 혹스록 내놀리난 이간주당[此家內住堂] 천하거부(天下巨富)시기고, 좋은 스록이랑 집안으로 들이놀리곡. 모질곡 악(惡)훈 스록이랑 천지왕골목데레 시군문 밧겻데레 내조치자.

이를 보면 사록에는 좋은 사록과 나쁜 사록이 있음을 알 수 있다. 좋은 사록은 집안으로 들이 놀리고 모질고 악한 사록은 내쫓자고 하는데 사록의 의미가 사악한 기운이라는 것은 이치에 맞지 않는다. 이 사설은 '사록'이라는 단어가 좋은 의미와 나쁜 의미를 가진 양가적 의미의 단어라는 것을 알려준다. 사록은 극단의 좋은 것과 극단의 나쁜 것을 포함하는 개념으로 이해할 수 있다. 내놀릴 정도로 좋은 것과 내쫓아 버려야 할 나쁜 것 사이에 있는 것이라면 우리의 삶 속에서 겪은 많은 일들이 이 사록의 범위 안에 포함된다. 지나온 일들을 되돌아보면 탄생과 결연처럼 극단적으로 좋은 일도 있을 수 있고, 반대로 가족의 죽음과 병듦처럼 나쁜 일도 있을 수 있다. 극단의 일만 있는 것이 아니라 이 사이에 정도의 차이가 있는 좋은 일과 나쁜 일들이 있다. 이 좋은 일과 나쁜 일은 단정 지어 말할 수 없는 성격을 가진다. 나에게 좋은 일이 타인에게는 나쁜 일이 될 수 있고 지금 좋은 일이 나중에 가서 나쁜 일이 될 수도 있는 복합적인 성격을 띤다. 결국 이 좋은 것과 나쁜 것이라는 개념은 서로 떨어져

---

17 현용준, 앞의 책, 1965, 376쪽.
18 위의 책, 376쪽 67번 각주.

있는 것이 아니라 하나로 붙어 있다고 가정할 수 있다. 간단하게 도식화해 보면 아래와 같다.

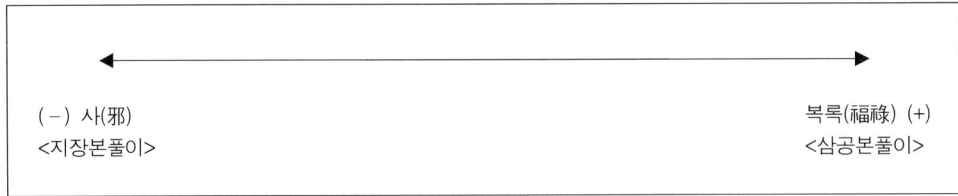

사(邪)와 복록(福祿)의 관계

사邪와 복록福祿의 관계를 보면 사邪의 반대편 끝에 복록福祿이 있는 것처럼 보이고 복록福祿의 끝에 사邪가 있다고 인지하기 쉬우나 이 둘은 하나로 맞닿아 있다. 죽음으로 표상되는 사邪는 인간이 꺼리는 부정적인 감정으로 간단히 기호로 나타낸다면 '-'와 같은 기호를 사용할 수 있다. 행복과 부유함, 생명 등은 인간이 바라는 긍정적인 감정으로 이를 간단히 기호로 나타낸다면 '+'와 같은 기호를 사용할 수 있다. 이러한 양가적인 축이 따로 존재하는 것이 아니라 우리의 삶에서 하나의 축으로 작용하여 인간의 삶과 죽음을 형성하는 원리로 작용하는 것이다.

사邪가 위치하는 지점에 〈지장본풀이〉에 나타나는 것과 같은 수많은 죽음이 있고 복록福祿이 위치하는 지점에 〈삼공본풀이〉에 나타나는 부유함과 생명력이 있다. 이 둘은 명확하게 분절되지 않는다. 사邪와 복록福祿은 다른 의미를 띠고 있으나 동일한 원리로 작용하고 있는 것이다. 〈지장본풀이〉의 지장아기씨의 탄생은 기다리던 아이의 탄생이라는 측면에서 복록福祿이라 할 수 있으나 많은 가족들의 죽음을 불러 와 사邪를 일으킨다고 할 수 있다.

결국 〈삼공본풀이〉와 〈지장본풀이〉는 사록邪祿으로 묶여 있는 본풀이라 할 수 있다. 다만 〈삼공본풀이〉는 복록福祿이 강조된 반면 〈지장본풀이〉는 사邪가 강조되어 있다. 두 본풀이는 같은 원리에 의해 움직이기에 이들을 함께 이해하여야 전상놀이의 사록邪祿을 이해할 수 있으리라 생각된다. 사록邪祿은 같은 원리에 의해 움직이고 분리된 것이 아니기에 동시에 작용한다. 이 둘을 떼어놓을 수 없다. 다만, '사邪'의 기운을 억제하고 '복록福祿'의 기운을 더욱 북돋우며 죽음을 피하고 부유함과 생명력을 기원하는 마음을 담아 전상놀이를 행하는 것이다. 이러한 사록의 의미 이외에도 사록이 운명, 전상과 비슷한 어휘로서 의미를 유추할 수도 있다. 삼공맞이를 가리켜 상사록이라 하는데 전상만 풀 때는 하사록이라 한다.[19] 상사록은 전상놀이를 일컫고 하사록은 전상풀이라 하여 심방이 여자로 차려 입고 심방이 비를 들어 온 집안을 쓸어 내쫓은 후 굿을 청한 본주가족에게 와서 '싸움도 하고 노름할 돈, 술 먹을 돈을 달라'고 한다며 나쁜 버릇들을 말하고 계속하여 때리면서 인정을 받는다.[20]

2) 전상놀이

〈삼공본풀이〉와 관련된 제차祭次로 삼공맞이가 있다. 삼공맞이가 위치하는 부분을 큰굿의 제차에서 먼저 찾아보자. 큰굿의 제차는 아래와 같다.

| 초감제 – 초신맞이·초상계 – 추물공연 – 석살림 – 보세감상 – 관세우 – 불도맞이 – 일월맞이 – 초공본풀이 – 초공맞이·이공맞이 – 이공본풀이 – 삼공본풀이 – 젯상계 – 시왕맞이 – 세경본풀이 – 요왕맞이 – 제오상계 – 삼공맞이 – 양궁숙임 – 세경놀이 – 문전본풀이 – 본향듸리 – 각도비념 – 영게돌려세움 – 군웅만판 – 몰놀이 – 도진 – 가수리 – 뒤맞이 |

<큰굿의 제차>[21]

큰굿의 제차를 보면 '초공본풀이 – 초공맞이·이공맞이 – 이공본풀이 – 삼공본풀이'가 붙어 있는 것을 확인할 수 있다. 공신에 대한 본을 풀고 나서 초공신을 맞는 것이 타당하다. 초공맞이와 이공맞이를 얼러서 하는 경우가 많아 '초공본풀이 – 초공맞이 –

---

19 위의 책, 378쪽.
20 위의 책, 378쪽.
21 위의 책, 33~444쪽.

이공본풀이 – 이공맞이'의 순서가 아니라 '초공본풀이 – 초·이공맞이 – 이공본풀이'의 순서가 된다. 삼공맞이의 제차 위치는 초공맞이, 이공맞이와 다르다. 초공신, 이공신, 삼공신은 모두 상위신으로 삼천전제석궁이라는 당클에 모셔지게 된다. 그런데 삼공맞이는 시왕을 맞는 시왕맞이를 한 뒤에야 행해진다. 삼천전제석궁과 시왕궁이라 불리는 당클을 지우기 전에 행해지는 것이 삼공맞이다. 이는 상계삼판을 기준으로 보면 더욱 명확해진다.

상계삼판을 기준으로 본 삼공맞이의 위치

초상계는 초감제에서 떨어진 신을 초신맞이에서 청하는데, 그래도 혹시 떨어진 신이 있을까 염려하여 거듭 청하는 제차이다.[22] 젯상계는 초상계와 같은 성격의 제차로 초상계에서 떨어진 신이 있나 염려하여 거듭 청하는 것이다. 제오상계도 같은 성격을 가진다. 거듭 청한다는 의미에서 초상계 – 젯상계 – 제오상계가 짝을 이룬다.[23] 이를 상계삼판이라 한다.

문제가 되는 것은 초공신, 이공신, 삼공신은 당클을 기준으로 할 때 삼천전세석궁에 속하는 신인데 삼공신을 맞이하는 삼공맞이만 위치가 상이하다는 것이다. 〈초공본풀이〉와 〈초공맞이〉, 〈이공본풀이〉와 〈이공맞이〉는 제차가 초상계와 젯상계 사이에서 연속적으로 진행된다. 이와 달리 〈삼공본풀이〉와 〈삼공맞이〉는 제차는 제오상계가

---

22 강정식, 앞의 책, 2015, 89쪽.
23 위의 책, 179쪽.

끝난 뒤로 초공신, 이공신과 관련된 제차의 위치와 거리가 멀다. 더욱 기이한 것은 삼공맞이는 삼공신을 청하는 제차인데 시왕당클에서 모시는 시왕맞이보다도 후미에 위치한다는 것은 납득하기 어렵다. 이를 전승 상의 혼란에서 찾을 수도 있으나 이는 파악할 수 있는 전거가 없어 확증하기 어렵다. 〈삼공본풀이〉와 〈삼공맞이〉의 거리의 차가 삼천전제석궁에 모시는 다른 신들과 다르다는 것이 전승 상의 혼란 이외에 다른 의미가 있는지 파악해 보고자 한다.

삼공맞이는 초감제, 추물공연, 전상놀이로 이루어진다. 초감제를 할 때 다른 맞이굿과 다른 특이한 점은 삼공맞이를 사록굿이라 칭하기도 하며 궂은 것을 제출시키는 데 목적이 있다고 밝힌다. 추물공연은 이전의 제차에서 거듭 행해졌기에 짧게 구연된다. 그 후에 전상놀이가 행해진다. 전상놀이가 행해지는 것은 보기 어렵기에 구체적으로 설명을 하면 다음과 같다.[24]

고○○심방이 본풀이의 앞부분을 이야기할 때 장님부부로 분장한 다른 심방들이 등장한다. 가믄장아기의 부모로 분장한 심방들이 막대기로 집안을 두들기며 제장안으로 들어온다. 제장 안에 들어가면 북 위에 제기祭器를 올려놓아 잔칫상이 차려져 있다. 고○○심방이 부모로 분장한 심방에게 잔을 주고 개안開眼하는 장면을 보여준다. 아버지로 분장한 심방이 막대기를 들고 '스록이여 스록이여'라고 외치며 부엌, 화장실, 방안 뿐만 아니라 젯상, 당주전, 당클 등 집안 구석구석을 두들긴다. '동토영 청스록 흙스록 실명스록들 제출허자'고 하며 막대기로 두들기며 집안을 도는 행위를 반복한다. 신자리로 쓰였던 초석을 어머니로 분장했던 심방 몸에 둘러 앞세우고 인정을 받으러 다닌다. 초석을 둘러쓰고 안 가겠다고 외치는 심방에게 사록을 내쫓듯이 심방을 계속 때리며 쫓아내려 한다. 이러한 행동들을 심방들이 바꿔가며 연행하고 '스록은 천지왕골목더러 내놀리자'고 사설을 거듭 말한다. 이러한 과정이 끝난 뒤 뒤집어썼던 초석을 대문 밖으로 던진다. 심방이 걸명을 위해 술과 조금씩 떼어낸 음식을 가

---

24 2016년 5월 6일부터 5월 19일까지 행해진 김영철 심방댁 큰굿에서 5월 19일 행해진 삼공맞이를 참고로 한다.

지고 군벵과 군졸들이 잘 먹고 가라고 이야기한다.

이러한 행동은 〈지장본풀이〉와의 관련성을 다시금 떠올리게 한다. 〈지장본풀이〉가 역가바침의 성격을 가지고 있기에 나까도전침과 삼천군벵지사빔이 〈지장본풀이〉와 함께 묶일 수 있다.[25] 삼공맞이의 이러한 행위는 〈지장본풀이〉와의 관련성을 재확인시켜준다.

제주굿은 풀이와 맞이가 유기적 관계를 가져 완결성을 갖추는 부분이 있다. 맞이에서 본풀이의 특정 대목을 해체하여 토막 지워 서사인 본풀이를 희곡처럼 놀이로 형상화하여 보여준다. 이 틀을 갖추고 있으나 삼공본풀이와 삼공맞이 속에서 행해지는 전상놀이는 특이하게 얽혀 있다. 〈삼공본풀이〉의 서사내용을 보면 알 수 있듯이 전상놀이는 〈삼공본풀이〉의 내용을 연극적으로 보여준다. '전상'에 대한 의미 규정은 명확히 내려진 바가 없다. 전상은 '계속 술을 마시는 버릇이나 도박, 도둑질을 되풀이하는 행위나 그러한 마음가짐'으로 이해하기도 하고[26] '전생前生'으로 이해하기도 한다.[27] 이러한 의미들로 전상에 대한 개념이 완전히 이해되지는 않는다. 전상이 언급된 부분을 찾아보면 다음과 같다.

> 활ᄒ기도 전상 글ᄒ기도 전상 상업 농업 헤업(海業)ᄒ기도 전상입네다. 나님 ᄀ뜬 나님전상 ᄃ님 ᄀ뜬 ᄃ님전상 신구산 대전상 난산국이웨다.[28]

> 글 허기도 전상 활 허기도 전상 상업 허기도 전상 공업 허기도 전상 심방질 허기도~전상이여. 공무원 허기도 전상 벵원장 허기도 전상 이거 전상 엇는 일이 어디 시웁네까.[29]

---

25 고은영, 앞의 논문, 2016.
26 장주근, 앞의 책, 2013, 99쪽.
27 현용준, 앞의 책, 1965, 63쪽 443번 각주.
28 위의 책, 192쪽.
29 허남춘 외 8인, 『고순안 심방 본풀이』, 제주대학교 탐라문화연구소, 2013, 163쪽.

나님ᄀ뜬 전상 ᄃ님ᄀ뜬 전상 머리 아프는 거~전상이여. 눈 아프는 거 베 아프는 거 다리 아프는 거 전상이여 상업 공업허기도 전상이로구나. 전상 엇는 일이 어디십네까. 아프는 걸랑 ᄆᆞᆮ딱 천지왕에, 골목으로 제추(除出)시깁서. 어진 전상이랑 디리 놀립네다 ᄉ가(私家)칩인, 부제(富者) 칩으로 네놀리고[30]

어떤 직업을 갖더라도 그것은 바로 전상이라 한다. 심지어 무업을 하는 일도 전상에 의한 것이며 모든 일에 전상이 있다고 이야기한다. 병과 관련된 일도 전상이기에 이러한 전상은 쫓아 버리고 어진 전상은 놀리라고 한다. 이렇게 놀리는 이유는 어진 전상을 잘 놀려 붙잡아 두기 위함이다. 정확한 전상의 의미를 파악하기는 어렵다. 다만, 세상 모든 일을 하는 데, 직업을 갖거나 부자가 되거나 병이 들거나 이러한 일들을 행하는 것이 바로 전상이라 이야기하고 있다. 이러한 전상 차지신이 〈삼공본풀이〉의 가믄장아기이다. 〈삼공본풀이〉를 통해 나쁜 전상을 제거하여 쫓아 버리고 좋은 전상으로 행운이 올 수 있도록 기원한다.[31]

전상놀이는 신앙민들이 신의 제장 안으로 들어와 함께 어우러진다. 전상놀이의 내용은 〈삼공본풀이〉 내용을 바탕으로 한 연극으로 전환된 모습이라 생각할 수 있다. 이는 신앙민들을 신의 세계에 동참시키는 역할을 한다. 본풀이의 가장 기본적인 사항은 신을 놀리는 것이고 이와 더불어 신을 출현시키고 의례의 정당성과 기구사항祈求事項을 성취하는 것을 보증하는 기능이 있다.[32] 〈삼공본풀이〉를 구연하게 되면 신이 제장에 모습을 드러낸다는 것이다.

삼공맞이는 삼공신에 대한 맞이굿으로 달리 '상ᄉ록'이라고도 하고 'ᄉ록굿'이라고도 한다. '하ᄉ록'이라는 제차가 따로 존재하며 전상풀이라고 불리기도 한다. 본풀이와 맞이의 틀을 갖추고 있다는 것은 본풀이의 부분이 맞이에 제시된다는 것이다.

---

30 허남춘 외 8인, 위의 책, 174쪽.
31 심치열, 「제주도 서사무가에 나타난 주인공의 연속적 서사진행과 그 의미」, 『한국언어문학』 제59집, 20, 233쪽.
32 현용준, 앞의 책, 1986, 278쪽.

삼공본풀이의 가믄장이야기의 주요한 부분이 삼공맞이에서 삼공신을 맞을 때 행위로 보여지는 것이다. 전상놀이에서도 〈삼공본풀이〉에서 가믄장아기와 부모가 문답하고 개안하는 이야기가 행위로 보여진다. 부모가 개안을 하고 난 뒤에는 〈삼공본풀이〉에서 볼 수 없었던 행위가 등장한다. 바로 막대기를 들고 '전상이여 만상이여'를 외치며 사록을 쫓는 행위이다. 이 행위가 집 안과 밖을 두루 돌아다니며 길게 행해진다. 삼공맞이에서 〈삼공본풀이〉의 맹인잔치 부분은 명백히 관련성이 인정되나 사록을 쫓는 부분을 본풀이 내에서 찾기는 어렵다. 사록을 쫓는 부분은 앞에서처럼 〈삼공본풀이〉와 〈지장본풀이〉를 함께 살펴볼 때에 이해할 수 있다. 삼공본풀이와 함께 지장본풀이를 살펴봄으로써 전상놀이가 어떠한 의미를 갖게 되는지 알 수 있다.

전상과 사록이라는 단어가 거듭하여 전상놀이에 등장한다. 사록이라는 단어는 앞에서 그 의미양상을 밝혔으나 전상과의 관련성을 명백히 밝히지는 못하였다. 사록과 전상의 관계는 유의한 쓰임을 보이기도 하고 '전상이여, 만상이여, 사록이여'처럼 나열되기도 한다. 이러한 나열은 전상과 사록이라는 단어가 정확히 동일하지는 않은 개념임을 방증한다. 거칠게 말하면 전상은 인간에 의해서 좋고 나쁨의 개념이 명확히 정해지지 않은 인간의 삶을 막대기롯하여 일이 돌아가는 이치를 통칭한다. 여기에 인간이 개념을 부여하여 '좋다'라고도 하고 '나쁘다' 혹은 '궂다'라고도 명명하는 것이다. 사록은 이미 단어 속에서 이 뜻이 함축하고 있는 바가 나타난다. 다만 실생활에서는 좋은 쪽의 의미보다는 나쁜 쪽의 의미로 더욱 자주 쓰여 사기邪氣에 대한 의미가 강하게 드러난다고 말할 수 있다.

전상놀이에서 '전상이여 만상이여 사록이여'를 외치며 집안 구석구석, 모든 사람들에게 막대기를 내리치며 힘 있게 사록을 쫓는 행위는 삶의 반증이다. 유쾌한 웃음 속에서 살아 있다는 생명력이 제장에 흘러넘치게 된다. 사람들은 심방이 내리친 막대기에 맞아 억울하지만 심방은 나쁜 사록을 다 쫓아내기 위하여 그러한 것이라 이야기하며 정당성을 확보한다. 맞은 사람들 역시 다른 사람들이 맞는 것을 보며 함께 웃는다. 막대기로 나쁜 사록을 쓸어내어 몰아내는 행위와 웃음은 연결되어 있다. 어려운 상황이 닥쳐도 웃음으로 나의 삶을 증명하며 극복한다면 그 문제들이 가지고 있는 사기

邪氣는 멀리 도망갈 것이고 복록福祿만이 가득할 것이라는 깨달음을 준다. 이러한 해결은 전상놀이 뿐만 아니라 다른 굿놀이에서도 공통적으로 발견할 수 있는 부분이다.

제주도의 굿에는 전상놀이를 포함하여 여러 굿놀이들이 있다. 죄목죄상·도지마을 굿, 수룩침, 악심꽃 꺾기, 꽃 타러 듦·꽃풀이, 용놀이(갈룡머리), 세경놀이, 말놀이, 영감놀이, 강태공서목시, 칠성새남(허맹이 징치), 구삼싱 냄, 불찍앗음 등을 굿놀이에 포함시킬 수 있다.[33] 허맹이는 대신대납하는 존재이다. 이름이 없기에 정체 역시 없고, 그 정체 없는 존재에게 대신대납을 행하는 것이다. 이들 굿놀이는 인간들의 핵심적인 문제를 놀이의 형식으로 풀어가려고 한다.[34] 인간이 겪고 있는 문제는 눈에 보이는 문제도 있지만 눈에 보이지 않는 문제도 많다. 보인다고 생각하나 보이지 않는 것도 있다. 우리는 매일매일 주어진 삶을 살고 있다. 그런데 그 삶이 무엇인지도 알기 어렵고 하나의 사진처럼 눈에 보인다고 이야기 할 수도 없다. 문제를 가장 쉽게 해결하는 방법은 문제가 무엇인지 파악하는 것이다. 눈에 보이지 않는 것은 문제에 대해 파악하기 어렵다. 눈에 보이게 되면 문제파악은 쉬워지고 문제가 파악이 된다면 해결은 오히려 쉬워질 수 다. 이렇게 해결이 쉬워지는 방법으로 굿놀이는 전개된다. 심방들은 말놀이를 할 때에는 말이 되고 용놀이를 할 때에는 용이 된다. 생명은 꽃으로 구체화되고 생산의 증대는 나이 든 할머니가 젊은 여인에 의해 쫓겨나는 것으로 보여진다. 집을 짓는 과정도 축소되어 보여질 뿐 아니라 우리에게 깃든 병病도 영감이라는 존재로 구체화되어 우리 앞에 모습이 드러난다. 많은 이야기 속에서 귀신을 쫓을 때 단지 그 존재를 명명命名하는 것만으로 퇴치되는 경우를 볼 수 있다. 문제가 무엇인지 명명되고 보여지는 순간 더 이상 심각한 문제가 아니며 퇴치할 수 없는 어떤 것에서 쫓아낼 수 있는 어떤 존재로 탈바꿈하게 된다.

이러한 굿놀이의 특성은 수많은 문제들로 둘러싸인 현대의 세계에 혜안慧眼을 가져다준다. 우리가 겪고 있는 문제들이 결국은 우리가 생각하기 나름이라는 것이다. 이

---

33 김은희, 앞의 논문, 2010, 199~200쪽.
34 김헌선, 「한국 굿놀이의 갈래, 판도, 미학, 의의 연구」, 『한국무속학회 발표자료집』, 2018, 8쪽.

러한 혜안이 담겨 있는 이유는 본풀이의 구술문화oral culture적 특성 때문이다. 글이 생기기 이전까지 철학과 문학은 하나였다가 구비문학은 문학에 치우친 기능을, 구비철학은 기록철학의 우위에 제압당하여 구비문학 속으로 은신처를 찾게 되었다.[35] 본풀이에 이러한 철학적 요소가 아직도 남아 있어 삶의 문제를 해결하는 방법이 담겨 있는 것이다. 서사시가 민중속에서 불려지면서 성장하고 자연발생적인 면모를 갖추고 있는 것과 같이 본풀이도 무군巫群에 의하여 계승되면서 변천이 있어 온 적층물이기 때문이다.[36]

인간 존재는 유한하며 생물학적 조건마저 극복하기 어려운 상황에 처한다. 다만, 인간은 이 어려움을 극복할 수 있는 지혜를 가진 존재이다. 그 지혜가 본풀이 안에 녹아들어 있는 것이다. 이렇게 구체적으로 문제를 파악한 다음에 인간이 할 수 있는 것은 없다. 인간의 유한함을 제장祭場에 있는 심방도 신앙민들도 안다. 우리의 문제를 신에게 고하고 해결하기를 간구한 다음 인간이 할 수 있는 것은 그 어려운 상황을 웃음으로 받아들이는 것이다. 굿놀이의 핵심 중 하나가 웃음을 자아내게 하는 것이다.[37] 전상놀이는 문제를 우리 주변의 일상적인 것으로 파악하여 거기에서 웃음을 자아내게 한다. 전상은 쫓을 수 있는 것이 아니다. 우리가 살아 온 내력이자 삼라만상參羅萬像이라 할 수 있다. 신앙민들의 웃음으로 다만 그것을 극복할 수 있는 것이다. 결국 운명에 주눅 들지 않는 제주민의 정신이 굿놀이에 들어 있다고 말할 수 있다.

---

35 조동일, 『철학사와 문학사 둘인가 하나인가』, 지식산업사, 2000, 65쪽.
36 서대석, 「서사무가연구 : 설화, 소설과의 관계를 중심으로」, 『국문학연구』 8, 국문학연구회, 1968, 13쪽.
37 김헌선, 앞의 논문, 2018, 35쪽.
 김헌선은 위의 논문에서 웃음을 일상의 발견과 동일시의 웃음(1), 슬픈 표정에서 얻는 웃음(2), 성적 폭로와 생식력의 웃음(3), 강자에 대한 사회적 약자가 풍자하는 웃음(4)

```
                     일상의 발견(골계)
                          │
                  1       │      2
                          │
    주술적 화해 ───────────┼─────────── 사회적 해소
      (골계)       3      │      4       (비장)
                          │
                     일상의 극복(비장)
```

4. 결론

〈삼공본풀이〉를 이해하기 위하여 〈삼공본풀이〉에서 출발하여 〈지장본풀이〉를 거쳐 관련 의례까지 소략하게나마 살피게 되었다. 제주굿은 유기적으로 연결되어 있기에 이러한 방법을 사용하여 〈삼공본풀이〉에 담긴 전상신의 의미를 다소나마 파악하려 하였다. 〈삼공본풀이〉에 드러난 복록福祿의 개념과 관련 제차인 전상놀이를 관련지어 이해하기 어렵기에 〈지장본풀이〉에 드러난 사邪의 개념을 보완하여 이해하였다. 이렇게 상대적인 개념이 맞물려 보여주기의 형식으로 신앙민들에게 다가서는 것이 전상놀이다. 제주는 지정학적 특성으로 인하여 정치적·문화적 영향력의 파급 속도가 더디 진행되었다.[38] 이러한 특성으로 본풀이들이 현재까지 제장에서 불려진다. 고착화된 본풀이들과 달리 접근했던 이유이다.

삶의 탄생은 역설적이게도 죽음을 잉태한다. 삶과 죽음은 서로 다른 원리처럼 보이며 상반되는 의미처럼 보이나 삶의 연속선상의 마지막에는 죽음이 기다리고 있다. 우리의 삶을 지탱하는 원리들은 극단에 존재하고 있다고 생각하나 전상놀이의 사록처럼 서로 연결되어 있다. 결국 사록은 좋은 것과 나쁜 것 모두를 가리킨다. 우리가 겪는 일들은 좋은 일과 나쁜 일이 단독적으로 일어나는 것처럼 보이나 단독적이지 않고 삶이 죽음을 잉태하는 것과 같이 연결되어 있다.

인간이 살아오면서 겪는 여러 문제에 대한 해답은 웃음에 있다. 전상놀이에서 구체적인 행위로 문제를 우리 앞에 드러내주고 그 문제의 해결방안을 웃음으로써 실현시킨다. 이 웃음이 인간의 삶을 살아가고 문제를 해결하는 방법의 핵심이라 할 수 있다. 현재까지 남아 있는 본풀이를 통해 고대의 지혜를 향유할 수 있는 것이다.

---

38 허남춘, 「제주 무속 신화에 담긴 과학과 철학적 사유 일고찰」, 『국어국문학』 148, 국어국문학회, 2008, 3쪽.

참고문헌

〈자료〉

『제주도 동복신굿 : 무가편 ②』, 국립무형유산원, 2019.
『제주도 동복신굿 : 무가편 ④』, 국립무형유산원, 2019.
『제주도 동복신굿 : 무가편 ⑥』, 국립무형유산원, 2019.
『제주도 동복신굿 : 해설편』, 국립무형유산원, 2019.

제주대 국어교육과, 『백록어문』 2, 제주대학교 국어교육과 국어교육학회, 1987.
_____, 『백록어문』 10, 제주대학교 국어교육과 국어교육학회, 1994
_____, 『백록어문』 16, 제주대학교 국어교육과 국어교육학회, 2000.
_____, 『백록어문』 20·21, 제주대학교 국어교육과 국어교육학회, 2005.
_____, 『백록어문』 22, 제주대학교 국어교육과 국어교육학회, 2006.
_____, 『백록어문』 24, 제주대학교 국어교육과 국어교육학회, 2008.
제주대학교 인문대학 국어국문학과 국어국문학연구회, 『국문학보』 제9집, 제주대학교 인문대학 국어국문학과 국어국문학연구회, 1989.

강정식·강소전·송정희, 동복 정병춘댁 시왕맞이, 제주대학교 탐라문화연구소, 2008.
교육부, 『교육부 고시 제2015-74호 국어과 교육과정』.
국립국악원, 『한국음악학자료총서』 14, 국립국악원, 1984.
_____, 『한국음악학자료총서』 22, 국립국악원, 1987.
김부식, 이병도 역, 『삼국사기』 상, 을유문화사, 2004.
김성례, 『한국 무교의 문화인류학』, 소나무, 2018.
김용찬, 『교주 병와가곡집』, 월인, 2011.
김진수 외, 중학교 1-2, 비상교육, 2015.
김천택, 『靑丘永言 영인편』, 극립한글박물관, 2017.
김헌선·윤정귀, 『망자 김유감 서울새남굿 신가집』, 보고사, 2019.
노미숙 외, 중학교 1-2, 천재교육, 2015.
박용식, 『금방울전/김원전/남윤전/당태종전/이화전/최랑전』, 고려대학교 민족문화연구소, 1995.
成百仁 譯, 『滿文 니샨 巫人傳』, 제이앤씨, 2008.

일　연, 김원중 옮김, 『삼국유사』, 민음사, 2014.
赤松智城・秋葉隆, 沈雨晟 옮김, 『朝鮮巫俗의 硏究』, 東文選, 1991.
진성기, 『남국의 전설』, 제주민속문화연구소, 1967.
＿＿＿, 『耽羅의 神話』, 平凡社, 1980.
＿＿＿, 『신화와 전설』, 제주민속연구소, 2001.
＿＿＿, 『제주도무가본풀이사전』, 민속원, 2002.
허남춘 외, 『고순안 심방 본풀이』, 제주대학교 탐라문화연구소, 2013.
＿＿＿＿, 『이용옥 심방 본풀이』, 제주대학교 탐라문화연구소, 2009.
＿＿＿＿, 『양창보 심방 본풀이』, 제주대학교 탐라문화연구소, 2010.
＿＿＿＿, 『서순실 심방 본풀이』, 경인문화사, 2015.
玄容駿, 『濟州島巫俗資料事典』, 新丘文化社, 1980.
＿＿＿, 『제주도민담』, 제주문화, 1996.
＿＿＿, 『제주도 신화의 수수께끼』, 집문당, 2005.
현용준 엮음, 『風俗巫音(祝祀文)』 下, 제주대학교탐라문화연구소, 1994.

金善豊, 『韓國口碑文學大系 2-1：江原道江陵・溟州篇』, 韓國精神文化硏究院, 1980.
＿＿＿, 『韓國口碑文學大系 2-5：江原道 束草市 襄陽郡篇』, 韓國精神文化硏究院, 1983.
＿＿＿, 『韓國口碑文學大系 2-8：江原道 寧越郡篇』, 韓國精神文化硏究院, 1986.
＿＿＿, 『韓國口碑文學大系 2-9：江原道 寧越郡篇』, 韓國精神文化硏究院, 1986.
金承璨, 『韓國口碑文學大系 6-3：全羅南道 高興郡篇』, 韓國精神文化硏究院, 1984.
金榮振, 『韓國口碑文學大系 3-4：忠淸北道 永同郡篇』, 韓國精神文化硏究院, 1984.
金榮振・孟澤永, 『韓國口碑文學大系 3-2：忠淸北道 淸州市・淸原郡篇』, 韓國精神文化硏究院, 1981.
朴桂弘, 『韓國口碑文學大系 4-2：忠淸南道 大德郡篇』, 韓國精神文化硏究院, 1981.
＿＿＿, 『韓國口碑文學大系 4-5：忠淸南道 扶餘郡篇』, 韓國精神文化硏究院, 1984.
朴順浩, 『韓國口碑文學大系 5-4：全羅北道 郡山市 沃構郡篇』, 韓國精神文化硏究院, 1984.
＿＿＿, 『韓國口碑文學大系 6-4：全羅南道 昇州郡篇』, 韓國精神文化硏究院, 1985.
＿＿＿, 『韓國口碑文學大系 5-6：全羅北道 井州市・井邑郡篇』, 韓國精神文化硏究院, 1987.
朴順浩, 『韓國口碑文學大系 5-7：全羅北道 井州市・井邑郡篇』, 韓國精神文化硏究院, 1987.
成耆說, 『韓國口碑文學大系 1-3：京畿道 楊平群篇』, 韓國精神文化硏究院, 1980.
＿＿＿, 『韓國口碑文學大系 1-7：京畿道 江華郡篇』, 韓國精神文化硏究院, 1982.
李鉉洙, 『韓國口碑文學大系 6-5：全羅南道 海南郡篇』, 韓國精神文化硏究院, 1985.
任晢宰, 『任晢宰全集 4 韓國口傳說話：全羅南道・濟州道 篇』, 평민사, 1989.
＿＿＿, 『任晢宰全集 7 韓國口傳說話：全羅北道 篇』 Ⅰ, 평민사, 1990.
＿＿＿, 『任晢宰全集 9 韓國口傳說話：全羅南道・濟州道 篇』, 평민사, 1992.
＿＿＿, 『任晢宰全集 10 韓國口傳說話：全羅南道・濟州道 篇』, 평민사, 1993.
林在海, 『韓國口碑文學大系 7-9：慶尙北道 安東市 安東郡篇』, 韓國精神文化硏究院, 1980.
＿＿＿, 『韓國口碑文學大系 7-10：慶尙北道 奉化郡篇』, 韓國精神文化硏究院, 1984.
赤松智城・秋葉隆, 『韓國 近代 民俗・人類學資料大系 朝鮮巫俗의 硏究』, 民俗苑, 2008.
鄭尙朴・柳鍾穆, 『韓國口碑文學大系 8-1：慶尙南道 巨濟郡篇』, 韓國精神文化硏究院, 1980.
＿＿＿＿＿＿, 『韓國口碑文學大系 8-2：慶尙南道 巨濟郡篇』, 韓國精神文化硏究院, 1980.

鄭尙朴・柳鍾穆,『韓國口碑文學大系 8-4：慶尙南道 晉州市 晉陽郡篇』, 韓國精神文化硏究院, 1981.
_____,『韓國口碑文學大系 8-10：慶尙南道 宜寧郡篇』, 韓國精神文化硏究院, 1984.
_____,『韓國口碑文學大系 8-12：慶尙南道 蔚山市 蔚州郡篇』, 韓國精神文化硏究院, 1986.
_____,『韓國口碑文學大系 8-13：慶尙南道 蔚山市 蔚州郡篇』, 韓國精神文化硏究院, 1986.
趙東一,『韓國口碑文學大系 7-1：慶尙北道 慶州市 月城郡篇』, 韓國精神文化硏究院, 1980.
趙東一・林在海,『韓國口碑文學大系 7-2：慶尙北道 慶州市 月城郡篇』, 韓國精神文化硏究院, 1980.
_____,『韓國口碑文學大系 7-3：慶尙北道 慶州市 月城郡篇』, 韓國精神文化硏究院, 1980.
_____,『韓國口碑文學大系 7-6：慶尙北道 盈德郡篇』, 韓國精神文化硏究院, 1981.
曺喜雄,『韓國口碑文學大系 1-1：서울特別市 道峰區篇』, 韓國精神文化硏究院, 1980.
_____,『韓國口碑文學大系 1-6：京畿道 安城郡篇』, 韓國精神文化硏究院, 1982.
池春相,『韓國口碑文學大系 6-2：全羅南道 咸平郡篇』, 韓國精神文化硏究院, 1981.
崔德源,『韓國口碑文學大系 6-6：全羅南道 新安郡篇』, 韓國精神文化硏究院, 1985.
崔來沃,『韓國口碑文學大系 5-2：全羅南道 全州市 完州郡篇』, 韓國精神文化硏究院, 1981.
崔來沃・金均泰,『韓國口碑文學大系 6-10：全羅南道 和順郡篇』, 韓國精神文化硏究院, 1987.
崔正如,『韓國口碑文學大系 7-12：慶尙北道 郡威郡篇』, 韓國精神文化硏究院, 1984.
_____,『韓國口碑文學大系 7-14：慶尙北道 達成郡篇』, 韓國精神文化硏究院, 1985.
_____,『韓國口碑文學大系 7-15：慶尙北道 龜尾市 善山郡篇』, 韓國精神文化硏究院, 1987.
崔正如・姜恩海,『韓國口碑文學大系 7-4：慶尙北道 星州郡篇』, 韓國精神文化硏究院, 1980.
_____,『韓國口碑文學大系 8-6：慶尙南道 居昌郡篇』, 韓國精神文化硏究院, 1981.
崔正如・千惠淑,『韓國口碑文學大系 8-5：慶尙南道 居昌郡篇』, 韓國精神文化硏究院, 1980.
_____,『韓國口碑文學大系 7-8：慶尙北道 尙州郡篇』, 韓國精神文化硏究院, 1983.
_____,『韓國口碑文學大系 7-13：大邱直轄市篇』, 韓國精神文化硏究院, 1985.
崔正如・千惠淑・林甲娘,『韓國口碑文學大系 7-16：慶尙北道 龜尾市 善山郡篇』, 韓國精神文化硏究院, 1987.
玄容駿・金榮敦,『韓國口碑文學大系 9-3：濟州道 西歸浦市 南濟州郡篇』, 韓國精神文化硏究院, 1983.

〈단행본〉

강등학 외 8인,『한국 구비문학의 이해』, 월인, 2000.
강정식,『제주굿 이해의 길잡이』, 민속원, 2015a.
_____,『제주도 지역 민간요법 발굴조사』, 제주학연구소, 2015b.
강정식 외,『제주도 동복신굿 : 무가편 ②』, 국립무형유산원, 2019.
고봉거사,『원천강』, 퍼플, 2017.
구미래,『한국불교의 일생의례』, 민족사, 2012.
국립문화재연구소,『인간과 신령을 잇는 상징 : 巫具』, 민속원, 2008.
권태효,『한국 구전신화의 세계』, 지식산업사, 2005.
김동섭・문순덕・양영자,『한국의 가정신앙 제주도편』, 국립문화재연구소, 2007.
김산해,『최초의 신화 길가메쉬 서사시』, 휴머니스트, 2005.
김수남・정병호・서대석,『통영오귀새남굿』, 悅話堂, 1989.
金烈圭,『韓國神話와 巫俗硏究』, 一潮閣, 1977.

김열규 외,『한국인의 죽음과 삶』, 철학과 현실사, 2001.
金榮墩·高光敏,『濟州民의 通過儀禮』, 濟州道, 1993.
김영돈·현용준·현길언,『제주설화집성(1)』, 제주대학교 탐라문화연구소, 1985.
김유진·손명철,『제주민속조사보고서 제주의 민속문화 ② 제주의 무덤』, 국립민속박물관, 2007.
김종택 외,『화법의 이론과 실제』, 정림사, 1999.
김춘옥 옮김,『우리 신화 이야기』, 밝은미래, 2013.
金泰坤,『韓國巫俗硏究』, 集文堂, 1981.
김헌선,『서울 진오기굿 : 바리공주 연구』, 민속원, 2011.
_____,『서울굿, 거리 거리 열두 거리 연구』, 민속원, 2011.
_____,『한국무조신화연구 : 비교신화학의 자료적 가치와 의의』, 민속원, 2015.
김헌선·현용준·강정식,『제주도 조상신본풀이 연구』, 보고사, 2006.
_____,『무가문학의 세계』, 집문당, 2011.
동아도서 편집부,『易學全書』, 동아도서, 1985.
동은 지춘상박사 정년기념 논문 간행위원회,『南道民俗學의 進展』, 태학사, 1998.
서대석,『한국무가의 연구 : 서사무가 제석본풀이 연구』, 문학사상사, 1980.
서영숙,『서사민요와 발라드 : 나비와 장미』, 박이정, 2018.
신동흔,『살아있는 한국 신화』, 한겨레출판, 2014.
신연우,『제주도 서사무가〈초공본풀이〉의 신화성과 문학성』, 민속원, 2017.
신월균,『풍수설화』, 밀알, 1994.
안진태,『신화학강의』, 열린책들, 2001.
李杜鉉,『韓國民俗學論考』, 學硏社, 1984.
李符永,『韓國民譚의 深層分析·分析心理學的 接近』, 집문당, 1995.
이수자,『제주도 무속을 통해서 본 큰굿 열두거리의 구조적 원형과 신화』, 집문당, 2005.
이수자 외,『南道民俗學의 進展』, 태학사, 1998.
일 연, 이범교 역해,『삼국유사의 종합적 해석』上, 민족사, 2007.
장덕순 외,『한국사상대계』, 成均館大學校 大東文化硏究院, 1973.
장영란,『위대한 어머니 여신 : 사라진 여신들의 역사』, 살림출판사, 2003.
장주근,『한국민속논고』, 계몽사, 1986.
_____,『(풀어쓴) 한국의 신화』, 집문당, 1998.
_____,『제주도 무속과 서사무가』, 도서출판 역락, 2001, 124쪽.
_____,『제주도무속과 서사무가』, 민속원, 2013.
_____,『한국민속론고』, 민속원, 2013.
赤松智城·秋葉隆,『조선무속의 연구』上, 동문선, 1991.
赤松智城·秋葉隆,『조선무속의 연구』下, 동문선, 1991.
_____,『朝鮮巫俗의 硏究』上, 민속원, 2008.
赤松智城·秋葉隆, 沈雨晟 옮김,『朝鮮巫俗의 硏究』, 東文選, 1991.
전경욱,『함경도의 민속』, 고려대학교 출판부, 1999.
제주문화 편집부,『風俗巫音』, 제주문화, 2002.
조동일,『동아시아 구비서사시의 양상과 변천』, 문학과지성사, 1997.
_____,『철학사와 문학사 둘인가 하나인가』, 지식산업사, 2000.

조동일, 『한국문학통사』 1, 지식산업사, 2013.
조철수, 『수메르 신화(神話)』 Ⅰ, 서해문집, 1996.
_____, 『메소포타미아와 히브리 신화』, 도서출판 길, 2000
_____, 『고대 메소포타미아에 새겨진 한국신화의 비밀』, 김영사, 2003.
조희웅, 『한국 설화의 유형적 연구』, 한국연구원, 1983.
_____, 『설화학강요』, 집문사, 1989.
秦聖麒, 『濟州島民俗 : 歲時風俗』, 濟州民俗硏究所, 1997.
_____, 『제주도 무가본풀이 사전』, 민속원, 2002.
_____, 『제주무속학사전』, 제주민속연구소, 2004.
최운식, 『한국민속학』, 민속학회, 1971.
최인학 외, 『비교연구를 통한 한국민속과 동아시아』, 민속원, 2005.
허남춘, 『제주도 본풀이와 주변 신화』, 보고사, 2011.
_____, 『설문대할망과 제주신화』, 민속원, 2017.
허남춘 외, 『이용옥 심방 본풀이』, 제주대학교 탐라문화연구소, 2009.
_____, 『양창보 심방 본풀이』, 제주대학교 탐라문화연구소, 2010.
_____, 『고순안 심방 본풀이』, 제주대학교 탐라문화연구소, 2013.
_____, 『서순실 심방 본풀이』, 제주대학교 탐라문화연구원, 2015.
현길언, 『제주도의 장수설화』, 弘盛社, 1981.
현용준, 『제주도 무당굿놀이 개관』, 문화재관리국, 1965.
_____, 『제주도무속자료사전』, 신구문화사, 1980.
_____, 『濟州島 巫俗 硏究』, 集文堂, 1986.
_____, 『巫俗神話와 文獻神話』, 集文堂, 1992.
_____, 『제주도전설』, 서문당, 2002.
_____, 『제주도 신화의 수수께끼』, 집문당, 2005.
홍태한, 『서사무가 바리공주 연구』, 민속원, 1998.

나카자와 신이치, 『신화, 인류 최고의 철학』, 도서출판 동아시아, 2008.
니콜라우스 쿠자누스, 조규홍 옮김, 『박학한 무지』, 지식을 만드는 지식, 2011.
무라야마 지쥰, 金禧慶 옮김, 『조선의 귀신』, 東文選, 2008.
미르치아 엘리아데, 이윤기 옮김, 『샤마니즘 : 고대적 접신술』, 까치, 1992.
미르치아 엘리아데, 이은봉 옮김, 『종교형태론』, 한길사, 1996.
스티스 톰슨, 尹勝俊・崔光植 共譯, 『說話學原論』, 啓明文化社, 1992.
R.K. 나라얀 편저, 김석희 옮김, 『라마야나』, 아시아, 2012.
앤소니 크리스티, 김영범 옮김, 『중국 신화』, 범우, 2011.
요한 호이징하 저, 김윤수 역, 『호모 루덴스』, 까치, 1993.
월터 J. 옹, 이기우・임명진 옮김, 『구술문화와 문자문화』, 文藝出版社, 1995.
파블로스 피사노스, 『우주의 시작과 끝』, 일출봉, 2009.
피어스 비텝스키, 김성례・홍석준 옮김, 『샤먼』, 도서출판 창해, 2005.
Albert Bates Lord・Stephen・Arthur Mitchell・Gregory Nagy, The Singers of Tales, Harvard University Press, 1960.

〈논문〉

강권용, 「제주도 특수본풀이 연구 : 〈원천강본풀이〉, 〈세민황제본풀이〉, 〈허궁애기본풀이〉를 중심으로」, 경기대학교 석사학위논문, 2001.
강금숙, 「〈초공 본풀이〉와 〈불의 딸〉의 서사구조 연구」, 『이화어문논집』 12권, 이화어문학회, 1992.
강문종, 「제주신화의 문화콘텐츠 활용 가능성」, 『영주어문』 32, 영주어문학회, 2016, 55~75쪽.
_____, 「2015 개정 국어과 교육과정 중학교 1학년 교과서의 고전서사 수용 양상 연구」, 『영주어문』 42, 영주어문학회, 2019, 89~110쪽.
강소전, 「제주도 굿의 '공시풀이' 고찰 : 이용옥 심방의 사례를 중심으로」, 『한국무속학』 14, 한국무속학회, 2007.
_____, 「제주도 심방의 멩두 연구 : 기원, 전승, 의례를 중심으로」, 제주대학교 한국학협동과정 박사학위논문, 2012.
_____, 「제주도 칠성의 형성과 본풀이 전승」, 『실천민속학연구』 27, 실천민속학회, 2016.
강유리, 「죽음을 다룬 무속신화의 시간과 공간 구조 연구」, 서강대학교 국어국문학과 박사학위논문, 2002.
姜晶植, 「濟州巫歌 이공본의 口碑敍事詩的 性格」, 韓國精神文化硏究院 韓國學大學院 碩士學位論文, 1987.
_____, 「濟州島 당신본풀이의 傳承과 變異 硏究」, 한국정신문화연구원 한국학대학원 박사학위논문, 2002.
_____, 「서귀포시 동부지역의 당신앙 연구」, 『한국무속학』 6, 한국무속학회, 2003.
_____, 「제주 지역 무가의 전승양상과 지역적 특성 : 무가를 중심으로」, 『民俗硏究』 20, 안동대학교 민속학연구소, 2010.
_____, 「당신본풀이와 돼지고기 금기」, 『2012년 한국구비문학회 추계학술대회 발표논문집』, 2012.
_____, 「김헌선, 〈제주도「삼두구미본풀이」의 의례적 기능과 의의〉에 대한 토론문」, 『2017년 한국무속학회 동계 학술대회 자료집』, 2017.
강지연, 「제주도 서사무가 〈이공본풀이〉에서의 '분노'의 감성 연구」, 『민족문학사연구』 62, 민족문학사학회・민족문학사연구소, 2016.
고은영, 「제주도 서사무가 〈당나미 문씨아기당 본풀이〉에 나타난 복합적 신격의 양상」, 『한국무속학』 35, 한국무속학회, 2017.
_____, 「제주도 특수신본풀이의 성격과 의미 : '이곳과 저곳의 경계 넘어서기'를 중심으로」, 제주대학교 박사학위논문, 2019.
_____, 「〈원천강본풀이〉의 시간과 존재」, 『2020 탐라신화의 동아시아적 위상과 과제, 제주대학교 탐라문화연구원・한국무속학회 공동 주관 학술대회 발표문』, 2020, 150쪽.
고은임, 「〈원천강본풀이〉 연구 : '오늘이' 여정의 의미와 신화적 사유」, 『冠嶽語文硏究』 35, 서울대학교 국어국문학과, 2010, 201~220쪽.
권복순, 「고전문학 : 〈원천강본풀이〉의 본디 모습 연구」, 『배달말』 56, 배달말학회, 2015.
권순긍, 「〈콩쥐팥쥐전〉의 형성과정 재고찰」, 『古小說 硏究』 34, 2012.
권태효, 「제주도 김통정이야기의 당신화 및 전설로의 변용양상」, 『구비문학연구』 8, 한국구비문학회, 1999, 151~191쪽.
길태숙, 「〈베틀노래〉의 의미 체계 : 달 여성 직조 죽음의 상징」, 『국제어문』 40, 국제어문학연구회, 2007.
김경섭, 「수수께끼를 둘러싼 제의성 再考」, 『실천민속학연구』 10, 실천민속학회, 2007.
김권호, 「교과서 수록본 '오늘이'에 대한 비판적 검토」, 『우리말교육현장연구』 10, 우리말교육현장학회, 2012, 59~90쪽.
김기형, 「〈오누리〉 유형의 기원과 전승 양상」, 『韓國民俗學』 30, 한국민속학회, 1998.
_____, 「서귀포 심방 박봉춘의 家系와 무업 활동」, 『한국무속학』 31, 한국무속학회, 2015.
김민수, 「〈원천강본풀이〉의 현대적 변용 양상 연구」, 한국교원대학교 교육대학원 석사학위논문, 2014.
김선현, 「도랑선비 청정각시에 나타난 경계공간의 서사적 함의」, 『구비문학연구』 44, 한국구비문학회, 2017.

김성례, 「무교신화와 의례의 신성성과 연행성」, 『종교신학연구』 10, 서강대학교 신학연구소, 1997.
김영희, 「아기장수이야기의 신화적 주제 탐색」, 『구비문학연구』 10, 한국구비문학회, 2000, 53~86쪽.
김왕식, 「'求福 旅行'譚 硏究 : 空間移動樣相과 敍事巫歌와의 對比를 中心으로」, 동국대학교 석사학위논문, 1998.
金侑鑛, 「〈唐太宗傳〉 硏究」, 한국교원대학교 교육대학원 석사학위논문, 1990.
김은희, 「제주도 본풀이와 놀이의 상관성 : 본풀이와 굿놀이의 연계양상과 유형을 중심으로」, 『탐라문화』 36, 제주대학교 탐라문화연구소, 2010.
김진영, 「안락국태자전승의 무가적 전개 : 〈지림사연기문〉과 〈이공본풀이〉를 중심으로」, 『고소설연구』 2, 한국고소설학회, 1996.
김창일, 「이공본풀이계 서사체의 전개와 공간 의미 고찰」, 『한국무속학』 6, 한국무속학회, 2003.
_____, 「무속신화에 나타난 꽃밭의 의미 연구」, 『한국무속학』 11, 2006.
김헌선, 「서사무가와 고소설의 서사구조 비교 : 〈허웅애기본풀이〉와 〈콩쥐팥쥐전〉의 사례를 중심으로」, 『경기교육논총』 4, 경기대 교육대학원, 1995.
_____, 「함경도 무속서사시 연구 : 도랑선배·청정각시 노래를 중심으로」, 『구비문학연구』 8, 한국구비문학회, 1999.
_____, 「구비문학과 철학의 상관성」, 『口碑文學硏究』 13, 한국구비문학회, 2001.
_____, 「〈삼승할망본풀이〉의 여신투쟁이 지니는 신화적 의미」, 『민속학연구』 17, 국립민속박물관, 2005.
_____, 「〈칠성본풀이〉의 본풀이적 의의와 신화적 의미 연구」, 『한국고전문학』 28, 한국고전문학회, 2005.
_____, 「제주도 굿의 구조와 원리」, 『한국무속학』 14, 한국무속학회, 2007.
_____, 「제주 〈삼두구미본풀이〉의 의례적 기능과 의의」, 2017년 한국무속학회 동계 학술대회 자료집, 2017.
_____, 「사신숭배와 사신퇴치의 신화와 의례 : 제주도의 사례를 구실 삼아」, 『제주도 굿과 신화』, 한국무속학회 학술대회 자료집, 2018.
_____, 「한국 굿놀이의 갈래, 판도, 미학, 의의 연구」, 한국무속학회 발표자료집, 2018.
_____, 「〈허웅아기본풀이〉의 정체와 기여」, 미발표원고.
_____, 「〈허웅애기본풀이〉 몇 가지 의문과 해소」, 미발표 원고.
_____, 「제주도 〈원천강본풀이〉의 유형적 특징과 의미 연구」, 미발표원고.
김헌선·류창선, 「제주도 〈허궁애기본풀이〉의 의미와 의의」, 『실천민속학연구』 24, 실천민속학회, 2014.
김혜정, 「제주도 특수본풀이 〈원천강본풀이〉 연구 : '神名'에 대한 再考를 중심으로」, 『한국무속학』 20, 한국무속학회, 2010, 251~277쪽.
_____, 「한국 마고의 전승 양상과 신적 성격」, 고려대학교 박사학위논문, 2014.
_____, 「〈삼두구미본〉에 나타난 신의 성격과 서사 형성 배경 고찰 : 선악의 재정립 과정을 중심으로」, 『고전과 해석』 22, 고전문학한문학연구학회, 2017.
김호성, 「제주 〈칠성본풀이〉의 신화적 성격 연구 : 업신앙의 제주도 이입과정을 중심으로」, 경기대학교 석사학위논문, 2018.
김환희, 「〈바리공주〉의 보편성과 특수성을 찾아서 : 외국인 생명수 탐색담 및 〈니샨샤만〉과의 비교연구」, 『동화와 번역』 2, 건국대학교 동화와 번역 연구소, 2001.
나선희, 「라마야나, 게사르전, 서유기 : 실크로드 위 서사작품의 비교」, 『中國文學』 72, 한국중국어문학회, 2012.
나주연, 「한국 민담에 나타난 샤머니즘적 모티프」, 『비교민속학』 37, 비교민속학회, 2008.
노성환, 「玉山神社의 祭義와 朝鮮 巫歌에 대한 一考察」, 『일본언어문화』 11, 한국일본언어문화학회, 2007.
류진옥, 「제주도 조상신본풀이의 형성과 전승」, 제주대학교 석사학위논문, 2018.
류호철, 「서천꽃밭의 형상과 의미 연구 : 〈이공본풀이〉와 〈삼승할망본풀이〉를 중심으로」, 건국대학교 석사학위논문, 2004.

문무병, 「제주도 굿의 연극성에 관한 연구」, 제주대학교 석사학위논문, 1984.
_____, 「濟州島 堂信仰 硏究」, 濟州大學校 博士學位論文, 1993.
_____, 「제주도 무조신화와 신굿」, 『비교문화연구』 5, 서울대학교 비교문화연구소, 1999.
박계옥, 「한국 홍수설화의 신화적 성격과 홍수 모티프의 서사적 계승 연구」, 조선대학교 박사학위논문, 2005, 1~212쪽.
박명숙, 「한·중 구복여행 설화 비교연구」, 『口碑文學硏究』 22, 한국구비문학회, 2006.
배도식, 「구복여행 설화의 구조와 의미」, 『국어국문학』 22, 동아대학교 국어국문학과, 2003.
史在東, 「佛敎系 國文小說의 形成過程 硏究」, 忠南大學校 博士學位論文, 1976.
徐大錫, 「敍事巫歌硏究:說話·小說과의 관계를 中心으로」, 『國文學硏究』 第八輯, 國文學硏究會, 1968.
서영숙, 「〈저승차사가 데리러 온 여자〉 노래의 특징과 의미」, 『한국고전여성문학연구』 25, 한국고전여성문학연구, 2012.
_____, 「한·영 발라드에 나타난 '여성의 죽음'에 대한 인식 비교:〈죽음의 신이 데리러 온 여자〉 노래를 중심으로」, 『한국고시가문화연구』 31, 한국시가문화학회, 2013.
_____, 「한국 서사민요와 영미 발라드에 나타난 '어머니/자식'의 죽음:〈애운(허웅)애기 노래〉와 〈The wife of Usher's Well(어셔즈웰의 부인)〉의 비교를 중심으로」, 『문학치료연구』 34, 한국문학치료학회, 2015.
송정희, 「제주도 굿 제차 중 〈석살림〉 연구」, 제주대학교 석사학위논문, 2015.
신동흔, 「창세신화의 연장으로 본 〈세민황제본풀이〉 연구」, 『口碑文學硏究』 41, 한국구비문학회, 2015.
_____, 「서사무가 속의 울음에 깃든 공감과 치유의 미학:특히 〈도랑선비 청정각시〉를 중심으로」, 『한국무속학』 32, 한국무속학회, 2016.
신연우, 「여성 담당층 관점에서의 〈초공·이공·삼공본풀이〉의 문학-사상의 의미망」, 『한국고전여성문학연구』 21, 2010.
_____, 「〈초공본풀이〉의 비속함과 성스러움」, 『고전문학연구』 제42집, 한국고전문학회, 2012.
_____, 「〈바리공주〉와 중국 〈妙善〉 및 유사설화 비교의 관점」, 『한국무속학』 27, 한국무속학회, 2013.
신월균, 「〈초공본풀이〉의 構造 考察」, 『국어국문학』 100권, 국어국문학회, 1988.
신호림, 「산천굿 무가사설의 구성적 특징과 죽음에 대한 인식」, 『한국무속학』 28, 한국무속학회, 2014.
_____, 「三頭九尾의 정체와 본풀이로의 수용과정 고찰」, 『한국무속학』 34, 한국무속학회, 2017.
심치열, 「제주도 서사무가에 나타난 주인공의 연속적 서사진행과 그 의미」, 『한국언어문학』 제59집, 2006.
양용준, 「이공본풀이의 敍事構造와 通過儀禮的 意味 硏究」, 제주대학교 교육대학원 석사학위논문, 2014.
오대혁, 「〈안락국태자경〉과 〈이공본풀이〉의 전승 관계」, 『불교어문논집』 6, 한국불교어문학회, 2001.
유정월, 「〈원천강본풀이〉의 운명관 연구」, 『한국고전연구』 42, 한국고전연구학회, 2018.
유형동, 「〈허웅애기본풀이〉의 구조와 의미」, 『語文論叢』 68, 중앙어문학회, 2016.
윤정귀, 「허웅애기본풀이연구」, 경기대학교 석사학위논문, 2013.
_____, 「망자김유감 서울새남굿 연행 연구:2009년 7월 1-2일 남산한옥마을 민씨가옥의 사례를 예증삼아」, 경기대학교 박사학위논문, 2018.
윤준섭, 「함흥본 〈바리데기〉 연구」, 서울대학교 석사학위논문, 2012.
윤찬주, 「〈이공본풀이〉의 敍事構造 硏究」, 인하대학교 석사학위논문, 1991.
이경화, 「무조신화에 나타난 무조신의 형상과 신적 성격」, 고려대학교 석사학위논문, 2015.
_____, 「〈초공본풀이〉와 思松金의 인물관계와 의미」, 『한국무속학』 34, 한국무속학회, 2017.
_____, 「〈양씨아미본풀이〉의 장르 교섭 양상과 그 의미」, 『한국무속학』 36, 한국무속학회, 2018.
이수자, 「무속신화 이공본풀이의 신화적 의미와 문화사적 위상:이공본풀이계 서사물의 변용과 의미」, 『제주도연구』 10, 제주학회, 1993.

이수자, 「무속신화 〈원천강본풀이〉의 신화적 의미와 위상」, 『南道民俗學의 進展』, 태학사, 1998.
_____, 「제주도 무속과 신화 연구」, 이화여자대학교 박사학위논문, 1988.
이영희, 「화소분석을 통한 〈이공본풀이〉 연구 : 〈안락국태자경〉, 〈안락국전〉 비교를 중심으로」, 경남대학교 석사학위논문, 1991.
이용범, 「불교와 무속의 상관성 검토 : 수륙재와 무속 죽음 관련 굿의 비교를 중심으로」, 『한국무속학』 36, 한국무속학회, 2018.
이용식, 「서울 진오귀굿의 음악」, 『동양음악』 39, 2016.
이원영, 「〈삼두구미본〉의 신화적 성격」, 『口碑文學硏究』 35, 한국구비문학회, 2012.
이현수, 「타계여행담고」, 『李丙疇先生周甲紀念論叢』, 二友出版社, 1981.
李炫靜, 「제주도 서사무가 〈할망본풀이〉의 형성원리 연구 : 〈할망본풀이〉와 〈일뤳당본풀이〉의 영향관계를 중심으로」, 제주대학교 석사학위논문, 2014.
임나나, 「공심 무조권(巫祖圈)과 무조신(巫祖神)의 재해석」, 『한국고전연구』 27, 한국고전연구학회, 2013.
전주희, 「제주도 본풀이의 세계관과 에토스 연구」, 서강대학교 박사학위논문, 2018.
全惠卿, 「韓國・베트남 說話의 比較硏究 : 수탉이 된 나무꾼(韓)과 닭의 기원담(越)의 비교를 중심으로」, 『東南亞硏究』 10, 한국외국어대학교 동남아연구소, 2001.
정제호, 「관북지역 〈바리공주〉의 '죽음'에 대한 고찰」, 『한국무속학』 25, 한국무속학회, 2012.
_____, 「제주도 특수본풀이 〈세민황제본풀이〉 연구」, 『한국무속학』 28, 한국무속학회, 2014.
_____, 「서사무가의 고전소설 수용 양상과 의미」, 고려대학교 박사학위논문, 2015.
_____, 「〈도랑선비 청정각시〉에 나타난 고난의 의미와 제의적 기능」, 『고전과 해석』 23, 고전문학한문학연구학회, 2017.
정진희, 「제주도 당본풀이의 유형과 변천 양상 연구」, 서울대학교 석사학위논문, 1999.
_____, 「제주 무가 〈이공본풀이〉의 신화적 의미에 관한 일고찰」, 『국문학연구』 20, 국문학회, 2002.
조국형, 「한국 민담 텍스트(구복여행)의 서술・담화구조의 기호학적 분석」, 『언어과학』 4, 한국언어과학회, 2013.
조동일, 「英雄의 一生, 그 文學史的 展開」, 『東亞文化』 10집, 서울대학교 동아문화연구소, 1971.
_____, 「자아와 세계의 관계에 대한 전설적 설문」, 『어문학』 27, 한국어문학회, 1972, 193~201쪽.
_____, 「구비문학과 구비철학」, 『口碑文學硏究』 23, 한국구비문학회, 2006.
조만고, 「제주도 「무당굿놀이」의 민속학적 접근 : 「본풀이」와 「맞이」・「놀이」의 관계를 중심으로」, 성균관대학교 석사학위논문, 1985.
조흥윤, 「한국의 지옥 연구 : 巫의 저승」, 『샤머니즘연구』 1, 한국샤머니즘학회, 1999.
_____, 「〈원천강본풀이〉의 서사에 나타난 '시간'의 의미 연구」, 『남도민속연구』 23, 남도민속학회, 2011.
_____, 「콤플렉스 극복 서사로서의 〈이공본풀이〉 연구」, 『구비문학연구』 37, 한국구비문학회, 2013.
_____, 「콤플렉스 치유의 관점에서 본 한국 무속신화 연구」, 건국대학교 박사학위논문, 2015.
曺喜雄, 「韓國 敍事文學의 空間觀念」, 『古典文學硏究 1』, 韓國古典文學硏究會, 1971.
진은진, 「여성탐색담의 서사적 전통 연구」, 경희대학교 박사학위논문, 2002.
천혜숙, 「아기장수 전설의 형성과 의미」, 『한국학논집』 13, 계명대학교 한국학연구원, 1986, 133~151쪽.
_____, 「전설의 신화적 성격에 관한 연구」, 계명대학교 박사학위논문, 1987, 1~174쪽.
_____, 「수수께끼의 역사와 놀이성격의 역사적 변모」, 『구비문학 연구』 5, 한국구비문학회, 1997.
최시한, 「'초공 본풀이'의 구조 분석」, 『배달말』 11, 배달말학회, 1986.
최운영, 「〈구복여행〉설화의 문제 해결 과정과 그 교육적 의미」, 건국대학교 석사학위논문, 2003.
최원오, 「한국 무속신화에서의 '웃음'의 기능과 위상 : 〈이공본풀이〉의 '웃음웃을꽃' 신화소를 중심으로」, 『겨레어문학』

53, 겨레어문학회, 2014.
최진봉, 「〈안락국전〉의 형성 연구」, 숭실대학교 석사학위논문, 1991.
허남춘, 「제주 서사무가에 담긴 과학과 철학적 사유 일고찰」, 『국어국문학』 148, 국어국문학회, 2008.
_____, 「제주도 본풀이의 원시·고대·중세 서사시적 특징과 면모」, 『陶南學會』 23, 도남학회, 2011.
_____, 「칠성과 부군(府君) 신앙, 뱀 신앙」, 『비교민속학』 58, 비교민속학회, 2015.
_____, 「제주 정체성 정립과 구비철학의 재발견」, 『제주성찰과 미래전략』, 제주연구원, 2018.
허남춘 외 8인, 「고순안 심방 본풀이」, 제주대학교 탐라문화연구소, 2013.
현길언, 「전설의 변이와 그 의미」, 『한국언어문학』 17·18, 한국언어문학회, 1979, 289~306쪽.
현승환, 「내복에산다 系 설화 연구」, 제주대학교 박사학위논문, 1992.
_____, 「〈내 복에 산다〉계 설화 연구」, 제주대학교 박사학위논문, 1993. 1~206쪽.
_____, 「사만이본풀이 硏究」, 『白鹿語文』 16, 제주대학교 사범대학 국어교육과 국어교육연구회, 2000.
_____, 「제주도의 본풀이와 민담의 교섭양상 : 삼두구미본을 중심으로」, 『탐라문화』 35, 제주대학교 탐라문화연구소, 2009.
玄容駿, 「濟州島 巫神의 形成」, 『耽羅文化』 1, 제주대학교 탐라문화연구소, 1982.
황루시, 「무당굿놀이 연구 : 제의적 요소를 중심으로 한 민속연희와의 비교고찰」, 이화여자대학교 박사학위논문, 1987.
황인덕, 「불전계 한국민담 연구」, 『어문연구』 17, 어문연구학회, 1988.
_____, 「한중인 '求福旅行' 설화의 비교적 고찰」, 『비교민속학』 31, 비교민속학회, 2006.

〈인터넷〉

百度百科, https://baike.baidu.com
百度百科, 袁天罡 항목, 2019년 5월 25일 접속, https://baike.baidu.com
한국학 디지털 아카이브, http://yoksa.aks.ac.kr/search/Search.jsp?fn=&search_word=&searchtype=0&mode=all&mType=0&searchText=&startdate=&enddate=&sobj=0&keywordtext=%EC%9B%90%EC%B2%9C%EA%B0%95&sopt=

찾아보기

가

가루　68, 71, 72, 100, 101, 132, 133, 145, 148, 149, 190, 191
가믄장아기　299~304, 308, 313, 315, 316
가배　151
가시나무　130, 173
가시리　30
가신　270~272
가위로 끊기　76
가을　43, 44, 178, 188, 191, 211~213, 215, 229, 230
가택　30
강림　43, 114~116, 142, 159, 180, 187, 208, 226~229, 237, 239
강림들　42, 44, 88, 186, 208, 215, 216, 225
강림사자　58, 60, 144
강을생　45, 57, 59~61, 75, 95, 118, 143, 144, 152, 191
강이영성이서불　301, 303, 304
개방성　32
개별　19, 20, 23~25, 39, 239, 278
거짓말　60, 61, 175, 302, 303
거처居處　120
검천낭　49, 54, 116, 168
게쉬틴안나　147, 148
겨울　43, 44, 88, 89, 178, 188, 189, 191, 211~213, 215, 229, 230
결합　15, 47, 63, 64, 96, 195
결혼　48, 63, 87, 148, 220

경계　15, 21, 28, 37, 38, 46, 74~76, 78, 104, 114, 118, 120, 135, 141, 164, 172, 177, 178, 190, 192, 194, 213, 269
경계 넘어서기　24, 78, 79, 104, 139, 161, 177
경계면　106, 109, 135, 188, 193, 194, 197
경적經籍　271
계통　28
고기　130
고난　105, 236, 263, 278, 306
고대적　137, 152, 185, 281
고부姑婦　60
고분멩두　159, 161~163
고분연질　163
고분질침　163
고산옹　285, 286
고순안　16, 57, 59~61, 111, 129, 130, 196, 287
고운 옷　62
고유　31, 193, 219, 296
고전소설　22, 51
고정적　118, 119
고태적古態的　33
고팡　36
곡식밭　62
곰보　61, 293
곱은멩두　268, 269, 272~278
공간　20, 21, 24, 28, 29, 31, 32, 36~38, 40, 41, 43, 44, 50, 61, 63, 74~77, 79, 80, 86, 87, 91, 92, 103, 134~136, 146, 160, 161, 167, 168, 177~183, 185,

188~190, 193~195, 203~205, 208, 209, 215, 221, 239, 250, 257, 270, 284, 285, 290, 292, 295, 296
공감 46, 47, 134
공덕 127
공동체 28, 33, 237, 238, 256, 278
공선가선 268~272, 278, 292
공수 78
공식구 119, 272
공신恭神 270~272, 311
공심 267, 268, 271, 272
공업담 42, 286, 287
공유 15, 19~21, 23, 24, 29~31, 36, 38, 41, 80, 88, 101~105, 136, 145, 162, 178, 192, 221, 244, 249, 255, 272, 277, 284, 296
공존 31, 43, 95, 102, 103, 108, 178, 188, 191, 193, 195, 212, 221
공초당기 62
과거 32, 44, 69, 70, 88, 89, 106, 112, 167, 178, 181, 211~215, 220, 221, 245, 255, 262, 267
과양생이 112, 113, 116
과양생이 95
과양생이각시 64
관문 37
교섭 22, 23
교체 148, 183
교합본 139
구멍 43, 45, 46, 109, 141, 173, 226
구복여행길 106
구복여행담 23, 80~83, 86, 88, 106, 204
구비 공식구oral formula 44, 205, 270
구비문학 31, 42, 160, 183, 222, 243, 254~258, 285, 318
구비철학 160, 183, 318
구삼승할망 282~284, 288, 291, 293, 295
구슬 62, 112, 165
구연 15~17, 24, 27, 32, 33, 35, 48, 51, 57, 69, 94~96, 99~101, 111, 112, 114, 118, 119, 121, 127 ~131, 133, 138, 141, 142, 145, 161, 194, 196, 205, 225, 243, 244, 249~251, 253, 260, 261, 268~270, 273, 278, 280, 293, 298, 300, 304, 308, 313, 315

구축 78, 192, 284, 305, 308, 309
군벵 314
군병질 132
군병질침 132, 134, 137
군웅 34, 196
〈군웅본풀이〉 19, 196
군웅일월 125
군졸 314
굿판 125, 127
궁극적 45, 56, 99, 103, 109, 165, 185, 204, 238, 239
권속眷屬 34
궤 62
궤적 21, 141
균형 74, 106, 181, 242, 283, 299
극락세계 49, 50, 54, 92, 107, 283
근세적 세계관 118
근원 27, 36, 40, 41, 44~47, 74, 81, 82, 89, 103, 107, 109, 118, 126, 134, 149, 150, 160, 184~186, 195, 196, 203, 215, 218, 239, 241, 288, 290, 300
금덩어리 303
금성 152
『규합자보』 123
기구사항祈求事項 304, 315
기메 34, 161, 275
기자祈子 44, 60, 119
기자치성 35
기타본풀이 14
길가메쉬 19, 136, 137, 146, 148, 153~156, 194
길쌈 151
김동지와 애기씨 95
김매는 노래 97
김유감 137
김진국 295
김치원 112, 113
ᄀᆞ를질 132
ᄀᆞ를질침 132, 133
ᄀᆞᆸ 60
깨달음 76, 143, 148, 179, 181, 240, 317
꽃 42, 43, 47, 48, 64, 88, 89, 106, 112, 140~144, 150, 165~167, 184, 188~190, 219~221, 225, 226,

238, 282~284, 286, 287, 290, 317
꽃감관   27, 280, 283~288, 291, 295, 296
꽃밭   140, 142, 143, 285
꽃불휘   285
꽝   71

ㄴ

나까도전침   132, 314
나까시리놀림   132
나록   168, 262
나무   67, 72, 87, 88, 140, 145, 156, 159, 176, 219, 221
나무꾼   67, 74, 75, 100, 104, 176, 186
나비   62, 64
나비다리 놓기   76
나숨   293
날가리   34
날과국섬김   126, 127, 269, 270, 292
날궁전   34, 36
남산국   306
낭   271, 295
낮   36, 59, 98, 151, 171, 180, 181, 187, 188, 190, 295
내 복에 산다계   243
내담지신   34
내력담   27, 65, 247, 260, 300, 305, 306
내일   44, 113, 121~123, 219
내화內話   55, 56
네웨법   60
네일   121~123
노일저대귀일이딸   64
노정기   29
녹하단풍 아기씨   262~266, 268, 273, 274
놀레   123, 293, 308
놀이   261, 273, 278, 300, 304, 307, 308, 314, 317
놀판   126
놋장아기   301, 303, 304
농경   27, 30, 64, 129, 130
눌굽지신   34
니샨 샤먼   137

ㄷ

다라니경   127
다래끼   72
다리   49, 50, 67, 68, 70, 73, 74, 77, 78, 89~92, 100, 107, 135, 145, 154, 175, 176, 182, 293, 295, 315
다섯 용궁龍宮   35
단계   45, 141, 175, 218, 273
단장   62
단절   28, 29, 37, 40, 57, 58, 61, 65~67, 78, 89, 97, 105, 108, 114, 145, 148, 149, 162, 179~182, 185, 193, 194, 214, 255, 264, 277
단편적   31
닫힌 공간   41
달걀   68, 73, 102, 128, 157
닭   67, 128
담불   292
담화   32
당나미 문씨아기   30
〈당나미 문씨아기당 본풀이〉   30
당堂   28, 33, 36, 255, 265
당신堂神   28, 30, 249, 250, 256
당신본풀이   15, 17, 18, 26, 28~31, 33, 95, 249, 250, 251, 256, 283
당신앙   33
당태종전   22, 52, 53
대명도   263, 274
대별왕   23, 27, 28, 61, 66, 88, 108, 159, 216, 218
대신칼   78
대체물   66
덕   89, 91, 107, 190, 301, 302
덕담   123, 292
덕주아   139, 140, 143~145
덕진   49, 89~91
덕진다리   49, 50, 53, 80, 89, 90, 92, 106
덕진다리담   80, 89~92, 106
덕진산   49, 50, 91, 92
도랑선비   108, 109, 134, 135
도랑축원   108, 135
도레둘러뺌   138

도시대왕　36
도임상　49, 56
독립　57, 111, 117, 182, 215, 230, 268, 273
독수리　156, 188
독자적　28~31, 193
돈　48~50, 52~54, 56, 92, 126, 127, 131, 143, 168, 179, 180, 191, 311
돌함　139, 143
『동대금보』　124
〈동방세기본풀이〉　17, 19, 195, 196, 253
동복 신굿　261, 264, 279
동식물　29, 89
동토신　72
동티　72, 120, 134
동해용궁따님아기　35, 295
돼지　61, 64
돼지 비린내　30
두무지　147, 148, 156
뒷영실　137
뒷전　137, 138
등진다리　77
드리　75, 76, 177, 181, 183, 253, 254
들궁전　34, 36
따비로 파기　76
땅귀　68, 69, 72
땅의 신　22
떡　101, 113, 116, 131, 132, 138

라

라마야나　137, 156
라바나　156
로櫓　155
리듬감　51

마

마고 할망　58, 59, 61

마른다리 놓기　76
마마신　36
마을　28, 31, 36, 37, 67
마을 제사령　34
마을영신당클　34, 36, 37
마퉁이　95, 303
막내마퉁이　302~304
만리장성　43, 211, 215
만물　46, 47
만민백성　50, 51
만민적선　49, 50, 92
만세받이　308
만수받이　78, 138
만인적선　48, 54, 55, 169
만행　62
말미　72, 126, 128, 137, 192, 269, 270, 292, 308
말줏년　70, 71
망자　23, 56, 60, 65, 66, 75, 93, 99, 107, 108, 117, 127, 137, 138, 146
망자천도굿　137
맞이　110, 261, 270, 273, 278, 279, 300, 307, 314, 315
매개자　180, 181, 192
매개적　63
매인심방　32, 33
매일　22, 42~45, 47~51, 53, 88, 90~92, 104, 107, 121~123, 126, 141, 142, 167, 183, 190, 213, 214, 218~220, 226, 232, 238, 239, 297, 317
매일장상　48~51, 53~55, 121, 126, 127, 143, 153, 168~170, 180, 181, 186, 190
매장　68, 100, 101, 180
맥락　17, 20, 22, 44, 45, 51, 55, 61, 64, 70, 71, 73, 80, 94, 95, 101, 107, 123, 127, 159, 165, 187, 221, 223, 225, 234, 238, 240, 249, 252, 255
〈맹감본풀이〉　27, 29, 30, 95, 127~130, 196
맹감제　128~130
멩두　138, 158, 159, 161~163, 266, 268, 274, 275, 277, 278
며느리　60, 65, 67, 134, 293
명계冥界　33, 74~76, 78, 80, 81, 115, 118, 134, 141~

145, 148~151, 158, 179, 189
명관冥官　34, 37, 128~130
명당　99
명진국따님아기　35, 108, 282~284, 289, 293, 295
명진국할마님　280, 281, 295, 296
모성애　66, 74, 186
모순　15, 21, 66, 187, 212, 213, 225, 285, 296
무덤 수호신　22
무덤의 신　22
무속적 세계관　134
무쇠　68, 69, 73, 102, 157, 158, 283
무조신　36, 260, 265, 266, 269, 272
무지개　62
무질서　66
문전　34, 112, 177
문전본향당클　34, 36, 37
문전제　128, 177
문정봉　67~69, 102
문지기　21, 46, 149, 156
묻고 답하기　164, 165, 168, 170, 175, 176
물　45, 46, 50, 56, 62, 91, 101, 113, 130~132, 141, 282, 285, 294
물소똥　62
물음　43, 56, 86, 106, 142, 149, 177, 219, 226, 276
물항아리　62
미래　44, 106, 119, 167, 178, 180, 181, 211~215, 221, 245, 255
미분화　16, 38, 57, 59, 285
미분화성　15, 103, 105, 134
미식米食　116
미완　46
미확정성　79, 164, 194
민간요법　72
민담　15, 19, 22~24, 31, 32, 36, 69, 72, 79~81, 88~99, 101~104, 106~109, 114, 131, 136, 143, 144, 152, 165, 192~196, 242, 243, 249~251, 254, 255, 303
믿음　80, 154
밀고密告　61, 65
밀대로 밀기　76

바

바가지　43, 45, 46, 141, 226
바다　32, 35, 37, 128, 139, 143, 153, 243, 256, 282
〈바리덕이〉　19, 136~146, 148~150, 152, 153, 155, 156, 158, 182, 195
바빌로니아　146
박봉춘　16, 39~42, 44, 48~57, 69, 70, 75, 81, 82, 88, 90, 106, 112, 116, 121, 133, 152, 159, 186, 190, 191, 196, 202~205, 208, 211, 219, 220, 222, 223, 225, 242, 281, 282, 284~286
박이왕　42, 70, 159, 216, 218, 225
반대의 일치coincidentia oppositorum　66
반신半神　153
발로 밟기　76
밤　36, 58, 59, 65, 93, 97, 98, 129, 144, 151, 156, 171, 180, 181, 186~188, 190, 295
밥그릇　162
방方　125
방아　68, 71, 132, 133, 145
배　67, 68, 70, 100, 145, 154, 155, 163
배나무　106
배우자　106
백골　30
백년해골　30, 129
백발노인　67
백수바다　54
백씨부인　42, 43, 70, 141, 159, 166, 167, 218, 225~227, 229
백줏도　176
뱀　86, 152, 153, 156, 183, 188
뱀 지팡이　152
뱃속　97, 98, 103
버드나무잎이 제일 무섭다　98
번성꽃　88
번성대왕　36
벌역罰役　43, 45, 141, 226
범문　127
범을왕 삼형제　64
범주　17, 18, 20, 23, 25, 31, 33, 111, 132, 154, 155, 197

법　58, 60, 293
베가르기　78, 137
베또롱　303
베짜기　66, 151, 152
변모　39, 251, 255, 256
변이 과정　28, 117
변주　39, 256
변환　75, 166, 182, 205, 212
볏짚　54, 143
『병와가곡집』　124
병풍屛風　128
보살　134, 283
보편　64, 136, 187
보호　42, 43, 61, 134, 191, 214, 220, 225, 226
복　36, 80, 83~88, 99, 106, 108, 204, 265, 283
복록福祿　27, 299, 300, 302, 303, 305, 308, 310, 311, 317, 319
복자卜者　40, 202, 204, 209, 245
복합적　29, 30, 78, 158, 205, 243, 248, 290, 292, 296, 309
본원　41, 44, 215, 222
본주　72, 119, 162, 163, 275
본향당　28, 250
본향드리　78
봄　43, 44, 103, 141, 178, 188, 191, 211~213, 215, 229, 230, 235
부귀　27
부마도위　52
부모　21, 40, 42~47, 58, 59, 74~76, 86~88, 106, 134, 138, 141, 142, 148~150, 152, 153, 161, 165, 168, 170, 178, 180, 182, 184~186, 190, 191, 204, 208, 214~216, 218, 225~227, 230~232, 235, 236, 239, 245, 246, 263, 298, 299, 301~303, 306, 307, 313, 316
부부　22, 43, 48, 139, 142, 145, 153, 213, 226, 262, 263, 301~303
부분　23, 28, 38, 40, 41, 46, 48, 50, 52, 55, 56, 60, 66, 77, 89~91, 96, 101, 102, 104, 116, 118~120, 123, 128, 129, 132, 134, 136, 137, 142, 144, 154~156, 158, 159, 164, 166, 170, 172, 173, 176, 189, 204~207, 225, 227~232, 234, 235, 239, 240, 251, 254, 257, 263~265, 268, 270, 273, 275, 280, 283, 285~287, 291, 296, 302, 305, 308, 311, 314~317
부신　15, 29, 38
부엌　34, 36, 173, 313
부의함　93, 95
부인　40, 62, 67, 68, 82, 115, 116, 139, 140, 143~145, 148, 186, 245, 252
부정　30, 72, 150, 155, 215, 249, 309, 310
부활　37
북　128, 155, 158, 313
북채　155
분류　30, 105, 118, 182, 245
분리　24, 29, 36, 45, 46, 57, 60, 67, 76, 88, 89, 97, 103, 114, 135, 141, 145, 146, 164, 183~185, 189, 191, 193~196, 204, 215, 216, 239, 310
분절　36, 37, 44, 67, 167, 178, 189, 191, 211, 213, 229, 273, 285, 310
분화　15, 28, 37, 38, 59, 95, 102, 105, 136, 183, 185, 280, 281, 290
불　60, 62, 67, 68, 70, 112, 130, 173, 176, 195
불교　35, 48, 53, 56, 109, 160, 265
불귀不歸　146
불도맞이　119, 281, 290~292, 295~297
불도佛道　50, 51
불로초　153
불법佛法　48, 50, 51, 54
비고정적　118, 119
비념　32, 120, 126, 127, 178, 205, 207, 269, 270
비단　63, 66, 78, 151, 152
비로 쓸기　76
비밀　21, 74, 134, 153, 245, 248, 251
빈부　27
빈천　50, 63
빌린 돈　49, 55
빛　116, 143, 180
빠른개비　49, 54, 55
뼈　62, 64, 68, 129, 158
뿔　101, 152

ㅅ

사邪 130, 299, 300, 305, 306, 310, 311, 319
사계절 43, 44, 155, 181, 188, 191, 211, 212, 215, 227, 230
사기邪氣 306, 309, 316
사냥 30
사당클 33, 34, 37, 38, 193
사라도령 280, 284~286, 288, 290, 291, 295
사람 이름 41, 203
사록邪祿 298, 299, 301, 307~311, 313, 316, 319
사만이 129, 130, 195, 196
사설 32, 33, 51, 56, 118, 121~124, 126, 131, 271, 272, 293, 309, 313
사실적史實的 29
사악邪惡 308
사유체계 38, 57, 160
사자공양제死者供養祭 117
사자獅子 154
사재삼성 137
사주팔자 20, 21, 44, 180, 181, 245, 306
사후불귀담 80, 93~95, 97, 107
산받아분부 126, 269, 292
산베 78
산신당 28, 29
산신대왕山神大王 34, 35
산신또 176
산신멩감 129
산신백관山神百官 34, 35
〈산신본풀이〉 18
산질 111, 120
산해山海 27
살림살이 66, 143
삶 23, 27, 28, 36~38, 50, 55, 57, 59, 64, 66, 74~76, 92, 98, 100, 103, 105, 106, 109, 114, 120, 130, 135, 141, 145, 146, 149~151, 164, 168, 172, 179~183, 185, 189~191, 193~195, 214, 216, 218~222, 234~237, 239, 247~249, 252, 255, 265, 268, 287, 290, 299, 305~307, 309, 310, 316~319
삶의 공간 34, 36, 38, 74, 76, 90~92, 185

삼공 34, 70, 278
삼공맞이 123, 298, 300, 308, 311~316
〈삼공본풀이〉 27, 32, 35, 36, 95, 108, 123, 298~301, 303, 304, 305, 307, 308, 310~316, 319
삼공신 298, 312, 313, 315, 316
삼두구미 21, 22, 67~76, 100~102, 104, 114, 116, 117, 120, 127, 132~134, 138, 145, 149, 154~158, 175, 176, 178, 180, 186, 190~192, 195
〈삼두구미본풀이〉 17, 18, 20~22, 24, 67, 69, 70, 72~76, 80, 98, 100~104, 107, 111, 116, 117, 120, 127, 131~134, 138, 144~146, 149, 153, 154, 156, 157, 159, 173, 175, 176, 178, 180, 186, 190, 191, 195, 244
삼목산 154, 156
〈삼승할망본풀이〉 27, 108, 280~285, 288, 291~293, 295~297
삼신선三神仙 113, 115, 116
삼신하르방 282
삼신할망 282
3중threefold의 문제 15
삼처서 129
삼천군병질침 132
삼천전제석궁당클 34, 36, 37
삼태기로 치우기 76
삼형제 58, 67, 70, 112, 113, 143, 265, 274
삽입본풀이 14
삽화적 31, 38, 103, 119, 193
상가지 42, 43, 47, 88, 106, 141, 142, 189, 225, 226, 294
상관관계 57
상마을 37
상사록 299, 311
상생相生 165, 184, 185, 187, 189, 190
상위신 35, 312
새 56, 62~64, 101, 130, 131, 299, 300, 305, 306, 308
새도림 305, 308, 309
생명꽃밭 36
생명生命 34, 36, 47, 73, 103, 105, 148~150, 155, 181, 195, 239, 248, 280, 293, 310, 317
생명력 73, 98, 118, 149, 181, 303, 310, 311, 316

생명수 147~149, 152, 182
생사生死 27, 187
생사화복 27
생업 128~130
생업수호신 28, 30, 129, 132
샤머니즘 81, 155
샤먼 129, 134, 156, 158
서가여래釋迦如來 270
서사무가 23, 81, 97, 108, 194, 203, 223, 224, 232, 234, 235, 240, 248
서산대사西山大師 34
서신국마누라 34, 36
서울새남굿 137
서유기 53, 170
서천꽃밧대왕 291
서천꽃밭 27, 34, 138, 280, 283~287, 289~292, 295, 296
석살림 51, 124~126, 131, 191, 292
석순이 83~85, 87
석숭 83, 84, 106
석시말미 292
선 45
선굿 138
선그뭇 303
선금 299~303
선녀 41, 66, 227, 229
선본善本 42, 53, 61, 69, 282
선조의 내력 33
성군 53, 76
성주 34
세경 34
〈세경본풀이〉 27, 32, 35, 95
세계관 16, 19, 23, 36, 38, 71, 109, 136, 160, 183, 192, 193, 221, 281, 291
세민황제 28, 48~50, 52~57, 74~76, 90~92, 104, 105, 107, 114, 116, 120, 126, 127, 134, 143, 149, 153, 157, 168~170, 179~181, 186, 188, 192, 253
〈세민황제본풀이〉 16~18, 22~24, 28, 48~53, 56, 74~76, 80, 89~92, 103~106, 111, 115, 116, 120~123, 126, 127, 130, 131, 142, 143, 146, 153, 156,
168~170, 179, 181, 186, 190, 191, 195, 244, 253
세상의 기원 276
세오녀 66, 151, 152
셋째딸 21, 22, 67~73, 100, 102, 133, 134, 145, 154~158, 175, 176, 178, 180, 191
셍불꽃 291
소금 62
소별왕 27, 28, 61, 66, 88, 108, 159, 216, 218
송낙 35, 265, 293
송아지 49, 54, 116
송제대왕 36
수궁용왕 139, 140, 143, 144
수렵 27, 30, 128, 129
수리멸망악심꽃 288
수메르 137, 146
수명연장 44, 129, 130, 195
수직적 36~38
수차랑 139
수평적 24, 36~38, 183, 187
순간 47, 147, 182, 212, 215, 263, 317
순환성 24
순환적 세계관 192, 193, 195
순환체계 181
스핑크스 188
시간 20, 21, 32, 44, 60, 64, 74, 88, 89, 91, 105, 134, 150, 151, 156, 167, 168, 170, 178, 180~182, 185, 194, 195, 202, 203, 211~216, 218~222, 230, 252, 254, 255, 270, 283, 296
시간관념 21, 36, 44, 187, 188, 337
시녀궁녀 43, 45, 46, 104, 115, 126, 141, 218, 219, 226
시루다리 놓기 76
시베리아 155
시선 21, 257
시신屍身 68, 73, 101, 102, 120, 134, 155, 180
시어머니 60, 61, 65
시왕 34, 37, 110, 117~119, 136, 289, 312
시왕곱은연질 273, 274
시왕당클 34, 36~38, 313
시왕의 사자 34
시체 68, 101, 112, 113, 131, 149

신굿　111, 158, 161, 163, 274, 275, 279
신녀神女　41, 43, 47, 89, 106, 142, 165, 183, 217, 221, 226, 227, 229, 232, 236
신년제　128
신도업　270, 292
신메움　126, 269, 270, 292
신발　62, 64, 95, 96
신방神方　125
신석하　98~101
신성성　16, 45, 46, 66, 76, 97, 159, 194, 196
신앙권　28
신앙민　108, 117, 118, 120, 126, 134, 157~159, 162~164, 177, 182, 250~252, 277, 278, 299, 304, 308, 309, 315, 318, 319
신앙비판서사시　105, 114
신인합일神人合一　304
신직　20, 21, 28, 34, 36, 38, 41~43, 47, 105, 108, 118, 139, 153, 180, 278, 280, 281, 285~289, 291, 295, 296
신청궤　125
신축성伸縮性　32
신칼드리　77
신칼점　76, 77, 295
신칼치메　77
실명질　132
실전본풀이　14
실존　29, 203
심방　16, 26, 27, 32, 33, 35, 57, 65, 97, 103, 111, 115, 125, 127, 129, 130, 132, 133, 157~159, 161, 163, 164, 178, 180, 185, 194, 196, 203, 205, 207, 208, 243, 244, 250~254, 261, 263, 265~270, 272~278, 282, 295, 296~299, 301, 308, 309, 311, 313, 316,~318
심방곡心方曲　125
심방의 탄생　27
심부담㐲父譚　64
심층적 기저　15
스만이　95
씨두리　153
쑬　56, 131

아

아기 어멍　96, 295
아기장수　81, 82, 210, 242, 244~252, 255, 256
아기장수형　82
아는 어른　167
'아'라는 귀신담　80, 98~101, 107
아미도령차사　295
아카마츠 지죠赤松智城　16, 18
아키바 다카시秋葉隆　16, 18
악심처서　286, 289
악행　48, 54, 64
안고팡　58
안녕　30
안사인　264, 287, 301, 305
안택초상　95
〈알당본풀이〉　18
압축　39
애기엄마의 혼　93, 95
애산다리　77
액막음　127
액막이　127~130
액자구성　170
야광주　43, 47, 48, 89, 106, 141, 142, 165~167, 188, 190, 217, 219, 221, 226, 228, 229, 282
약속　60, 61, 94
약수　138, 140, 142~144, 148, 150, 155
양가적　63, 299, 309, 310
양립兩立　24, 81, 96, 97, 102, 103, 108, 109
〈양씨아미본풀이〉　30
양창보　261, 264, 269, 272, 287
어로　27
어린아이　65, 119, 186, 244, 282, 289, 292
어머니　42, 58, 59, 62, 63, 65, 70, 93, 97, 98, 103, 107, 116, 120, 140, 142~144, 150, 159, 164, 179, 186, 187, 216, 218, 225, 245, 248, 251, 265, 272, 274, 286, 287, 290, 301~303, 313
어제　44, 121, 219
언월도로 베기　76
업신앙　29

에레쉬키갈라　147, 150
여드렛당　28, 29
여름　43, 44, 178, 188, 191, 211~213, 215, 229, 230
여산국　306
여산부인　64
여신　59, 146, 147, 149~152
여의주　85, 87, 165, 238
여정　16, 23, 45, 46, 74, 78, 80, 103, 106, 118, 148, 161, 167, 177, 193, 214~216, 218, 228, 232, 235, 237
여행　33, 53, 74, 86, 134, 136, 138, 142, 150, 154, 183, 236
역가　132
역사적 체험　29, 33
역서　40, 41, 44, 202, 204, 245
역술서　119, 205
역할　20, 21, 26, 28, 32, 38, 40, 41, 46, 47, 63, 64, 70, 89, 90, 96, 107, 120, 125, 162, 164, 165, 180, 181, 188, 191, 193, 230, 263, 269, 273, 280, 285, 287~289, 290, 304, 315
연결　22, 24, 40, 45~47, 58, 59, 63, 65, 67, 75, 78, 88~90, 92, 95, 96, 98, 106, 107, 109, 132, 135, 149, 154, 155, 158, 161, 165, 167, 173, 180~182, 184, 187~189, 191, 193, 194, 205, 255, 264, 265, 273, 278, 289, 300, 308, 316, 319
연꽃　88, 165
연꽃나무　42~45, 47, 88, 89, 104, 106, 126, 141, 166, 167, 183, 190, 218~221, 225, 226, 232, 238, 239
연오랑　66, 151
연유닦음　126, 127, 269, 270, 292
연화　165~167
〈열두선앙본풀이〉　18
염라대왕　36, 49, 58~60, 87, 113, 114, 116, 172, 187, 266
〈영감본풀이〉　17~19, 196, 253
영개울림　117, 137
영생　98, 153, 154, 182
영신靈神다리 놓기　76
영암　49, 50, 53, 80, 90~92
영웅의 서사　32

영원　47, 64, 152, 154, 182, 186, 205, 211, 213, 214, 218
영혼靈魂　27, 34, 37, 38, 103, 110, 115, 118, 119, 135, 156, 158, 182, 194
영화　27
오관대왕　36
오널　121, 122
오늘　43, 44, 47, 121, 122, 169, 184, 212~216, 218~221, 227, 295
오늘이　20, 21, 40~47, 70, 74, 75, 82, 88, 89, 104, 106, 114, 115, 126, 134, 141, 142, 149, 150, 152, 153, 156, 157, 165~167, 178, 180, 181, 183~186, 188, 190~192, 203~205, 208, 209, 211~221, 223~240
오ᄂ리　124, 125
오늘　50, 51, 122~124
오른ᄌ부다리　77
오방토신　34
오이디푸스　188
오인숙　16, 57~61, 111, 115, 144, 179, 196
옥산궁　124
옥산궁제　124
옥황　41, 43, 47, 52, 102, 104, 106, 126, 139, 140, 142, 143, 145, 148, 221, 226, 229, 232, 282~284, 293
옥황상제玉皇上帝　34, 35, 83, 87, 88, 140, 145, 282, 283
온전한 세계　38
올궁기 메우기　76
올레　60
옷　41, 56, 58, 62~64, 97, 126, 130, 131, 140, 143, 147, 168, 169, 171, 172
와라진 귀신　72, 98~100, 131
와음訛音　99
완형完型　118
왕래　29, 66, 80, 95, 182
왕생극락　117
외부　21, 27, 32, 243, 299
외출　62
외화外話　55, 56
왼ᄌ부다리　77

요왕질　295

용　42, 43, 47, 87, 132, 141, 142, 154, 188, 190, 219, 221, 226, 232, 238, 317

용달버섯　302~304

용마루　173

용머리　142

용왕　52, 87, 144

〈용왕본풀이〉　18

우르크　153

우주　151, 155, 183~185, 221, 276

우주목　155

우주여행　155

우회적 방법　24

운율　51, 308

울타리신　34

움　89, 189

〈웃당본풀이〉　18

원강암이　95

원귀　53

원근遠近　304, 307

원기袁璣　41

원달袁达　41

원숭袁嵩　41

원시성　118, 134, 152

원정原情　48, 54, 76

원조자　46, 104, 114, 141, 142, 164

원천강　20, 21, 39~47, 74, 75, 81, 82, 88, 89, 105, 106, 116, 119, 126, 141, 142, 148, 149, 153, 155, 156, 165~167, 178~181, 184~186, 188, 190, 191, 202~205, 208~216, 218~222, 225~227, 229~232, 235~237, 239, 242, 244, 245, 247, 248, 250~252, 255, 256

〈원천강본풀이〉　16~18, 20~23, 24, 39~45, 53, 70, 74~76, 80~82, 86, 88, 103~106, 111, 115, 119, 121, 126, 131, 141, 142, 149, 150, 152, 153, 156, 157, 159, 165~168, 178~180, 183, 186, 187, 189~191, 195, 202~204, 208, 209, 211, 213, 219, 220, 222~225, 227~231, 233~238, 240~245, 247, 248, 250~256, 258

『원천강화주역袁天綱畵周易』　40, 202, 245, 250

원초성　36

원형圓形　21, 46, 103, 129, 196, 237, 297

원혼冤魂　118, 119

위무慰撫　53

유기적　31, 300, 308, 314, 319

유동성　79, 107, 243, 256, 257

유물　40

유을꽃　291

유입　26, 27

유폐幽閉　41, 60, 180, 263

유형　17~19, 22~24, 39, 57, 82, 105~107, 160, 180, 192~195, 197, 206, 242, 245, 246, 248, 251

육관대사六觀大師　34, 35

육식신肉食神　116

육식肉食　74, 116, 117

육신　60, 71, 97, 115, 116, 158, 178, 182

육십갑자　36

육지부　19, 28~31, 79, 81, 195, 242, 243, 246, 247, 250

윤색　56

윤추월　23, 72, 93~95, 98~101

융합　16, 66, 118, 163, 224, 240, 247, 283, 296, 297

은덩어리　303

은장아기　301, 303

의례　14~17, 19, 20, 22, 23, 26, 27, 32, 33, 35, 38, 57, 78, 110, 112, 117, 119, 120, 125, 134, 137, 138, 145, 163, 178, 192, 193, 203, 250, 252, 255, 261, 266, 271, 273, 274, 281, 290, 292, 296, 300, 304, 307~309, 315, 319

의존적　38, 111, 112, 117, 141

이계여행담　79, 80

이고분　139

이곳　15, 21, 24, 29, 74~79, 104, 114, 118, 120, 139, 160~162, 177, 181, 184, 185, 188, 193, 194, 227, 272

이공　34, 36, 70, 278

이공맞이　279, 311, 312

〈이공본풀이〉　27, 32, 35, 95, 248, 280, 281, 284, 285, 288, 291~293, 295, 296, 311, 312

이난나Inanna　19, 136, 137, 146~153, 156, 194

이묘移墓　102, 120
이무기　44, 45, 47, 75, 87, 104, 126, 142, 190, 219, 221, 232, 238, 239
이분법　281
이세민　53, 105
이슬다리 놓기　76
이승　21, 27, 28, 37, 38, 41, 48~63, 65~67, 74~76, 78, 80, 88, 90~98, 104, 105, 107, 108, 114~116, 118~120, 127, 130, 134~136, 141~146, 148~151, 153~155, 168~170, 172, 177, 179~183, 186~190, 193~195, 216, 218, 232, 280, 281, 285, 287, 290
이승법　27, 60, 61, 66
이승부자　49
이승행　60, 190
이역　114, 115
이자　49, 55
이장移葬　22, 72, 73, 101, 102, 107, 111, 133, 134
이질성　74
이질적　29, 63, 76, 79, 104, 135, 185, 193, 195~197, 204
이춘영　52
이춘자　67~69, 75, 132, 191
이타성利他性　184
인과율　57
인도　27, 50, 96, 116, 137, 141
인부역　270, 272
인정　15, 17, 20, 37, 56, 89, 113, 126, 127, 133, 151, 157, 195, 212, 213, 248, 249, 265, 311, 313, 316
인정받음　133
일뤳당　28
〈일뤳당본풀이〉　95
일반신　14, 15, 27, 28, 30, 141, 159
일상성　39, 45, 97, 194
일상日常　45, 47, 96, 98, 134, 152, 162, 183, 194, 276, 296, 318
일월맞이　111
일월日月　27, 180, 245
일월조상　34
일족一族　29
입무의례入巫儀禮　274
입창立唱　138
잉태　36, 103, 139, 150, 181, 191, 195, 280, 290, 293, 319

자

자물쇠　60, 173, 262, 263
자비　88, 89, 106, 126, 127
작대기로 치우기　76, 293
장구잽이　138
장르　22, 31, 224, 232, 233, 235, 240
장비　53
장상　22, 43~45, 47, 53, 88, 91, 104, 121, 122, 124, 126, 141, 183, 190, 213, 214, 218~220, 226, 238, 239
장수　30, 69, 120, 210, 246, 248, 256
장적　28
장편적　31
재물　50, 87, 91, 106, 112, 190
재생　56, 98, 138, 152, 158, 181, 190, 277, 287
재현　304
저곳　15, 21, 24, 29, 74~76, 78, 79, 104, 114, 118, 120, 139, 146, 160~162, 177, 181, 184, 185, 188, 193, 194
저본　22
저승　27, 28, 34, 36~38, 41, 48~52, 54~63, 65~67, 74~76, 78, 80, 90~97, 105, 107~110, 114~120, 126, 127, 129, 130, 134~136, 140, 141, 143~151, 153~157, 169, 170, 172, 173, 179~182, 186~188, 190, 193, 194, 196, 216, 218, 230, 231, 263, 266, 281, 284~286, 290, 292
저승 여행　136, 137, 146, 148~150, 156
저승길　115, 117, 120, 127, 187
저승법　27, 60, 61, 66
저승부자　48, 49
저승빚　48, 49
저승왕　23, 28, 48, 49, 54, 55, 76, 104, 143, 168, 169, 172, 179
저승행　59, 190

저싱 이싱법　60
적선積善　48~51, 55~57, 74, 91, 92, 106, 107, 120, 126, 127, 130, 131, 148, 168~170, 179~181, 190
적수바다　54
전대　163
전륜대왕　36
전상　298, 299, 304, 309, 311, 314~316, 318
전상신　34, 36, 298, 300, 308, 319
전새남굿　101, 130, 131, 133, 300, 305, 306
전생　266, 314
전설　31, 32, 85, 93, 102, 196, 242~252, 254~256
전승　24, 28, 80, 81, 96, 102, 108, 195, 248, 249, 255, 263, 281, 313
전환　24, 38, 45, 50, 71, 92, 102, 167, 186, 188, 195, 221, 284, 304, 315
절아맞음　133
점괘　139~141
점서　44
젓　62
정살지신　34
정체성　29, 39, 57, 103, 268, 269
정화　138, 155, 308, 309
젖줄　293, 294
제1관문　36
제10관문　36
제민공연諸民供宴　288
제오상계　22, 312
제의　15, 17, 22, 24, 31, 38, 78, 110~112, 117~121, 123~130, 133, 134, 136, 142, 156, 157, 159, 161, 162, 170, 177, 180, 182, 185, 191, 195, 223, 225, 240, 260, 261, 265, 269~271, 273~278, 291, 292, 295~297
제주굿　32, 300, 307, 314, 319
제차　16, 111, 118, 119, 123, 125~127, 129, 130, 132, 137, 161, 187, 193, 260, 268~272, 275, 279, 298, 299, 305, 308, 311~313, 315, 319
제차님김　126, 269, 270, 292, 293
제청　132
제치　70~72, 100~102, 133, 154, 157, 178, 186, 191
제한성　33

젯드리　35, 117
젯부기 삼형제　262, 263, 265, 266, 268, 272, 274
젯북제맞이　138, 164
젯상계　312
조령신앙　129
조부　41
조상신본풀이　15, 17, 26, 29~31, 33, 249, 251
조술생　40~42, 48~53, 55, 56, 75, 81, 82, 90, 91, 106, 121, 122, 156, 179, 191, 202~205, 208~211, 219, 220, 222, 242~256, 258
〈조왕본풀이〉　18
조왕할망　113, 115, 116
조흘대　285, 286
족은굿　271
존재　14, 16, 19~21, 27, 29, 30, 38~41, 43, 44~47, 51, 52, 57, 60, 63, 65, 68, 72~76, 81, 86, 87, 89, 96~99, 101~103, 105, 106, 111, 115, 116, 118, 120, 122, 126, 132, 135~137, 140~142, 145, 146, 148~150, 153, 157, 159, 164, 166~168, 173, 176~185, 187~196, 202, 203, 208, 210, 213~216, 218~222, 230~233, 235~241, 245, 248, 250, 255, 264, 299, 303, 305, 306, 310, 315, 317~319
좌우도길 돌아봄　76
주관　21, 27, 28, 72, 73, 102, 119, 265
주목지신　34
주문呪文　155, 265
주변　15, 103, 162, 186, 239, 257, 306, 318
주야晝夜　36
주인공　15, 21, 22, 32, 43, 53, 70, 75, 80, 82, 86~88, 90, 94, 96, 106, 115, 138, 161, 208, 246, 247, 250, 252, 278
주자선생　262~265, 268, 273
주잔님김　126, 270, 292
주재　20, 27, 103, 156, 203, 268, 269
주화관장신　36
죽으면 못 돌아오게 된 유래　93, 97
죽음　27~29, 33, 36~38, 49, 52, 59, 64~66, 69, 74, 76, 86, 87, 92, 97~101, 105~112, 114~120, 127, 130~135, 137~141, 144~146, 148~156, 158, 164, 168, 172, 178~182, 185~187, 190, 191, 195, 218,

231, 246~249, 251, 255, 288, 290, 292, 303, 305~307, 309~311, 319
죽음의 공간　36, 37, 59, 76, 185
죽음이 생겨난 유래　94, 97
죽음이 시작된 유래　94, 95, 97
중간적 존재　66
중개　63, 185
중마을　37
중매　67, 174
중세적 세계관　118, 281
줴적문답　133
증조부　41
지금섬　139
지부사천대왕地府四千大王　34, 35
지사빔　132
지상세계　53
지새독　41, 210
지장만보살　132, 133
〈지장본풀이〉　27, 101, 117, 130~133, 138, 299, 300, 305~308, 310, 314, 316, 319
지장아기씨　101, 130, 132, 133, 300, 305~307, 310
지전　127
지하세계　148, 149, 152, 191, 210
지향점　20
지혜　136, 140, 145, 156, 193, 248, 318, 319
직업　40, 41, 176, 203, 245, 252, 315
진광대왕　36
진성기　15~19, 26, 65, 67, 85, 93, 243, 244
진심　46
질문　31, 45, 59, 87, 88, 100, 109, 142, 162, 164~167, 170, 172, 173, 175, 176, 190, 194, 216, 217, 227, 232, 235, 237~240, 276, 277
질병　27, 196
질서　59, 66, 67, 74, 76, 95, 97, 104, 106, 107, 109, 172, 179, 180, 182, 281
질침　76, 111, 115, 137, 183, 187, 293
집안　29, 31, 33, 34, 64, 87, 128, 172, 263, 301, 309, 311, 313, 316
집터의 神　34
ᄌᆞ청비　95

차

차사　27, 34, 37, 49, 54, 60, 61, 65, 104, 110, 113, 116, 117, 119, 127, 130, 172, 173, 191, 196, 282, 288, 289
차사다리 놓기　76
〈차사본풀이〉　22, 24, 27, 57, 64, 95, 108, 111, 112, 114~119, 121, 127, 137, 141, 187, 195, 196
차사영가　111, 115
차사영맞이　110, 117, 118, 127
찬장　62
참실　173, 282, 293
창세 서사시　139
창세 신화　23, 58, 59, 61, 95, 159, 165, 180
창조 신화　66
채사　96
채취　30
처단　50, 51, 180
천강　41
천도　108, 138
천리신遷移神　22
천상　37, 66, 73, 96, 150, 159, 184, 210
천상천하　37
천장遷葬　72
천지개벽신화　134
〈천지왕본풀이〉　27, 28, 61, 66, 88, 94, 107, 159, 216
천지天地　27, 170, 276, 283
천평지평天平地平　68, 72
천하대사天下大蛇　42, 43, 45, 141, 166, 226
철리터 방법　102
청감주　130
『청구영언』　124
청대밭　62, 64
청배　138
청수바다　42, 54, 141, 226
청의도령　62~64
청정각시　108, 109, 135, 195
청지네　302~304
초·이공맞이　270, 279, 312

초감제   125, 270, 276, 312, 313
초강대왕   36
초공   34, 36, 278
〈초공맞이〉   273, 278, 279, 311, 312
〈초공본풀이〉   27, 32, 35, 69, 250, 260~263, 265, 266, 268~270, 272~276, 278, 279, 311, 312
초상계   312
초승달   98, 152, 156
초야권   153
초월   76, 91, 92, 99, 244
축도   46, 54, 141
축문祝文   271
춘하추동   43, 142, 212, 215, 226
출산   36, 139, 143
출입로신出入路神   34
출입문   36
친연성   112
칠성   34
〈칠성본풀이〉   27, 29, 95

ㅋ

칼선다리   77
콩   61, 63, 248
콩대기팥대기   57, 59~63, 95, 96, 118, 194
콩쥐팥쥐   152
쿠르kur   154
큰굿   27, 32, 62, 271, 311
큰부인   113

ㅌ

탄생   21, 27, 35, 47, 59, 97, 98, 151, 154, 181, 187, 191, 203, 209, 211, 213~216, 219, 221, 227, 243, 244, 247, 248, 251, 253, 256, 258, 263, 278, 305, 309, 310, 319
탐색담   29, 155
태산대왕   36

태종   52, 53
태초   44
터신   102, 120, 149
터주고을   67
터주나라   67
텬디소天地沼   170
토신   72, 73, 102
토신제   73, 128
통과   46
통로   78, 159, 170, 180, 216
통영술通靈術   155
퉁구스   158
특수본풀이   14~17, 192
특수신본풀이   14~26, 28~33, 38, 39, 42, 57, 64, 74~76, 78~81, 102~105, 107~112, 114, 115, 117, 118, 121, 122, 129, 134~139, 141, 145, 146, 148~150, 155, 156, 158~162, 164, 165, 176, 179~181, 183, 185, 186, 188, 189, 191~197, 204

ㅍ

팔만대장경   52, 54, 107, 127
팔만대진경   49, 54~56, 127
편입   30, 103, 136, 186, 192
평등대왕   36
폐쇄성   33
포악   48, 50, 51, 54, 57, 74, 76, 143, 179, 181
폭군   53, 76, 153
표면적   39, 40, 249, 277
표상   41, 91, 102, 183, 310
표선면   30, 250
풀어맞음   133
풀이   41, 273, 298, 314
품삯   48
『풍속무음』   67
풍수설화   99
풍습   22, 28, 107, 133, 134
풍요   128~130, 151, 180
피부병   30

ㅎ

하계　146
하누카　156
하늘 부엉새　306
하마을　37
하사록　299, 311
하위신下位神　34, 132, 270
〈할망본풀이〉　35
할머니　58, 59, 61, 172, 173, 186, 257, 288, 317
함경도　30, 108, 134, 139, 195
함흥본　139
합궁　139
해복　282, 283, 293
해신당　28, 29
행복　20, 21, 69, 99, 106, 184, 310
허궁애기　58~67, 74~76, 95~98, 104, 108, 114~116, 120, 130, 134, 141, 143, 144, 149~152, 154, 156, 172, 173, 179~181, 186~188, 190~192, 195
〈허궁애기본풀이〉　14, 16~18, 20, 22~24, 45, 57~59, 61, 63, 65~67, 74~76, 80, 93~95, 97, 103~105, 107, 108, 111, 115, 116, 118, 120, 121, 127, 129, 130, 134, 143, 144, 146, 150~152, 156, 170, 173, 179, 181, 186~188, 190, 191, 194, 196, 244
허물벗기　152
허웅애기　65, 93, 95, 96
현세구복　99
현실　21, 31, 36, 38, 43, 44, 92, 135, 183, 187, 247~249, 265, 276
현장　19, 24, 29, 38, 39, 111, 161, 194, 204, 254, 256, 260, 261, 300
현재　19, 26, 39, 44, 72, 81, 88, 89, 106, 136, 167, 178, 181, 188, 193, 194, 208, 211~216, 218~221, 223, 245, 250, 255, 300, 319
형상화　21, 27, 31, 78, 92, 184, 185, 234, 236, 295, 304, 314
호인대사　49, 53~55, 170
호적　28
혼란　28, 59, 65, 67, 97, 106, 107, 159, 172, 180, 280, 285, 288, 289, 291, 313
혼백魂魄　34
혼융　15
혼재　31, 194
홍걸레 드리　293
홍마음　293
홍마음다리 놓기　76
홍진국대별상　34, 36, 293, 295
화령공덕活人功德　157
화목　67
화소　30, 63, 64, 66, 98, 102, 106, 116, 180, 194, 285
화합　164, 183, 185, 193, 194, 196
확장된 주변　15, 103
환생　101, 135, 181, 306
환생꽃　291
휠인공덕　157
활인지덕　56, 131, 168, 169
활인活人　51, 54, 56, 191
회귀　141~144, 237
후처　61, 74~76
홈와와　155
흑수바다　54
흥　51, 123
흰강아지　49, 54, 116

이승과 저승의 경계 넘어서기
제주도 특수신본풀이의 성격과 의미

초판1쇄 발행 2021년 8월 10일

지은이 고은영
펴낸이 홍종화

편집·디자인 오경희·조정화·오성현·신나래
            박선주·이효진·최지혜·정성희
관리 박정대·임재필

펴낸곳 민속원
창업 홍기원
출판등록 제1990-000045호
주소 서울 마포구 토정로 25길 41(대흥동 337-25)
전화 02) 804-3320, 805-3320, 806-3320(代)
팩스 02) 802-3346
이메일 minsok1@chollian.net, minsokwon@naver.com
홈페이지 www.minsokwon.com

ISBN 978-89-285-1630-8
S E T 978-89-285-0359-9   94380

ⓒ 고은영, 2021
ⓒ 민속원, 2021, Printed in Seoul, Korea

저작권법에 의해 한국 내에서 보호를 받는 저작물이므로 무단전재와 복제를 금합니다.
이 책 내용의 전부 또는 일부를 이용하려면 반드시 저작권자와 민속원의 서면동의를 받아야 합니다.